CES EXCELLENTS FRANÇAIS

Cet ouvrage est publié avec le soutien de la DRAC Grand Est et de la Région Grand Est.

PRÉFET DE LA RÉGION GRAND EST

Liberté Égalité Fraternité

Grand Est

ALSACE CHAMPAGNE-ARDENNE LORRAINE

L'Europe s'invente chez nous

Cet ouvrage est publié avec le soutien de la Fondation d'entreprise La Poste.

La Fondation d'entreprise La Poste favorise le développement humain et la proximité à travers l'écriture, pour tous, sur tout le territoire, et sous toutes ses formes. Elle s'engage en faveur de ceux qui sont exclus de la pratique, de la maîtrise et du plaisir de l'expression écrite. Elle favorise l'écriture vivante et offre un espace de découverte de la culture épistolaire élargie avec sa revue FloriLettres. Mécène de l'écriture épistolaire, elle soutient l'édition de correspondances et les manifestations qui les mettent en valeur.

www.fondationlaposte.org

fondation D'ENTREPRISE

Anne Wachsmann

CES EXCELLENTS FRANÇAIS

Une famille juive
sous l'Occupation

Préface de Jean-Louis Debré

La Nuée Bleue

nueebleue.com

La Nuée Bleue est une marque des Éditions du Quotidien.

ISBN 978-2-7165-0890-2

Pour Jean-Paul et Dominique

CHEZ LE MÊME ÉDITEUR
Extrait du catalogue

Dominique François Bareth, *La décision secrète d'Eisenhower*
Nicole-Lise Bernheim, *La cloche de dix heures*
Collectif, *Alsace, la grande encyclopédie des années de guerre*
Simon Debré, *L'humour judéo-alsacien*
Daniel Froville, *Pierre Bockel, l'aumônier de la liberté*
René Gutman, *Le Memorbuch des Juifs du Bas-Rhin*
Marie-José Masconi, *La longue nuit de Lucie*
Alain Muller, *Nous piétinerons le Nid d'Aigle*
André Muller, *Chez Fritz et Ivan*
Freddy Raphaël (dir.), *Juifs d'Alsace au XX*[e] *siècle*
Richard Seiler, *Objectif Strasbourg. Les bombardements américains*
Robert Steegmann, *Le Struthof*
Claude Vigée, *La maison des vivants*
Jean-Laurent Vonau, *Le Gauleiter Wagner*

TABLE

TABLE DES CAHIERS ILLUSTRÉS

TABLE DES DOCUMENTS

CRÉDITS PHOTOGRAPHIQUES

Tous les documents sont issus de la collection personnelle de l'auteure, sauf:
pp. 197, 198-199, 200 et 201 : Archives départementales de l'Allier ;
pp. 202, 204-205 : Archives départementales du Lot-et-Garonne.

PRÉFACE

Un attachement profond à la République

par Jean-Louis Debré

À l'automne 1939, Maurice Chevalier triomphait avec *Ça fait d'excellents Français*, une chanson écrite spécialement pour remonter le moral d'un pays alors enlisé dans la drôle de guerre.

Anne Wachsmann a emprunté le titre de cette chanson pour le donner à ce livre, à travers lequel elle nous invite à suivre les traces de sa famille originaire d'Allemagne et de Pologne, installée à Strasbourg depuis le XIXe siècle, puis devenue française par choix et par volonté.

Comment des Juifs étrangers deviennent-ils, en moins de deux générations, d'« excellents Français » – et non des moindres : des médecins, des avocats, des magistrats, des professeurs d'université ? Ce livre y répond.

C'est une enquête haletante sur l'histoire d'une famille juive ballottée, génération après génération, par les vents mauvais de l'histoire européenne.

C'est aussi un document incomparable sur l'histoire du judaïsme alsacien et sur les raisons de l'attachement profond des Juifs d'Alsace à la République. Comme on les comprend ! La Révolution française les a émancipés en 1791, conférant à chacun d'entre eux, pour la première fois en Europe, une citoyenneté de plein droit et de plein exercice. Voilà donc ce que découvraient, au XIXe siècle, les Juifs venant d'Europe centrale et orientale lorsqu'ils arrivaient en Alsace : l'égalité devant la Loi.

Parmi ces Juifs qui furent de vibrants partisans de l'idéal républicain, on découvre avec sympathie Adolphe, l'arrière-grand-père de l'auteure : en 1918, lorsque Strasbourg retrouve la France, ce commerçant franc-maçon d'origine allemande ne rentre pas en Allemagne, comme certains le firent volontairement ou comme d'autres furent contraints de le faire. Il parvient à obtenir la nationalité française pour lui, sa femme et ses quatre enfants. En 1939, conscient que l'avenir n'est pas à la paix, il quitte avec sa famille l'Alsace pour l'Allier. Cet exil lui permet d'échapper aux persécutions nazies et de survivre, malgré la « chasse aux Juifs » et la politique antisémite du régime de Vichy, qui met sa famille en danger permanent.

Beaucoup de Juifs reconnaîtront dans l'histoire singulière de cette famille leur propre destin familial. Beaucoup retrouveront aussi, dans l'un ou l'autre de ces portraits humains et attachants, les traits et le caractère d'un des leurs.

La grande romancière danoise Karen Blixen expliquait qu'on peut supporter tous les chagrins du monde, à condition d'en raconter l'histoire. Elle ajoutait : « J'écris pour supporter l'insupportable. » N'est-ce pas, au final, ce que fait ici Anne Wachsmann ? Il y a, dans l'histoire d'Alsace et dans l'histoire de France, de grands « chagrins ». Celui de voir l'Alsace, longtemps considérée par les Juifs européens comme « l'autre Terre promise », annexée et nazifiée. Celui de voir également la France renier son histoire et sa grandeur pour conduire elle-même des persécutions antisémites.

Témoignage émouvant, vibrant de vérité. Une page de notre histoire nationale que nous ne devons pas oublier.

INTRODUCTION

Les cartes postales de mon père

LA BOÎTE D'YVETTE

À la manière, mais sans commune mesure, de Léon Poliakov qui se demandait dans ses *Mémoires* comment on devient un historien sérieux[1], je n'ai cessé de m'interroger sur ce qui m'avait poussée à ressusciter l'enfance de mon père pendant la Seconde Guerre mondiale. Le divertissement des débuts avait évolué en une sorte de fascination répulsive pour la période, qui tournait par moments à l'obsession, notamment au sujet de mon arrière-grand-père, Adolphe.

Parmi les rares choses que j'ai pu garder du côté de ma grand-mère maternelle, Yvette Lévy, dont il ne sera absolument pas question dans ce livre, figure une grande boîte d'archives et de photographies, comme il en existe dans toutes les familles. Je les lui avais arrachées en prenant quasiment de force ces documents qui étaient déposés en vrac dans un tiroir, non pas parce qu'elle y était d'une façon quelconque attachée, mais parce qu'elle considérait ces vieilleries comme inintéressantes, voire, pour certaines, désagréables.

Pendant longtemps, je n'ai pas pu regarder ces documents, qui auraient mérité un tri, des annotations, un classement. Je manquais de courage pour affronter cette boîte et l'effort requis pour simplement s'y plonger semblait tout à fait disproportionné quant à la réalité physique et mentale de la tâche. À force d'atermoiements, alors que plusieurs années avaient passé, il n'y avait plus moyen d'en documenter le contenu. Je me suis alors retrouvée dépositaire d'une mémoire en totale déshérence, aussi indéchiffrable que des documents d'une civilisation perdue ou d'une langue inconnue. J'en garde un goût amer, d'autant que j'aurais pu, en produisant un effort minime, retirer cette boîte du néant où elle est désormais plongée de façon aussi certaine que si les archives qu'elle contient avaient été détruites.

Peut-être à cause de cette culpabilité latente, lorsque l'occasion m'a été fournie par le hasard de m'intéresser à un microsujet de l'histoire de mon père enfant et de sa proche famille du côté de sa mère pendant la Seconde Guerre mondiale, cette fois, je n'ai pas lâché prise. Sans hésitation, je pris la plume pour survivre à un passé qui n'était pas le mien.

Lisant les souvenirs d'Anne Sinclair sur son grand-père, Paul Rosenberg, fameux marchand d'art d'avant-guerre, j'avais noté avec résignation ses propos sur « sa mauvaise conscience » d'avoir entamé un travail de mémoire, alors que sa mère aurait tant voulu lui raconter de son vivant son expérience de la guerre[2]. Pour moi aussi, il était trop tard pour interroger mon grand-père et ma grand-mère. Je n'y avais d'ailleurs jamais songé et jamais, sauf peut-être sur le ton de la plaisanterie, comme s'il s'agissait d'une mauvaise farce que le temps avait édulcorée, je ne les avais entendus évoquer cette période.

CARTES POSTALES DE LA GUERRE

Un peu par hasard et au fil de discussions avec mon père, il me fit part de l'existence de cartes postales dites « d'enfants » que son propre père lui avait envoyées tout au long de la guerre. Après une assez longue attente, je réussis à me faire confier un paquet de 106 cartes postales, conservées dans un bel état de fraîcheur, que je n'eus pas le droit de prendre avec moi la première fois.

Destinées à mon père qui avait cinq ans en 1940, elles provenaient de ses parents, Léopold et Liselotte Wachsmann (née Frank) et d'autres membres de sa famille du côté maternel : Adolphe Frank, le père de Liselotte et ses trois frères, Ernest, Paul et Robert. Elles avaient été envoyées pour l'essentiel entre 1939 et 1941, et plus sporadiquement jusqu'en 1945.

C'est le début d'une aventure qui, sans que je le sache encore, allait ressembler à *La chasse au Snark*, où, comme dans le livre de Lewis Carroll, l'un des personnages est avocat – ma profession actuelle, comme celle de mon père et de mon grand-père.

Mon premier mouvement, le plus spontané, avait consisté en des actions simples et logiques : les classer chronologiquement par année et destination. C'est là que je m'aperçus que ma famille avait déménagé à maintes reprises pendant la guerre. D'ailleurs, inutile d'être un génie pour y penser : qui dit cartes postales, dit voyages ou déplacements.

Intriguée, je me mis ensuite à les déchiffrer pour deviner ce que pouvait bien écrire un père à son jeune fils il y a plus de soixante-quinze ans. Il était d'ailleurs fort amusant de retrouver un peu d'intimité avec ce grand-père que j'avais toujours connu solennel et distant et qui ne manquait pas de m'effrayer quand, petite, il me pinçait la joue en m'appelant *Frosch* (grenouille en allemand).

Je découvris alors différents lieux de résidence : Néris-les-Bains, dont je connaissais vaguement l'existence, mais aussi Marseille, Toulouse, Agen et Grenoble, qui ne m'étaient pas vraiment familiers. Je savais que mon père avait été écolier au lycée Champollion à Grenoble, mais cela restait assez flou. Cet itinéraire, je m'en apercevrais plus tard, correspondait parfois à des « pôles de regroupement » pour les Juifs pendant la guerre, mais pas toujours, notamment en ce qui concerne le périple de ma famille avant son arrivée à Grenoble.

Je partis sur une chronologie. À ce stade, je songeais sûrement déjà à un texte, au moins une courte introduction et une publication pour reproduire ces cartes postales enfantines et gaies qui contrastaient avec les années noires où elles avaient été envoyées. J'interrogeais discrètement mon père çà et là, car, dans le fond, il s'agissait surtout de lui faire une surprise pour ses 80 ans, le 20 octobre 2015.

Mon métier d'avocat, qui implique de rédiger à longueur de journée, ne m'avait préparée ni à écrire quoi que ce soit de ce genre, ni à me plonger de façon obsédante dans cette époque. Mais je découvrais également qu'Alain Corbin, dans son beau livre de souvenirs d'enfance pendant la Seconde Guerre mondiale[3], expliquait que son métier d'historien et ses ouvrages antérieurs ne l'avaient pas préparé à cet exercice, qu'il jugeait complètement différent du reste. Ce petit recueil, qui n'était qu'un produit marginal dans l'œuvre du grand historien, fut le truchement par lequel je découvris l'existence de ses écrits et de son empreinte majeure dans le domaine historique.

Alain Corbin avait l'âge de mon père en 1940 et je voulais vérifier s'il y avait des choses en commun entre eux. À vrai dire, quasiment rien entre une enfance catholique dans le bocage normand et le Perche et les péripéties d'une famille juive alsacienne, sauf l'amusante mention de Benjamin Rabier et de ses *Gédéon*, que lisait aussi mon père, ainsi que du *Journal de Mickey*, dont je vérifiais ici l'exacte popularité chez les petits Français de cette époque.

Mon projet d'introduire le contexte des cartes postales de mon père était presque bouclé. Et puis, il s'est produit un changement de paradigme.

À LA RECHERCHE DE PHOTOGRAPHIES D'ÉPOQUE

Tout d'abord, j'avais voulu ajouter quelques photographies pour rendre plus vivants les sept personnages de cette histoire, en l'occurrence mon père, Jean-Paul, mon grand-père, Léopold, ma grand-mère, Liselotte, et ses trois frères, Ernest, Paul et Robert, ainsi que mon arrière-grand-père, le fascinant Adolphe. Il me paraissait dommage de faire revivre cette période uniquement à travers les dessins, tout à fait charmants d'ailleurs, des cartes postales. Des photos d'époque étaient censées donner un peu de chair à cet univers chatoyant et coloré, mais ô combien artificiel, que j'avais sous les yeux.

Après des recherches infructueuses dans des albums vieillots, mon père retrouva un vieux carton qui traînait miraculeusement dans la cave, alors qu'il pensait avoir jeté l'essentiel à l'occasion de leur unique déménagement à Strasbourg, qui les avait fait quitter l'appartement de ma naissance.

J'y fis des découvertes qui me parurent, à mon niveau, fabuleuses (ou, comme je l'aurais dit dans mon jargon, « des documents à valeur ajoutée contemporains des faits » !) : photos de

Néris-les-Bains, bulletins de classe d'Agen, lettres de Grenoble et papiers divers, notamment d'identité, toute une série de « paperasses » qui me permit de retracer beaucoup plus finement la géographie familiale. Il fallait maintenant trier, comprendre et analyser ces quelques centaines de documents épars qui s'ajoutaient aux cartes postales déjà en ma possession.

Ces nouveautés, que j'examinais partiellement avec mon père – le carton contenant bien d'autres archives postérieures à la guerre –, ravivèrent également certains de ses souvenirs. Il m'expliqua que son père avait disposé de faux papiers au nom de *Willemain*. Plus exactement, mon père ne l'avait pas oublié, mais il n'en avait jamais parlé à personne.

Cette révélation me fit longuement réfléchir. Le passé plutôt lisse de ma famille se découvrait une face plus sombre et plus inquiétante.

ÉCUEILS MÉTHODOLOGIQUES

Même si j'avais souvent l'impression de partir de zéro, je ne pouvais pas oublier l'impression terrible que m'avait laissée le livre de Daniel Mendelsohn, *Les disparus*, que j'avais lu à sa sortie en 2007. Le récit de ces six disparus, Shmiel, sa femme Ester et leurs quatre filles, est une histoire dramatique, abominable même. De cette épopée familiale, je me remémorais très bien le caractère chaotique de l'investigation menée par l'auteur, qui, sans être historien professionnel, exerçait une profession littéraire qui lui permettait, en tout cas je me l'imaginais, de s'appuyer sur son expérience quotidienne. J'avais été frappée par le rôle bouleversant de chaque découverte, même infime, arrachée au néant: quel frisson à la révélation de l'existence de Ciszko, l'amant polonais non juif de Frydka !

Ce livre illustrait également le caractère fragile des témoignages. Son histoire m'accompagna d'autant plus dans mes travaux que j'allais être moi-même, malgré cet avertissement, la victime de souvenirs erronés qui formèrent pendant plus de trois ans le cœur de ce récit familial et m'obligèrent ensuite à une réécriture assez drastique d'une bonne partie de cet ouvrage.

Mais l'histoire de ces disparus n'avait rien en commun avec celle de mes parents, pas plus qu'avec le héros d'un autre livre sur la mémoire et ses incertitudes que j'avais beaucoup aimé, *L'imposteur* de Javier Cercas, qui relate l'histoire vraie d'Enric Marco, icône antifranquiste, président de l'Amicale de Mauthausen, qui avait réussi presque toute sa vie à se faire passer pour un survivant du camp de concentration de Flossenbürg alors qu'il avait été travailleur volontaire en Allemagne.

De toutes les façons, il fallait que je progresse de mon côté, en m'instruisant aussi sérieusement que possible sur le très vaste sujet de la Seconde Guerre mondiale. Je voulais rendre intelligible l'itinéraire de ma famille tout en évitant de graves anachronismes. Sans surprise, chaque avancée générait une multitude de questions complexes, prémisses et vecteurs du travail qui suit.

Je partais d'assez loin. Je confondais au départ l'exode et la drôle de guerre de mai-juin 1940 avec l'étonnante évacuation de Strasbourg en septembre 1939. Je finis par observer que les dates ne collaient pas et qu'il s'agissait donc de deux catégories de mouvements de population qui n'avaient strictement rien à voir. Je croyais ainsi que mes parents s'étaient réfugiés « en zone libre ». Or, au printemps 1939, cela n'avait aucun sens.

Face à la complexité du sujet, je me sentais démunie, d'autant plus que, comme l'écrivait Philippe Burrin, l'un des historiens de référence de la Seconde Guerre mondiale, « toute histoire de la période doit réintégrer l'opacité de l'avenir, la mobilité des pensées, le tremblement des résolutions, les tentations de l'accommodement[4]. »

Je manquais totalement de méthode et j'avais bien du mal à ne pas me perdre dans le labyrinthe de questions que chaque document familial ne manquait pas de soulever. Je devais hiérarchiser mes travaux, ce qui était plus facile à dire qu'à faire.

Pour essayer de me frayer une voie dans cette terrible période, je passais non seulement un temps infini à étudier et annoter des livres d'un bataillon d'historiens, mais j'étais habitée d'une crainte qui ne me quittait pas concernant la sélection appropriée des « bons » ouvrages. En effet, je compris vite que, comme dans toute matière, il y avait des chapelles et des querelles d'écoles, ainsi que des avancées qui rendaient caduques de précédentes publications. Un exemple parmi d'autres : la lecture, enrichissante, du livre de Pierre Laborie, *Le chagrin et le venin*[5], consacré aux idées reçues sur l'Occupation et la Résistance – ce qu'il appelle «la vulgate» ou «la doxa d'une France glauque» – me frappa considérablement, même s'il attaquait assez frontalement le parti pris de certains historiens dont j'avais largement utilisé les écrits. Comment s'y retrouver?

Je perdis encore un temps fou à débusquer les ouvrages idoines. Après divers recoupements qui tenaient plus du jeu de piste que de l'étude sérieuse – et peut-être aussi à cause de cela –, je m'égarais définitivement dans les méandres des sciences historiques, convaincue du moins qu'il s'agissait là d'un très beau métier. Il n'y a aucun regret à avoir, bien sûr, mais avant de m'engloutir dans des dizaines d'ouvrages, la grande leçon est que j'aurais d'abord dû vérifier de façon plus adéquate les zones d'ombre directement liées à l'histoire de ma propre famille.

Je finis par m'éloigner totalement de ma période de référence en découvrant avec un immense plaisir *Le monde retrouvé de Louis-François Pinagot, sur les traces d'un inconnu (1798-1876)*[6], l'histoire de l'obscur sabotier de la forêt de Bellême par l'incontournable Alain Corbin, dont je devais être l'une des rares amatrices à avoir d'abord lu son ouvrage plus récent et plus personnel sur son enfance.

Ce plaisir était d'autant plus grand, presque coupable, que le sujet ne m'apportait rien sur le plan de mes propres travaux et que je pouvais donc lire «gratuitement» sans me préoccuper de notes à prendre ou de traquer les passages utiles à ma réflexion familiale. Je ne sais pas si je serais arrivée à lire un tel livre «avant», qui, sans être difficile, était d'une érudition qui n'aurait pas été à ma portée jusque-là.

Je relus souvent par la suite son prélude intitulé «Recherche sur l'atonie d'une existence ordinaire». Ma démarche n'avait rien à voir. Elle était même diamétralement opposée: j'avais des liens affectifs avec mes personnages et je prétendais porter témoignage, au moins pour les miens, à défaut de toucher du doigt des problématiques plus générales, dont la plus évidente était la persécution des Juifs. À tort ou à raison – mais seules comptaient mes impressions –, ce livre me conforta beaucoup dans ma démarche.

Je dois ici mentionner une autre obsession, probablement liée à mes études de droit : celle de manquer le livre qui aurait contenu la clé de certaines de mes interrogations. En effet, la vérification des précédents avant de résoudre ou d'évaluer une situation de fait constitue la base de tout raisonnement juridique. Cela, je savais faire.

Ici, au contraire, je me plongeais dans certains ouvrages parfois avec naïveté, comme le n° 16 de *Pardès*, un numéro spécial de 1991 intitulé *Les Juifs de France dans la Seconde Guerre mondiale*, sous la direction d'André Kaspi, Annie Kriegel et Annette Wieviorka. J'étais très excitée à l'idée d'y trouver des réponses, d'autant qu'il s'agissait là d'auteurs incontestables, parmi les plus importants sur ce thème.

Hélas, les articles qui y figuraient concernaient des milieux très spécifiques (la banque juive, l'engagement des intellectuels juifs face à Vichy, des sujets sur la déportation ou le sionisme pendant la guerre, etc.). Quoiqu'intéressants, ils ne m'aidèrent en rien à mieux cerner la vie d'une famille de Juifs alsaciens pendant la Seconde Guerre mondiale. Dans cette revue déjà ancienne, André Kaspi – l'un des auteurs de mes trois « bibles » sur Vichy et les Juifs[7], avec le livre de Renée Poznanski[8] et celui, le plus célèbre, de Robert Paxton et Michaël Marrus[9] – rappelait que « les acquis de la connaissance historique sont considérables [sur l'histoire des Juifs dans la Seconde Guerre mondiale]. » Une phrase qui me faisait frémir, car elle remettait en question l'utilité de ma démarche. Pourtant, expliquant que les études historiques sur ce sujet étaient entrées dans une troisième phase (en 1991), « difficile et prometteuse », la première ayant permis de conclure que « l'antisémitisme à la française existe bel et bien », la seconde à approfondir les sujets les plus graves (camps, déportation, résistance – juive, notamment), André Kaspi faisait là référence au manque d'études régionales. Que m'importait que de tels sujets aient été entre-temps très largement étudiés, cette information d'il y avait plus de vingt-cinq ans me redonna, au moins provisoirement, du courage.

PLONGÉE DANS LES MÉANDRES DE LA MICROHISTOIRE

Avec un peu de persévérance, mes connaissances finirent par se consolider un tant soit peu, même si, comme souvent, ce fut plutôt à rebours. De l'historienne Claire Zalc, j'avais d'abord lu le dernier livre sorti en 2016 sur l'histoire des dénaturalisés pendant la guerre[10]. Ayant beaucoup apprécié cette étude dont les qualités toutes juridiques m'en avaient facilité la lecture, j'avais ensuite pris connaissance d'une autre publication où son nom apparaissait et dont le titre m'avait d'abord rebutée, *Pour une microhistoire de la Shoah*[11], composée d'articles de différents historiens.

Mon histoire n'avait rien à voir avec la Shoah. J'eus constamment l'impression que seule cette «population de l'ombre», victime de l'effroyable génocide, méritait que l'on s'y attache, puisque justement les nazis avaient tenté de supprimer leur trace pour toujours ; et ce, même si l'absence et le vide qu'ils ont laissés ne pourront jamais vraiment être exprimés.

À supposer que je surmonte peu ou prou les défis scientifiques qui se présentaient à moi, une autre question me tourmentait désormais en permanence : l'histoire de mon père et de sa famille était-elle dépourvue d'intérêt en dehors de ce cercle ? Je me suis souvent souvenue d'un petit livre, *Mélancolie ouvrière*[12], un titre magnifique, qu'Emmanuel, mon mari, m'avait offert en 2012 à sa sortie. Michelle Perrot, célèbre historienne engagée pour la reconnaissance des femmes et dont je connaissais la fille, Anne, à travers mes activités professionnelles, y faisait le portrait incroyablement attachant, mais aussi triste et cruel, de Lucie Baud, tisseuse de soie, gréviste, veuve, mère de famille du Dauphiné, qui avait vécu entre 1870 et 1913. J'avais été enthousiasmée par cette histoire, où l'auteure s'était attachée à retrouver la femme derrière la militante de la cause ouvrière. Bien avant que je me penche sur l'histoire familiale, ce livre m'avait profondément marquée.

Pour en revenir au contenu de la *Microhistoire de la Shoah*, ce livre, vibrant plaidoyer pour un «raccourcissement de la focale» de l'histoire – le fait même qu'il y ait débat à ce sujet m'avait beaucoup surprise – recelait des pépites sur le plan méthodologique pour mes propres travaux. D'abord, la contribution d'Ivan Jablonka, intitulée *Écrire l'histoire de ses proches*. C'est ce que lui-même avait mis en pratique en 2012 en publiant *L'histoire des grands-parents que je n'ai pas eus,* un livre magistral qui me remplit d'admiration pour son auteur. Dans sa contribution à propos de l'histoire de ses proches, deux thèmes me concernaient particulièrement : d'abord, quels étaient les écueils à éviter, ensuite, pourquoi s'intéresser à la vie du commun des mortels ?

Selon Ivan Jablonka, faire preuve de détachement, c'était sans doute trop demander dans une telle situation. En revanche, il fallait « recul et discernement » et finalement marier « l'empathie et la distance, la tendresse et l'ironie.[13] » Sur le « je » de l'historien, il précisait sans complexe qu'il n'était pas possible de l'étouffer complètement. Utile recommandation, car je m'étais efforcée à l'origine d'écrire de façon objective sans aucun affect.

Cette neutralité me coûta beaucoup, même si elle était naturellement attachée au caractère dépouillé du style juridique qui était le mien. Je m'aperçus vite que cette tâche était épuisante et qu'il y avait une inadéquation entre la démarche et le résultat. Je corrigeai alors ce qui s'était avéré être une erreur en choisissant de rendre mon écriture beaucoup plus personnelle.

Sur l'intérêt de raconter une histoire familiale, la comparaison s'arrêtait là. Les grands-parents d'Ivan Jablonka avaient connu le destin tragique des chambres à gaz après avoir été des révolutionnaires du *Yiddishland*, constamment persécutés en France comme en Pologne. Dans son cas, la moindre justification était superflue, et il va sans dire qu'il était parfaitement légitime qu'en leur nom, « soixante-dix ans plus tard, la disparition des traces oblige l'historien à arracher des bribes de vérité au silence et à l'oubli[14] ».

Bien qu'aucune comparaison ne soit possible entre le calvaire vécu par nos deux familles, j'aime penser au livre bouleversant de Marcel Cohen, qui évoque avec une immense délicatesse des faits rassemblés comme de petits sédiments composés de silences, de lacunes et d'oublis, où « c'est bien l'ignorance, la ténuité et les vides qui rendaient cette entreprise impérative[15] ». Son histoire est au-delà des mots et l'on ne peut songer sans un sursaut d'horreur à sa mère qui, après son arrestation à Paris le 14 août 1943, fut internée à l'hôpital Rothschild en attendant que sa fille, Monique, ait l'âge minimum, à savoir six mois, pour pouvoir être déportée avec elle à Auschwitz, via Drancy. Le récit de ces trois mois d'attente angoissante est un cauchemar. Marcel Cohen fut sauvé par des Français courageux et désintéressés qui, ce faisant, prenaient des risques considérables. Seul survivant, il ne revit jamais ni ses parents ni sa sœur.

LE MIRAGE DE L'INSOUMISSION FAMILIALE

S'ensuivit une période assez grisante où j'avais trouvé mon rythme de travail. Je croyais alors avoir réussi à déterminer le cœur de mon histoire et la justification de mes efforts. J'avais parcouru du chemin depuis le classement des cartes postales. La question centrale, c'était désormais d'essayer de comprendre et de documenter les diverses stratégies de contournement de ma famille face aux mesures antisémites et leur choix de vivre autant que possible comme les autres Français, au risque permanent de se faire surprendre, arrêter et déporter.

C'est bien cette angoisse-là que je voulais restituer, avant même de comprendre comment cette famille bourgeoise, composée de sept individus bien intégrés en Alsace, dont un magistrat et un avocat, avait fait un certain nombre de choix que rien ne laissait vraiment présager, eu égard à leur mode de vie passé.

Or, malgré cette trajectoire que j'avais l'impression d'avoir enfin cernée, c'est un aveu un peu pénible qu'il est nécessaire de faire ici. Je finis par m'apercevoir que j'avais été induite en erreur pendant plus de trois ans sur l'attitude de ma famille, dont j'avais admis, un peu trop vite, qu'elle avait eu une réaction exceptionnelle comparée à la très grande majorité de la communauté juive en France. J'étais en effet persuadée qu'aucun d'entre eux ne s'était soumis aux mesures applicables aux Juifs, à commencer par celle qui fut à l'origine de toutes les discriminations et persécutions ultérieures : leur recensement. En acceptant les affirmations de mon père sans les recouper avec des sources externes, je m'étais moi-même convaincue de leur véracité jusqu'à preuve du contraire – preuve qui finit par arriver.

Après diverses péripéties et découvertes, que j'aurais dû faire bien avant et qui seront détaillées plus loin, je fus obligée de revisiter très sérieusement mon récit en acceptant le fait que j'étais partie sur des hypothèses de travail erronées et que ma famille, comme l'immense majorité des Juifs de France, s'était conformée à la plupart des mesures antisémites de Vichy. S'il ne fallut pas tout reprendre à zéro, je mis quelque temps à surmonter cette situation malencontreuse dans laquelle je m'étais enferrée. Le redémarrage fut lent et laborieux – et ne serait pas survenu sans les solides encouragements de mon mari.

DES QUESTIONS SANS FIN

Dans ce jeu d'infinie patience et parfois donc de déception, il fallait tenter de résoudre bien d'autres énigmes pour décrypter leur vécu pendant la Seconde Guerre mondiale. Pourquoi mon arrière-grand-père avait-il emmené toute sa famille à Néris-les-Bains avant même la déclaration de guerre à l'Allemagne ? Comment avait-il choisi cette station thermale de l'Allier, dont personne jusque-là ne connaissait l'existence ? Quel usage faisait mon grand-père de ses faux papiers, qui le transformera de Wachsmann en Willemain, alors que son fils sera toujours scolarisé, d'abord à Agen, puis à Grenoble, sous son propre nom ? De même, toutes les cartes postales portaient le nom de mon père, Jean-Paul Wachsmann. Et comment mon grand-père, avocat à Strasbourg, avait-il trouvé une place de juriste à la Fiduciaire de France à Marseille à l'automne 1940, et surtout comment avait-il fait pour la conserver, alors que les Juifs sont presque totalement exclus du marché du travail au cours de l'année 1941, y compris en zone libre ?

Selon Claire Zalc et Nicolas Mariot, ce sont « autant de questions qui montrent à la fois les difficultés et la nécessité de passer de l'individuel (ou du familial) au collectif si l'on veut se donner quelques indicateurs pour qualifier la plus ou moins grande banalité (ou exceptionnalité) des différentes trajectoires et décisions individuelles ou familiales et, pas supplémentaires plus difficile encore, tenter d'en mettre au jour certains déterminants[16] ».

Mes interrogations restaient toutefois sans commune mesure avec celles, si accablantes, de Marcel Cohen à propos de son père : « Mais que pesait encore le souvenir de ses années de violon dans le wagon à bestiaux qui le conduisait à Auschwitz en même temps que son père, sa mère, son frère aîné, sa grand-tante et après qu'il eut été séparé de sa femme et de sa fille, qui prendront le même chemin, ainsi que son fils ? On ose à peine poser une question aussi obscène[17]. »

UN SECRET DIFFICILE À GARDER

J'avais, en outre, érigé de moi-même une difficulté supplémentaire. La surprise d'une publication des cartes postales destinée à mon père n'avait pu se réaliser à temps ; j'avais été prise de court par la date de ses 80 ans, le 20 octobre 2015.

Cette surprise se mua alors en secret. Je voulais continuer à ne pas lui révéler mes recherches. Ce faisant, je neutralisais, avec sûrement un peu d'orgueil, mon principal sujet d'étude et l'une de mes sources les plus fécondes. En ce sens, je divergeais encore du livre d'Ivan Jablonka sur ses grands-parents où, dans sa démarche d'historien et de petit-fils, il avait étroitement associé son père : « Les entretiens avec mon père prennent un autre tour : maintenant il fait partie de l'histoire[18]. »

Je risquais de flancher à chaque instant, mais la crainte de le décevoir et de ne pas achever mon ouvrage était le principal rempart à mon silence. Après avoir lu *L'ère du témoin* d'Annette Wieviorka, je fus à nouveau désappointée. Pas par le livre, qui est remarquable de lucidité et d'intelligence, mais parce qu'il s'attachait au statut du témoin qui avait ou non survécu au génocide. De ce fait, le livre n'abordait pas, comme je l'avais espéré à tort, la situation et le rôle que pouvaient jouer les « témoins » de mon genre, indirects et amateurs, qui plus est d'une autre génération. Malgré tout, en ravivant les souvenirs de ma famille, je pouvais espérer apporter ma contribution, même extrêmement modeste, « à la construction du récit historique et de la mémoire collective[19] ». Malheureusement, je demeurais une fois encore plus encline à la rêverie qu'à l'action avec la très belle phrase qui clôture son livre et qui dit en substance que l'histoire est le seul avenir du passé.

Bien sûr, j'interrogeai incessamment mon père – qui devait se demander quelle nouvelle lubie m'habitait – sur tel ou tel sujet. Je me gardais bien d'en expliquer la portée ou l'objectif, ce qui relevait parfois de l'exploit, tant mes questions étaient précises. Nos conversations erraient également parfois sur le terrain de l'histoire de Strasbourg, notamment en 1939. Je pense avoir réussi à obtenir un maximum d'informations. En quelque sorte, je voulais qu'il ne puisse jamais déclarer, comme Georges Perec, «je n'ai pas de souvenirs d'enfance[20]».

Il y avait dans ce périple des moments difficiles et de l'incertitude, comme la peur de mal faire ou de se ridiculiser. Il y avait également des moments de grand bonheur.

SUR UN REFRAIN DE MAURICE CHEVALIER

Autant que je m'en souvienne, mon père a toujours fredonné des chansons, un répertoire souvent désuet lui rappelant sa jeunesse. Grâce à sa voix avantageuse et un vrai talent de chanteur, il réussit à s'illustrer dès l'âge de six ans en interprétant l'hymne officiel de Vichy.

Au moment de la sortie, en octobre 1939, de l'une des plus célèbres chansons de Maurice Chevalier, *Ça fait d'excellents Français*, destinée à soutenir le moral de la population pendant la drôle de guerre, les membres de ma famille, Adolphe, ses trois fils Ernest, Paul et Robert, sa fille Liselotte mariée à Léopold, et leur fils Jean-Paul, mon père, se sont certainement reconnus dans ses paroles, d'autant qu'Ernest et Paul sont tous deux mobilisés (Robert est trop jeune et Léopold a été réformé).

Pourtant, les «excellents Français» dont parle la chanson sont de drôles de paroissiens. Bien que teintées d'optimisme, ce qui paraît logique pour un air à vocation patriotique, les paroles sont le reflet d'une France à l'unité fragile qui allait voler en éclats avec la défaite et l'occupation allemande.

Le Colonel était dans la finance
Le Commandant était dans l'industrie
Le Capitaine était dans l'assurance
Et le Lieut'nant était dans l'épicerie
Le Juteux était huissier d'la Banque de France
Le Sergent était boulanger pâtissier
Le Caporal était dans l'ignorance
Et l'deuxième classe était rentier

Et tout ça, ça fait
D'excellents Français
D'excellents soldats
Qui marchent au pas
Ils n'en avaient plus l'habitude
Mais c'est comm' la bicyclette
Ça s'oublie pas ! [...]

Maurice Chevalier sera loin d'incarner un de ces excellents Français pendant la guerre, entre ses passages à Radio-Paris et ses tours de chant ininterrompus. Il a d'ailleurs été sévèrement inquiété à la Libération. Il fut entre-temps la cible d'un excellent Français, celui-là, l'incomparable Pierre Dac, avec sa cinglante parodie diffusée en 1943 sur les ondes de Radio-Londres.

Le créateur de cette chansonnette
Passait jadis pour un vrai chevalier
D'autres encore parmi tant de grosses têtes
Ont dans l'épreuve complètement perdu pied
On les croyait très bien, ils étaient moches
Et c'est ainsi qu'ils se sont révélés
En préférant faire des sourires aux boches
Par calcul ou stupidité

Et tout ça, ça fait
De mauvais Français
Pour lesquels il n'est
Que le porte-monnaie
Faut savoir être opportuniste
Afin d'sauvegarder ses petits intérêts
Et ils se sont mis
À grands coups d'Vichy
Au régime collaborationniste
Bien sûr maintenant
Ça devient gênant
Car tout d'même ces sal'tés là
Quoi qu'on puisse dire, ça ne s'oublie pas

Mais à côté de cette racaille honteuse
Dont la conscience est un billet d'mille francs
Il y a la France, fière, digne et douloureuse
Toute la France et ses millions d'braves gens [...]

En octobre 1939, les membres de ma famille ont déjà quitté Strasbourg depuis plusieurs mois, avant même que n'éclate la guerre. Ils résident tous « au milieu de nulle part », si l'on peut dire, à Néris-les-Bains. À partir de l'été 1940, ayant échappé à l'Alsace nazifiée, ils deviennent les premières cibles de la politique d'exclusion des Allemands et de Vichy. C'est alors surtout une famille en danger, par ses origines juives, ses liens avec la franc-maçonnerie et ses racines allemandes.

Chacun d'entre eux, à Néris-les-Bains, Marseille, Agen ou Grenoble, va alors côtoyer d'*excellents Français*, mais aussi la *racaille honteuse* qu'évoque Pierre Dac.

Voici leur histoire.

CHAPITRE 1

L'intuition d'Adolphe

Fuir la guerre et quitter Strasbourg

SEPTEMBRE 1939 – JUILLET 1940

DES JUIFS AUX ORIGINES VARIÉES

Ce vendredi 1er septembre 1939, il fait encore un temps splendide en France selon le souvenir d'une petite fille de presque 13 ans[21]. 52 divisions de la Wehrmacht viennent de franchir la frontière polonaise sans déclaration de guerre. Le lendemain, les Français s'attroupent devant une affiche blanche surmontée de deux drapeaux tricolores croisés à la hauteur de la hampe: c'est la mobilisation générale. Elle touche une vingtaine de classes d'âge, soit plus de 4,5 millions de Français appelés sous l'uniforme.

Le 3 septembre, la Grande-Bretagne et la France déclarent la guerre à l'Allemagne, la première à 11 heures, la seconde à 17 heures. Cette petite fille, qui deviendra une historienne de renom, Annie Kriegel, parle de la résignation hargneuse qui dominait alors: «La seule surprise, ce fut que la guerre eût attendu jusque-là pour éclater[22].» En ces moments critiques, l'Alsace se trouve dans une situation particulière du reste de la France, et les Juifs alsaciens encore davantage.

Les personnages principaux de ce récit familial résident alors tous à Strasbourg, la ville où je suis née. Capitale politique de l'Alsace depuis 1871 qui demeura allemande pendant presque cinquante ans, jusqu'en 1918, la ville s'est considérablement agrandie pendant cette période – même si sa population diminue en 1918 du fait du départ des ressortissants allemands. Ainsi, en 1939, lorsque commence cette histoire, l'Alsace n'est redevenue française que depuis vingt ans.

Mes grands-parents, Léopold (dit Poldi) Wachsmann et Liselotte (dite Lise et parfois Lotte), sa femme, née Frank, s'étaient fiancés le 20 mai 1934, puis mariés peu de temps après en juillet. Ils habitaient au 69, allée de la Robertsau à Strasbourg.

Mon grand-père Poldi était né en Pologne, sous domination austro-hongroise, le 18 juillet 1904, mais avait pour ainsi dire toujours vécu en Alsace, où il était arrivé en 1905 avec ses deux parents, Jacob Wachsmann et Sara Blumenfrucht. Tous deux étaient nés à Cracovie, respectivement le 13 octobre 1875 et le 14 septembre 1874, où ils s'étaient mariés en 1900. Jacob, devenu par la suite Jacques, était propriétaire d'un petit commerce spécialisé dans la vente au détail de vêtements et chaussures professionnels, installé à partir de 1922 dans le centre de Strasbourg, au 32, Grand-Rue, sous le nom de *Magasin populaire d'occasions*.

Ma grand-mère, Liselotte Frank, était quant à elle une « vraie » Alsacienne, puisqu'elle était née à Strasbourg le 1er mai 1911. Lise a trois frères, de fortes personnalités : lorsque la guerre éclate, Ernest, qui exerce la profession de magistrat depuis 1932, a tout juste la trentaine (il est né le 24 juillet 1909), Paul est un jeune étudiant en médecine (né le 5 août 1919) et Robert, un adolescent (né le 21 mai 1924). J'avais pu échanger avec Robert, alors âgé de 94 ans et retraité très actif. Il habitait toujours Strasbourg et m'avait éclairée de sa mémoire impressionnante sur les années passées à Néris-les-Bains, notamment avec Lise et Jean-Paul. Il sera longuement question de chacun d'eux au fil de ces pages.

Lise et ses trois frères ont déjà perdu leur mère, Martha Wertheimer, décédée en 1936, qui était née en Allemagne le 8 mai 1885, à Sarrebruck, à proximité de la frontière française avec la Lorraine. Marthe est mon second prénom en hommage à mon arrière-grand-mère.

ADOLPHE FRANK, MON ARRIÈRE-GRAND-PÈRE

Le père de Lise, Adolphe Frank, l'un des personnages les plus importants de cette histoire, également allemand d'origine, est né le 17 septembre 1879 à Constance, sur le lac éponyme, dans le duché de Bade (Bade-Wurtemberg à l'heure actuelle), à la frontière suisse, à moins de 200 kilomètres de Strasbourg.

Les parents d'Adolphe, mes arrière-arrière-grands-parents, Emmanuel Frank (né à Worblingen, à côté de Constance, le 24 décembre 1837) et Regina Einstein (née à Ulm le 4 février 1843) s'installeront à Strasbourg à la fin du XIXe siècle. Adolphe est donc Strasbourgeois d'adoption depuis son adolescence. La ville est alors en pleine expansion grâce aux investissements de l'Allemagne, qui veut en faire une vitrine d'excellence. Elle attire une population autochtone soucieuse d'opportunités économiques et d'ascension sociale. Les parents d'Adolphe décèdent tous deux à Strasbourg, respectivement en mars 1909 et avril 1916.

Arbre généalogique simplifié des Frank et des Wachsmann

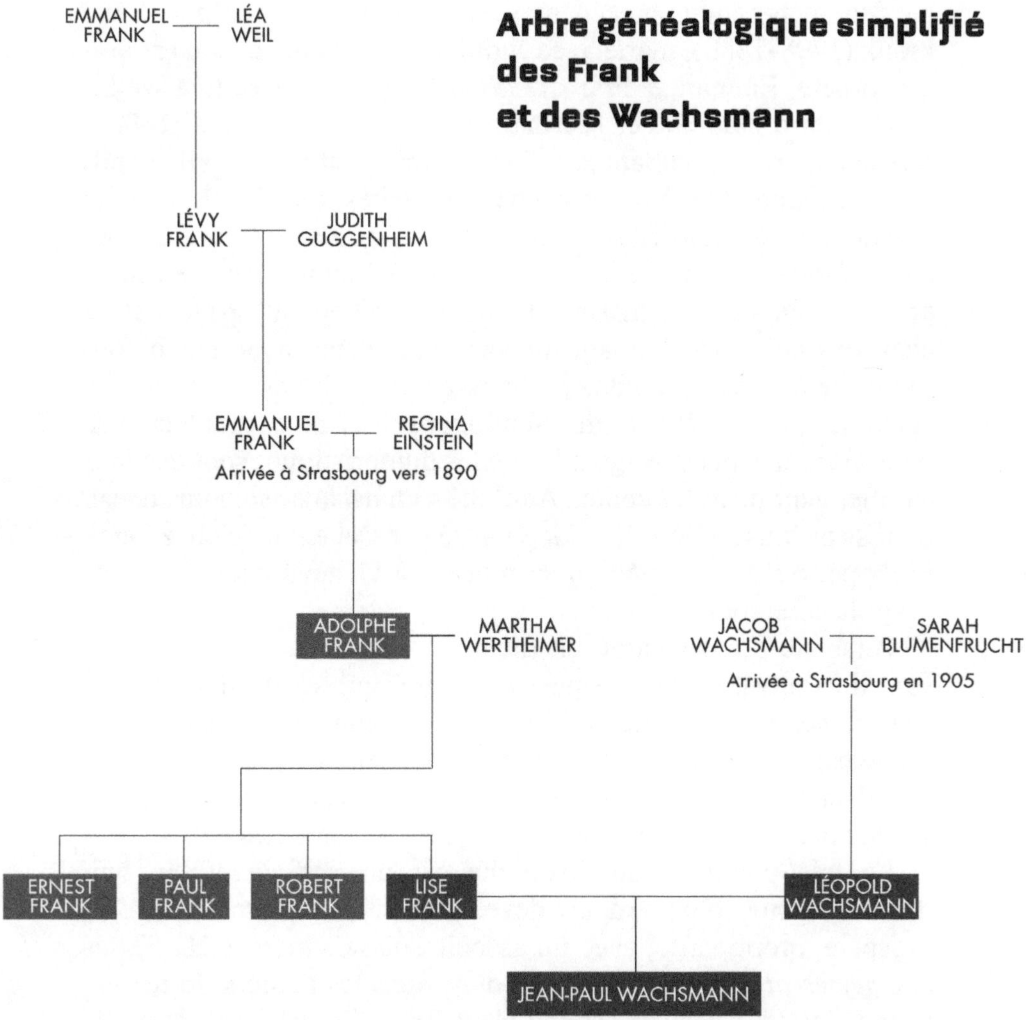

La taille des familles de l'époque est considérable, Emmanuel Frank ayant sept frères et sœurs, sur lesquels j'ai peu de renseignements. Si l'on remonte dans le temps, je retrouve à Worblingen les deux générations précédentes : le grand-père d'Adolphe, Lévy Frank (1798-1889), marié avec Judith Guggenheim, et son arrière-grand-père, Emmanuel Frank (1770-1837), marié avec Léa Weil.

L'union d'Adolphe et Martha a été célébrée le 19 mai 1908 à Strasbourg et un ravissant petit journal (bien entendu en allemand) avait été édité à cette occasion par les invités, qui témoigne de la pérennité de certains rites à l'occasion des mariages. En effet, rien de neuf sous le soleil : ce livret est composé d'un florilège de photos peu avantageuses des mariés, de textes (légèrement) grivois et de chansons satiriques. L'image du couple est, dans ce journal, entourée de leurs photos enfants, adolescents et adultes, où l'on voit également le père d'Adolphe en officier prussien. Le graphisme de type Art nouveau est soigné, les textes humoristiques sont destinés à railler gentiment les époux. Adolphe a choisi avec soin un cadeau pour sa promise, une splendide montre gousset en or de chez Patek Philippe, qu'il a achetée en se rendant à Genève quelques mois avant la cérémonie.

Personne n'avait gardé en mémoire l'existence de cet émouvant document, et surtout pas mon père, qui semblait le découvrir en même temps que moi lorsque je l'exhumai du « carton des miracles », comme je le surnommai. Pourquoi ce journal se trouvait-il chez le petit-fils d'Adolphe ? Où avait-il été conservé depuis 1908, notamment pendant les deux guerres mondiales ?

Le très charismatique Adolphe est un *self-made-man* qui, deux décennies plus tard, est devenu un industriel strasbourgeois prospère, propriétaire, avec un associé suisse, Georges Halff, des *Sparteries alsaciennes* à Lauterbourg dont les ateliers de tissage sont situés à Ensisheim dans le Haut-Rhin. Comme Robert me le fera remarquer, il s'agissait d'un emplacement de « rêve », entre la ligne Siegfried et la ligne Maginot. Cette entreprise était spécialisée dans les tapis-brosses et paillassons, les tissus végétaux, notamment en coco, les sacs à charbon et autres tapis-gazon.

Adolphe avait réussi à passer la crise des années 1930 et avait su profiter du dynamisme économique et financier de la période précédente pour diversifier ses affaires. En effet, il cumulait les métiers, faisant aussi le commerce de filets et linge de bain sous le nom commercial de *Florine Rehfeld & Cie* et, accessoirement, celui du fuel, qu'il stockait dans les vastes sous-sols de sa maison.

Lorsque Strasbourg redevient française en 1918, Adolphe, âgé alors de 39 ans, aurait dû plier bagage avec sa famille et repartir sur le sol allemand, comme le firent, sous la contrainte et les menaces, une large partie de ses compatriotes. En effet, après le 11 novembre 1918, des milliers d'Allemands vont être expulsés hors d'Alsace. Des commissions de tri sont instaurées pour fixer le sort des populations : à Strasbourg, ils sont près de 60 000 comme Adolphe à attendre fébrilement le sort qui leur est réservé.

C'est à l'évidence un épisode douloureux pour ces *Altdeutsche,* comme on les surnommait alors, ces Allemands de souche, tels Adolphe et Martha, par opposition aux Alsaciens devenus allemands en 1871. Plus de la moitié dut quitter Strasbourg dans des conditions brutales, voire à l'issue d'expulsions sauvages. C'est le temps de la délation contre « les sales boches[23] », en particulier de la part des commerçants alsaciens, qui se plaisent à dénoncer leurs concurrents allemands.

En cette fin d'année 1918, la vie quotidienne est donc particulièrement difficile pour Adolphe et ses compatriotes, qui habitent presque tous dans le nouveau quartier de Strasbourg, la Neustadt (inscrite au patrimoine mondial de l'Unesco depuis 2017). Adolphe fait preuve d'un entregent remarquable, même si l'atmosphère à Strasbourg reste lourde pour ses habitants d'origine allemande, et ce, au moins jusqu'en 1922. Il échappe aux expulsions et parvient à rester en Alsace. Pour se prémunir de tout risque, il n'a de cesse de devenir français, si ce n'est de cœur, du moins de raison. Adolphe obtient la nationalité française par naturalisation sept ans plus tard, en même temps que sa femme et ses quatre enfants, par un décret du mois de mars 1925[24].

Adolphe est non seulement un commerçant talentueux, mais c'est aussi un homme de réseau, très investi dans la franc-maçonnerie, ce qui lui permit probablement de bénéficier de solides appuis lors de ces circonstances difficiles. Mon père avait toujours eu à l'esprit que c'est grâce à ses connexions franc-maçonnes qu'il arriva à se maintenir en France, où il vivait comme un grand bourgeois et où il souhaitait ardemment rester avec Martha et leurs deux premiers enfants, Ernest et Lise.

Initié selon le rite écossais ancien et accepté en 1911, Adolphe devient compagnon en 1913, puis maître en 1914 au sein du Grand Orient. Il poursuit ensuite son perfectionnement pour atteindre les hauts grades maçonniques : 18e en 1922, 30e en 1927, 31e en 1931 et 32e en 1938. Il est alors affilié à la loge des Amis de la Vérité, à Metz. Entre 1928 et 1932, il est Eléémosinaire ou l'Hospitalier, c'est-à-dire celui qui est le confident, qui doit être attentif à ses frères en aidant ceux qui sont en difficulté. Il est le gardien de trois vertus capitales : solidarité, charité et fraternité.

Toute la famille, sans exception, est juive, car il était à l'époque inimaginable de ne pas épouser une personne de milieu comparable et, surtout, de même origine[25].

LA VILLA FAMILIALE

Dans la Neustadt, Adolphe habitait au 3, rue Saint-Fridolin, qui s'appelait, lorsqu'il s'y installe et jusqu'en 1918, Sankt-Fridolinstrasse. Il est propriétaire d'une belle et grande villa à la manière d'un hôtel particulier, bâtiment très rare à Strasbourg. Cet immeuble de type Art nouveau, scandé de trois têtes de lion mordant un anneau autour duquel est enroulée une guirlande, fut construit en 1898 par un architecte alsacien qui étudia à Munich, Adolphe Sautier.

C'est Jacob Hirsch qui fut le maître d'ouvrage de cette villa. Il meurt en avril 1910 et son frère, Mosé Hirsch, une connaissance d'Adolphe, lui cède alors la maison. Adolphe, incontestablement fier de sa réussite, en transforme certains ornements en faisant apposer ses initiales en ferronnerie, tant sur la porte d'entrée que sur l'un des balcons. Ces médaillons sont aujourd'hui encore bien visibles. On cherchera en vain, à l'heure actuelle, cette adresse à Strasbourg. En 1947, cette rue fut rebaptisée en hommage à Mgr Paul Muller-Simonis (1862-1930), grand mécène des œuvres religieuses, sociales et caritatives catholiques en Alsace, qui fut également patron de presse et chanoine de la cathédrale de Strasbourg.

Je connaissais cette bâtisse imposante depuis l'enfance, mais je n'y étais jamais entrée. Plus je me familiarisais avec la vie d'Adolphe, plus je brûlais d'envie de la visiter lors d'un passage à Strasbourg. J'hésitais à en parler avec mon père, qui risquait d'être alerté par ma requête ou, pire, de la trouver ridicule. Le hasard m'aida et je croisai, sur une terrasse où nous déjeunions avec mes parents, la veuve de Paul, Nicole, qui en est toujours propriétaire et que je n'avais pas vue depuis au moins vingt-cinq ans. Elle parut ravie de ma demande et, comme par enchantement, je pénétrai quelques heures plus tard dans la maison d'Adolphe. Je savourais cet instant qui légitimait encore davantage la relation et l'intimité que j'avais développées avec mon arrière-grand-père.

C'était décidément mon jour de chance, car pour m'accueillir et me faire visiter les 500 m² de cet édifice qui n'était plus habité depuis quelques années et où flottait cet air de mélancolie souvent attaché aux grandes maisons vides chargées d'histoire(s), il y avait Bruno Frank, fils de Paul et Nicole, et petit-fils d'Adolphe.

Là encore, nous n'avions pas dû nous revoir depuis mes études de droit au début des années 1990, et encore, nous ne nous connaissions que de vue. Cette rencontre inattendue fut des plus chaleureuses. Il me montra l'immense verrière intérieure de la maison et me parla de son histoire. Incroyable journée, car il y avait sur place de nombreux dossiers de famille qu'il accepta de me remettre de façon tout à fait naturelle, comme si cela allait de soi.

Depuis cette rencontre du printemps 2018, nous n'avons plus cessé d'échanger documents, photos et autres archives, pour mon plus grand plaisir. Bruno, que je ne remercierai jamais assez pour son aide, était à l'évidence également fasciné par cet arrière-grand-père aux multiples facettes.

LÉOPOLD WACHSMANN, MON GRAND-PÈRE

Côté Wachsmann, Poldi, mon grand-père, était avocat. Il avait étudié le droit à la faculté de Strasbourg, en français, langue qu'il n'avait commencé à apprendre qu'à 14 ans. Il avait ensuite prêté serment le 19 décembre 1928 auprès de la cour d'appel de Colmar et accédé au grand tableau de l'ordre des Avocats du barreau de Strasbourg le 19 décembre 1931.

Il travaillait dans un cabinet du centre-ville de Strasbourg, situé à proximité de l'actuelle librairie Kléber, où se trouvait alors l'immense restaurant Pic-Pic, qui faisait brasserie et salon de thé. Il avait deux associés, Jules Lévy et Jean de Précigou (brièvement mentionné dans une carte postale du 24 avril 1945 de Poldi à Jean-Paul, alors encore à Grenoble), avec lesquels il formait ainsi une alliance entre la bourgeoise juive et ce que l'on nomme, encore à présent, la HSP, la haute société protestante. Poldi et Lise ont un jeune fils, Jean-Paul, mon père, né le 20 octobre 1935.

Avec l'entrée en guerre de la France en septembre 1939, une partie de l'Alsace, et en particulier Strasbourg, va subir un traumatisme rapide et brutal, qui sera néanmoins peu de chose comparé au traitement enduré après son annexion par l'Allemagne à partir de juillet 1940.

Si les récits de la débâcle et de l'exode de juin 1940, qui ont jeté sur les routes dans un désordre indescriptible des millions de Français paniqués – comme on le verra plus loin –, sont ceux qui se sont gravés dans les mémoires, un autre mouvement de population de grande ampleur n'a pas autant frappé les esprits. Pourtant, le sort des Alsaciens-Lorrains touchés par l'ordre d'évacuation du 1er septembre 1939 mériterait plus d'études et de souvenirs partagés[26].

L'HISTOIRE COMMENCE AVEC 106 CARTES POSTALES

C'est, très partiellement, le début de l'histoire de mes grands-parents et de mon père pendant la Seconde Guerre mondiale que j'ai pu reconstituer grâce aux 106 cartes postales qu'ils se sont échangées pendant la guerre, et qui constituent la source primaire de cet ouvrage.

Au cours de l'année 1940, la provenance des cartes postales montre que Poldi est alors pour l'essentiel à Marseille, mais aussi parfois à Grenoble (carte postale du 11 mars 1940) – où il évoque un train pour Lyon et la soirée à Montluçon avant d'arriver le lendemain matin à Néris-les-Bains – ou encore à Toulouse (carte postale du 16 décembre 1940). Mon grand-père mentionne ainsi le grand lit auquel aura droit Jean-Paul dans leur futur logement, en vue de la préparation de l'arrivée dans cette ville de Lise et Jean-Paul en janvier 1941.

Ainsi, à l'inverse d'Adolphe, qui passera quasiment toute la guerre à Néris-les-Bains, Poldi, Lise et Jean-Paul vont déménager à de nombreuses reprises : Marseille, Toulouse, Agen et Grenoble. Un itinéraire impressionnant pour une famille juive alsacienne, qui avait eu jusque-là une vie plutôt casanière, hormis des vacances à la mer ou en Suisse.

Or, « le simple geste d'écrire à quelqu'un s'avère compliqué voire impossible sous l'Occupation[27] », dans un contexte où les fonctionnaires du contrôle des communications postales, télégraphiques et téléphoniques en zone libre ouvrent et lisent en moyenne près de 300 000 lettres par semaine en 1941, et jusqu'à 1 million en 1944[28]. À Agen, Poldi fera d'ailleurs l'objet d'un tel contrôle, comme en témoignent plusieurs résumés d'interceptions figurant dans des dossiers d'époque appartenant au cabinet du préfet, conservés aux Archives départementales du Lot-et-Garonne[29].

La très grande majorité sont des cartes postales dites « d'enfants » où l'on voit précisément des enfants dans un style « poulbot » au graphisme bien identifié, mais aussi beaucoup d'animaux, majoritairement des chats. Les différents illustrateurs de ces cartes postales ont un style assez reconnaissable, qu'il s'agisse de Mabel Lucie Attwell, dessinatrice anglaise spécialisée dans les poupons joufflus destinés aux magazines et livres d'enfants, ou de Germaine Bouret et son alias Bob King (où elle dessine plutôt des animaux), du nom de sa mère. Née en 1907, Germaine Bouret est déjà célèbre avant-guerre pour ses gravures et dessins d'enfants à tel point que Walt Disney tentera, sans succès, de la recruter. Très active pour la propagande de Vichy, elle continuera d'être fortement sollicitée après-guerre pour la publicité, les livres d'enfant et tout type d'illustration pour la jeunesse, et ce, jusqu'à son décès en 1953. On remarque également des noms moins connus, tels que Jim Patt, D. Tempest, John Wills, Thé Benoit, Mauzan ou encore Lacroix.

En 1939, chacun vaque à ses occupations avant que la guerre ne vienne bouleverser cet équilibre. Adolphe Frank est un chef d'entreprises prospères. S'agissant de ses enfants : Ernest est magistrat à Belfort, mais il revient en fin de semaine à Strasbourg, où il loge chez son père ; Paul Frank est étudiant en médecine ; Robert Frank est lycéen ; Liselotte Frank, devenue Wachsmann, est femme au foyer et s'occupe de son fils, mon père, Jean-Paul ; et Léopold Wachsmann, son mari, est avocat.

J'essayais au départ de comprendre pourquoi ma famille avait quitté Strasbourg avant le mois de septembre 1939 et s'était retrouvée dans la petite station thermale de Néris-les-Bains, dans l'Allier, au cœur de l'Auvergne, où aucun d'entre eux n'avait jamais mis les pieds. En tout état de cause, au moment de la déclaration de guerre, grâce aux premières cartes postales envoyées par mon père, alors à peine âgé de quatre ans, je n'ai aucun doute sur la localisation de ma famille. Tous résident à Néris-les-Bains, précisément à la villa La Roseraie, tandis que les cartes postales en question, souvent rédigées en allemand, proviennent de Suisse, où mon père séjourna dans un « home d'enfants », comme on disait alors, entre septembre et novembre 1939.

Le mystère de cet exil précoce est intimement lié à l'évacuation de l'Alsace et de la Moselle au 1er septembre 1939.

LA GUERRE ET TOUT QUITTER EN UN JOUR

L'Alsace (et la Moselle, généralement évoquée comme « la Lorraine ») est ballottée entre l'Allemagne et la France depuis 1870 entre expulsions et retours à partir de 1918. Mais les mesures prises par à-coups par les autorités publiques françaises et allemandes qui se succèdent ne sont en rien comparables au plan d'évacuation de septembre 1939, qui est intimement lié à l'histoire de la ligne Maginot.

Le projet de fortifier la frontière de la France face à l'Allemagne s'était concrétisé sous le ministère de la Guerre d'André Maginot, qui, dès 1930, avait réussi à faire voter les premiers crédits pour la construction de cet ouvrage, dont l'édification va de pair avec les futures mesures dites « de sauvegarde et d'éloignement » de la population. Or, la ligne Maginot ne correspondait pas à la frontière physique avec l'Allemagne, ce qui impliquait la présence massive de civils autour de son périmètre. Ceux-ci se retrouvent entre deux feux : celui des militaires français, et celui des Allemands postés sur la ligne Siegfried.

Même les personnalités les moins au fait de la chose militaire exprimaient de sérieux doutes face à ces fortifications. Dans son *Journal*, qui est un témoignage fabuleux et implacable de l'esprit du temps, Maurice Garçon, ténor du barreau de Paris, note peu après l'évacuation de Strasbourg, le 11 septembre 1939 : « Que vaut cette fameuse ligne Maginot dont on nous rebat les oreilles ? [...] C'est un magnifique travail de précision, quelque chose comme une horlogerie, un chef-d'œuvre de conception polytechnicienne [...] Tout cela est trop beau. Tant d'horlogerie m'effraie. N'est-ce point un amusement théorique, et que vaudront ces perfectionnements quand les gros canons y enverront des tonnes d'acier[30] ? »

L'intensification des périls – avec la remilitarisation de la Rhénanie, le début de la guerre civile espagnole, l'Anschluss de l'Autriche et les accords de Munich, qui permettent à Hitler d'annexer les Sudètes et annoncent le démantèlement de la Tchécoslovaquie – amène le gouvernement à finaliser un plan d'évacuation, qui reste toutefois confidentiel pour cause de secret militaire. Ce n'est qu'à son lancement, le 1er septembre 1939, que les maires des communes alsaciennes en cause seront autorisés à ouvrir les enveloppes cachetées où figurent les points de ralliement des habitants.

L'ÉPREUVE DE L'ÉVACUATION EST ÉVITÉE

Cela fait trois ans qu'Adolphe vit cette période avec inquiétude, car ce climat n'est pas propice aux affaires et, depuis la naissance de Jean-Paul, son premier petit-fils, qui le surnomme affectueusement *Opapa*, c'est avec fébrilité qu'il observe les manœuvres allemandes, dont il constate que les travaux sur la ligne Siegfried avancent rapidement, mettant potentiellement en péril son usine de Lauterbourg.

Depuis 1933, Adolphe connaît parfaitement les vicissitudes de la politique allemande : la nomination d'Hitler en tant que chancelier en janvier 1933, l'incendie du Reichstag un mois plus tard, les autodafés de livres à Berlin, dont font partie de nombreux auteurs juifs que sa fille affectionne, notamment Stefan Zweig. L'avènement du IIIe Reich en 1934 permet la mise en œuvre immédiate par les nazis d'une politique antisémite violente et radicale. Exclusions professionnelles, spoliations économiques, lois raciales, perte de la nationalité allemande, premiers camps de travail : de tout cela, Adolphe est parfaitement au courant. Il a maintes fois entendu les discours d'Hitler et son obsession des juifs, mais, vus de France, les messages de haine et les persécutions nazies demeuraient somme toute abstraits, malgré la proximité de la frontière allemande.

À l'été 1938 avait eu lieu une première vague de départs d'Alsace, en particulier des Juifs étrangers et des Allemands qui avaient déjà fui l'Allemagne à partir de 1933. Adolphe ne se sentait rien en commun avec ces fugitifs sans attache, tout en sachant pertinemment que ces vagues d'immigration n'annonçaient jamais rien de positif. En novembre 1938, la nuit de Cristal qui vient d'avoir lieu en Allemagne lui fait perdre ses dernières illusions sur le pays de ses ancêtres.

En effet, que pourrait-il bien arriver à un ancien citoyen allemand, devenu français en 1925, comme sa femme et ses quatre enfants, si les nazis reprenaient possession de l'Alsace ? La lucidité d'Adolphe lui faisait bien comprendre qu'il serait perçu comme un traître à sa nation, et quand bien même il échapperait à une telle indignité, sa religion le transformerait, lui et sa famille, en de véritables parias. Adolphe songeait également que, avec un mari d'origine polonaise, sa fille Lise n'était guère mieux protégée. Il n'est pas le seul à se faire du souci et bien d'autres familles juives, comme en témoigne Robert Badinter à propos de son père à Paris[31], vivaient avec tension cette période.

À l'été 1938, le maire de Strasbourg, Charles Frey, avait laissé filtrer l'existence d'un plan d'évacuation de grande ampleur dans un compte-rendu du conseil municipal publié dans les *Dernières Nouvelles de Strasbourg*. Jusqu'à la résolution de la crise de Munich fin septembre 1938, la guerre avec l'Allemagne est si plausible que la presse publie la liste des mesures de défense passive qui font que, le soir, Strasbourg est plongée dans l'obscurité. Au même moment, une violente manifestation antisémite se déroule

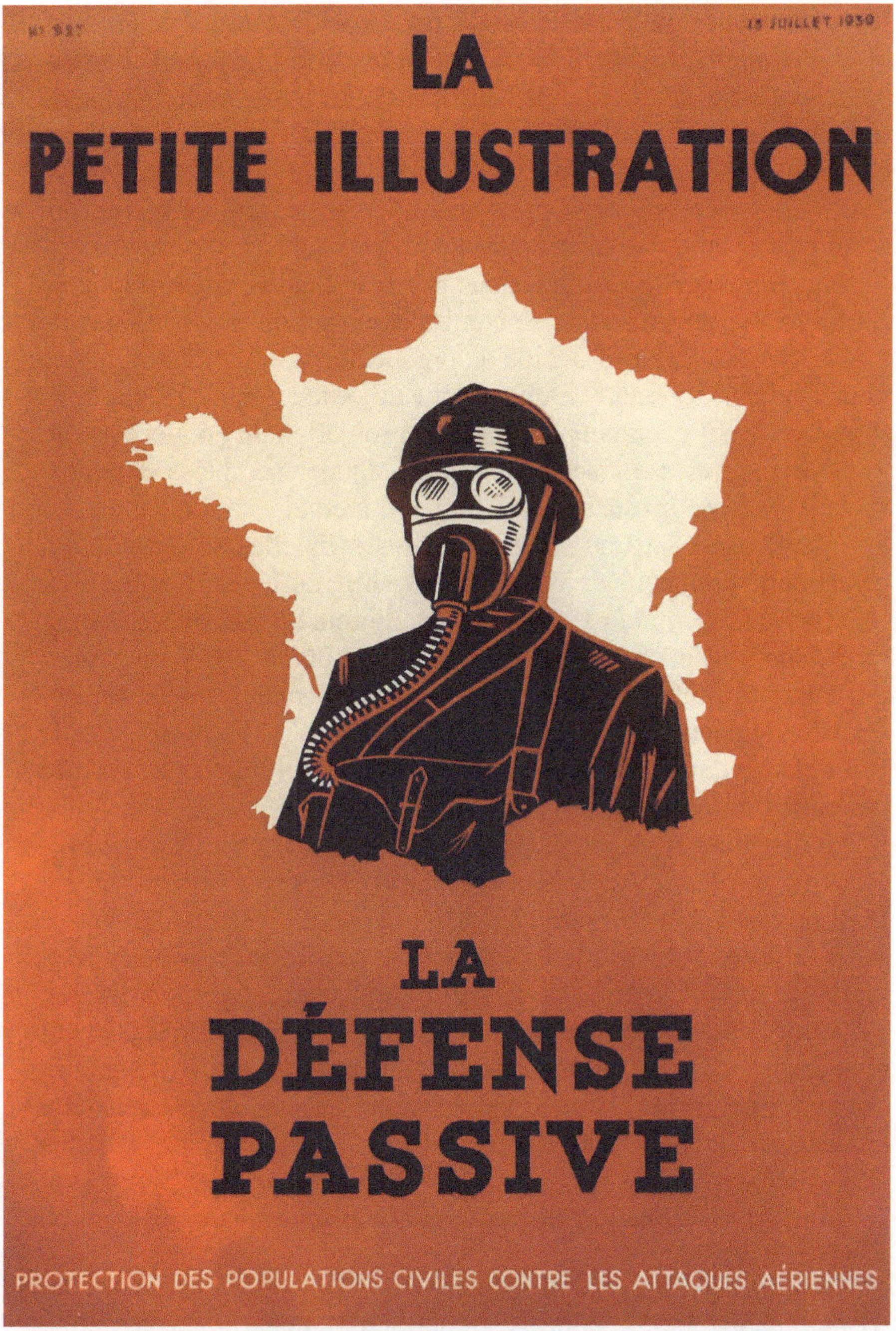

Pour se protéger des bombardements, les consignes sont strictes et fréquemment rappelées. Les fenêtres doivent être calfeutrées et des abris sont attribués selon les immeubles.

dans le quartier de la cathédrale, à deux pas du cabinet de Poldi.

Finalement, c'est avec soulagement qu'Adolphe prend connaissance de la fin de la crise de Munich. Poldi, quant à lui, essaye de faire bonne figure avec sa femme et son fils et garde pour lui ses craintes. Ils finissent par se rassurer en assistant tous ensemble au défilé du 4 octobre 1938 pour acclamer le général Gamelin, qui vient passer en revue les troupes de la garnison strasbourgeoise[32].

Rasséréné par le résultat, mais pas par les moyens, Adolphe ne retrouvera jamais une totale sérénité et, au printemps 1939, las de s'inquiéter sans agir, il décide de prospecter le centre de la France pour dénicher un point de chute pour lui et les siens, « au cas où », sans attendre d'éventuels ordres ou la protection du gouvernement.

Pourtant, les mois se suivent et le danger semble s'éloigner : on célèbre avec insouciance le 500e anniversaire de l'achèvement de la cathédrale et une série de visites officielles se déroulent à Strasbourg, dont celle de Winston Churchill, du 13 au 15 août 1939.

Mais le mois d'août 1939 est particulièrement anxiogène malgré un été superbe, et ce pourrait être déjà de 30 000 à 50 000 personnes qui auraient quitté l'Alsace en prévision du cataclysme à venir[33]. En effet, le pacte germano-soviétique du 23 août 1939 semble cette fois définitivement pointer vers la France et l'Angleterre les risques majeurs d'un conflit qui s'éloigne du front est.

La distribution de masques à gaz à Strasbourg fut l'ultime événement qui poussa Adolphe à s'exiler avec ses trois fils, sa fille, le mari de celle-ci et son petit-fils. Malgré des discussions houleuses où il fallait tant bien que mal affronter ses effroyables colères, et alors que ni Ernest ni Poldi ne se voyaient abandonner leur métier, personne n'osait vraiment lui faire front, d'autant que confusément chacun sentait qu'Adolphe avait raison. Et puis, qui à Strasbourg pouvait ignorer que les décors des vitraux anciens de la cathédrale avaient été enlevés carreau par carreau ? Poldi, qui travaillait à deux pas, scrutait de façon dubitative ces aménagements et c'était un sujet de conversation incontournable avec ses associés comme avec ses clients.

Toujours en août 1939, des « cartes de renseignements » ou « cartes de réfugiés », dont les couleurs varient selon les arrondissements de Strasbourg, sont mises à disposition des habitants. Ces cartes comportent, en l'absence de carte d'identité obligatoire (ce qui sera l'un des grands chantiers de Vichy), l'identité de la personne et des indications sur les objets à emporter.

Quelques jours plus tard, tout bascule : Strasbourg est soumise le 1er septembre 1939 à un ordre d'évacuation totale. Chaque réfugié alsacien en puissance va être affecté à un département spécifique, en particulier la Dordogne, qui doit accueillir les Strasbourgeois, l'Indre et la Haute-Vienne, pour les autres Bas-Rhinois ; les Haut-Rhinois devant se rendre en Haute-Garonne, dans les Landes et le Gers. En pratique, la zone concernée par l'évacuation ne couvrait qu'une partie de l'Alsace, le long du Rhin, entre les frontières suisse et luxembourgeoise, autour d'une bande de cinq à huit kilomètres allant parfois jusqu'à treize kilomètres en Moselle, au nord du Bas-Rhin et au sud du Haut-Rhin. Strasbourg est au cœur de ce dispositif.

Dans chaque région d'accueil, le nombre de réfugiés ne doit pas dépasser 35 % de la population locale. Il est également prévu que chaque adulte reçoive de l'État dix francs par jour et cinq francs par enfant à titre d'allocation. En réalité, l'éparpillement des Alsaciens ira bien au-delà des départements assignés : il y a 85 000 Strasbourgeois en Dordogne, près de 12 000 dans le Gers et autant dans l'Indre[34]. Périgueux est également un centre névralgique qui accueille de nombreux services administratifs, dont la municipalité de Strasbourg et la préfecture du Bas-Rhin. Cette coexistence de deux populations et de deux municipalités sur une seule commune serait une première administrative dans l'histoire de France. Les Strasbourgeois y sont plus de 12 000 et provoquent une crise du logement. Hasard, flair ou chance, Néris-les-Bains, le lieu d'accueil soigneusement choisi par anticipation par Adolphe, ne se situe dans aucun de ces départements, mais dans l'Allier.

L'université de Strasbourg, où Paul est étudiant en médecine et où Robert étudiera plus tard la chirurgie dentaire, se replie quant à elle à Clermont-Ferrand, capitale historique de l'Auvergne. La ville va accueillir les sept facultés strasbourgeoises, soit plus de 1 200 étudiants, 150 enseignants, 200 wagons de matériels divers et rien moins que deux millions d'ouvrages de la bibliothèque universitaire de Strasbourg, qui seront répartis dans une demi-douzaine de communes autour de Clermont-Ferrand[35] (et que les Allemands n'auront de cesse de rapatrier à partir de juillet 1940). Ceci explique également l'afflux d'Alsaciens dans le Puy-de-Dôme et montre l'incohérence du plan d'évacuation, puisque les étudiants, qui se trouvaient séparés de leur famille, n'avaient manifestement pas vocation à se rendre dans les départements désignés comme lieu de repli. D'autres institutions sont touchées par cet éparpillement paradoxal, comme les hospices civils de Strasbourg, qui seront installés en Dordogne, dans la cité sanitaire de Clairvivre, où, on le verra, Paul exercera la chirurgie pendant la guerre.

Je me suis passionnée pour cet épisode assez méconnu de la Seconde Guerre mondiale qui affecta de façon foudroyante la vie quotidienne de ma famille et de plusieurs centaines de milliers de personnes. À l'origine, j'avais cru que mes grands-parents avaient subi de plein fouet cette évacuation, raison pour laquelle j'avais recherché témoignages et documents pour comprendre et imaginer leur malheureux exil à Néris-les-Bains, cette petite station thermale anonyme de l'Allier où ils se retrouvent à partir de 1939, distante de près de 400 kilomètres de Strasbourg.

Le choix de ce point de chute incongru sans aucun lien ni affinité avec ma famille m'a toujours laissée perplexe, sans que j'en perce réellement le mystère. Grâce à sa clairvoyance, Adolphe, le personnage qui me fascine le plus (même si j'admire beaucoup mon grand-père), aura anticipé des conditions de départ mouvementées et un voyage chaotique, en quittant auparavant l'Alsace par ses propres moyens.

En effet, il avait dû visiter un certain nombre de refuges possibles jusqu'au jour où il est à Montluçon, le 26 avril 1939, chez un avoué, pour signer le bail de la villa La Roseraie à Néris-les-Bains, qu'il va louer à partir du 1er mai 1939 pour une année. Pragmatique, Adolphe n'oublie pas de prévoir une possible résiliation au 15 septembre 1939 puis au 15 mars 1940 : inutile de s'encombrer d'une telle villa en cas de victoire rapide ou en l'absence de crise majeure.

Leur départ ressemble donc à ce que décrit l'historien Léon Strauss à propos de certains Juifs alsaciens : « Dans les milieux aisés, on avait loué intentionnellement pour les grandes vacances de 1939 des logements meublés dans des régions de l'intérieur du pays et on décida la dernière semaine d'août ou au début de septembre d'en conserver la jouissance pour les mois à venir[36]. » Adolphe évitera ainsi aux siens de subir l'épreuve douloureuse de cette évacuation et le vaste mouvement de population qu'elle induisait vers le sud-ouest de la France.

30 KG DE BAGAGES ET QUATRE JOURS DE VIVRES

Les instructions sont strictes : interdiction d'apporter plus de 30 kg de bagages et quatre jours de vivres. Si les départements d'accueil ne correspondent en rien à l'environnement habituel des Alsaciens, les infrastructures, au moins en termes de transport, semblaient bien se prêter à ce déplacement massif. « Il s'agissait de transplanter immédiatement des centaines de milliers d'Alsaciens et de Lorrains à l'intérieur de la France, car une attaque aérienne ou un bombardement des régions exposées aux canons allemands étaient à craindre. On voulut par ces mesures urgentes épargner à la population de Strasbourg le sort de celle de Varsovie[37] », écrit Marie-Joseph Bopp en 1945 dans son livre consacré à l'Alsace sous l'occupation allemande.

Malheureusement, la logistique ne fut pas à la hauteur de la tâche. De tristes cortèges de carrioles, charrettes à chien, vélo ou brouettes s'étaient formés vers les gares. Le trajet fut également une épreuve : aux wagons de voyageurs, en nombre très insuffisant, réservés aux personnes âgées et aux mères avec leurs enfants, s'ajoutaient les wagons de marchandises ou à bestiaux pour tous les autres, sans siège et aux planches couvertes de paille.

L'arrivée est vécue douloureusement. Périgueux, qui joue le rôle de centre de triage, est totalement saturé. Il n'y a plus de linge ni de logement, et l'accueil est souvent glacial : « On n'a pas été trop bien reçu au départ. On était des boches[38]. » Il est vrai que de nombreux Alsaciens ne parlaient pas ou très mal le français, ce qui passait difficilement auprès de la population, qui s'exprimait pourtant elle aussi dans son patois, mais qui était devenue soupçonneuse à l'égard de ces Alsaciens qui parlaient la langue de l'ennemi (ou supposé telle) malgré un retour dans le giron français vingt ans plus tôt.

La vie des évacués, méchamment surnommés les «Yaya», pour lesquels il s'agit souvent du premier voyage en dehors de l'Alsace, est souvent pénible, et les malentendus avec la population locale nombreux. Ainsi, lorsque des habitants du Limousin leur offrent des topinambours et des châtaignes, les Alsaciens répondent maladroitement que, chez eux, c'est pour les cochons[39]. La cohabitation est donc difficile, les uns se sentant envahis, les autres déracinés, dans une atmosphère d'inquiétude et de déstabilisation où les tensions sont grandes.

On ne peut donc que s'étonner ou plutôt s'indigner d'un tel choix, qui va obliger près de 450 000 Alsaciens (et au moins 200 000 personnes de plus si l'on ajoute les Lorrains de Moselle) à traverser, en diagonale, toute la France et se retrouver à l'opposé de leur terre d'origine[40]. Il faut garder à l'esprit que l'Alsace comptait au recensement de 1936 environ 1,2 million d'habitants, dont près de 200 000 à Strasbourg. S'agissant de la population juive d'Alsace, le même recensement de 1936, qui comportait une question sur la religion (non obligatoire) à cause du statut concordataire local, fait ressortir la présence de 20 684 Juifs (15 168 dans le Bas-Rhin, 5 516 dans le Haut-Rhin), chiffre probablement inférieur à la réalité, plus proche de 25 000[41].

Cette évacuation massive se révéla aussi inutile que la ligne Maginot elle-même. Comme le relève Marie-Joseph Bopp avec un humour tout à fait involontaire : «Dans la ligne Maginot nos soldats étaient prêts et attendaient l'attaque allemande. Elle ne vint pas[42].» Dans le souvenir obsédant de la Première Guerre mondiale, les Français, en 1939, faisaient généralement confiance à leur armée, «confiance où la présomption le dispute à la naïveté et aux illusions[43]». Ce plan délirant, quand on l'examine aujourd'hui, avec un déplacement de population d'une ampleur inconnue dans des circonstances comparables, aura finalement, on l'a vu, été masqué par l'exode de juin 1940.

Pourtant, ne pouvait-on pas déjà y déceler le désastre à venir de l'armée française ? Pour reprendre le diagnostic effectué sur le vif par le grand historien Marc Bloch, qui enseignait à Strasbourg, les chefs militaires français n'avaient pas su penser la guerre, ou l'avaient pensée de façon absurde, comme en témoigne de façon prémonitoire l'exode alsacien déclenché en septembre 1939 : « Les Allemands ont fait une guerre d'aujourd'hui, sous le signe de la vitesse. [...] Si bien, qu'au vrai, ce furent deux adversaires appartenant chacun à un âge différent de l'humanité qui se heurtèrent sur nos champs de bataille. Nous avons en somme renouvelé les combats, familiers à notre histoire coloniale, de la sagaie contre le fusil. Mais c'est nous cette fois qui jouions les primitifs[44]. » Ainsi, « d'un bout à l'autre de la guerre, le métronome des états-majors ne cessa pas de battre plusieurs mesures de retard[45] », comme le relève avec ironie, mais aussi beaucoup d'amertume, Marc Bloch. Il fut exclu de la fonction publique par le premier statut des Juifs d'octobre 1940, dont il sera longuement question plus loin, mais, par la suite, il sera « relevé de déchéance » par décret en Conseil d'État pour services scientifiques exceptionnels rendus à la France. Il se rend logiquement à Clermont-Ferrand, au sein de l'université de Strasbourg repliée. Résistant passé dans la clandestinité en 1943, il est arrêté et torturé par la Gestapo le 8 mars 1944. Il est fusillé le 16 juin 1944. Son court testament rédigé en mars 1941, dont je conseille vivement la lecture, est d'une beauté déchirante.

STRASBOURG, VILLE MORTE

Strasbourg est évacuée en 48 heures, soit possiblement près de 120 000 personnes, voire 190 000 selon les sources. Les sirènes hurlent, des voitures surmontées de haut-parleurs clamant la nouvelle[46].

Comment se représenter la stupeur des habitants ? Le tocsin sonne dans les villages, les habitants doivent quitter en quelques heures, foyers, appartements, commerces, magasins, terres agricoles. Les moyens de transport sont souvent abandonnés dans les lieux de regroupement. Il y a très peu de voitures, ou elles ont été réquisitionnées.

Il paraît aujourd'hui difficile d'imaginer Strasbourg devenue ville morte, hormis militaires et gendarmes, et, au-delà, les milliers d'hectares de terre qui ne sont plus cultivées du jour au lendemain, le bétail qui se survit à lui-même, libéré des étables la mort dans l'âme par les paysans, en sursis provisoire avant de mourir de faim.

Au zoo de l'Orangerie, où mon père se promenait si souvent avec Lise et Poldi ainsi que ses oncles, les animaux sont condamnés dans leurs enclos.

Jean-Paul Sartre évoque Strasbourg évacuée dans ses *Carnets de la drôle de guerre*. Il note le 23 septembre 1939 que « hier soir, un camionneur militaire qui revenait de Strasbourg nous décrit – mal – cette saisissante ville morte. Pas un chat. [...] Les terrasses des cafés ont encore toutes leurs tables, mais les rideaux de fer sont baissés (comme à Venise, la nuit, sur la place Saint-Marc). À travers les vitres des kiosques de journaux, on voit encore des quotidiens et des magazines en date du jour de l'évacuation[47]. »

Pour circuler en ville, il faut obligatoirement une autorisation délivrée par les autorités militaires, qui détiennent le pouvoir du fait de l'état de siège qui a été décrété en même temps que la mobilisation générale. Mon grand-père obtint précisément un de ces « sauf-conduits » provisoires, valable pour « plusieurs voyages du 17 décembre 1939 au 2 janvier 1939 [1940] pour aller de Nancy à Strasbourg ».

Ce document, délivré par l'état-major de la 20e région militaire à Nancy le 15 décembre 1939, est complété d'une autorisation inscrite à la main pour se rendre à Mulhouse les 17, 18 et 19 décembre 1939. Ces papiers sont établis au nom de Léopold Wachsmann, avocat au barreau de Strasbourg, résidant 69, allée de la Robertsau à Strasbourg. Au verso, on voit qu'il a le droit de se rendre à Strasbourg le 17 décembre 1939. Plus exactement, il est autorisé à « pénétrer le 69, allée de la Robertsau et le 5, rue des Francs Bourgeois », chez lui, à la maison donc, et à l'adresse de son cabinet dans le centre-ville de Strasbourg. Cette autorisation porte le double cachet de la police d'État de Strasbourg et de l'état-major militaire. Il est fait mention de la sortie obligatoire le même jour avec « autorisation d'enlèvement des effets personnels (vêtements, linge, matelas, couvertures, objets précieux, instruments de travail) à l'exclusion de tout mobilier ».

Ce document m'interpelle. Que mon grand-père souhaite revenir à Strasbourg pour récupérer des affaires (et peut-être de l'argent) à la maison et à son cabinet, soit. Mais que fait-il ensuite à Mulhouse (où nous avions certes de la famille) et pourquoi arrive-t-il de Nancy ?

Cette incursion à Strasbourg marque le début de ses incessants déplacements, professionnels et personnels, pendant toute la guerre. À cette date, la famille est pourtant installée à Néris-les-Bains depuis plusieurs mois. Un retour à Strasbourg, via Nancy et Mulhouse – qui constituaient plutôt des détours –, nécessitait d'effectuer un trajet conséquent de quelque 400 kilomètres.

NAZIFIER L'ALSACE

Les Allemands vont occuper Strasbourg le 19 juin 1940 et, quelques jours plus tard, l'armistice sera signé dans des conditions désastreuses pour la France. À cette date, un an après l'évacuation qu'ils ont anticipée grâce à Adolphe, ma famille est encore à Néris-les-Bains, à l'exception de Poldi, qui fait des allers-retours à Marseille pour chercher du travail.

L'armistice signé le 22 juin 1940 entre la France et l'Allemagne ne règle en rien la situation de l'Alsace, qui n'est même pas mentionnée. Funeste vide juridique, car, de fait, l'Alsace est immédiatement annexée.

Hitler se rend brièvement à Strasbourg quelques jours plus tard, le 28 juin, le drapeau à croix gammée flottant sur la cathédrale. L'échange qui eut alors lieu est bien connu : s'adressant à ses troupes, Hitler lance : « Qu'en pensez-vous ? Devons-nous rendre aux Français ce joyau ? » Et tous les soldats répondirent : « Non, jamais[48] ! » Ce joyau fut pourtant l'objet d'un des premiers gestes des nazis contre la religion en Alsace : la cathédrale fut d'abord proposée comme lieu de culte aux protestants, ce que le président de l'Église luthérienne refusa. Elle devint alors un musée de la guerre à la gloire de l'histoire allemande, un *Feldherrnhalle*, selon le témoignage de Marie-Joseph Bopp en 1945[49].

Dès l'été 1940, la frontière avec l'Allemagne est retracée à l'identique de celle de Bismarck en 1871. L'Alsace devient une province allemande, intégrée au Pays de Bade dans le Gau Oberrhein sous l'administration du Gauleiter Robert Wagner, un fidèle d'Hitler dès le milieu des années 1920, qui dirigeait le Pays de Bade depuis 1933. Relevant directement de l'autorité d'Hitler, il recevra des instructions strictes afin de germaniser l'Alsace dans les dix années à venir. Le principal souci des Allemands est alors de faire revenir massivement les Alsaciens réfugiés dans le reste de la France. L'administration française est immédiatement supprimée et tous les symboles et instruments de la souveraineté républicaine sont systématiquement éradiqués. Il ne s'agit pas seulement de germaniser, mais de nazifier[50].

Dans le cas d'un hypothétique retour à Strasbourg, Poldi aurait dû subir une «rééducation» juridique totale pour pouvoir espérer exercer son métier d'avocat, ce qui n'aurait de toute façon pas pu être le cas, à cause de sa religion. Les codes allemands sont introduits en droit civil et commercial, et une partie du code pénal nazi va s'appliquer en Alsace à partir de 1942. La législation allemande est ainsi mise en place progressivement, de même que le système financier et économique du Reich.

L'usage du français et de l'alsacien est interdit, pour un retour à la *Muttersprache* (langue maternelle), de même que sur les poteaux indicateurs, les tableaux d'orientation et les inscriptions sur les bâtiments publics. Dès lors, il est non seulement interdit de parler français, mais également de l'écrire et de le lire. Toute infraction pouvait vous faire envoyer en camp de concentration, et l'usage de «bonjour» ou «au revoir» était puni d'une amende immédiate de trois marks.

Au début du mois de juillet 1940, tous les noms français de rues, lieux et commerces doivent être remplacés par des appellations à consonance allemande. Les façades doivent être «défrancisées» et les commerçants doivent modifier les inscriptions et enseignes françaises sous peine de ne pas pouvoir ouvrir leurs magasins. À Strasbourg, les rues sont débaptisées (la place Broglie devient l'Adolf Hitler Platz) ou (re)germanisées, comme la rue Sankt-Fridolinstrasse, où habitait Adolphe. Le port du béret fut interdit et sanctionné. Certains s'acharnèrent même sur l'aspect français des cimetières alsaciens.

Pour accompagner ces mesures, un camp de redressement est ouvert, en août 1940, à Schirmeck, pour emprisonner et punir les réfractaires. Un an plus tard, encore plus terrifiant, les nazis établissent le camp de concentration de Natzweiler au lieu-dit du Struthof.

Ce nationalisme outrancier serait presque risible s'il n'avait pas été, par la suite, aussi dramatique : les noms et prénoms à consonance française doivent être germanisés à partir du 23 novembre 1940. Ainsi, Roger devient Rudiger ; Jean, Hans ; Guillaume, Wilhelm... Ce faisant, « les nazis doivent faire face à un véritable casse-tête administratif, juridique et linguistique. L'opération, qui devait être achevée à la fin 1940, s'éternise et se noie dans le cafouillage, l'excès de zèle et la bêtise[51]. »

Une blague fut partout racontée en Alsace : « Un homme né avant 1870 s'appelait au moment de sa naissance Lagarde. En 1871, il fut forcé par les Allemands de germaniser son nom, qu'il traduisit en allemand : *Wache*. En 1918, ce nom fut prononcé à la française et devint Vache. Nouvelle traduction en 1940. Il s'appelait maintenant *Kuh*. Alors, le pauvre diable s'écria : “Eh bien, quand les Français reviendront, je m'appellerai Cul, ce qui phonétiquement est logique[52].” »

Bien entendu, les cartes postales avec légende française furent interdites. Ce livre aurait donc pu ne pas exister.

L'ALSACE DEVIENT *JUDENREIN*

Ainsi, en quelques mois, l'Alsace devient prisonnière d'un filet totalitaire et policier particulièrement étanche. Le premier retour des réfugiés alsaciens eut lieu à Strasbourg le 6 août 1940, suivi par près de 400 convois les trois mois suivants, ramenant environ 320 000 évacués. Soit un pourcentage important de ceux qui étaient partis un an plus tôt, beaucoup de paysans voulant retrouver leur terre, des femmes pensant revoir leur mari prisonnier revenir plus facilement, des Alsaciens ayant mal vécu leur séjour dans le Sud-Ouest, craignant des représailles pour leur famille restée sur place, ou encore ceux qui avaient des souvenirs acceptables, voire positifs, de la présence allemande entre 1870 et 1918 et qui se disaient que les choses allaient être du même ordre.

Les Allemands accueillirent ces « réfugiés » en grande pompe et les aidèrent financièrement à se réinstaller grâce au *Elsässischer Hilfsdienst* (Service de secours alsacien). Ils prodiguèrent ainsi certains avantages matériels afin de s'assurer du contrôle de la population : libération de certains prisonniers de guerre, réparation rapide des immeubles endommagés, ration alimentaire accrue, même si le taux de change applicable restait très défavorable (1 mark contre 20 francs) pour le portefeuille des Alsaciens.

Si les membres de ma famille avaient décidé de quitter Néris-les-Bains pour revenir en Alsace, sous le vacarme assourdissant de la fanfare allemande jouant le *Deutschlandlied*, elle aurait pu lire à la gare de Strasbourg *Das deutsche Strassburg heisst euch willkommen* (« Strasbourg l'Allemande vous souhaite la bienvenue[53] »). Jean-Paul, qui n'aurait pas tardé à intégrer par obligation les associations de jeunesse nazie, se serait vu remettre un petit drapeau rouge à croix gammée qu'il aurait dû agiter parmi des centaines d'autres. Avec tous les voyageurs et le comité d'accueil nazi, il aurait dû lancer des *Sieg Heil* entrecoupés de *Heil Hitler*, tout en faisant le salut nazi. « Et les vieux qui croyaient retrouver les Allemands civilisés, respectueux des libertés individuelles, d'avant 1914, devaient perdre leurs illusions : les Allemands nazis avaient déjà instauré un régime totalitaire contrôlant même leur vie privée[54]. »

Sur les 50 000 à 60 000 Alsaciens – voire plus – qui ne revinrent pas en Alsace en 1940[55], il y avait des choix volontaires, mais également toute une population qualifiée d'indésirable par les nazis, dont, en premier lieu, les Juifs qui avaient fait partie de l'évacuation initiale de l'Alsace en septembre 1939, soit quelques milliers de personnes sur une communauté d'environ 20 000 à 25 000 Juifs alsaciens.

Or, au moment où les évacués étaient fortement incités à retourner en Alsace, les Allemands décidèrent, dès le 16 juillet 1940, de l'expulsion en zone libre du reste des Juifs alsaciens, soit 17 783 personnes[56], mesure qui visait ceux qui habitaient dans les zones qui n'avaient pas été sujettes à l'évacuation de septembre 1939, obligeant ainsi le Consistoire du Bas-Rhin à s'installer à Vichy.

Les méthodes étaient d'ores et déjà brutales. À Mulhouse, des groupes furent roués de coups ou obligés de crier en allemand : « Nous Juifs, nous sommes responsables de la guerre. Nous le confirmons. » À l'appel de leur nom, il leur fallait répondre : « Cochon de Juif ». À Colmar, le 16 juillet 1940, hommes, femmes, vieillards et enfants furent fouillés, les bijoux et même les alliances confisqués, les sommes au-delà des 2 000 francs autorisés furent saisies et la population juive de la ville fut entassée dans des camions et expulsée hors d'Alsace. À Strasbourg, l'imposante synagogue du quai Kléber, située à deux pas de chez Adolphe, est incendiée et rasée le 12 septembre 1940.

Les nazis, dès la fin juillet 1940, se félicitèrent de ce que l'Alsace avait pu être épurée de ses Juifs (*Judenrein*) pour la première fois et en quelques jours. Un peu plus tard, le 22 avril 1941, les 3 255 Juifs restants, dont on n'ose imaginer les conditions de vie, furent à leur tour expulsés d'Alsace[57].

Après son départ anticipé de Strasbourg, il a dû apparaître assez vite à Adolphe qu'un retour aurait rendu précaire (pour ne pas dire plus) l'existence de toute la famille, et qu'en Alsace, les traces de leur judaïcité les auraient sans aucun doute trahis plus facilement qu'en France. Qu'il le sache ou non, il n'aurait pu qu'être conforté dans sa décision par le fait que l'immeuble du 69, allée de la Robertsau, où résidaient encore paisiblement, quelques mois plus tôt, Lise, Poldi et mon père, fut rapidement occupé par le SD (*Sicherheitsdienst*), le service de la sûreté nazie, en charge de la surveillance de la population et dont le chef dirigeait également la Gestapo.

Chaque membre de ma famille va alors s'adapter à un quotidien bouleversé, en essayant de vivre normalement dans une semi-clandestinité épuisante, tant moralement que physiquement. L'avenir donnera raison à Adolphe et aux siens, même si, au moment de quitter Strasbourg au printemps 1939, toute la famille ignore évidemment que le temps du retour n'adviendra qu'après six longues années.

Ma grand-mère Lise Frank, et mon grand-père Poldi Wachsmann se sont mariés en 1934 à Strasbourg. Le petit Jean-Paul, mon père, est né en octobre 1935. Il a environ 1 an sur cette photo, entouré de ses parents, élégants à la ville comme à la campagne.
La carrière d'avocat de Poldi est alors bien lancée ; il a prêté serment en 1928. Il a déjà changé à deux reprises de nationalité : né polonais, devenu allemand, puis français, comme Lise, bien après la fin de la Première Guerre mondiale.

AVANT-GUERRE
UNE FAMILLE BIEN INTÉGRÉE

Mai

19. Mai 1908.

Einvierteljahrhundert-Zeitschrift für eheliche Kultur

Gegründet zu Ehren des jungen Ehepaares

Adolf u. Martha Frank in Strassburg

Wohlauf die schäumenden Kelche gefüllt:
Altheidelbergs Frühling soll leben!
Der die Halden in duftige Blüten hüllt,
Aus dem uns Kraft und Schönheit quillt
Und frohgemutes Streben.

Solch' lachender blühender Frühling sei
Des jungen Paares Zeichen,
Das froh sich gefunden im wonnigen Mai;
Dem jungen Lenze voll Glanz und Schalmei
Soll seine Liebe gleichen.

Schaut hinaus in das lachende, blühende Rund
Der sproßenden Frühlingstriebe!
Schaut hier das Jungpaar mit kußfrohem Mund!
Stoßt an! Leert fröhlich den Kelch bis zum Grund:
Vereint lebe Frühling und Liebe!

Le cahier de mariage de mes arrière-grands-parents

Le 19 mai 1908, mon arrière-grand-père Adolphe Frank épouse Martha Wertheimer. Ils sont tous deux de nationalité allemande et résident en Alsace, allemande depuis 1870. Ce cahier satirique témoigne de rites immuables à l'occasion des mariages : il est composé de chansons et textes un peu lestes et de photos amusantes des futurs époux.

Adolf und Martha

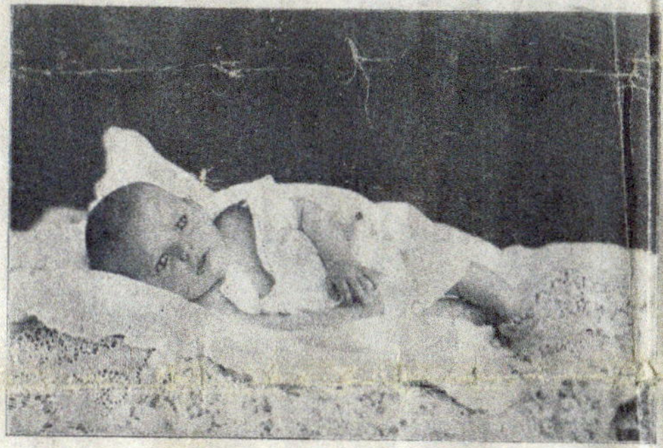

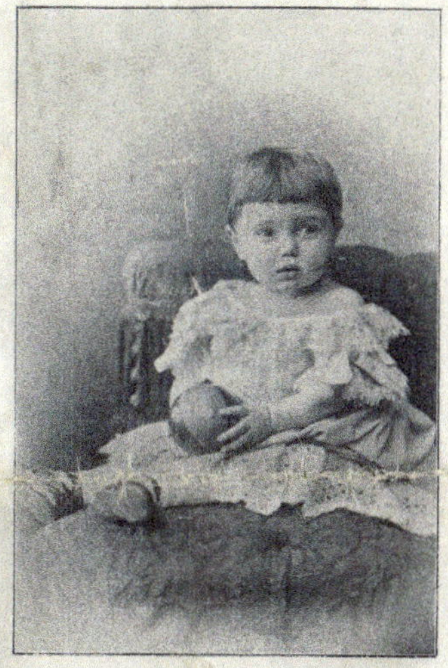

I.

ieses ist ein kleines Kind
Iie sie eben meistens sind
önnte Dolf und Marthel sein
at, wer ist es von den zwein?
at sein Kleidchen nicht ganz zu
as erkennest du im Nu;
ist der Doler drum, ich wette,
amen sehn auf Toilette.

Damals schrie und trank er sehr
Heute tut er's gar nicht mehr.
Denn das alles sind so Sachen,
Die man darf als Baby machen,
Für den Mann wär's wen'ger
[fein;
Offiziell lässt man's d'rum
[sein.

II.

Wenn das erste Doler war,
Ist das Marthel, das ist klar.
Einerseits sieht man's doch an,
Dass das Marthel werden kann;
Andrerseits man dies bestimmt,

Aus der Zeitung Zweck entnimmt.
Trägt im Händchen einen Ball;
Das ist so der Kinder Fall
Später liebt man and're Sachen.
Doler, was giebt's da zu lachen?

III.

Nun mein hochverehrter Leser
Ist der Doler schon viel grösser.
Treibt sich 'rum auf Gass u. Gässchen,
Macht bald da, bald dort ein Spässchen
Schwupp, da packte ihn ein Hund,
Doler, das ist ungesund.
Denk', wenn das die Marthel wüsst',
Die dich später einmal küsst.
..Doch das geht uns hier nichts an,
Kommt erst im Bild 7 dran.

IV

Hier die kleine Konfirmantin,
Hat zu jener Zeit gekannt ihn,
Unsern Doler, gar noch nicht,
Dieses sieht man am Gesicht
Das so ruhig und wunschlos blickt,
Wie sich das für Mädchen schickt.
Hätt' sie Doler schon gekannt,
Damals schon wärs Herz entbrannt.
Doch dass solches nicht geschah
Dafür sorgte der Papa,
Wie das ist die Pflicht der Väter
Also denkt ein jeder – später.

VII.

Seht mal an, nun ist es wahr:
Diese zweie sind ein Paar.
Aus Soldat und Backfisch
Wurde Braut und Bräuterich
Stehen fidel, voll confiance
Unten am Hotel de France
Und man sieht's, sie freun
[sich mild,
Sicher schon auf's nächste Bild:
Wenn am Tage der Vermählung
Sie in inniger Beseelung
In den Arm sich sinken froh
Dieses ist mal Usus so.

Doch man hat's nicht konterfeit
Denn ihr habt's in Wirklichkeit;
Diese aber ist das Best'
Allemal und stets gewest.
Nicht im Traum und nicht im
[Schein
Könnt Ihr wahrhaft glücklich
[sein.
Drum wünsch ich Euch allezeit:
Starke, frohe Wirklichkeit:
Schlürfet sie in vollen Zügen:
Dann macht's Leben viel Ver-
[gnügen.

V.

Schaut den schmucken Kriegers-
[mann
Euch einmal genauer an
Doppelt Tuch ihm prächtig steht
Schnurrbart ist bergauf gedreht,
Flott die Mütze, kühn der Blick,
Herrgott ist der Doler schick.
Sing er harmlos so spazoren

Hat an ihn das Herz verloren
Manches liebe Mägdelein
Adolf, Adolf lass das sein!
Sei recht brav und denk' daran:
Du auch wirst einst Ehemann.
Dann verflucht man solche Sachen,
Doch es ist nichts mehr zu
[machen.

VI.

Dass uns Uniform gut stehet
Ihr auch aus der Wirkung sehet.
Schaut, wie sie das Köpfchen wendet
Von dem blanken Rock geblendet
Damals war's natürlich Spass;
Oder aber: ahnt sie was?
Nein, sie denkt nur an das Malen,
An die Klavizimbel-Qualen;

Lernt auch Englisch, sonderfehl,
Bei der Fräulein Daniel.
Kurz, sie lernet mit Genuss,
Was ein Mädchen wissen muss.
Denkt Euch doch nur eine Eh'
Ohn' Klavier und Englisch: nee!
So was wird es niemals geben.
Wo soll da die Liebe leben?

Adolphe et Martha, qui décède prématurément en 1936.

Le 25 juillet 1934, Adolphe marie sa fille Lise.

Lise, Poldi
et Jean-Paul
aux bains,
vers 1938.

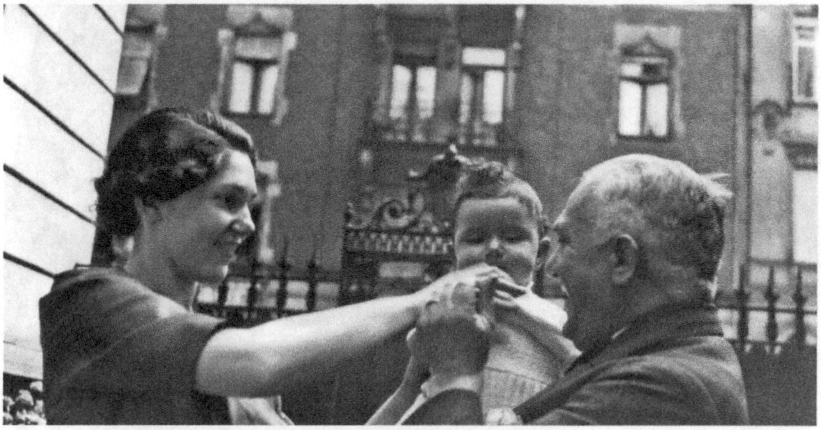

Adolphe est,
dans les années 1930,
un commerçant
talentueux et aisé,
installé dans une belle
villa du quartier qui vient
alors d'être construit
par les Allemands,
la Neustadt, aujourd'hui
inscrite sur la liste
du patrimoine mondial
de l'Unesco. Les photos
d'Adolphe avec Jean-Paul
sont prises sur le perron
de sa maison.

Der Führer und Oberste Befehlshaber in Straßburg

Carte postale de propagande

La guerre est déclarée le 3 septembre 1939 et Strasbourg devient en quelques jours une ville morte dont on a évacué les habitants vers le Sud-Ouest. Quelques mois plus tard, en juin 1940, la guerre est perdue. L'armistice est signé avec les Allemands le 22 juin 1940. Hitler se rend à Strasbourg le 28 juin, comme en témoigne cette carte postale de propagande. L'Alsace va être nazifiée sous l'administration d'un Gauleiter. Les Allemands la considèrent comme *Judenrein* (épurée de ses Juifs) dès l'été 1940.

CHAPITRE 2

Le présent est indécis

Deux mois en Suisse
pour le petit Jean-Paul

SEPTEMBRE – NOVEMBRE 1939

PREMIÈRES CARTES POSTALES EN ALLEMAND

Après avoir quitté Strasbourg et avant d'arriver à Néris-les-Bains, mes grands-parents franchissent immédiatement la frontière suisse début septembre 1939 – ce qui ne posait, semble-t-il, pas encore trop de problèmes – pour mettre Jean-Paul, à peine âgé de quatre ans, dans un home d'enfants à Unterägeri. C'est une destination relativement éloignée de Strasbourg, au sud de Zoug. J'imagine qu'ils sont passés par Bâle, point d'entrée classique des Strasbourgeois pour la Suisse, et ont ensuite parcouru les 135 kilomètres qui les séparaient de ce village.

Mon père est déposé à la *Privatkinderheim des Dr K. & A. Bossard*, comme il ressort d'une carte postale du 13 octobre 1939 qu'il envoie à ses parents. Cette école privée, créée en 1881, existe encore à l'heure actuelle. Il s'agit désormais de la *Privatschule du Dr Bossard*. Les échanges de cartes postales débutent lors de cette séparation initiale entre mon père et ses parents.

Ce court épisode suisse, dont mon père me soutiendra qu'il dura au moins six mois, est en réalité assez bref, moins de trois mois, entre septembre et novembre 1939. La première carte postale dont la date est identifiable est du 6 septembre, très peu de jours, donc, après l'évacuation de Strasbourg ; la dernière, du 6 novembre 1939. Contrairement à la plupart de celles qui apparaissent dans la suite de cet ouvrage, les cartes postales sont envoyées par mon père à ses parents. Elles leur sont adressées à Néris-les-Bains, où habite toute la famille depuis son départ de Strasbourg.

Néris-les-Bains est quasiment situé au centre de la France, dans une Auvergne qui présente un environnement bien différent de celui de l'Alsace. La ville est toute proche de Montluçon (moins de dix kilomètres), qui est l'une des sous-préfectures de l'Allier, à environ cent kilomètres de Vichy, l'autre sous-préfecture de ce département.

Si Moulins, la préfecture, s'est littéralement trouvé coupé en deux après l'armistice du 22 juin 1940, Néris-les-Bains, comme Vichy ou Montluçon, est au sud de la ligne de démarcation, c'est-à-dire en zone libre, en tout cas jusqu'en novembre 1942. Mais n'allons pas trop vite. En cette fin d'année 1939, la France n'a pas encore perdu la guerre, l'exode est à venir, Pétain est un général dont le nom est surtout associé à Verdun, et le découpage du territoire par les Allemands n'a pas encore eu lieu.

« CHER COCO »

Les 18 cartes postales envoyées par mon père depuis la Suisse sont pour moitié en allemand et pour moitié en français, bien entendu rédigées par le personnel suisse de l'école dans une écriture appliquée. Le style, stéréotypé, est agrémenté de dessins, quelques-uns de la main de mon père. Elles sont cérémonieusement signées d'un « votre Jean-Paul » ou « votre petit Jean-Paul », avec souvent « ses salutations » et heureusement aussi « des baisers » ! On y parle de promenades près du lac (d'Ägeri), de la neige qui est tombée, de nourriture, bien entendu excellente, qui permet à mon père de déclarer : « j'ai déjà engraissé, car je mange beaucoup et trouve tout très bon ».

Mon père reçoit également de son côté des cartes de ses parents, même si je n'en ai retrouvé qu'une seule, découpée à l'endroit du timbre (déplorable habitude du passé) mais avec le texte intact, où j'ai découvert que mon père était surnommé « Coco » par son père. Dommage que la date n'y soit pas visible, puisque mon grand-père y annonce qu'il viendra bientôt chercher son petit Coco. En effet, malgré la gaieté de ces échanges, mes grands-parents, et surtout Lise comme toute jeune mère, supportent mal l'éloignement de leur fils. D'autant que la drôle de guerre s'éternise depuis septembre 1939 et qu'il ne se passe quasiment rien. Malgré les rengaines à la mode que l'on fredonne (*On ira pendre notre linge sur la ligne Siegfried* de Ray Ventura et, bien entendu, *Ça fait d'excellents Français*, de Maurice Chevalier), c'est un moment où « le présent est indécis[58] ». Lise et Poldi ont le mal du pays et mon grand-père tourne en rond dans cette attente épuisante, où, bien entendu, il ne peut rien faire, loin de son bureau, de ses dossiers et de ses clients. Au moins ne sont-ils pas encore enfermés dans ce « ghetto moral[59] » où Vichy placera rapidement les Juifs à partir de l'automne 1940.

Ainsi, en novembre 1939, alors que les températures sont d'ores et déjà glaciales et bien au-dessous de zéro, Poldi, accompagné de

Lise, se rend en Suisse depuis Néris-les-Bains pour ramener Jean-Paul en France. Curieux mouvement à contretemps de l'histoire, lorsque tant de familles juives s'essayeront à passer en Suisse avec insuccès, et parfois la mort au bout de leur tentative.

Comment ne pas penser au livre de Patrick Modiano consacré à Dora Bruder ? La quête anxieuse de l'écrivain pour retracer le triste destin de la jeune Dora, qui avait fugué dans le Paris de l'Occupation et qui termina sa brève existence à Auschwitz, m'a longtemps hantée. Je ne pouvais ignorer qu'il s'en serait fallu d'un rien pour que mon père devienne l'un de ses tristes compagnons.

À l'arrivée de ses parents en Suisse, en novembre 1939, une chose est certaine, en tout cas dans le souvenir de mon père, il s'adresse à eux en allemand, car il a oublié son français. Ironie de l'histoire et d'une langue que Lise et Poldi maîtrisaient parfaitement, mais dont l'usage n'était alors guère prisé. Novembre 1939 correspond également à date de la première carte d'identité de mon grand-père, que j'ai pu retrouver dans le « carton des miracles ».

LES MULTIPLES IDENTITÉS DE MON GRAND-PÈRE

Sur la quinzaine de papiers d'identité dont je dispose, on verra que les informations qui y figurent vont connaître de nombreuses variantes, et de plus en plus de fausses déclarations, au gré de l'évolution de la guerre et de l'atmosphère qui se dégrade en France. Témoignage modeste de l'adaptation de nombreux Français à un monde devenu hostile dont ils maîtrisaient jusque-là les codes et que rien ne prédisposait à mentir aux autorités, d'autant moins que Poldi est avocat, soumis à une déontologie pour laquelle il a prêté serment. Mais ce sont aussi des exilés alsaciens et, surtout en tant que Juifs, des citoyens qui deviendront très rapidement de seconde zone, puis des cibles à éliminer sans pitié.

Pendant la guerre, les cartes d'identité, qui sont loin d'être les seuls documents nécessaires, pouvaient être établies par les mairies, les préfectures et les commissariats de police. Je fus alertée par l'historien André Kaspi, qui explique, dans son livre sur *Les Juifs pendant l'Occupation*, qu'il était possible de présenter la photo requise dans différentes positions et que le carton d'origine, fourni par l'Administration ou non, s'achetait dans des bureaux de tabac, dont aucun ne disposait de modèle harmonisé[60].

Comment cela fonctionnait-il? Jusqu'à la Seconde Guerre mondiale, alors que cette question agite les politiques depuis longtemps, les titres utilisés en France pour justifier de son identité sont disparates et n'ont pas pu être harmonisés. Ainsi, c'est d'abord une simple circulaire de 1916 de la préfecture de police de Paris qui élabore un modèle de référence impliquant qu'un document ne contenant pas certaines mentions et ne respectant pas certaines formes ne sera pas certifié par la police. En 1921, toujours par circulaire, une carte d'identité est instaurée, qui devient le seul document que les fonctionnaires de la préfecture de police sont habilités à établir et délivrer. Surprenante naissance par la petite porte et sur un territoire limité à Paris et au département de la Seine.

Il faut ensuite attendre 1935 et un décret de Pierre Laval qui établit une carte d'identité préfectorale dont le but est de contrôler l'ensemble des mouvements des personnes se déplaçant en France. Cette carte d'identité commencera à être délivrée en 1939 sous la forme du «Modèle N° 4», qui sert effectivement de base aux papiers successifs de mon grand-père. Avec ce modèle de carte d'identité, «pour la première fois en France, les préfectures délivreront dans tous les départements ce titre à la forme et au contenu normalisés en appliquant des procédures identiques[61]».

Mais malgré la puissance centralisatrice de l'Administration française, il demeure parfaitement possible de justifier de son identité par bien d'autres moyens: «cartes établies par les mairies, carte d'identité des PTT, carte du combattant, carte d'identité professionnelle de voyageurs de commerce ou encore carnets ou livrets de pension délivrés par les Ministères des Finances et des Pensions[62]». À ceci s'ajoutent encore la carte d'électeur, le permis de conduire, le passeport, les extraits d'acte de naissance ou les cartes d'adhésion à certains groupements.

En outre, comme le rappelle André Kaspi, les modèles de carte utilisés sont eux-mêmes des plus variés et comprennent à peu près tous les formats et toutes les couleurs, laissées au gré des imprimeurs locaux. Rétrospectivement, quelle curieuse situation, qui explique notamment pourquoi les papiers de mon grand-père sont d'un format variable et donnent cette impression de faux rustiques, qui n'est peut-être qu'une apparence. Quoi qu'il en soit, le «Modèle N° 4» créé à la fin de la Troisième République demeure très largement répandu pendant la guerre et continue, comme les papiers de mon grand-père l'attestent, à être délivré quand bien même ce régime a disparu.

À partir du moment où être juif devient un facteur discriminant légal, mon grand-père a pu jouer sur ce défaut patent d'uniformisation. Il n'est pas le seul: bon nombre de Juifs, de clandestins et de résistants en ont largement bénéficié, comme le confirme Léon Poliakov, grand historien de l'antisémitisme et un des grands témoins de l'époque: «Cette diversité introduisit quelque fantaisie dans l'appareil policier et a probablement sauvé des milliers de vies, puisqu'elle rendait le contrôle des cartes singulièrement compliqué[63].»

Cette situation anarchique n'ayant pas échappé au gouvernement de Vichy ni aux Allemands, une «carte d'identité de Français» (CIF), obligatoire pour tous à partir de 16 ans, sera instituée, au moins sur le papier, par la loi du 27 octobre 1940. Les Allemands requirent sa mise en place au plus tard en juillet 1942, ce qui s'avéra matériellement impossible.

Dès lors, la priorité sera de délivrer cette CIF dans des zones ou à des groupes sensibles du point de vue des nazis: zones côtières, population juive, hommes entre 19 et 45 ans en zone occupée, etc. Là encore, l'inachèvement de ce chantier, malgré la création d'un Service de la démographie (loi du 14 novembre 1940) et du Service national des statistiques (loi du 11 octobre 1941), aura pour heureuse conséquence de rendre beaucoup moins efficace l'action répressive de Vichy pendant l'Occupation.

Le déploiement de la CIF sera également ralenti par les nouvelles ambitions de la loi du 30 mai 1941, obligeant l'ensemble de la population française (et pas seulement les Juifs) à déclarer tout changement de domicile, qui n'entrera en vigueur qu'en mars-avril 1942. Ce dernier texte sera parfaitement respecté par mes grands-parents, dont les deux adresses successives à Grenoble apparaissent sur leurs papiers d'identité lorsqu'ils quittent Agen en février 1943.

NÉ À AUSCHWITZ

La première carte d'identité de Poldi dont je dispose date du 13 novembre 1939. Elle a été délivrée par la préfecture de l'Allier à Moulins. Celle-ci indique ce que l'on sait déjà, à savoir que mon grand-père réside alors à Néris-les-Bains. C'est du moins le cas avant qu'il n'aille chercher du travail à Marseille au début de l'année 1940. Cette carte est du modèle le plus courant, dit «Modèle N° 4», dont on vient de retracer brièvement l'histoire. Le teint et la forme du visage doivent être indiqués, mais pas celle du nez, comme ce sera le cas dans certains documents ultérieurs. Toutes les mentions sont correctes: sa profession, avocat, sa nationalité, française, y compris l'information la plus «délicate», à savoir son lieu de naissance, Auschwitz, qui figure sous son orthographe polonaise, Oswiecim. Par bonheur, le seul lien, somme toute anecdotique, entre ma famille et Auschwitz restera le lieu de naissance de mon grand-père.

Bien que résidant à Strasbourg depuis 1905, mon grand-père n'obtient la nationalité française par naturalisation qu'en 1928[64], soit dix ans après que l'Alsace est redevenue française. Cette année coïncide avec celle où il commence sa carrière d'avocat. Pour des raisons que mon père a oubliées, Poldi est, au même moment, déclaré inapte au service militaire par l'armée, ce qui lui permit de ne pas être mobilisé en 1939, à la différence d'Ernest ou de Paul.

À la naissance de Poldi le 18 juillet 1904, Auschwitz fait partie de l'Empire austro-hongrois des Habsbourg depuis la fin du XVIIIe siècle. C'est en 1918 que la ville redevient polonaise, Oswiecim[65], jusqu'à l'invasion de la Pologne par l'Allemagne et l'URSS en septembre 1939. Entre 1918 et 1928, quelle était la nationalité de mon grand-père? Autrichienne? Polonaise? Je ne saurais répondre.

Au début du XXe siècle, la ville est un bourg industriel et une jonction ferroviaire importante, qui compte environ 10000 habitants. Près de la moitié sont des Juifs, pour qui la ville est connue sous le nom d'*Oshpitzin* en yiddish, et dont la trace remonte au XVIe siècle, les rois polonais ayant, dès cette date, cherché à favoriser leur implantation.

Les parents de Poldi, Jacob Wachsmann et Sara Blumenfrucht, sont nés à Cracovie (en 1875 et 1874), où ils s'étaient mariés le

16 janvier 1900. Ils déménagent peu après à Oswiecim, où Jacob s'occupait d'un petit commerce. Pourquoi avaient-ils quitté Cracovie, où les parents de Sara étaient eux-mêmes commerçants, pour s'installer à Oswiecim ? Il est certain que les communautés juives de ces deux villes étaient importantes et qu'ils pouvaient vivre entre coreligionnaires si tel était leur souhait. J'en sais encore moins sur les raisons qui les ont poussés à entreprendre un voyage beaucoup plus lointain vers l'Allemagne et Strasbourg, où ils s'établissent dès 1905.

En septembre 1939 alors que la guerre est déclarée entre la France et l'Allemagne, Jean-Paul, qui est âgé de quatre ans, est envoyé en « home d'enfants » près de Zoug en Suisse. Ses surveillants sont très zélés et de nombreuses cartes postales agrémentées de dessins sont envoyées à Néris-les-Bains, où la famille s'est réfugiée sous l'impulsion d'Adolphe. Poldi et Lise s'ennuient de leur fils et vont le chercher en novembre. Démarre alors une correspondance épistolaire entre le petit garçon et son père, qui est souvent loin de sa famille pour des raisons professionnelles. Ces échanges se poursuivront durant toute la guerre. En voici un aperçu.

ÉCHANGES DE CARTES POSTALES

« PAPA EST TRISTE SANS JEAN-PAUL »

1939-1940

1939
EN SUISSE

Aegeri, 22.9.39

Très chers
Papa et Maman,

Voici de nou-
veau de mes
nouvelles qui
sont toujours
excellentes.

Je m'amuse toujours bien avec mes nouveause petits amis. J'ai de beause livres d'images, des jeuse de construction et natu-rellement mon ours dont je ne me sépare jamais. Avec tout cela, on ne peut vraiment pas s'ennuyer. Je mange bien pour pouvoir devenir très vite un grand garçon dont mon papa sera fier.

Chère maman, cher papa!

Aujourd'hui il fait pas très. beau et nous avons largement le temps pour jouer avec le petit train. C'est très amusant. Je suis en bonne santé et j'espère que vous aussi. –
Beaucoup de bons baisers de votre petit

Jean-Paul

Lieber Papa!
Liebe Mama!

Eurem kleinen Liebling geht es ganz gut. Ich bin lustig und fidel. Heute sah ich Kasperle-Theater. O wie war das lustig, der Kasperl hat mir am besten gefallen. Hoffentlich spielen die Kinder bald wieder etwas so lustiges. Ein ganz fester Gruss und Kuss schickt Euch

Jean-Paul.

Lieber Papa!
Liebe Mamma!

Wie geht es Euch? Mir geht es gut. Gestern sah ich den grossen Zeppelin welchen Herr Dr. Eng. gemacht hat, in die Luft fliegen, er war ganz hoch oben. Ich freute mich sehr. Viele Grüsse und Küsse schickt

Jean-Paul.

Mein lieber Papa!
Meine liebe Mama!

Wiederum ein kleines Grüssli. Es geht mir ganz gut. Ich male und zeichne viel. Wir gehen viel in den Garten wo wir schaukeln oder Eseli fahren. Hie und da gehen wir auch an den See und füttern die Schwäne. Es ist noch schönes Wetter. Viele liebe Grüsse vom

Jean-Paul.

Lieber Papa, liebe Mamma!

Wie freute ich mich als ich gestern ~~Morgen~~ erwachte und auf der Höhe Schnee sah. Alle Kinder jubelten. Das muss was feines sein, schlitteln zu können. Kiki freute sich auch sehr. Es geht mir gut und ich spiele allerlei. Wir können fast jeden Tag spazieren gehen.

Viele tausend Küssli und Grüssli schickt Euch der kleine

Jean-Paul

Lieber Papa, liebe Mamma!

Wie geht es Euch? Mir geht es immer gut. Ich fange Morgens früh schon zu singen an. Gestern hatten wir wieder Kino. Dieses gefällt mir besonders gut, da es jedesmal etwas lustiges zu sehen gibt. Auch mit der Eisenbahn spiele ich sehr gern.

Viele liebe Grüsse und Küsse schickt der kleine Jean-Paul.

1271B

Monsieur Jean-Paul
Wachsmann
La Roseraie
à Néris les Bains
(Allier)

Mers s/Indre le 20 Juillet 1940
Bien Cher Jean-Paul.
Je veux te faire entendre quelques mots de moi je suis encore en bonne santé ce que je pense de vous aussi. Ma tante Mathilde est arrivée hier soir à 8 h.
La carte que je t'envois sont mes derniers baisers de Mers s/Indre. Sur la carte c'est toi mon petit Jean-Paul qui téléphonne à Mathilde. Nous causerons encore beaucoup de toi mon Cher Jean-Paul. Et nous te souhaitons tous que nous pouvions de nouveau te revoir. Je termine ma carte et je t'embrasse bien fort en pensant de nous revoir Marguerite
Un bonjour de toute la famille.

Qui a fait ça ?

Mardi

Mon cher Coco,

Maman m'a écrit que vous êtes de nouveau à la maison et que tu aimes bien ta bicyclette. Bientôt tu pourras me la montrer.

Mille baisers de ton Papa

××××
×××××
××××

Fabrication Française

Monsieur Jean-Paul Wachsmann
La Roseraie
rue Massenet
à Néris-les-Bains
Allier

2024

M. D.
Paris

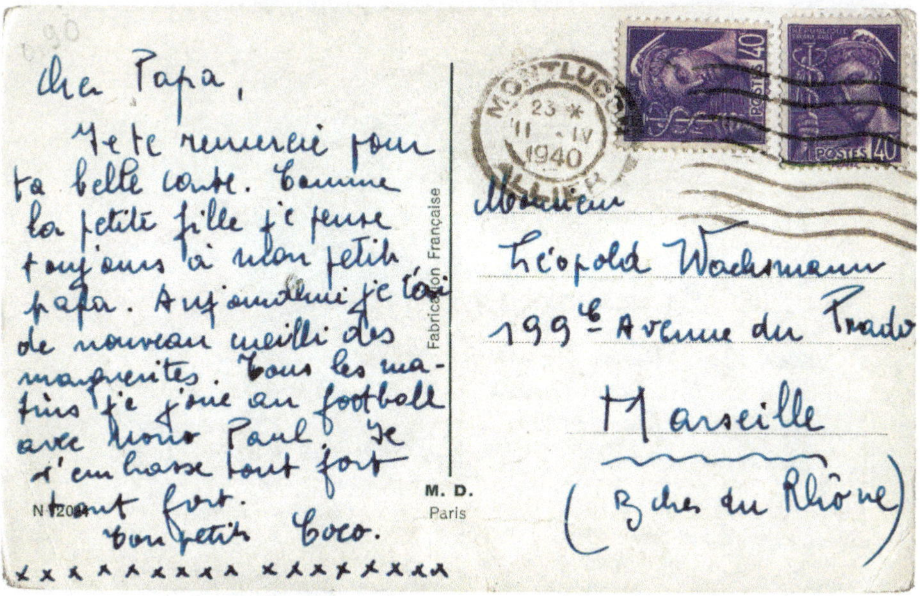

Cher Papa,
Je te remercie pour ta belle carte. Comme la petite fille je pense toujours à mon petit papa. Aujourd'hui je t'ai de nouveau cueilli des marguerites. Tous les matins je joue au football avec Mono Paul. Je t'embrasse tout fort tout fort.
Ton petit Coco.
x x x x x x x x x x x x x x x x x x x

Fabrication Française
M. D.
Paris

Montluçon Allier 23 11 IV 1940

Postes 40

Monsieur
Léopold Wachsmann
199bis Avenue du Prado
Marseille
(B-du-Rhône)

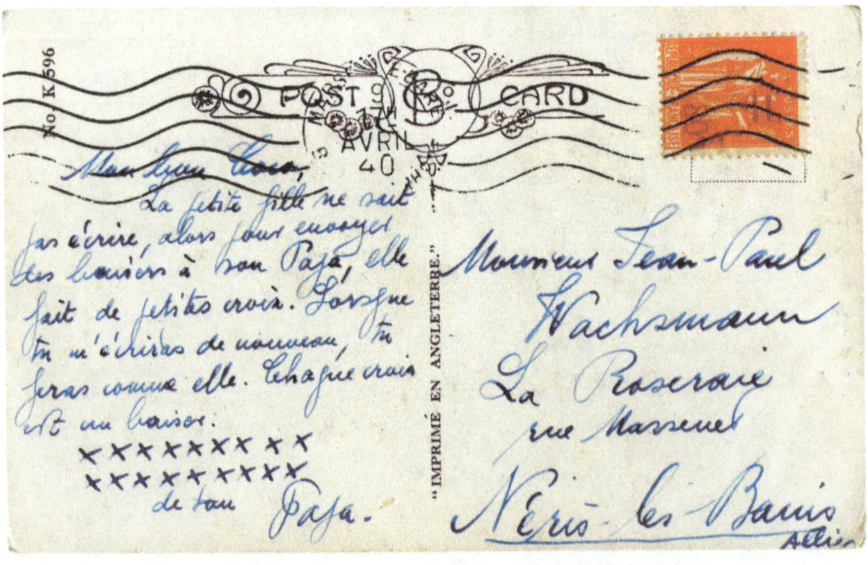
No. K 596

POST CARD

9 AVRIL 40

Mon cher Coco,
La petite fille ne sait pas écrire, alors pour envoyer des baisers à son Papa, elle fait de petites croix. Lorsque tu m'écriras de nouveau, tu feras comme elle. Chaque croix est un baiser.
× × × × × × × × × ×
× × × × × × × × × ×
de ton Papa.

"IMPRIMÉ EN ANGLETERRE."

Monsieur Jean-Paul
Wachsmann
La Roseraie
rue Masséna
Néris-les-Bains
Allier

Quel métier !
mais vous êtes si gentille !

Editions : E. SÉPHÉRIADÈS - PARIS
Par autorisation : WALT DISNEY-MICKEY MOUSE, S/A.
Mon cher Coco,
Maman m'a écrit
que tu savais déjà
si bien monter
à bicyclette. Bientôt
tu pourras te promener
avec moi à bicyclette.
Un gros baiser de ton Papa.
Monsieur Jean Paul
Wachsmann
La Roseraie
rue Massenet
Néris-les-Bains
Allier

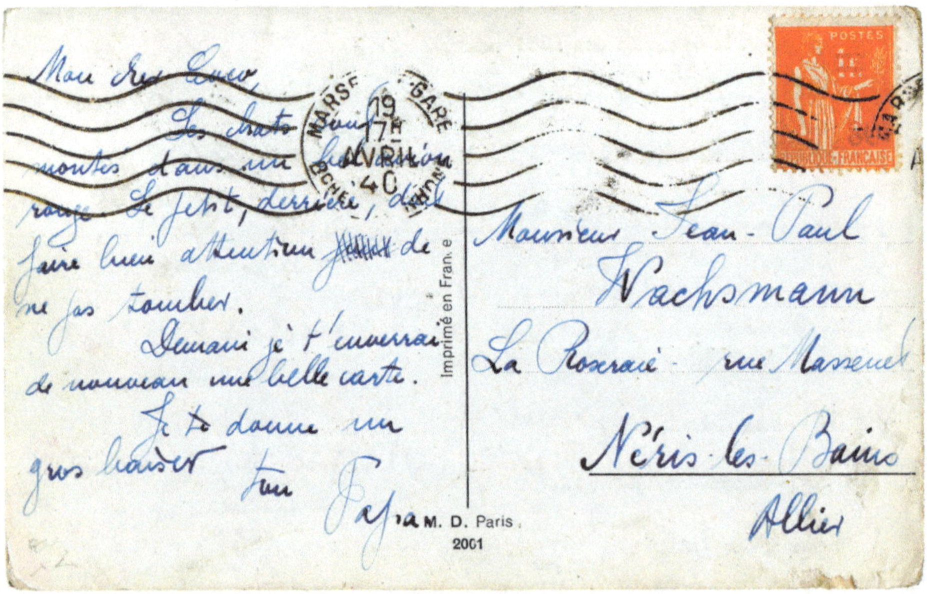

Mon cher Coco,

Les chats sont montés dans un bel avion rouge. Le petit, derrière, doit faire bien attention ~~[illegible]~~ de ne pas tomber.

Demain je t'enverrai de nouveau une belle carte.

Je te donne un gros baiser ton Papa

Imprimé en France

M. D. Paris
2061

Monsieur Jean-Paul Wachsmann
La Roseraie - rue Massenet
Néris-les-Bains
Allier

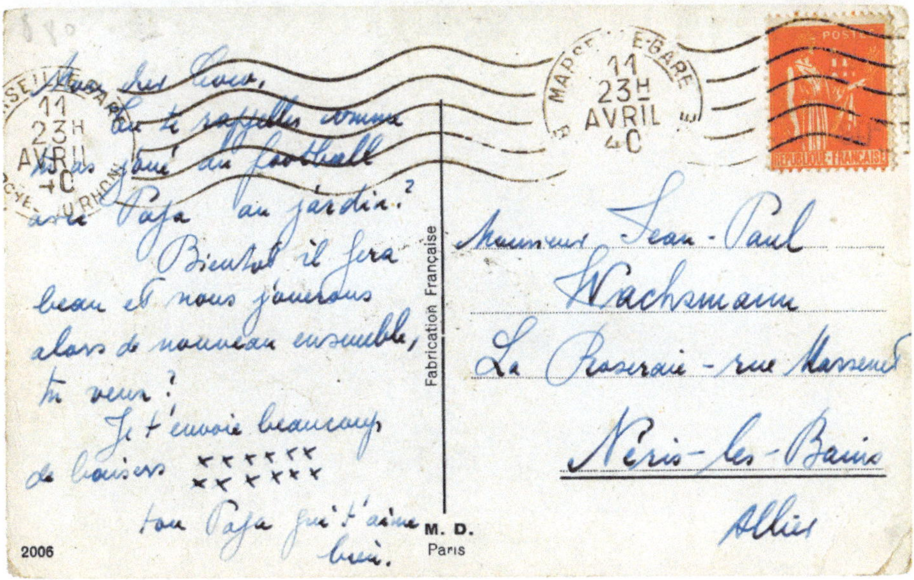

MARSEILLE-GARE 11 23H AVRIL 40 BOUCHES-DU-RHÔNE

Mon cher Coco,
Tu te rappelles comme
tu as joué au football
avec Papa au jardin ?
Bientôt il fera
beau et nous jouerons
alors de nouveau ensemble,
tu veux ?
Je t'envoie beaucoup
de baisers xxxxxx
xxxxxxx
ton Papa qui t'aime
bien.

2006

Fabrication Française

M. D.
Paris

POSTES
RÉPUBLIQUE FRANÇAISE

Monsieur Jean-Paul
Wachsmann
La Roseraie - rue Massenet
Néris-les-Bains
Allier

NOTRE EMPIRE VEUT UNE MARINE FORTE ET TOUJOURS PRÊTE

MARSEILLE-CAPUCINES BOUCHES-DU-RHONE 18 30 1940

Monsieur Jean-Paul Wachsmann
La Roseraie
Néris-les-Bains
(Allier)

Fabrication Française

M. D. Paris

Cher Coco

Papa m'a écrit ce matin que tu es bien sage et que tu manges bien aussi je t'envoie de nouveau une belle carte.

Continues à bien obéir et sois bien embrassé de ta maman et de ton Papa qui t'aime bien.

2010

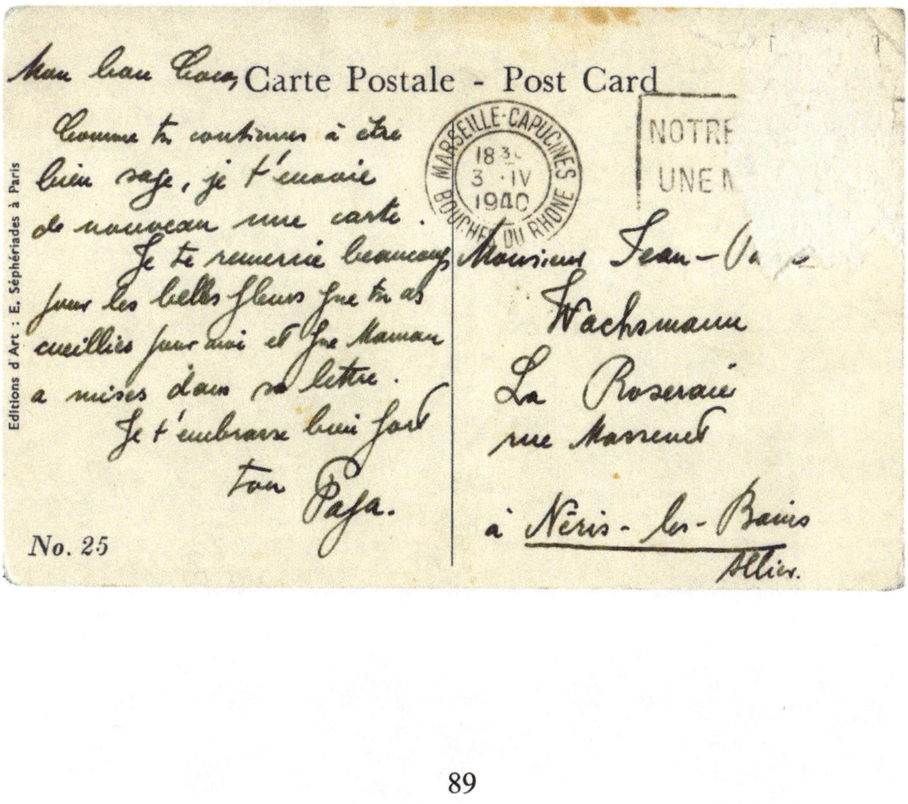

Mon beau Claus, Carte Postale - Post Card

Comme tu continues à être bien sage, je t'envoie de nouveau une carte.

Je te remercie beaucoup pour les belles fleurs que tu as cueillies pour moi et que Maman a mises dans sa lettre.

Je t'embrasse bien fort

ton Papa.

Editions d'Art : E. Séphériades à Paris

No. 25

MARSEILLE-CAPUCINES 18 30 3 · IV 1940 BOUCHES DU RHONE

NOTRE
UNE M

Monsieur Jean-Cl…
Wachsmann
La Roseraie
rue Massenet
à Néris-les-Bains
Allier.

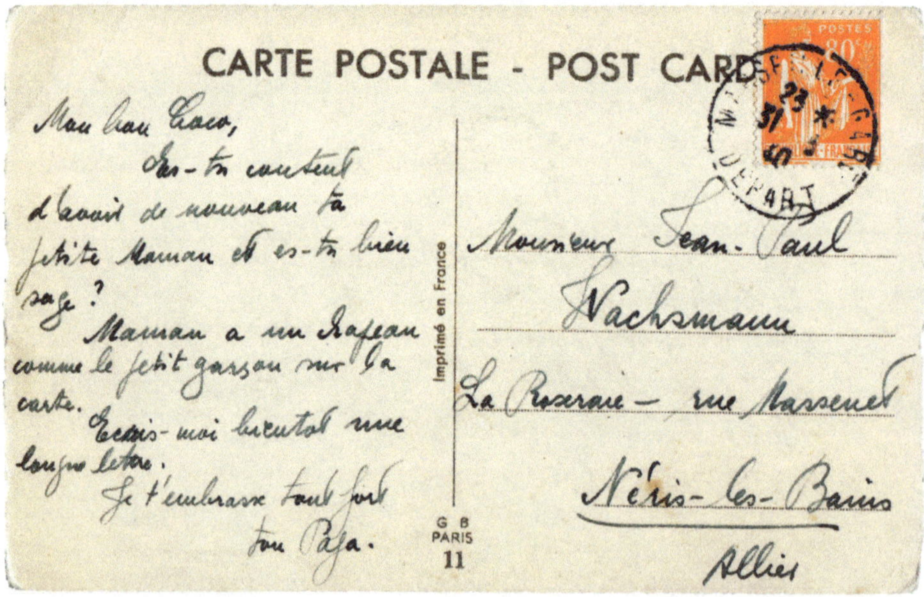

Mon beau Chaco,
Es-tu content d'avoir de nouveau ta petite Maman et es-tu bien sage ?
Maman a un drapeau comme le petit garçon sur la carte.
Ecris-moi bientôt une longue lettre.
Je t'embrasse tout fort
ton Papa.

Monsieur Jean-Paul
Wachsmann
La Roseraie – rue Massenet
Néris-les-Bains
Allier

Mon cher Coco,
Le petit chat
écrit à la machine
comme Papa.
J'espère
que tu es bien sage et
que tu obéis bien à
tout le monde. Je t'embrasse
ton Papa.

17H
AVRIL
40

FABRICATION FRANÇAISE

RÉPUBLIQUE FRANÇAISE 80c

Monsieur Jean-Paul
Wachsmann
La Roseraie - rue Massenet
Néris-les-Bains
Allier

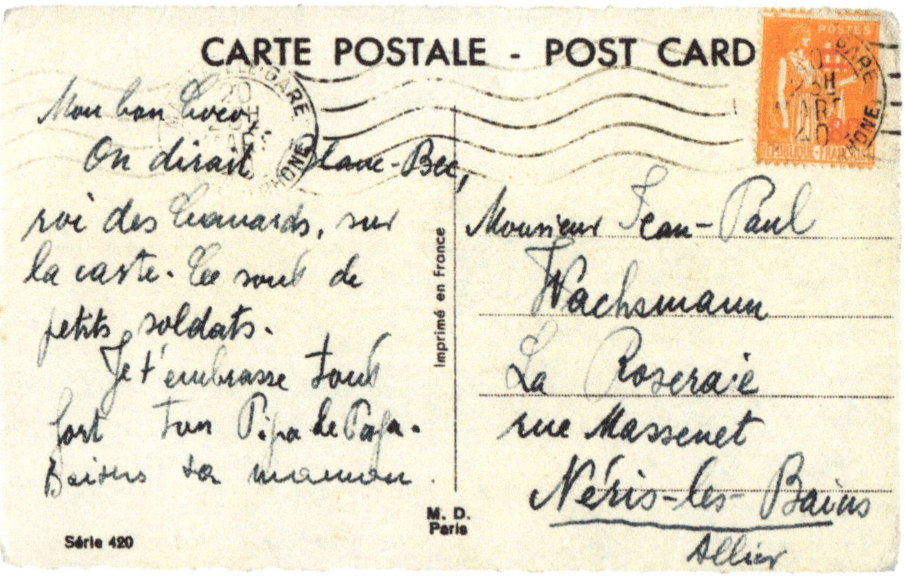
CARTE POSTALE - POST CARD

Mon bon Loveo,
On dirait Blanc-Bec,
roi des Canards, sur
la carte. Ce sont de
petits soldats.
Je t'embrasse tout
fort ton Pipa le Papa.
Baisers ta maman.

Imprimé en France

Monsieur Jean-Paul
Wachsmann
La Roseraie
rue Massenet
Néris-les-Bains
Allier

Série 420

M. D.
Paris

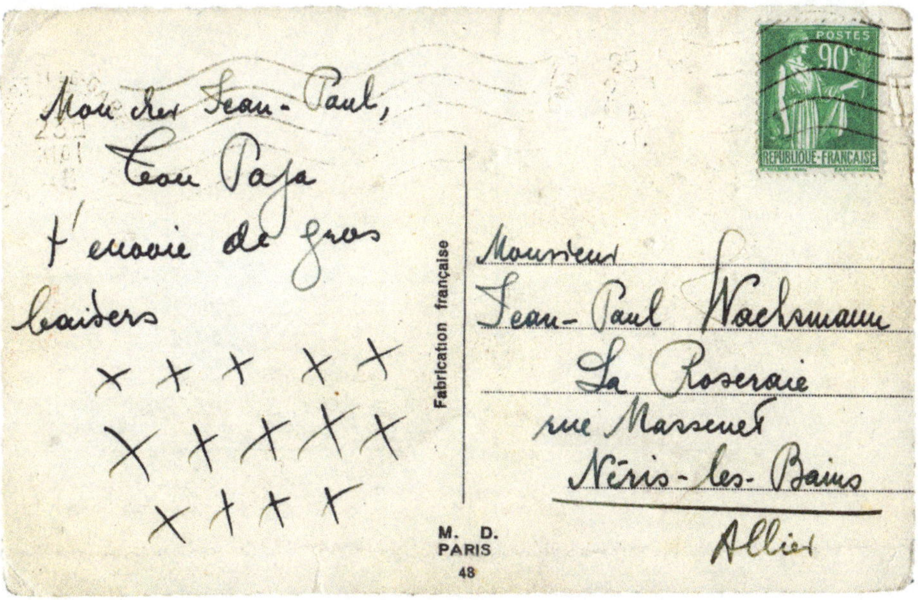
Mon cher Jean-Paul,
Ton Papa
t'envoie de gros
baisers
x x x x x
x x x x x
x x x x

Fabrication française

Monsieur
Jean-Paul Wachsmann
La Roseraie
rue Massenet
Néris-les-Bains
Allier

POSTES 90c
REPUBLIQUE FRANCAISE

M. D.
PARIS
48

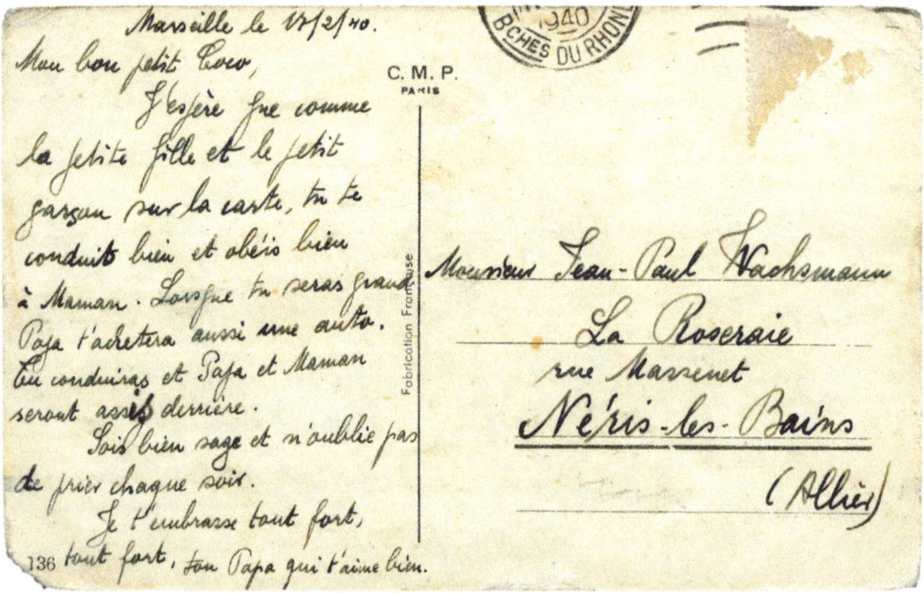

Marseille le 17/2/40.

Mon bon petit Coco,

J'espère que comme la petite fille et le petit garçon sur la carte, tu te conduits bien et obéis bien à Maman. Lorsque tu seras grand Papa t'achetera aussi une auto. Tu conduiras et Papa et Maman seront assis derrière.

Sois bien sage et n'oublie pas de prier chaque soir.

Je t'embrasse tout fort, tout fort, ton Papa qui t'aime bien.

C. M. P.
PARIS

Fabrication Française

136

1940
BCHES DU RHONE

Monsieur Jean-Paul Wachsmann
La Roseraie
rue Massenet
Néris-les-Bains
(Allier)

L WACHSMANN
Jim Patt
Papa, les p'tits bateaux qui vont sur l'eau ont-ils des jambes?

Grenoble samedi 11
GRENOBLE
1940
ISÈRE
RÉPUBLIQUE FRANÇAISE
Fabrication Française
Monsieur Jean-Paul Wachsmann
La Roseraie
rue Massenet
Néris-les-Bains
Allier
L WACHSMANN
M. D.
Paris
2036

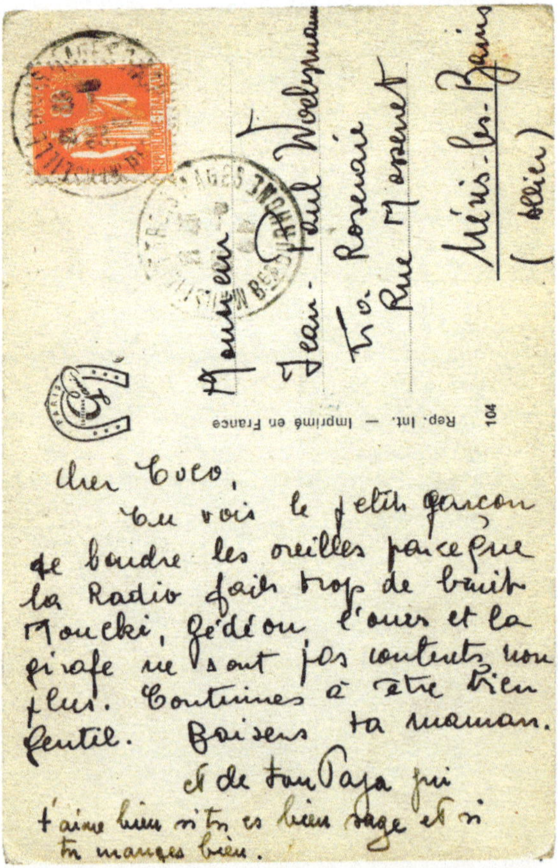

Monsieur
Jean-Paul Woolzmann
Vo. Roseraie
Rue Massenet
Néris-les-Bains
(Allier)

Rep. Int. — Imprimé en France 104

Cher Coco,
Tu vois le petit garçon se boucher les oreilles parce que la Radio fait trop de bruit. Moucki, Gédéon l'ours et la girafe ne sont pas contents non plus. Continues à être bien gentil. Baisers ta maman.
Et de ton Papa qui t'aime bien si tu es bien sage et si tu manges bien.

Essayez donc d'en faire autant!
Things are rather Upside Down—
But it's still 'Cheerio' !
MABEL LUCIE ATTWELL

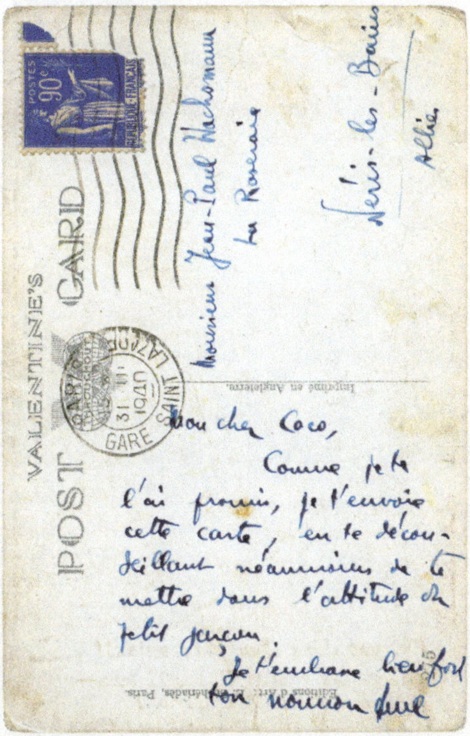
POST CARD
VALENTINE'S
Monsieur Jean-Paul Wachsmann
La Roseraie
Néris-les-Bains
Allier
Mon cher Coco,
Comme je te l'ai promis, je t'envoie cette carte, en te déconseillant néanmoins de te mettre dans l'attitude du petit garçon.
Je t'embrasse bien fort

Ah... que n'êtes vous là....
sur ce banc.. et dans mes bras !!.

Editions : E. SÉPHÉRIADÈS - PARIS
Par autorisation : WALT DISNEY-MICKEY MOUSE, S.A.
POSTES 90c
REPUBLIQUE FRANÇAISE
Mon cher Coco,
Tu aimes encore un peu ton Papa ?
Papa t'aime comme ça beaucoup.
Monsieur
Jean-Paul Wachsmann
La Roseraie - rue Massenet
Néris-les-Bains
Allier

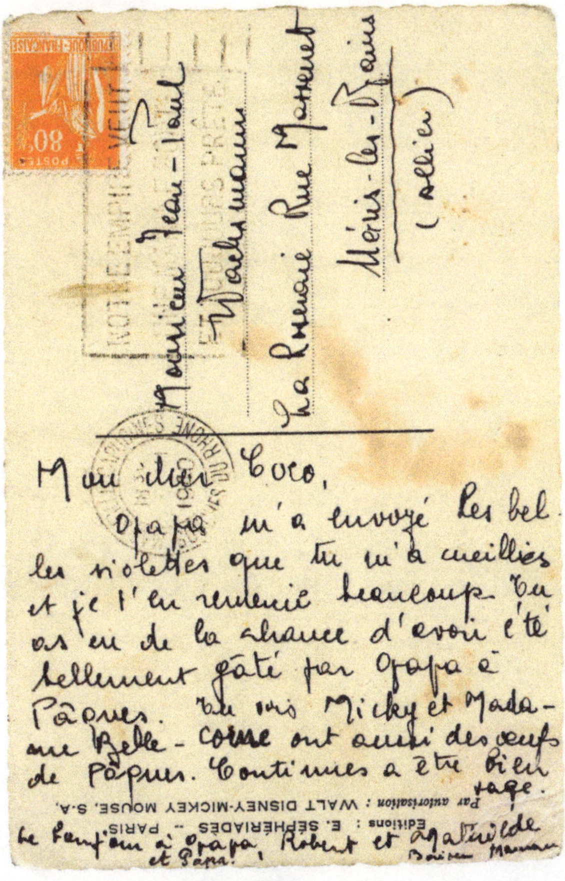
Monsieur Jean-Paul
Wachsmann
La Romanie Rue Massenet
Néris-les-Bains
(Allier)

Mon cher Coco,
Opapa m'a envoyé les belles violettes que tu m'a cueilliés et je t'en remercie beaucoup. Tu as eu de la chance d'avoir été tellement gâté par Opapa à Pâques. Tu vois Micky et Madame Belle-corne ont aussi des oeufs de Pâques. Continues a être bien sage.
Le bonjour à Opapa, Robert et Mathilde et Papa! Baisers Maman

Par autorisation : WALT DISNEY-MICKEY MOUSE, S.A.
Editions : E. SEPHÉRIADES -- PARIS

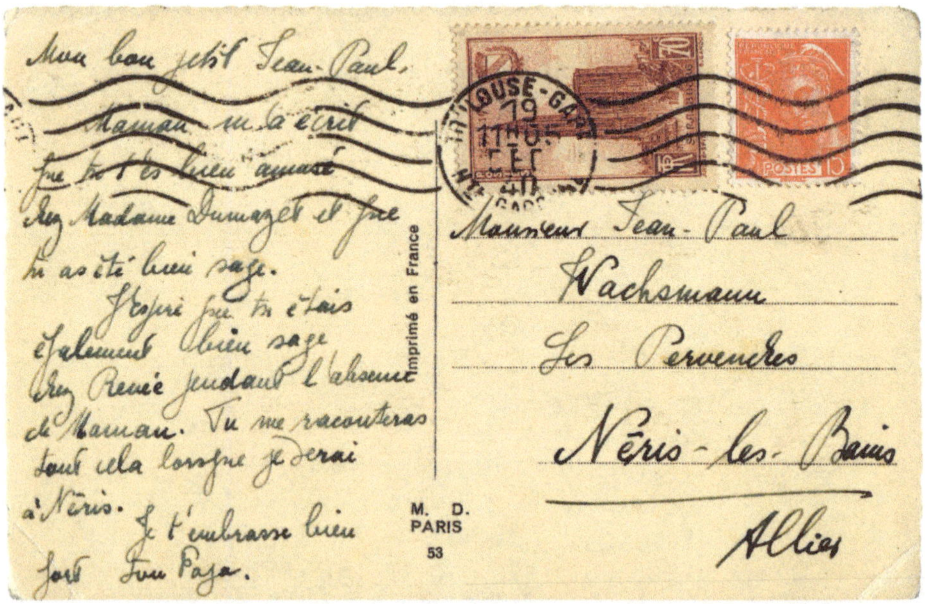
Mon bon petit Jean-Paul,
Maman m'a écrit
que tu t'es bien amusé
chez Madame Dumazet et que
tu as été bien sage.
J'espère que tu étais
également bien sage
chez Renée pendant l'absence
de Maman. Tu me raconteras
tout cela lorsque je serai
à Néris. Je t'embrasse bien
fort Ton Papa.

Imprimé en France

M. D.
PARIS
53

POSTES 10

Monsieur Jean-Paul
Wachsmann
Les Pervenches
Néris-les-Bains
Allier

Carte Postale

PAPA EST AUSSI TRISTE
SANS JEAN-PAUL ET SA
CHÈRE MAMAN.
IL EMBRASSE BIEN
FORT SON PETIT GARÇON.
DIS À MAMAN QUE JE LUI
ECRIS DEMAIN ET DONNE LUI
UN GROS BAISER DE
TON PAPA.

Monsieur
Jean-Paul Wachsmann
Hotel de la Source
Néris-les-Bains
Allier

B. 71 - Les Editions L. Lacroix - Lyon.

CHAPITRE 3

Léopold Wachsmann devient Léopold Willemain

Un Alsacien à Marseille

1940

AVOCAT AU BARREAU DE MARSEILLE ?

Alors que Lise est désormais installée avec Jean-Paul à Néris-les-Bains au côté de son père et de ses trois frères, Poldi se rend début 1940 à Marseille, où il passera l'essentiel de l'année pour trouver du travail.

Pourquoi Marseille, ville que mon grand-père ne connaissait pas et où notre famille n'avait aucune attache ? D'autant que plus de 350 kilomètres séparent la cité phocéenne de Néris-les-Bains. Que pensait y trouver un avocat alsacien pendant la drôle de guerre et l'exode ? Selon mon père, du travail, et là-bas plus facilement qu'ailleurs. Ce sud est alors vu par de nombreux Juifs comme une *terra incognita.* Le contraste avec Strasbourg a dû paraître stupéfiant à mon grand-père, dont le moins que l'on puisse dire est que son tempérament était plutôt rigide.

Je doute que mon grand-père ait vu Marseille comme une porte éventuelle pour quitter la France avec Lise et Jean-Paul. Rien n'indique une telle orientation, ni qu'il ait été associé à des cercles comme celui de Varian Fry, arrivé sur place en août 1940 comme représentant de l'*Emergency Rescue Committee*, qui facilita le départ par la mer de tant d'artistes et intellectuels juifs. Cela restait néanmoins envisageable, puisque Marseille était alors une plaque tournante pour les candidats à l'exil, soutenue par la présence d'organisations caritatives juives et protestantes. En tout cas, s'il avait eu de tels contacts, je me plais à songer qu'il aurait pu côtoyer sur place une très brillante société intellectuelle, et en particulier de prestigieux membres du groupe surréaliste, André Breton, Marcel Duchamp, Wifredo Lam, Max Ernst ou Victor Brauner, voire Peggy Guggenheim, de passage à deux reprises. Ceux-ci, en attendant de quitter la ville pour New York, s'occupent en créant le fameux Jeu de Marseille, sous forme d'une série de cartes à jouer.

D'après mon père, mon grand-père avait d'abord brièvement cherché à continuer à exercer au sein du barreau de Marseille. Un mot, toujours au vitriol, de Maurice Garçon, sur l'ambiance (certes à Paris) au palais de justice. Il relève, le 3 octobre 1939 : « Je suis allé au Palais et me suis présenté chez un juge d'instruction. Celui-ci m'a accueilli par ces mots : – Tiens, un chrétien !... On ne voit plus que des juifs. Les couloirs sont encombrés de gens à nez crochus[66]. »

Dans cette charmante ambiance, trouver du travail, qui se résume souvent à des «recherches désespérées[67]», relevait de l'exploit, d'autant plus que l'activité économique en zone libre est bien moindre qu'en zone occupée. Beaucoup de Juifs seront plongés dans une oisiveté forcée du fait des mesures antijuives qui se succéderont à partir d'octobre 1940. Comme le souligne André Kaspi, à défaut d'emplois et malgré des recherches désespérées, il ne restera en général aux Juifs que des expédients pour survivre, alors que se multiplient les petits métiers de fortune. La réussite de ces reconversions «dépendait beaucoup, en dernier ressort, de la société française et du degré d'intégration des juifs dans cette société [...]. Ceux qui avaient des économies pouvaient voir venir. La multiplicité des destins se décline en fonction de tous ces paramètres[68].» En effet, l'inactivité forcée pesait très lourd et nombreux furent ceux qui consacrèrent les premiers mois suivant l'armistice à une chasse au travail ou à la quête d'un reclassement professionnel presque impossible pour les nombreux Juifs qui étaient commerçants.

MARSEILLE, UNE VILLE DEVENUE TRISTE ET RUDE

La vie à Marseille est difficile, comme le rappelle Pierre Mendès France à l'automne 1941, quelques mois à peine après que mon grand-père a quitté la ville à la fin décembre 1940: «Marseille autrefois si gaie, si pittoresque, est devenue triste... On ne voit que des gens à l'allure accablée, les chaussures trouées, attachées par des ficelles, les vêtements élimés, aux boutons manquants ou dépareillés. Les figures sont tristes, ravagées, maigres... Je suis frappé ici plus encore qu'à L[yon], par l'aspect des rues et des magasins. Ce ne sont partout que vitrines vides, boutiques fermées; à côté des portraits de Pétain, plus nombreux que jamais (avec quelques portraits de Darlan), on ne voit que des pancartes rébarbatives avisant le client possible qu'il est inutile d'entrer pour essayer d'acheter[69].»

Mon grand-père va alors réussir à se faire engager comme inspecteur à la Fiduciaire de France de Marseille. La date exacte du début de son activité se situe probablement à l'été 1940, à l'un des pires moments de l'histoire de France. D'avocat, il devient juriste d'entreprise, spécialisé en droit des sociétés et droit commercial.

Mon père a envoyé une seule carte postale à son père cette année-là (retrouvée, du moins). Elle est datée du 11 avril 1940 et adressée à Marseille, au 199b, avenue du Prado, lieu où résidait mon grand-père. Quelques mois plus tard, le 23 novembre, alors que Poldi est toujours à Marseille, cette avenue fut la cible d'un bombardement isolé par un avion anglais, dont l'origine reste obscure (probablement un accident). Il y eut quand même quatre morts et cinq blessés. Jean-Paul remercie son père pour sa belle carte précédente. Il lui indique avoir cueilli des marguerites dans leur jardin de Néris-les-Bains et joué au football avec Paul, qui n'a pas encore été mobilisé à Rouen.

Quelques mois plus tard, le 17 juillet 1940 – entre-temps la France est défaite –, mon grand-père lui répond qu'il y a longtemps qu'il n'a plus envoyé de carte postale à son petit Jean-Paul, car il n'y en a plus à Marseille... Sur place, la situation ne s'améliora pas ultérieurement. Lucien Rebatet, de passage à Marseille un an plus tard, en août 1941, y rédige un reportage pour *Je suis partout*, dont la virulence antisémite horrifie. Dans cette ville qui le rebute, le futur auteur des *Décombres* retrouve « cette populace bâtarde, cette vulgarité huileuse, olivâtre, qui est le fruit d'on ne sait plus quels baroques et impurs croisements, cette mixture de Bicots, d'Arméniens, de Maltais, de Smyrniotes, l'unique coin de France où la décadence de la race par le métissage soit vraiment un fait ». L'article s'intitule « Marseille la juive », il ajoute qu'il « comprend avec quelle allégresse les Juifs s'ébrouent dans ce cloaque. [...] Un charmant détail : une fois sur trois, le Juif poursuivi l'a été sur dénonciation d'un autre Juif dont il dérangeait les propres affaires, et qui se voit ainsi assuré d'une merveilleuse tranquillité. La solidarité juive, immédiate et sans défaillance dès que les grands intérêts sont en jeu, n'a jamais exclu les petites trahisons de détail [...] Mais, en attendant, l'inertie de l'État laisse proliférer un de ces chancres dont souffre toute la nation[70]. »

Maurice Garçon, qui se rend également sur place pour son travail au début 1941, en fait un tableau bien différent : « Je rencontre quelques amis, surtout des confrères juifs qui errent lamentables et tristes. Tous ceux-là encore vivent d'espoir.» Plus loin, il décrit l'effroyable situation de la ville: «Dans les boutiques, c'est la misère. Il n'y a plus rien à vendre. Dans les restaurants, il n'y a rien à manger, c'est la famine. Plus encore qu'en zone occupée, on manque de tout. On crève de faim[71].»

J'ai retrouvé une carte de circulation temporaire de mon grand-père émise par la gendarmerie nationale de Marseille fin juin 1940. Valable du 26 juin, sa date d'émission, au 26 septembre 1940, elle lui permettait de circuler en voiture et à moto (voire en bateau!). La France vient de vivre le plus grand désastre de son histoire et de signer l'armistice avec l'Allemagne quatre jours plus tôt... Selon cette carte de circulation, mon grand-père réside au 54, rue d'Alger. Une seconde adresse à Marseille après l'avenue du Prado à propos de laquelle je n'ai aucune information. La profession indiquée est bien la sienne: avocat au barreau de Strasbourg. Faut-il penser qu'il n'avait donc pas encore été engagé par la Fiduciaire de France à la fin juin 1940, même s'il indiquera à Jean-Paul, dans une carte postale du 1er avril 1940, qu'il n'a pas le temps d'écrire à Lise, car il a beaucoup de travail?

Sur la photo figurant sur la carte de circulation, mon grand-père a l'air serein, presque enjoué, mais il s'agit d'une photo d'identité qui date de l'année précédente, puisqu'elle est identique à celle de sa première carte d'identité délivrée à Moulins en novembre 1939. Sa date de naissance est exacte, comme elle le sera dans la plupart des documents d'identité dont j'ai retrouvé la trace. En revanche, on y trouve une première fausse déclaration sur son lieu de naissance: il est indiqué Strasbourg, alors que mon grand-père est né à Auschwitz.

Nous ne sommes qu'en juin 1939, mais Poldi a immédiatement perçu le danger de mentionner ses origines, préférant effectuer une fausse déclaration se référant à Strasbourg, un choix qui n'était pas non plus exempt de tous risques: soit d'avoir à y retourner comme la grande majorité des Alsaciens, soit d'expliquer qu'il était devenu indésirable en raison de ses origines juives. Dans tous les cas, la situation était inconfortable, et la décision de Poldi plus délicate qu'il n'y paraît, d'autant qu'elle entraîne Lise et Jean-Paul dans son sillage.

Toutefois, sur un document postérieur, mon grand-père ne fait curieusement pas preuve du même niveau de précaution. C'est d'autant plus surprenant qu'on est alors en octobre 1940, comme l'indique la date de l'attestation en cause, et que vient d'être adopté le premier statut des Juifs. En ces temps entre chien et loup, il s'avère donc complexe de garder une ligne d'action, même chez les personnes les plus rationnelles. Si la situation commence à s'obscurcir pour les Juifs, ce document fait aujourd'hui malgré tout sourire : il s'agit d'un « certificat de bonnes vie et mœurs » délivré à mon grand-père sur la foi des renseignements recueillis par le commissariat de police de Strasbourg, détaché à Périgueux. Sur ce certificat, mon grand-père est domicilié à Néris-les-Bains et, pour son lieu de naissance, il est bien indiqué « Oswiecim (Pologne) ».

LÉOPOLD WILLEMAIN, JURISTE À LA FIDUCIAIRE DE FRANCE

Pour en revenir au travail de mon grand-père, un document a peut-être facilité son recrutement à la Fiduciaire de France. Il s'agit d'un certificat du 31 mars 1937, sur papier à en-tête, du directeur de la Sodina, société située à Mulhouse. C'est un faux intégral prétendant que mon grand-père a travaillé dans cette société comme chef du service du contentieux du 1er août 1932 au 31 mars 1937. L'attestation insiste sur ses grandes capacités d'organisation et l'amour de son travail : « Nous perdons avec lui un collaborateur de tout premier ordre. » Le faux a bien l'air du vrai !

Or, pendant cette période, mon grand-père était avocat au barreau de Strasbourg. Surtout, ce document a été fait à l'attention de *Léopold Willemain*, faux nom de mon grand-père, découverte capitale faite par hasard dans le « carton des miracles ». Aucune carte postale ne faisait apparaître ce nom d'emprunt, dont je n'avais jamais soupçonné l'existence.

L'usage éventuel de cette attestation est donc loin d'être clair. S'il s'en est servi, cela voulait-il dire que Poldi aurait travaillé à la Fiduciaire de France en tant que *Willemain*, et ce, pendant toute la guerre ? Pour mon père, c'est impensable. Ce qui est certain, c'est que mon grand-père recevait son courrier, avenue du Prado, au nom de Léopold *Wachsmann*, comme en témoigne l'unique carte postale que lui a envoyée mon père le 11 avril 1940.

Ce n'est pas le seul certificat lié à son travail faisant référence à son faux nom, comme en atteste celui établi le 5 août 1943 par le directeur de la Fiduciaire de France à Grenoble. La Fiduciaire de France a été créée en 1922 dans cette ville par un expert-comptable, Albert Liothaud, qui s'était inspiré des fiduciaires suisses. Il fut rejoint par Fernand et Léon Galtier pour la partie fiscale, et Albert Meary pour le juridique. Les fondateurs eurent l'idée brillante, dès 1928, d'essaimer leurs bureaux en province pour travailler au plus près de leurs clients. Juste avant la guerre, la Fiduciaire de France emploie 235 collaborateurs, ce qui est considérable.

Poldi a donc fait bien plus que de trouver un emploi pour subvenir aux besoins de sa famille : il entre en réalité dans une société prestigieuse dès avant-guerre et y fait une belle carrière. Lorsque mon grand-père y travaille, entre 1940 et 1944, elle est composée de 17 directions régionales et 41 bureaux. À la fin de la guerre, pour des raisons réglementaires, les trois activités doivent être scindées : la comptabilité reste sous l'égide de la Fiduciaire de France, qui fait aujourd'hui partie du groupe international KPMG, tandis que la Société juridique et fiscale de France est mise en place. Elle deviendra le cabinet d'avocats Fidal.

LES AVOCATS JUIFS SONT CHASSÉS DE LEURS BARREAUX

Le fait que mon grand-père décroche un emploi dans ce grand cabinet d'experts-comptables est en tout point remarquable, alors que tant de Juifs ont été exclus du marché du travail, que ce soit de la fonction publique après le premier statut des Juifs ou de toutes les professions libérales, s'agissant des architectes, des pharmaciens, des médecins, ou encore précisément de la profession d'avocat, où les Juifs furent réduits à un humiliant *numerus clausus* si bien décrit par Robert Badinter dans son ouvrage à ce sujet[72]. En effet, le nombre des avocats juifs sera strictement limité par décret du 16 juillet 1941 à 2 % des effectifs de la profession.

En réalité, les dispositions qui auraient pu s'appliquer à mon grand-père sont complexes. Dès le 10 septembre 1940, alors que « Vichy est tout neuf, tout frais », comme le dit Robert Badinter, une loi interdit aux avocats d'exercer s'ils ne possèdent la nationalité française acquise à titre originaire, comme étant né de père français. Avec un père né à Cracovie, avant même d'être l'objet de mesures antijuives, c'en était déjà fini des velléités de mon grand-père de continuer à exercer son métier. Le bâtonnier de Paris s'empresse d'accueillir favorablement ce texte, qui aurait, selon lui, été vivement souhaité par le barreau. Il rappellera sans hésiter dans ses mémoires qu'« à cet égard, la politique de Vichy se rencontrait avec nos intérêts professionnels[73] ». Ainsi, confrontés à la concurrence de leurs confrères naturalisés, les avocats français tournaient résolument le dos aux vertus de confraternité et de désintéressement. Une culture xénophobe et antisémite prenait le dessus au sein du barreau, dont Xavier Vallat, membre du conseil de l'ordre, était une figure emblématique.

Ce texte contre « les étrangers » connaissait toutefois des exceptions pour les Alsaciens-Lorrains réintégrés de plein droit dans la nationalité française en 1918. En outre, une loi du 29 juillet 1941 permit aux avocats des barreaux des territoires annexés ou occupés, qui s'étaient réfugiés en zone libre, d'y exercer leur métier en s'inscrivant au barreau du ressort de leur lieu de résidence. Toutefois, Vichy s'empressa, le 31 octobre de la même année, d'exclure les avocats juifs de cette mesure, dont Poldi aurait pu en principe bénéficier.

Quel était *in fine* le statut professionnel de mon grand-père ? C'est une question tout à fait théorique, dans la mesure où il quitte le barreau à l'été 1940. En tout cas, ses confrères mirent en œuvre sans scrupule particulier, voire carrément avec « satisfaction[74] », ces premières exclusions fondées sur la nationalité. Ils enchaînèrent ensuite sans difficulté avec l'application des mesures antisémites, et surtout la nécessaire sélection des 2 % d'avocats juifs qu'elles impliquaient pour respecter le *numerus clausus*. Contrairement à ce que l'on put voir en Belgique, les membres du conseil de l'ordre firent ainsi généralement preuve de détachement à l'égard de règles qui heurtaient pourtant frontalement la tradition libérale française. Au sein du barreau de Paris, de loin le plus important de France, aucune protestation ne vit le jour. Ce qui n'empêcha pas les mêmes avocats, par une comparaison peu flatteuse, de s'opposer avec force à Vichy quand, à plusieurs reprises, il fut envisagé de menacer leurs prérogatives[75].

La procédure d'exclusion était pourtant laborieuse et partagée entre plusieurs institutions : au parquet général d'établir les listes, au conseil de l'ordre de recevoir les déclarations des avocats juifs et de donner un avis motivé, et, *in fine*, à la cour d'appel de procéder aux décomptes définitifs. Six mois après l'adoption du décret, un arrêt de la cour d'appel de Paris du 13 février 1942 prononce l'exclusion de près de 220 avocats juifs parisiens (ils étaient entre 355 et 400 avant-guerre au sein d'un barreau composé d'environ 2500 avocats). Une cinquantaine d'avocats juifs sont maintenus ainsi qu'une vingtaine d'autres, du moins à titre provisoire, car ils sont pour l'instant prisonniers de guerre[76].

Au-delà de l'éviction des avocats juifs, les juristes s'adonnèrent à leurs débats habituels, utilisant cette nouvelle catégorie juridique, le droit antisémite, sans la moindre distance ni résistance. Une jurisprudence inédite vit le jour sur la notion de « race juive » et sur le fonctionnement des mécanismes d'exclusion. Ce faisant, la doctrine, avec ses controverses et ses spécialistes, participait de façon active à une banalisation et à une légitimation de la politique antijuive de Vichy. Comme le souligne avec force Danièle Lochak, les commentateurs, qui en facilitaient ainsi l'acceptation et l'application grâce à une casuistique laborieuse, se plaçaient comme si la haine raciale était une chose naturelle et évidente, « dont le bien-fondé se situe au-delà de toute discussion[77] ». Aucun, souligne Robert Badinter, ne se posa la question pourtant essentielle de savoir « au nom de quels principes le Juif devait-il faire l'objet de mesures discriminatoires, réductrices, spoliatrices[78] ? »

En 1940, à l'occasion de l'adoption de ces différents textes, Maurice Garçon s'interroge longuement sur le sort de ses confrères juifs, et ce qu'il en dit n'est pas agréable à lire : « Que vont devenir les autres ? [...] Ils n'auront plus qu'à mourir ou à fuir. Mais où ?

L'Europe avec la domination allemande se ferme à eux. [...] Certes, je ne suis pas philosémite, mais tout de même, la stricte honnêteté ne permet pas de pareilles mesures. Tout ce que nous avons reproché aux Allemands et ce pour quoi nous sommes arrivés à la guerre, nous le faisons à notre tour[79]. »

S'appuyant sur l'habituelle rhétorique antisémite, il ajoute que « lorsqu'on cherche les raisons profondes qui peuvent justifier l'antisémitisme, il faut reconnaître que la principale est leur inassimilation. Depuis des siècles qu'ils vivent chez d'autres peuples, ils sont restés juifs et constituent toujours un élément étranger dans le pays. C'est là évidemment une raison sérieuse de les considérer comme un danger. Encore ne faut-il pas l'exagérer trop, il y a des exceptions. Mais lorsqu'on cherche les raisons qui emportent l'opinion de la plupart des antisémites, on s'aperçoit qu'elles se résument pour une grande partie à la jalousie de médiocres qui ne pardonnent pas aux israélites de réussir mieux qu'eux. Le Palais est infesté, dit-on, d'avocats juifs. Il est vrai qu'il y en a beaucoup. Mais à la vérité, ils ne m'ont jamais gêné parce que j'ai montré autant d'assiduité qu'eux et travaillé avec autant d'application. Dans presque toutes les professions, il en est, je crois, de même. N'empêche que leur caractère est déplaisant bien souvent[80]. »

Il est heureux que mon grand-père, grâce à son talent, ait réussi à fuir cette profession rapidement minée par les mesures d'exclusion les plus sordides.

LE PORTE-BONHEUR DU 19 MAI 1940

Alors que l'année 1940 est la plus prolixe en nombre de cartes postales conservées (près de 76 sur 106) qui seront reçues par mon père à Néris-les-Bains, celles-ci se font très peu l'écho de la guerre. La terrible défaite n'y est pas évoquée, pas même de façon allusive. Elles semblent au contraire pour la plupart se placer délibérément « hors du temps », Poldi se limitant à agrémenter d'une courte phrase la situation illustrée par la carte postale, en général à forte charge éducative et moralisatrice. Cet aspect de la personnalité de mon grand-père ne me surprend guère et correspond bien au portrait austère que je garde de lui, bien loin de l'ambivalent *Léopold Willemain.*

Ainsi cette carte avec des poussins habillés en soldats reçue par mon père aux alentours de Pâques (carte postale du 20 mars 1940), où mon grand-père évoque *Blanc-Bec, roi des Canards*, un livre d'enfants de 1937 illustré par Gil, aux éditions Mame à Tours, que possédait mon père et qui figure désormais dans ma bibliothèque. Ces jolis poussins, on les retrouve malheureusement ailleurs, instrumentalisés pour l'illustration de cartes postales à visée antisémite.

En cette année 1940, en avril, on apprend quand même que Paul, âgé de vingt ans, a quitté Néris-les-Bains, mobilisé dans le corps médical de l'armée à Rouen (carte postale du 26 avril 1940). Poldi demande alors à Jean-Paul qui est désormais son compagnon de jeu pour le football à la suite de ce départ (carte postale du 14 avril 1940).

Le 16 mai 1940, trois jours après l'attaque-surprise du 13 mai par les blindés de Rommel, qui franchit la Meuse à Dinant, et la progression rapide de Guderian à Sedan, qui permet à l'armée allemande de traverser ces Ardennes réputées infranchissables, mon grand-père écrit à Jean-Paul qu'il a appris avec satisfaction qu'il savait dorénavant rouler à bicyclette. À cette date, l'heure est grave, et l'état-major français sous le choc. Le général Georges, commandant en chef du front nord-est, s'effondre dans un fauteuil en pleurant. Le général Gamelin, chef d'état-major des armées depuis 1931, déclare que l'armée française court à sa perte. Paul Reynaud télégraphie alors à Churchill un message désespéré : l'échec de la contre-attaque française a ouvert aux Allemands la route vers Paris après seulement cinq jours de campagne.

Au même moment, dans une carte postale du 19 mai 1940, mon grand-père remercie son cher Jean-Paul pour le trèfle à quatre feuilles qu'il lui a envoyé, en espérant, fort à propos, « qu'il nous portera bonheur ». Après tout, le 10 juin 1940, l'homme de lettres Léon Werth, avant de quitter Paris pour le Jura, qu'il mettra près d'un mois à rejoindre, écrit bien : « Paris, c'est Paris, et il n'est pas possible que les Allemands y entrent[81] ». Le trèfle de mon père sera loin d'être inutile, Marseille ayant été bombardée à plusieurs reprises, notamment les 1er et 2 juin lorsque les Allemands attaquent le port, au prix de 25 morts.

LA FAMILLE ÉCHAPPE À L'EXODE

Début juin 1940, Pétain juge que la guerre est perdue. Ma famille ne connut pas le gigantesque exode, qui tourne rapidement au naufrage collectif avec le déferlement de près de huit millions de Français sur les routes, dont environ 100 000 Juifs[82], dans une cohue indescriptible, mêlant militaires en déroute, voitures à court de carburant, piétons et familles à bout de nerfs. Seule Lise voyage courant juin de Néris-les-Bains à Marseille. Renouant avec les grandes peurs de l'Ancien Régime, « les Français semblaient abandonner collectivement leur souveraineté[83] ».

À partir du 10 juin, à peine un mois après l'attaque allemande, le gouvernement quitte Paris en catimini, où les Allemands arriveront le 14 pour hisser le jour même un drapeau nazi sur la tour Eiffel. Entre-temps, la vie politique française est une succession de crises, d'improvisations et de mouvements de panique entre la Touraine et la Gironde. Le 16 juin, Paul Reynaud démissionne et Philippe Pétain, né en 1856, est nommé Président du Conseil, le dernier de la Troisième République. En 2018, je rappelais souvent à mon père de 82 ans qu'il n'était encore « qu'un petit jeune », ayant deux ans de moins que Pétain à son arrivée au pouvoir.

L'armistice est signé le 22 juin à Rethondes en forêt de Compiègne, à l'endroit où, le 11 novembre 1918, l'Allemagne avait capitulé. La signature a lieu dans le wagon du maréchal Foch, qui retrouvait son emplacement du 8 novembre 1918 dans une atmosphère expiatoire, la dalle où était gravée la formule « Ici succomba le criminel orgueil de l'empire allemand vaincu par les peuples libres qu'il voulait asservir » ayant été voilée par la délégation allemande. Le 24 juin, l'armistice est également signé avec l'Italie, qui récupère une fine zone d'occupation autour de Menton.

Pétain accepte des conditions épouvantables. Un gouvernement est maintenu en zone dite « libre » au détriment d'un découpage territorial créant une zone « occupée », qui couvre les trois cinquièmes du territoire et où les Français doivent se régler sur le fuseau horaire de Berlin. L'empire colonial est préservé, la flotte simplement désarmée. Toutefois, le court texte de cet armistice, ramassé en 24 articles, ne règle pas la situation de l'Alsace et de la Moselle, ni celle d'ailleurs du million et demi de prisonniers de guerre français.

Jean Galtier-Boissière, qui a lancé *Le Crapouillot* en 1915 et dont la publication est suspendue en 1939, écrit dans son journal intime de la guerre qu'on est à l'heure du « Veni, Vidi, Vichy[84] ».

Si la France – dont l'armée passait pour la meilleure du monde – a été vaincue en moins de six semaines, le bilan n'en est pas moins très lourd : près de 92 000 victimes et 200 000 blessés[85]. L'armée allemande a également de son côté essuyé des pertes non négligeables avec 45 000 morts[86]. Jean-Jacques Becker témoigne qu'il a vécu là des scènes qui l'ont « marqué pour toujours, celles de la déroute française [...]. Je n'ai jamais oublié cette impression poignante de l'écroulement d'une patrie dont nous révérions la grandeur[87]. » Robert Badinter évoque de son côté une blessure ineffaçable[88]. Adolphe, Lise et ses trois frères, malgré leurs racines allemandes, de même que Poldi, malgré ses origines polonaises, connurent les mêmes déchirements, le même sentiment d'impuissance meurtrie face à la désagrégation fulgurante de leur univers.

Si les temps avaient été moins sombres, Adolphe aurait jubilé auprès de sa famille à propos de son flair inégalable qui les avait préservés des malheurs de l'évacuation de Strasbourg, puis de ceux de l'exode. Mais il fallait plutôt se soucier du présent et s'organiser autant que possible dans cet exil où, pour la première fois, mon arrière-grand-père fut effleuré par un doute quant au choix, si évident alors, qu'il avait fait de rester à Strasbourg en 1918. Les nazis, dont il avait suivi la prise de pouvoir en 1933 et la politique antisémite brutale qu'ils faisaient depuis lors régner en Allemagne, étaient désormais les nouveaux maîtres du pays. La haine des Juifs qui s'exprimait dans *Mein Kampf*, que mon arrière-grand-père avait parcouru avec dégoût, allait maintenant se déployer en France. Le monde qu'il s'était patiemment construit venait de s'effondrer.

Je n'ai pas de carte postale du mois de juin 1940 – quoique nombre d'entre elles comportent des dates indéchiffrables –, à l'exception d'une qui sera envoyée par mon grand-père à Jean-Paul le dernier jour de ce mois (carte postale du 30 juin 1940). Le texte laisse entendre que Lise vient de rentrer à Néris-les-Bains, puisque mon grand-père demande à Jean-Paul s'il est « content d'avoir de nouveau [sa] petite maman », accompagné d'ailleurs du sempiternel « es-tu bien sage ? ». Cela suppose que Lise ait passé un certain temps avec son mari à Marseille, probablement au moment de l'armistice, et malgré la situation totalement chaotique dans laquelle est plongée une France en pleine décomposition. Et ce, d'autant que la ville a encore été bombardée le 21 juin 1940 par l'aviation italienne, faisant 143 victimes[89].

Ont-ils entendu ensemble à la radio, comme Claude Lanzmann et sa famille (et bien d'autres), le 17 juin 1940, les premières paroles de la défaite : « Nous déjeunions dans la cour quand nous entendîmes l'annonce solennelle de l'allocution du Maréchal et aussitôt pour la première fois, la voix chevrotante du "vainqueur de Verdun" en grand apparat : "Je fais à la France le don de ma personne... C'est le cœur serré que je vous dis aujourd'hui qu'il faut cesser le combat. Je me suis cette nuit adressée à l'adversaire..." et, un peu plus tard, dans la même journée : "L'esprit de jouissance l'a emporté sur l'esprit de sacrifice. On a revendiqué plus qu'on a servi. On a voulu épargner l'effort : on rencontre aujourd'hui le malheur[90]." » ? Comme le rappelle avec force un autre témoin de cette époque, Robert Badinter, il régnait alors « une atmosphère avilissante, d'une médiocrité inouïe[91] », marquée par l'adoration éperdue d'un vieillard qui incarnait soi-disant un passé glorieux.

La voix du Maréchal fait dès l'origine l'objet de remarques acerbes. Jean Guéhenno, dans son célèbre *Journal des années noires*, y entend ce même jour celle d'un vieillard qui n'a même plus la voix d'un homme et qui parle comme une vieille femme[92]. Jean Cassou s'indigne quant à lui de ce « fétiche national » imposé par les Allemands, pour qui il ne suffisait pas que la France soit vaincue, encore fallait-il la rendre « gâteuse[93] ».

Ont-ils alors saisi, Lise et Poldi, seuls à Marseille, loin de leur fils resté à Néris-les-Bains et de leurs racines alsaciennes, l'impact de ces paroles ? Que se mettait en place une « Révolution nationale » visant à transformer fondamentalement la société française, qui proclame que les villes sont des lieux de débauche, « que l'intelligence est responsable de nos malheurs, qu'il faut restaurer la morale chrétienne et vivre en plein air[94] » et que le gouvernement de Vichy ouvrira bientôt la chasse aux Juifs sous toutes les formes imaginables ?

Le concept d'exclusion, qui s'appliquait à plusieurs titres à chaque membre de ma famille, est également consubstantiel au nouveau régime, nécessitant épuration des éléments indésirables et recomposition de la société autour des valeurs traditionnelles. De ce point de vue, davantage encore que Poldi, Lise ou Jean-Paul, Adolphe incarnait tout ce que Vichy va abhorrer : « l'hydre maçonne », « la lèpre juive », qui plus est, ayant en quelque sorte renié ses origines germaniques. La seule « tare » dont il n'était pas affublé, c'était d'être communiste.

Début juillet 1940, un autre incident aura pu démoraliser encore un peu plus les membres de ma famille, lorsque le 3 juillet, la Royal Navy fait feu sur la flotte française en rade de Mers el-Kébir, près d'Oran, alors que la neutralisation des navires français se faisait par ailleurs sans heurt par la marine anglaise. Près de 1 300 marins français perdent la vie dans cet incident, qui déclenche une vague d'anglophobie en France.

Enfin, quelques jours plus tard, le régime qu'ont toujours connu mes grands-parents s'effondre : le 10 juillet 1940, après le vote des deux chambres réunies à Vichy, les pleins pouvoirs sont donnés à Pétain. Disparaît ainsi, sans gloire, la légalité républicaine. De façon commode, la République est alors tenue pour pleinement responsable de la déroute française, avec un raccourci cruel : « Neuf mois de belote, dix semaines de course à pied[95]. » Ce n'est pas le moindre des paradoxes, comme le rappelle Jean Galtier-Boissière, toujours narquois, que « nos militaires ont perdu la guerre, et puis, en conclusion de la défaite, un de nos militaires s'est adjugé le pouvoir suprême pour les récompenser tous[96] ».

« MILLE BAISERS DE TON PAPA »

Selon l'armistice signé avec les Allemands, la France est divisée en deux zones principales, la zone occupée et la zone libre – couvrant une quarantaine de départements –, qui sont divisées par une ligne de démarcation étroitement surveillée par les Allemands et difficile à franchir. D'autres territoires disposent d'un régime spécial. Et, rappelons-le, l'Alsace et la Moselle disparaissent de la carte de France, purement et simplement annexées par l'Allemagne.

La France après l'Armistice
22 juin 1940

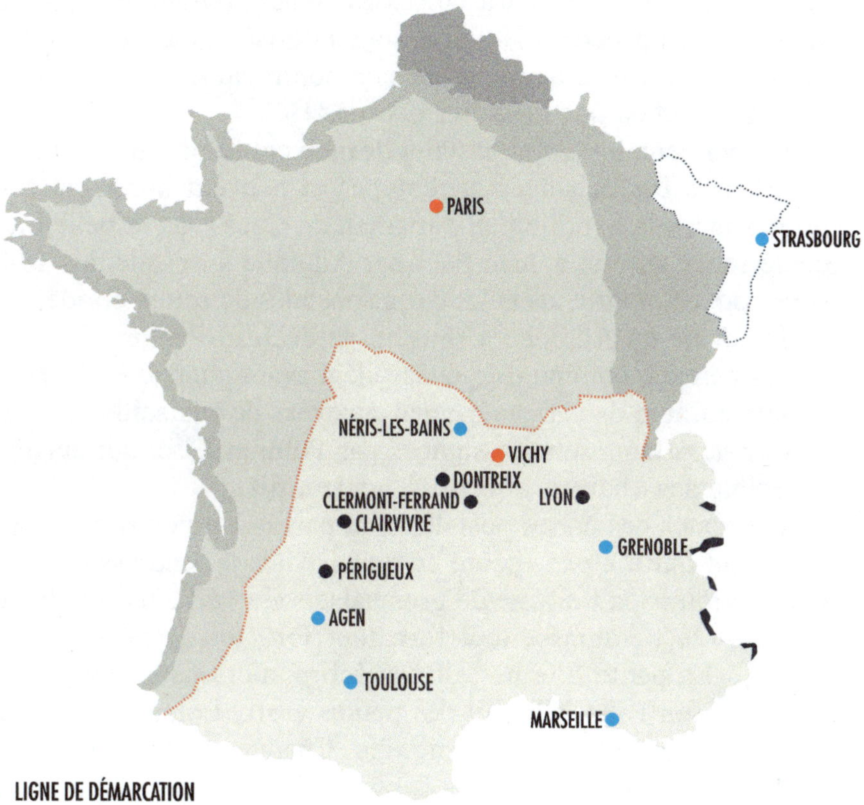

LIGNE DE DÉMARCATION

ZONE LIBRE

ZONE RATTACHÉE À L'ADMINISTRATION ALLEMANDE DE BRUXELLES

ZONE OCCUPÉE

ZONE ANNEXÉE À L'ALLEMAGNE

ZONE INTERDITE

ZONE D'OCCUPATION ITALIENNE DE 1940 À NOVEMBRE 1942

Malgré les événements et son nouveau travail à la Fiduciaire de France, mon grand-père continue d'envoyer de très nombreuses cartes à Jean-Paul. Heureusement qu'il s'agit de correspondance au sein de la zone libre, car pour le courrier « interzone[97] », comme on dit alors, seules des cartes roses ou jaunes préremplies, que l'on se procure au prix de 0,90 franc, sont autorisées, où « le droit vous est accordé d'écrire que vous êtes en bonne santé, que vous manquez d'argent ou que vous êtes décédés[98] ».

Par bonheur, les cartes postales de mon grand-père ne se limitent donc pas à ces échanges stéréotypés et peuvent librement faire référence à « la gentille petite maman de Coco » ou la belle bicyclette rouge offerte à Jean-Paul par Adolphe au printemps 1940, sujet souvent abordé dans les cartes postales de cette période.

Je devine qu'Adolphe a souvent gardé Jean-Paul en l'absence de ses parents, comme il le faisait déjà avant-guerre. En effet, un certain nombre de cartes postales envoyées de Marseille et reçues à Néris-les-Bains sont co-signées par Poldi et Lise, qui envoient ensemble des « baisers affectueux » à leur fils.

Les textes des cartes postales sont parfois un peu sérieux pour un enfant qui n'a pas encore cinq ans. Mais la tendresse affleure quand « ton papa t'envoie de gros baisers », « Mille baisers de ton Papa », « Je t'embrasse tout fort, tout fort, ton Papa qui t'aime bien », « La petite fille ne sait pas écrire, alors pour envoyer des baisers à son Papa, elle fait des petites croix. Lorsque tu m'écriras à nouveau, tu feras comme elle. Chaque croix est un baiser xxxxxxxxxxxxx ».

S'il s'enquiert en permanence de la bonne obéissance de son cher Coco à sa maman (« Mon bon Coco, Ton papa pense toujours à toi et t'aime bien, mais seulement si maman m'écrit que tu es gentil. Je t'embrasse »), mon grand-père n'hésite pas à pontifier à certaines occasions. En parlant d'un garçon-chat sur l'une des cartes postales qui renverse une carafe car il ne fait pas attention, il ajoute : « On ne se retourne donc pas quand on porte quelque chose. » La suite est plus clémente : « Je t'embrasse mon bon petit Coco, ton Papa ». Une autre fois : « Le petit garçon a une pipe en bouche, mais il ne fume pas. Les enfants ne fument donc pas. » Quel syllogisme pour un enfant qui va avoir cinq ans en octobre 1940 !

On ne plaisante pas avec la discipline et l'obéissance à sa maman, comme le rappelle brutalement mon grand-père dans une carte de 1940 (mois indéchiffrable). Il dit avoir « lu » dans le journal que Jean-Paul « n'était pas toujours obéissant, mais souvent insupportable ». Poldi le menace alors de ne plus jamais revenir le voir. Il demande même à Jean-Paul s'il veut « qu'[il s']achète un autre garçon ici ? Ils sont tous si gentils et obéissent à leur maman. Écris-moi vite que tu veux être sage. » Cette carte postale, pleine de reproches, reste toutefois isolée.

« TON PAPA T'AIME BEAUCOUP COMME ÇA »

Le ton des cartes postales est généralement affectueux et tendre : beaucoup de remerciements pour les envois réciproques de cartes postales, mais aussi pour les échanges de belles fleurs cueillies dans le jardin de Néris-les-Bains, à la bien nommée La Roseraie. Également de nombreuses promesses de bonheurs partagés en allant jouer au football ou se promener lors des retrouvailles.

En parlant de football, c'est à un tout autre sport qu'appelle à jouer le collaborationniste Pierre-Antoine Cousteau, quelques mois plus tard, le 27 juin 1942, dans *Je suis partout* – journal qui fut surnommé à mots couverts, mais à juste titre, *Je chie partout*, puis, à la Libération, *Je suis partie*. Ce misérable sport évoqué dans ce texte, c'est le *tennis-juif*, qui se joue à deux et qui consiste « à apercevoir un Juif avant son partenaire et à l'annoncer. Le vainqueur est celui qui a distingué, le premier, le plus grand nombre de Juifs. [...] Aux débutants, nous conseillons de jouer quelques parties d'entraînement sur les grands boulevards [...]. Là, les étoiles sont si denses qu'on se croirait sur la Voie lactée. Les points crépitent. [...] Tout le monde s'est aperçu qu'il y en avait beaucoup, infiniment plus qu'on le pensait, compte tenu de tous les Juifs qui se débrouillent pour ne pas être étiquetés et de ceux, infiniment plus nombreux, qui ont franchi la ligne et qui se chauffent au soleil de la Méditerranée [...]. Alors seulement, lorsqu'on s'est livré à ce petit sport, on se rend compte physiquement de l'énormité de l'invasion. [...] L'étoile de Sion pose le problème. Elle ne le résout pas[99]. » L'énormité de ces propos de l'époque, Patrick Modiano les a lui-même retranscrits dans *Les boulevards de ceinture*. Il fait dire à l'un de ses personnages, le lugubre Gerbère, qu'il n'y a rien de tel que ce jeu pour éduquer les réflexes des Français[100].

Pour mon grand-père, qui, je l'espère, ignorait tout de cette vermine, la séparation d'avec son fils se fait parfois pénible à supporter, à tel point qu'il se demande si son cher Coco « aime encore un peu [s]on Papa ? Papa t'aime comme ça beaucoup », accompagné d'un dessin schématique d'un personnage qui ouvre les bras. Ce même dessin réapparaît une fois, en plus petit, dans une autre carte postale du 28 décembre 1940, soit juste avant que mon grand-père, accompagné de Lise et de Jean-Paul, ne parte s'installer brièvement à Toulouse en janvier 1941.

Quelques jours avant l'envoi de cette carte postale du 28 décembre, mon grand-père a pu apercevoir Pétain en visite à Marseille le 4 décembre, et se transformer en témoin incrédule d'une forme de délire collectif dont parlent les journaux de l'époque : quai et lycée rebaptisés, création d'un santon à son effigie, portrait gigantesque sur la Canebière. L'Académie de Marseille lui décerne le titre de « Protecteur », inemployé depuis le XVIIIe siècle. Léon Werth relève à propos de cette visite : « Hier on le comparait à Napoléon, pinçant l'oreille de ses grognards, aujourd'hui "[...] une petite fille qui voulait à toute force l'embrasser, ne pouvant y parvenir, éclate en sanglots." Ainsi les journaux ont pour consigne de fabriquer une légende de Maréchal[101]. » Il est vrai que les instructions données à la presse sont strictes : « On doit éviter d'employer, pour désigner le Chef de l'État, l'expression "vieillard", même précédée d'une épithète bienveillante comme "l'illustre" ou le "valeureux" [...]. Il n'est pas nécessaire de décrire ses qualités, mais il y a lieu de les montrer en action en faisant parler les faits, comme incidemment. Exemples : "– le Maréchal s'avance d'un pas alerte et rapide...[102]" »

Quoi qu'il en soit, au début 1941, ce fut une bonne idée pour Poldi de quitter Marseille, où Varian Fry sera reconduit à la frontière en août 1941, en attendant la terrible occupation allemande à partir de novembre 1942. Au moins mon grand-père n'aura-t-il pas eu à vivre l'apocalypse à venir, où « dix mille policiers, gendarmes et gardes mobiles français venus de tout le pays contrôlent 40 000 personnes, du 22 au 28 janvier 1943, de l'Opéra au Panier. Plus de

1 600 “suspects” sont arrêtés : des étrangers, des repris de justice, des malheureux sans carte d’alimentation et 782 juifs.[103] » Il évitera ainsi d’être confronté à la destruction partielle de la ville, lorsque les artificiers allemands, entre le 1er et le 14 février, font sauter près de 1 500 immeubles dans le Vieux-Port, laissant quatorze hectares de ruines et près de 27 000 sinistrés[104].

Ce chapitre marseillais ne peut toutefois s’achever sans citer intégralement la plus émouvante des cartes postales, en date du 23 mars 1940, c’est-à-dire au début du séjour de mon grand-père dans la ville, tant il est vrai que les effusions sentimentales sont loin d’être une vertu familiale : « Mon cher Coco, Maman est partie ce matin et sera bientôt chez toi. Lorsque cette carte arrivera, elle sera déjà chez toi. Elle t’embrassera aussi de ma part, car Opapa a écrit que tu as toujours été bien sage. Si tu continues à être gentil, je t’enverrai encore de belles cartes. Sois bien embrassé de ton Papa qui est de nouveau tout seul, tout seul. »

NÉRIS-LES-BAINS
LOIN DU TUMULTE

La Roseraie

Malgré les photos joyeuses, Adolphe vit la montée des périls avec inquiétude, en particulier après la crise de Munich (1938). Il sait parfaitement ce qui se passe en Allemagne et comment les nazis traitent les Juifs. Il loue à partir du 1er mai 1939 une maison au centre de la France dans le département de l'Allier, à Néris-les-Bains, ville thermale à près de 400 kilomètres de Strasbourg, où aucun membre de la famille n'a jamais mis les pieds. Il choisit une agréable villa, La Roseraie, dans le quartier le plus cossu de la ville, comme en témoigne une reproduction de l'époque en carte postale. Grâce à cette intuition, il évite à toute la famille les souffrances de l'évacuation de Strasbourg, puis de l'exode.

W/

POLICE D'ÉTAT
DE
STRASBOURG

Commissariat du 8e Arrond.

RÉPUBLIQUE FRANÇAISE

TIMBRE DE DIMENSION 6 FRANCS

6 FRANCS

POLICE D'ÉTAT DE STRASBOURG
COMMISSARIAT DU 8e ARROND.

CERTIFICAT
DE
BONNES VIE ET MŒURS

Nous Commissaire de Police du 8e Arrondissement de la Ville de Strasbourg, détaché au Commissariat annexe de Périgueux *certifions :*

Que des renseignements recueillis sur Monsieur

W A C H S M A N N Léopold

né le 18 juillet 1904

à OSWIECIM (Pologne)

domicilié actuellement à NERIS les BAINS (Allier)

de nationalité française

il résulte qu'il est de bonnes vie et mœurs.

En foi de quoi lui avons délivré le présent à toutes fins utiles.

Fait à ~~Strasbourg~~ PERIGUEUX le 1° octobre 1940

Le Commissaire de Police, HELFFER:

POLICE D'ÉTAT DE STRASBOURG
COMMISSARIAT DU 8e ARROND.

N° 24 de la Nomenclature — M.-L. R. 747/39

Poldi obtient un certificat de « bonnes vie et mœurs » à Périgueux, où est repliée l'administration municipale de Strasbourg. De façon étrange et dangereuse, son lieu de naissance véritable, qui disparaîtra ensuite de ses papiers d'identité, est mentionné : Oswiecim (Auschwitz).

Lire entre les lignes

Adolphe est un fervent lecteur de la presse. Les journaux sont strictement contrôlés par Vichy et les nazis : la presse collaborationniste et antisémite se déchaîne contre les Juifs dès l'arrivée de Pétain au pouvoir en 1940.

Loin du tumulte

Alors que l'exode de juin 1940 a jeté sur les routes des millions de Français, la vie à La Roseraie s'organise. Jean-Paul profite du jardin et apprend à rouler à bicyclette, offerte par Adolphe.

Vie de famille

À Néris-les-Bains, Lise retrouve pour quelques mois la vie quotidienne avec son père au courant de l'année 1940, tout en faisant des allers-retours à Marseille, où Poldi cherche du travail.

Poldi l'avocat devient juriste à Marseille

Sur cette photo, Poldi est à Marseille. Avec le premier statut des Juifs d'octobre 1940, il a rapidement compris qu'il ne pourrait pas redevenir avocat, puisqu'ils seront chassés des barreaux et soumis à un *numerus clausus* très strict. Il réussit néanmoins à se faire engager à l'été 1940, l'un des pires moments de l'histoire de France, comme juriste dans un grand cabinet d'expertise comptable, juridique et fiscale, la Fiduciaire de France.

CHAPITRE 4

Morne vie dans l'Allier

Adolphe en résidence forcée
à Néris-les-Bains

1939 – 1944

LE CHOIX D'ADOLPHE

La décision de s'installer en 1939 à Néris-les-Bains demeure un mystère qui ne cesse de m'intriguer. Il ne s'agit pas du choix de mes grands-parents, mais d'Adolphe, qui s'était comporté en patriarche autoritaire en se fixant à La Roseraie, qu'il avait sélectionnée avec soin et qu'il louait pour toute la famille depuis le 1er mai 1939. Dans ces «trajectoires de fuite», la destination des Juifs a joué un rôle décisif, car elle «constitue une dimension centrale d'explication des devenirs pendant la guerre[105]», y compris pour ceux qui s'installent dans des localités minuscules où, de mémoire d'hommes, on n'avait jamais vu ou côtoyé de Juifs.

Il s'avère que le développement de Néris-les-Bains est en partie lié à une entreprise immobilière dirigée par une famille juive de Lorraine, les Bernheim[106]. Ils firent fortune en rachetant des terrains à des propriétaires de l'aristocratie incapables d'entretenir leur domaine, pour les transformer en lotissements souvent destinés à la bourgeoisie aisée. Situés d'abord en région parisienne, ils étendirent leurs activités en province au début du XXe siècle, et en particulier à Néris-les-Bains à partir de 1904 (ainsi qu'à Montluçon en 1920). À la place de ces coquettes villas, le quartier n'était encore qu'un immense terrain vague qu'ils rachètent au comte de Saint-Georges pour y lancer un programme immobilier complet (rues, trottoirs et villas). Les villas, comme celle que va occuper Adolphe, sont érigées entre 1905 et 1909, proches des thermes et du casino, ainsi que la promenade des Tilleuls, qui rassemble les principaux commerces.

J'ai retrouvé plusieurs vues de Néris-les-Bains dans les archives de mon père, où l'on aperçoit un viaduc d'une belle taille entouré d'un parc qui, on le verra, sera rapidement baptisé «parc du Maréchal-Pétain» grâce au zèle des édiles de la ville, rendant ainsi, selon les termes de François Mauriac, «un culte d'hyperdulie[107]» au chef de l'État.

La villa est plutôt coquette, entourée d'un jardin, finalement dans l'esprit de l'hôtel particulier de la rue Saint-Fridolin à Strasbourg. Elle existe encore aujourd'hui et se loue toujours.

Les Bernheim investissent dans le thermalisme à partir de 1930, une de leurs vingt-cinq filiales étant implantée à Montluçon.

La présence d'Edmond Bernheim à Vichy n'empêche pas que leur société soit aryanisée sans merci à la fin de 1940 et rebaptisée Société immobilière générale de France.

Adolphe avait-il eu des contacts avec eux ? Peut-être à travers certaines associations juives comme l'Alliance israélite universelle, la seconde organisation en importance après le Consistoire, où les Bernheim étaient assez actifs, mais rien n'indique que mon arrière-grand-père en fut lui-même membre.

NÉRIS-LES-BAINS, IMPROBABLE TERRE D'ACCUEIL DES JUIFS

Les stations thermales, même les plus petites, avaient leur attrait en ces temps de déplacement de la population. « Il était facile d'y trouver un hébergement car c'était une ville d'eau[108] », peut-on lire sur Vichy, où près de 30 000 curistes venaient faire soigner leur affection du foie. Vichy, « petite ville d'eau assoupie [...], était pour la France une capitale aussi improbable que le serait Harrogate ou Cheltenham pour l'Angleterre ». C'était également une ville où « il n'y avait pas grand-chose à faire, si ce n'est comploter et haïr[109] ». Néris-les-Bains est à une centaine de kilomètres de là.

Il existe un témoignage direct de la vie juive à Néris-les-Bains qui a d'autant plus de valeur qu'il provient d'un historien spécialiste de cette période. Il s'agit de celui de Saul Friedländer, né à Prague en 1932, professeur d'histoire à l'UCLA en Californie et l'un des plus grands spécialistes du nazisme et du génocide juif, qui y vécut deux ans entre 1940 et 1942. Cela confirma mon impression qu'il ne s'agissait pas d'une destination trouvée au hasard, mais sans m'éclairer plus avant sur les raisons d'un tel choix.

Juif tchèque de la haute bourgeoisie, Saul Friedländer s'était réfugié en France avec ses parents à la suite de l'invasion allemande de son pays et vivait de façon très précaire à Paris, qu'il quitte pour Néris-les-Bains au moment de la débâcle : « S'il me fallait choisir une définition [de la ville], je me hasarderais à affirmer que Néris, c'est Vichy en plus petit – ce qui n'est guère précis ou encore, pour la période dont je parle, Vichy en plus petit, moins le gouvernement et plus les juifs[110].» Selon Saul Friedländer, «avec la défaite et l'exode, ils [les hôtels et pensions de Néris-les-Bains] s'emplirent d'une foule de curistes forcés, dont certains étaient des habitués de l'endroit. Presque tous, je viens de le mentionner, étaient juifs[111].»

Pourquoi cet afflux précisément à Néris-les-Bains? À propos de la «nouvelle géographie de la population juive[112]» dans la France en guerre, André Kaspi rappelle qu'il pouvait y avoir diverses motivations pour s'implanter à tel ou tel endroit. D'abord, échapper à l'emprise de l'occupant, avec la conviction que Vichy serait un rempart contre les Allemands. Ensuite, le caractère indispensable de suivre le gros de la population juive, qui, elle-même, a emprunté, comme des centaines de milliers d'autres personnes, le chemin de l'exode, mais qui, à la différence des autres Français, n'a plus le droit de revenir en zone occupée dès l'entrée en vigueur de l'ordonnance allemande du 27 septembre 1940. En effet, il est désormais interdit aux Juifs qui se trouvent en zone libre, plus exactement qui ont «fui» (selon les dispositions de ce texte), de retourner en zone occupée. Une mesure bien commode pour mettre en œuvre le pillage des entreprises juives, dont la direction n'est plus assurée.

Mais ces explications ne fonctionnent pas avec mes grands-parents, puisqu'Adolphe s'installe à Néris-les-Bains avant même l'évacuation de Strasbourg de septembre 1939, soit bien avant le début de l'exode en mai-juin 1940. On peut néanmoins imaginer que l'éventualité de se retrouver avec d'autres coreligionnaires a pu jouer dans le choix de Néris-les-Bains. À moins qu'il y ait aussi eu un lien avec son réseau franc-maçon, qui ne pouvait manquer d'avoir pesé dans une telle décision.

Selon d'autres historiens, «le coin de France où ils [les Juifs] sont arrivés, ils l'ont rarement choisi d'avance: ils ont cheminé au gré des événements, des circonstances et des contacts espérés dans telle ou telle région [...]. Il y a déjà du hasard dans le fait que les uns et les autres se retrouvent ici et non là, d'un côté ou de l'autre de la ligne de démarcation[113].» C'est donc peut-être simplement le hasard qui a conduit Adolphe à Néris-les-Bains parmi d'autres destinations potentielles – Robert m'a appris que la Bourgogne avait, un temps, été envisagée.

Dans des circonstances différentes, la famille de Jean-Jacques Becker se retrouve à Saint-Brévin lors de l'exode. Celui-ci s'interroge sur cet endroit où aucun d'entre eux n'avait jamais été. C'est tout simplement qu'une ancienne gardienne de leur immeuble parisien « avec qui [ses] parents avaient conservé des rapports amicaux y tenait un petit hôtel[114] » et leur avait offert de l'aide.

C'est en tout cas le hasard, ou plutôt la providence, qui fera qu'à partir de juin 1940 et jusqu'en novembre 1942, Néris-les-Bains sera située en dehors de la zone occupée par les Allemands.

LES FINANCES D'ADOLPHE AU MOMENT DE L'ARYANISATION DES BIENS JUIFS

Je me suis sans cesse demandé comment Adolphe avait résolu les questions financières pour la location de La Roseraie durant presque six ans et pour subvenir aux besoins d'une partie de sa famille pendant une si longue période, alors que tout est mis en œuvre pour appauvrir les Juifs et les priver de leurs moindres ressources. Pour mémoire, je cite Maurice Garçon, par exemple le 31 décembre 1942, en zone occupée : « En attendant, on manque de tout. L'hiver est rude. La misère est grande. Le prix des choses ne correspond plus à rien. Le paquet de tabac qui vaut 6 francs au débit se revend 70 francs dix minutes après. [...] Le mot marché noir revient à toute occasion dans les conversations. Comment font les pauvres gens qui ne peuvent pas s'y approvisionner[115] ? » Seuls ceux qui en ont les moyens peuvent se ravitailler au-delà des rations de leurs cartes d'alimentation.

Comment Adolphe s'y prenait-il ? Il est probable qu'il avait emporté de l'argent ou de l'or à son départ. Lors de l'évacuation de l'Alsace, une véritable ruée avait eu lieu dans les banques, mais elle cessa immédiatement quand une déclaration officielle assura aux Alsaciens qu'ils pouvaient, sur présentation de leurs livrets, retirer de l'argent à n'importe quelle caisse en France.

Tout évacué ou réfugié alsacien se trouvait dans une situation précaire, mais les Juifs vont immédiatement faire l'objet de persécutions particulières sur le plan économique et financier, qui seront d'ailleurs consubstantielles à la plupart des mesures de ségrégation qui vont se succéder. Les enjeux étaient simples : mettre un terme à toute influence juive dans l'économie et priver les Juifs de ressources ou, pour s'exprimer comme Louis Darquier de Pellepoix, futur commissaire général aux questions juives, lutter de façon définitive contre la « youpinisation » de la France.

À peine installés aux commandes de la France, les Allemands n'ont en effet de cesse de lancer l'aryanisation économique des biens juifs. Bien que ce terme soit des plus explicites, l'aryanisation n'a rien à voir avec des dommages de guerre ou du pillage. Il s'agit de spoliation pure et simple dont ont été victimes les Juifs, mesure qui constituait une atteinte inédite en France au droit de propriété, pourtant pierre angulaire de l'ordre social du pays[116].

Dès leur première ordonnance, datée du 27 septembre 1940, les Allemands imposent la présence d'une affiche jaune (déjà) sur les devantures des commerces tenus par des Juifs, en français et en allemand (« Entreprise juive – *Judisches Geschäft* »). On interdit sévèrement les compléments, pourtant bien dérisoires, qui fleurissent, tels « Anciens combattants de 1914-1918 » ; « Maison française » ou « Trois fils mobilisés »[117].

C'est ainsi que ces mesures antisémites, dès 1940 en zone occupée et à l'été 1941 en zone libre, s'ancrent dans le quotidien visible de la population, avec près de 4700 commerces marqués sur leur vitrine dès novembre 1940[118]. S'il est probable qu'à Néris-les-Bains, Adolphe n'aperçut aucune de ces affiches, c'était autre chose à Montluçon : l'un des magasins qu'aimait fréquenter Lise, *À la Femme Chic*, fut aryanisé, toutefois sans grand succès, et cet échec mettait un peu de baume au cœur des Juifs, qui étaient les témoins désemparés de ces expropriations. Bien entendu, que ce soit à Toulouse, Agen et surtout Grenoble, ce spectacle cruel faisait partie du paysage visuel de mon grand-père et de ma grand-mère.

La politique de spoliation se met alors inéluctablement en place avec le recensement des entreprises juives : « le rouge succède au jaune dans les vitrines pour clamer "Direction assurée par un commissaire gérant aryen nommé par application de l'ordonnance allemande du 18 octobre 1940[119]." » Des armées d'administrateurs provisoires sont recrutés, dont la tâche est de liquider ou vendre ces biens à des non-juifs. Or, certains de ces administrateurs sont des connaissances, des voisins ou, pire, des concurrents. Les Juifs concernés sont alors chassés comme des criminels de leur entreprise, à laquelle ils ont souvent consacré toute leur vie. Le désespoir est immense chez les victimes. Lorsque le commerce de fourrure familial fut mis sous administration provisoire, Robert Badinter raconte que son père, accablé, se trouva dépouillé des fruits de son passé et, pire encore, privé des moyens d'assurer l'avenir de ses enfants[120].

La spoliation est définitivement instaurée, le 28 mai 1941[121], par ordonnance allemande. Selon ce texte, tout commerce juif non pourvu d'un administrateur provisoire est interdit, les sommes issues des ventes doivent rester entre les mains des administrateurs provisoires sans pouvoir être reversées aux Juifs, dont les comptes bancaires sont désormais bloqués, ce qui aurait fait dire à Tristan Bernard: « On compte les Bloch et on bloque les comptes. »

Le dispositif nazi est complété par une loi française du 22 juillet 1941 qui étend l'ensemble de ces mesures de blocage à la zone libre et en élargit l'application, notamment aux immeubles professionnels détenus par les Juifs. Le piège se referme alors définitivement pour les Juifs, qui se voient dépossédés de leurs biens quelle que soit leur localisation. Il est vrai que la plupart des Juifs alsaciens ne furent guère concernés par cette politique d'aryanisation, eux qui avaient déjà tout perdu[122].

Pourtant, comme le montre son existence à Néris-les-Bains, mon arrière-grand-père ne devint jamais l'un de ces Juifs spoliés dont on avait rendu la vie quotidienne impossible et l'existence sordide. Il en avait certes les moyens, mais c'est son sens de l'anticipation qui apparaît vraiment remarquable, que ce soit pour le bail de La Roseraie ou pour s'assurer de disposer de suffisamment de liquidités en l'absence de revenus et d'activité.

Or, tout pouvait basculer très vite, comme le raconte Jean-Jacques Becker. À Paris, un employé de la banque de ses parents demanda à sa mère si elle n'est pas israélite. Refusant de répondre, elle partit avec l'ensemble de l'argent du compte, qu'elle clôtura immédiatement. « À partir de ce moment, tout ce que possédaient mes parents fut conservé à la maison dans une chaussette de laine, ce qui, à l'époque, était relativement sûr.[123] » Adolphe avait-il recours à cette même cachette pour ses économies à Néris-les-Bains ?

SE RAVITAILLER

Sujet de préoccupation essentiel et permanent pendant toute la guerre, la nourriture est soumise, dès l'été 1940, à un régime de contingentement. Tel est le cas du lait, du sucre, du riz ou encore du savon. Dès la mobilisation générale, le gouvernement avait tenté d'anticiper les difficultés d'approvisionnement en votant un décret sur le ravitaillement en temps de guerre, le 1er septembre 1939. Les premières mesures de restriction en vue de privilégier l'armée, notamment en matière de viande, passent inaperçues, mais le mécontentement est palpable courant 1940, « lorsque les consommateurs sont privés d'apéritif et de café arrosé, par suite d'un décret proclamant un jour sans alcool[124] ».

C'est à partir de l'armistice que des mesures de restriction de plus en plus drastiques vont se succéder. Le 3 juillet 1940, les hôteliers et les restaurateurs sont invités à ne fournir qu'un morceau de sucre par boisson consommée. Le 31 juillet, le pain ne peut plus être acheté que vingt-quatre heures après sa sortie du four. Le lendemain, les croissants et autres viennoiseries sont interdits à la vente. C'est au tour du riz, des pâtes et du savon d'être rationnés début août. Les menus des restaurants font l'objet d'une réglementation précise : il est par exemple défendu de servir de la crème fraîche ou du beurre autrement qu'incorporés dans les plats.

Il n'y a pas d'huile, ni de fruits ; la viande est rare. Le prix du beurre a augmenté de 25 %. Sur les marchés encore approvisionnés en septembre 1940, il n'est pas rare d'assister à des bagarres. Selon Léon Werth, « les Français ne pensent déjà qu'à leur ventre. Plus exactement, ne pense que leur ventre[125]. »

Il est vrai que la coupure du territoire – le sud dépendant à 76 % du nord pour le charbon, à 96 % pour l'acier et dans la même mesure pour le sucre et le blé – place la France dans un dangereux état de dépendance envers le bon vouloir des Allemands. En occupant la moitié nord du pays et toute la façade atlantique, l'Allemagne s'arrogeait les zones les plus riches et les plus peuplées de la France. Fin 1940, à la suite de l'éviction de Laval du gouvernement par un Pétain irrité de son indépendance et de son manque de considération, le 13 décembre, dans une atmosphère d'intrigues et d'opérette, la ligne de démarcation est quasiment fermée pour de longs mois.

Pour réguler la pénurie dans un pays au bord de la famine à l'issue de la débâcle et au début de l'Occupation, une carte individuelle d'alimentation, « véritable carte d'identité alimentaire[126] » est alors instaurée le 23 septembre 1940. Mon père s'en souvient avec précision. Tous les membres de ma famille en furent bien entendu munis, en fonction d'un classement établi selon l'âge et la profession de chacun. Jean-Paul passera ainsi de J-1 (trois à six ans) à J-2 (six à douze ans), la lettre J correspondant aux jeunes jusqu'à 21 ans (de J-1 à J-3). Les bébés sont E ; les adultes, A, sauf ceux qui exercent un travail pénible, les T ; les cultivateurs sont C et, enfin, les personnes âgées, les V. Ainsi, Jean Guéhenno note avec amertume, mais non sans humour, que « les professeurs de gym ont droit à la carte T (350 grammes de pain), pour ceux qui ne soulèvent que des mots, c'est la carte A (200 grammes de pain)[127] ».

Ces nouvelles catégories qui ne renvoient pas aux critères sociaux habituels (bourgeoisie, ouvriers ou paysans) sont mal vécues et soulèvent à l'évidence de nombreuses jalousies ou incompréhensions, notamment de ceux qui occupent un travail intellectuel. Sur 39 millions de consommateurs, plus de 8 millions auraient obtenu, à plus ou moins juste titre, la carte T[128]. Les paysans sont enviés et traités de « seigneurs féodaux », car ils possèdent, comme le relève Léon Werth, tous les biens de la terre, à savoir le lard, le lait et les œufs[129].

L'entregent d'Adolphe fait là encore merveille puisqu'en décembre 1943, il est en mesure d'envoyer à Jean-Paul, Lise et Poldi, qui sont à Grenoble, un de ces fameux colis familiaux où mon père découvrira une belle et grosse dinde, ce qui l'enchante. J'en déduis qu'il était en mesure de se nourrir correctement à Néris-les-Bains et qu'il arrivait à s'approvisionner auprès des paysans locaux, probablement au grand dam de la population nérisienne, qui, comme on le verra plus loin, se plaint de l'accaparement exercé par les Juifs.

Le témoignage de Saul Friedländer montre à quel point la vie était difficile à Néris-les-Bains lorsque l'on était sans ressource comme ses parents. En effet, contrairement à la situation d'Adolphe, la famille de Saul Friedländer subvenait difficilement à ses besoins. Avec un père malade, c'est sa mère qui était le principal soutien du ménage, devant accepter « n'importe quelle besogne et n'importe quelle humiliation[130] ». Les négociations avec les paysans sont alors âpres, « interminables », même. Son père sombre dans une sorte de mélancolie anesthésiante, puisque « quoi qu'il fît, [s]on père était pourchassé pour ce qu'il avait refusé de rester : un juif. Ce qu'il voulait devenir, un homme comme les autres, lui était enlevé, sans possibilité de recours[131]. »

Toujours est-il que chaque catégorie a droit à un volume très précis de nourriture (pain, viande, matières grasses, notamment) sous un régime de règles administratives complexes et tatillonnes, « les denrées rationnées n'étant délivrées que contre remise de coupons pour les produits à ration mensuelle comme le sucre ou de tickets pour les denrées à ration hebdomadaire ou journalière, qui figurent sur la feuille d'alimentation distribuée chaque mois aux consommateurs[132] ».

Ainsi, fin 1940, les Français de la catégorie A doivent se contenter en moyenne de 250 grammes de pâtes et 50 grammes de riz par mois, ainsi que de 300 grammes de viande (avec os) par semaine[133]. En réalité, toutes les denrées font défaut. Vichy n'arrive pas à assurer de rations correctes, qui peinent à dépasser les 1 200 calories. La fraude est énorme[134]. Jean Galtier-Boissière relève dans son *Journal*, le 20 septembre 1943, qu'« il y a deux sortes de cartes de pain en vente : les fausses et les volées. Les volées valent plus chères[135] ».

La suite est une longue litanie de restrictions auxquelles seront astreints tous les membres de ma famille : la ration hebdomadaire de viande tombe à 120 grammes en 1943, des affiches omniprésentes recommandent de couper le pain en tranches fines pour le faire durer plus longtemps, et obligation a été faite pour tous de s'inscrire chez son boulanger et son charcutier.

À l'été 1944, on peut encore lire qu'« au marché, cinquante femmes font la queue devant quelques salades. Chez la fruitière, les planches sont nues. Rien à vendre sauf deux ou trois bouteilles de vin, à 196 francs[136]. »

LA VILLA LA ROSERAIE OU LES PERVENCHES ?

Curieusement, à Néris-les-Bains, La Roseraie n'est pas le seul lieu de résidence de mon père. En décembre 1940, il reçoit quatre cartes postales qui lui sont adressées à la villa Les Pervenches. Cette villa, contrairement à La Roseraie, était une simple pension de famille dépourvue de jardin, située dans la rue principale de Néris-les-Bains. Celle-ci existe toujours à l'heure actuelle sous forme de meublé.

Une cinquième carte – sans date – porte l'adresse de l'Hôtel de la Source, à Néris-les-Bains, où mon grand-père, écrivant en majuscules, indique qu'il « est aussi triste sans Jean-Paul et sa chère maman ». Selon Robert, avec qui j'évoquais cette question, Lise et Jean-Paul n'habitaient pas à La Roseraie. Peut-être cela fut-il le cas le temps que mon grand-père passa à Néris-les-Bains avec eux, avant ses allers et retours à Marseille au cours de l'année 1940 ?

On peut comprendre qu'ils souhaitaient avoir l'intimité nécessaire à un couple qui était complètement indépendant à Strasbourg. Mais qu'aurait fait Lise dans une pension, seule avec Jean-Paul, alors que son mari était la plupart du temps absent, à chercher du travail à Marseille, entre mars et décembre 1940 ? Cela paraît « socialement » absurde, sans parler des questions financières ou du danger qui commence à poindre dès octobre 1940. Selon mon père, cette autre résidence pouvait également s'expliquer par d'éventuelles brouilles épisodiques avec Adolphe, du fait de son caractère tyrannique.

MA FAMILLE, DES JUIFS INCLASSABLES

Je m'interroge plus loin sur la judaïcité d'Adolphe en temps de guerre et l'effet de la propagande antisémite sur son univers mental. Adolphe, Allemand jusqu'à ses 49 ans, qui s'exprimait dans un français parfait sans le moindre accent, Juif et franc-maçon, incarnait cette *Anti-France* que les nazis voulaient détruire et Vichy éradiquer définitivement du territoire national.

Le gouvernement s'était empressé d'adopter la loi du 13 août 1940, encore plus précoce que le premier statut des Juifs, en vue de dissoudre les sociétés secrètes, c'est-à-dire les loges maçonniques, dont on interdira ensuite à leurs dignitaires, par une loi du 11 août 1941, l'accès à la haute fonction publique ainsi qu'aux emplois déjà interdits aux Juifs. C'est l'époque où, quelque temps avant celle consacrée aux *Juifs et la France*, a lieu l'exposition antimaçonnique inaugurée le 12 octobre 1940 au Grand Palais. Les visiteurs assistent à une reconstitution grand-guignolesque et erronée des temples et ateliers de diverses obédiences qui viennent d'être interdites deux mois auparavant. L'influence juive est fortement suggérée par l'usage fantaisiste de signes hébraïques, censés accréditer cette théorie.

Pas facile de rester anonyme dans ces circonstances. En effet, avant d'être obligé de se faire recenser en tant que Juif, Adolphe figura d'abord dans un autre répertoire, celui des francs-maçons, que Vichy s'emploiera rapidement à établir. Adolphe est ainsi mentionné dans une « Liste par obédience des dignitaires (hauts gradés et officiers de loges) de la franc-maçonnerie » publiée au Journal officiel du 5 septembre 1941. Les informations sont exactes : il est identifié par son grade (32e) et en tant que membre de la Fraternité vosgienne au sein de la loge des Amis de la Vérité, avec son adresse à Strasbourg, rue Saint-Fridolin. Ce n'est évidemment pas une bonne nouvelle pour la famille, même si, à tout le moins, Adolphe n'est pas encore localisé à Néris-les-Bains.

Dans l'immédiat, Adolphe assiste à la mise en place quasi instantanée d'une politique antijuive de source française, à peine Pétain investi des pleins pouvoirs le 10 juillet 1940, « comme s'il n'avait pas d'autres préoccupations accablantes », relève Georges Wellers dans son livre de souvenirs[137]. Il est vrai que Pétain s'est entouré d'antisémites farouches comme Raphaël Alibert, issu de l'Action française, nommé le 12 juillet ministre de la Justice, Pierre Laval, dit le maquignon ou le Gauleiter, dont le pragmatisme aura des conséquences criminelles sur les Juifs raflés, mais dont l'antisémitisme est plutôt « d'opportunité », ou encore le très snob Fernand de Brinon, pivot de la collaboration, qui était si proche des Allemands – pour lesquels il avait déjà œuvré inlassablement depuis les années 1930 – qu'il était surnommé « Brinontrop[138] ». Son seul défaut aux yeux des nazis était son épouse juive, née Frank (ça ne s'invente pas), qui fut l'une des rarissimes personnes à être dispensée officiellement du port de l'étoile jaune en juin 1942.

Lorsqu'Adolphe s'installe à Néris-les-Bains, il s'agit d'un bourg paisible où chacun s'ennuie rapidement, en particulier Poldi et Ernest, à l'exception de Jean-Paul qui profite pleinement du jardin. Lise se plonge dans la lecture à ses moments de loisir, mais *La révolution du nihilisme* et *Hitler m'a dit* de Hermann Rauschning, publiés en 1939[139], ne font qu'accroître son anxiété.

C'est à Néris-les-Bains que mon père fera ses premiers pas à l'école, même s'il n'en garde aucun souvenir («L'école avec la cour et ses platanes, son préau et le corps de bâtiment divisé en trois, selon les règles sacro-saintes de l'enseignement primaire[140] », selon Saul Friedländer). En effet, dans une carte postale de 1940 (date illisible), mon grand-père lui écrit que, selon sa «gentille petite maman», «tu étais bien sage à l'école et que tu te plaisais si bien. C'est très bien.»

Jean-Paul a donc tout à fait pu croiser Saul et sa famille à partir de l'armistice, qui va changer la physionomie de Néris-les-Bains et ses habitants. En effet, la ville voit rapidement affluer les réfugiés, sa population passant de 3800 à 4600 habitants après le 22 juin 1940. Par comparaison, en 2013, l'Insee y recensait 2600 habitants. L'Allier a accueilli 3669 Juifs, dont 2894 d'origine française et 775 Juifs étrangers[141]. Dans l'arrondissement de Montluçon, ils sont 501 à s'être enregistrés, et c'est à Néris-les-Bains qu'ils sont, semble-t-il, les plus nombreux.

La précision effrayante de ces chiffres découle des recensements successifs auxquels seront soumis les Juifs. En cela, leur persécution en France, à partir de 1940, suivait le modèle déjà mis en place avec succès dans l'Allemagne nazie «et exporté ensuite, avec quelques variantes, dans les pays conquis: définition de qui est juif; recensement; interdiction professionnelle et expropriation des biens; concentration; déportation[142] ».

Ainsi, pour la première fois en France, il faut définir les contours de la communauté juive et trier qui est juif et qui ne l'est pas. Comment a-t-on procédé «dans un État qui avait, jusque-là, décidé d'ignorer les appartenances ethniques et confessionnelles? En France, on a demandé aux individus de se déclarer[143]. »

L'ordonnance allemande précitée du 27 septembre 1940 va obliger les Juifs de la zone occupée à se faire inscrire dans un registre. L'année suivante, la loi française du 2 juin 1941, adoptée le même jour que le second statut des Juifs, impose leur recensement, en zone libre cette fois.

C'est bien entendu sans compter la pire des stigmatisations, à savoir le port de l'étoile jaune, instauré en zone occupée par les Allemands à partir de mai 1942, qui ne fut *in fine* jamais mis en œuvre en zone libre, même après l'invasion allemande en novembre 1942. Je demandais donc tout à fait à contre-temps à mon père s'il se souvenait de quelqu'un dans la famille qui l'aurait portée alors qu'ils avaient passé toute la guerre en zone libre.

On pourrait s'indigner rétrospectivement, à la manière de Georges Perec, juif d'origine polonaise, né quelques mois après mon père, d'une forme de crédulité à l'égard de cette avalanche de règles de plus en plus exorbitantes. Ainsi sa mère, qui perdit son mari lors des combats de 1940 et porta l'étoile jaune en croyant être protégée par son statut de veuve de guerre. « J'ai eu beaucoup de mal à comprendre comment ma mère et tant d'autres avec elle ont pu un seul instant y croire[144] », écrit-il dans son extraordinaire livre-témoignage, *W ou le souvenir d'enfance*. Sa mère fut internée à Drancy le 23 janvier 1943 et déportée, sans retour, à Auschwitz le 11 février de la même année.

OCTOBRE 1940 : LE CHOC DU PREMIER STATUT DES JUIFS

En 1939, combien y avait-il de Juifs en France ? Au moins 300 000, dont la moitié d'étrangers, chiffre qui passa à environ 330 000 après l'armistice, du fait de nouvelles arrivées en provenance de Belgique, des Pays-Bas et du sud de l'Allemagne[145]. Les Juifs représentent donc environ 0,7 % de la population française et sont concentrés dans quelques grandes villes. Ils sont en contact avec une part infime de la population.

Sur les 150 000 Juifs français se juxtapose une autre différenciation : d'une part, les Juifs « de souche », au nombre d'environ

90 000 ; d'autre part, les Juifs naturalisés ou étrangers, dont la moitié sont arrivés dans les années 1930. Parmi les Juifs « de souche », assimilés, acculturés, héritiers de la tradition de l'émancipation, domine une conception de l'identité privilégiant l'intégration à la nation et un loyalisme sans faille envers la patrie[146]. La religion dans cette perspective n'était que secondaire. Ce sont ces « bons vieux juifs de France » qu'évoque Darlan dans une de ses communications en conseil des ministres[147].

Ces statistiques faisaient l'objet de nombreux fantasmes, puisque, selon l'une des brochures de l'Institut d'étude des questions juives dont il sera question plus loin, les Juifs en France auraient été près de 400 000 en 1914 et plus de 2,5 millions en 1939. On mesure là, comme le relève Denis Peschanski, « le rôle de la représentation d'un phénomène, avant le phénomène lui-même[148] ».

Déjà le premier statut des Juifs du 3 octobre 1940 « porte un coup terrible aux illusions dont on se berçait dans les institutions officielles [...]. Chez la plupart des Juifs de souche, le mot d'ordre est de s'en tenir au cadre de la légalité. Au judaïsme de rester digne dans l'épreuve, d'obéir à la loi comme on l'a toujours fait, de savoir gérer le malheur[149]. » Cet antisémitisme d'État, radical et transgressif, remettant en cause un siècle et demi d'émancipation des Juifs en France, se met en place immédiatement sans véritable pression des Allemands. C'est une mesure adoptée « en fonction de considérations politiques et diplomatiques propres [...]. Un compromis, une cote mal taillée, entre les idées forces de l'antisémitisme français et les nécessités, imposées par le contexte, d'une forme d'alignement sur le vainqueur[150]. »

À l'automne 1940, cette politique est déjà articulée sous la forme d'un triptyque qui comprend le statut des Juifs associé à leur recensement obligatoire en zone occupée, la révocation du décret Crémieux qui fait perdre aux Juifs d'Algérie la citoyenneté française à l'issue de la loi du 7 octobre 1940, tandis que « les ressortissants étrangers de race juive » peuvent être arrêtés et internés dans des camps, sans intervention judiciaire, c'est-à-dire par simple décision administrative, grâce à la loi du 4 octobre 1940. On peut ajouter qu'avec la loi du 27 août 1940, les Juifs peuvent à nouveau se faire librement insulter avec l'abrogation de la loi Marchandeau du 21 avril 1939, qui réprimait jusqu'alors la propagande antisémite dans la presse. « Puérilement, on se cachait la signature du maréchal Pétain au bas de la loi funeste et l'on s'imaginait que le libérateur de 1918 n'était pas au courant ou qu'il avait été forcé par l'occupant de produire ce texte épouvantable. Quelques témoignages de sympathie d'amis réfugiés, ici ou là, atténuèrent la douleur. Ils furent rares[151]. »

Par ce statut du 3 octobre 1940, tous les Juifs sont officiellement, et du jour au lendemain, exclus de la fonction publique, notamment de l'enseignement et de l'armée. Il leur est également interdit d'avoir un mandat politique et, au-delà de l'administration, d'accéder aux métiers du journalisme, du cinéma, du théâtre et de la radio. Ce statut donne également une première définition de la « race juive », alors que le texte allemand n'évoquait que la notion de « religion juive ». Il prévoit enfin en son article 4 de stricts quotas à venir pour les professions libérales, à travers des mesures d'application destinées à déterminer « les conditions dans lesquelles aura lieu l'élimination des juifs en surnombre ».

Ces contingentements seront mis en œuvre quelques mois plus tard : celui de la loi du 21 juin 1941 limitant à 3 % les étudiants juifs dans les facultés, celui déjà évoqué concernant, le 16 juillet 1941, la limitation du nombre des avocats à 2 % de leurs effectifs, puis un mois plus tard, avec le même pourcentage, celui des médecins juifs (décret du 11 août 1941), auxquels il faut ajouter les architectes le 24 septembre 1941, les sages-femmes et les pharmaciens le 26 décembre 1941 et, enfin, les dentistes, le 5 juin 1942[152].

ERNEST, MAGISTRAT EXCLU PAR LE JOURNAL OFFICIEL DE « PÉTAINVILLE[153] »

Parmi les deux hommes de ma famille plus particulièrement impactés par le statut des Juifs, tous deux trentenaires, je n'ose imaginer la réaction de Poldi, visé par les quotas à venir dans les barreaux, même s'il pouvait se « consoler » avec son nouveau poste à la Fiduciaire de France à Marseille, ni celle d'Ernest, juge en exil à Néris-les-Bains, touché de plein fouet par les exclusions de la magistrature. « Que pouvaient ressentir ceux qui perdaient ainsi le droit d'exercer leur fonction, sans avoir jamais démérité[154] ? » s'interroge Robert Badinter. L'avocat général près la Cour de cassation, Léon Lyon-Caen, ancien combattant et officier de la Légion d'honneur, profondément blessé par ces mesures, répond : « C'est l'effondrement de tout ce qui m'est cher[155]. » Il est glaçant de lire ces textes, même quatre-vingts ans plus tard.

Ernest apparaît dans la liste des noms figurant dans l'arrêté du 17 décembre 1940[156] signé par le garde des Sceaux. Selon son article 1, les personnes mentionnées sont admises à cesser d'exercer leur fonction à partir du 29 décembre 1940. Ils sont 76 autres magistrats juifs à être visés par ce texte, trois de la Cour de cassation, 49 au sein des juridictions du fond et 25 suppléants de juges de paix[157]. On mesure à ces chiffres peu élevés (sur un total de 3 420 magistrats) le parcours jusque-là impressionnant d'Ernest. D'autant que l'on se doute bien, comme en témoigne Marc Bloch, qu'il est plus difficile « d'y arriver » pour un Juif qu'un autre et qu'il faut faire preuve de plus de travail et de talent. 17 membres du Conseil d'État quittent également cette institution sur un total de 120 personnes, dont deux présidents parmi les cinq sections[158].

Le premier statut des Juifs ne comportait aucune obligation déclarative et n'imposait donc pas aux fonctionnaires juifs de se faire connaître, chaque administration devant effectuer elle-même cette tâche d'identification si peu conforme à la tradition républicaine. Au sein du ministère de la Justice, une circulaire est publiée le 20 novembre 1940. Il y est précisé que si des difficultés se présentaient pour identifier « la race de certains intéressés », il convient de s'attacher à ses racines familiales. En cas d'absence de toute pratique religieuse, on pourrait trouver des « indications utiles », « dans l'aspect de certains noms patronymiques », ou encore le choix des prénoms, voire après vérification de l'éventuelle inhumation des ascendants dans des cimetières juifs[159]. On comprend mieux les remarques virulentes de Maurice Garçon, qui se demande ce qu'il y a « de plus servile et de plus lâche qu'un magistrat[160] ».

Je ne sais pas si Ernest s'est présenté spontanément à sa hiérarchie, que l'idée d'une protestation collective n'effleure à aucun moment, ou s'il a fait l'objet d'un « repérage », mais toujours est-il que huit ans de carrière au service de la Justice s'effondrent, à son grand et légitime désespoir. La mesure est d'autant plus injuste qu'Ernest est, jusqu'à sa démobilisation en août 1940, un officier valeureux qui vient de risquer sa vie pour son pays et qui, on le verra, sera décoré par Vichy pour cela.

Même Adolphe, pourtant peu prompt à l'introspection, enrage qu'on lui confisque ainsi la réussite de son fils aîné dans une France qu'il ne reconnaît plus. Malgré tout, il n'est pas question de s'affoler ou de prendre des décisions hâtives, comme de retourner en Alsace. Il va falloir faire front en attendant la suite des événements. Après tout, Poldi a réussi à trouver un travail plutôt correct qui lui assure un bon revenu et un certain statut social de nature à le protéger, tout comme Lise et Jean-Paul.

Mais pour Ernest, plus rien ne sera comme avant. Il se rend bien compte qu'à partir de maintenant, puisque même les magistrats ne sont pas à l'abri, tous les Juifs vont être soumis à une double menace relevant de deux projets antisémites, à travers une politique d'exclusion et de persécution menée par Vichy et une politique de déportation et d'extermination mise en place par les nazis[161]. D'ailleurs, sans surprise, l'inactivité est pire que tout. Il s'ennuie terriblement à Néris-les-Bains, comme en témoigne une carte envoyée à Jean-Paul, alors à Agen, le 31 mai 1941, où Ernest lui écrit qu'il menace de devenir « fou ».

Ernest va alors prendre son destin en main contre cette « racaille honteuse » bientôt dénoncée par Pierre Dac, en décidant de partir pour Lyon en septembre 1941, où il va ensuite s'engager activement dans la Résistance, avec pour base arrière la région de Montluçon, ce qui lui permet d'être à proximité d'Adolphe et de Robert, et ainsi de garder un œil sur eux.

Pourtant, c'est dans une indifférence presque totale que ce statut est adopté et que près de 3 400 fonctionnaires juifs sont révoqués ou mis en retraite ; 753 en zone occupée, 2 669 en zone libre, dont 25 enseignants à l'université de Strasbourg repliée[162], le contraste entre les deux zones s'expliquant par l'interdiction, on l'a vu, faite aux Juifs qui ont trouvé refuge en zone libre de revenir en zone occupée.

Pour l'honneur du pays, Jean Guéhenno note dans son *Journal* le 19 octobre 1940: «Le vainqueur nous inocule ses maladies. Le gouvernement de Vichy publie ce matin le statut des Juifs en France. Nous voilà antisémites, racistes. Mais de quelle race? Malin qui pourrait le dire [...]. Je me sens plein de honte[163].»

JUIN 1941 : LE SECOND STATUT DES JUIFS

Tal Bruttmann relève qu'il faut à peine trois mois entre la naissance du nouveau régime de Vichy et la promulgation d'une législation globale sur les Juifs, «alors qu'il fallut en Allemagne près de deux ans (de 1933 à 1935) pour conduire le même processus[164]». Cette passivité témoigne du ralliement global de la population française qui permit également la liquidation rapide et en toute légalité de la Troisième République. De même dans l'administration, jusqu'alors au service de la République, «la politique antisémite destinée à mettre au ban de la société les Juifs est intégrée au travail administratif et appliquée, sans guère d'atermoiements ni de difficultés[165]». Toujours selon cet historien, «l'antisémitisme d'État devient dès lors une norme administrative banale, intégrée aux tâches quotidiennes des agents publics. Il ne s'agit certes pas de l'antisémitisme dans sa version la plus virulente, celui, structurant, commun aux ultras de la collaboration et aux nazis, mais d'un antisémitisme consciencieux, quotidien, mis en œuvre, sinon par tous les agents, du moins par une immense majorité d'entre eux, sans résistance[166].»

Dans son livre de souvenirs, Annie Kriegel décrit bien ces salves de mesures humiliantes: «Le texte vichyste, pour faire bonne mesure, allait bien au-delà du simple recensement auquel, pour le moment, se limitait le document allemand [l'ordonnance du 27 septembre 1940] puisqu'il excluait les juifs de la fonction publique et instaurait un *numerus clausus* pour les professions libérales. C'est dire que, malgré les exceptions mineures prévues en faveur des anciens combattants ou les dérogations prévues pour cause de notoriété, il privait du jour au lendemain de leur gagne-pain les juifs les plus assimilés, parfois les plus déjudaïsés, en tout cas les moins suspects d'aventurisme marginal[167].»

Parallèlement à l'aryanisation économique des biens juifs, ce premier statut sera suivi d'un second, le 2 juin 1941, qui redéfinit, en l'élargissant, la notion de « Juif », tout en apportant des précisions sur le périmètre des interdictions professionnelles déjà en vigueur. Dans l'esprit du commissaire général aux questions juives Xavier Vallat, c'est pour remédier aux lacunes du premier statut que ce nouveau texte ajoute d'autres exclusions liées aux métiers dits de la « spéculation », avec une liste impressionnante par son détail qui inclut banquiers, agents de change, intermédiaires en bourse, courtiers, marchands de biens, agents immobiliers, prêteurs et même concessionnaires de jeux[168].

Ce nouveau statut est désormais assorti de sanctions pénales qui vont générer un important contentieux, comme on le verra à Néris-les-Bains, et ouvre la possibilité de recourir à l'internement administratif, selon son article 9, « même si l'intéressé est français ». Ce zèle sur le terrain du droit et l'ampleur du processus bureaucratique qu'il nécessite aboutit pourtant à des résultats modestes, avec « seulement » 500 Juifs supplémentaires touchés par les nouvelles exclusions[169].

Par ailleurs, avant d'exclure, il fallait également identifier la population concernée, notamment en zone libre : comme on l'a vu, une loi du 2 juin 1941, du même jour que le second statut des Juifs, prescrit le recensement obligatoire des Juifs en zone libre, mesure qui touchera directement Adolphe et le reste de ma famille. Léon Werth relève à cette date que, désormais, « la déclaration de judaïsme est obligatoire comme celle d'une maladie contagieuse[170] ».

Comme le premier, ce second statut n'émut guère les Français. « Les mesures antisémites faisaient désormais partie de l'ordre juridique de Vichy et le nouveau texte ne paraissait apporter à la législation existante que des modifications de détail[171]. »

Enfin, une loi du 17 novembre 1941 vient compléter ce dispositif, et le piège qui se referme sur les Juifs qui travaillaient encore en zone libre. Ce dernier texte constitue une rupture, car il substitue à la liste des professions exclues une longue liste de secteurs d'activités pour lesquels les Juifs ne peuvent plus avoir que des emplois « subalternes ou manuels »[172]. Cette loi, mise en œuvre de façon redoutable par le Commissariat général aux questions juives, est d'ailleurs très proche de la troisième ordonnance allemande du 26 avril 1941. Par ce texte, les Juifs se sont vu interdire d'exercer un métier dit « supérieur », et plus généralement d'avoir le moindre contact avec le public. Comme le note Jean Guéhenno : « Mon coiffeur était un petit ouvrier juif. Mais il n'a plus le droit de couper les cheveux. C'est la peste ; il lui est interdit d'exercer un métier qui le mette en contact avec le public[173]. » C'est ainsi que l'on vit fleurir dans les offres d'emploi la mention « Israélites s'abstenir ».

Mon grand-père, alors installé à Agen, dut apprécier à sa juste mesure les implications de ce texte, lui qui assurait, à la Fiduciaire de France, le secrétariat juridique de nombreuses entreprises où il se rendait quotidiennement. Pourquoi et comment n'a-t-il pas été touché par ces mesures ?

LE RECENSEMENT DES JUIFS

Sur base de ces deux recensements, on sait qu'il y avait environ 140 000 Juifs[174] (109 983 adultes et près de 30 000 enfants de moins de 15 ans) en zone libre et 149 734 (dont 85 664 Juifs français et 64 070 Juifs étrangers) en zone occupée, ou à tout le moins dans le département de la Seine, avec probablement 20 000 Juifs de plus au total en zone occupée[175].

Cela revient à dénombrer 310 000 Juifs, dont 10 000 à 20 000 ont pu être comptés deux fois, ce qui aboutit à 290 000 à 300 000 Juifs recensés dans l'ensemble de la France. Ainsi, « chaque juif affronte le dilemme en son âme et conscience. Faut-il ou non aller à la préfecture, à la sous-préfecture ou dans les commissariats de police de Paris pour se faire inscrire sur des registres spéciaux[176] ? »

Toutefois, rares furent ceux qui se dérobèrent, pour au moins trois raisons : par défi notamment face à la presse antisémite dénonçant le Juif resquilleur, par confiance et fidélité à la France, et pour ne pas se désolidariser de leurs coreligionnaires. De fait, l'appel à venir se déclarer est non seulement entendu, mais largement suivi. Jean-Jacques Becker se souvient, « outre l'obéissance naturelle à la loi, que, quand l'ordre en fut donné, les juifs allèrent dans les commissariats de police se déclarer comme tels [...]. Chez les juifs français, les israélites, il n'y avait guère de famille où, comme pour la plupart des autres familles françaises, les hommes en âge n'étaient pas des anciens combattants de la Grande Guerre, souvent décorés, et qu'ils se considéraient, à quelques désagréments près, comme intouchables[177]. »

Il en est de même au sein d'une famille de célèbres juristes et magistrats, chez les Lyon-Caen, n'imaginant pas que l'État français pourrait abandonner ses plus fidèles serviteurs, Français de longue date, parfois depuis le XIIIe siècle, ce qui fit dire à Robert Badinter qu'il n'était pas sûr que « tant de nos concitoyens pourraient en dire autant[178] ».

Annie Kriegel évoque longuement dans son livre de souvenir la question du recensement, en s'interrogeant sur le fait de savoir si son père aurait pu s'y dérober. Ce témoignage est particulièrement pertinent, bien évidemment parce qu'elle a vécu ces événements, mais aussi parce que sa famille, quoique différente de la mienne sur bien des points, séjournera à Grenoble en juillet 1942, soit en même temps que Lise, Poldi et Jean-Paul. Plus étonnant, ils vont habiter au même endroit (cours Berriat) et les garçons fréquenteront la même école que mon père, le lycée Champollion. Ceci laisse soupçonner des connexions juives souterraines à ces lieux, sans que je puisse aller plus loin dans mes conjectures.

Annie Kriegel rappelle avec une certaine colère ces « formidable retournement psychologique, formidable subversion du système des valeurs établies si l'on songe que chez les juifs les plus déjudaïsés, les plus ostentatoirement éloignés de toute pratique religieuse, les plus dédaigneux des signes et marques les plus minimes de fidélité, subsistait un ultime et dérisoire reliquat : tenir à l'honneur de ne pas dissimuler, face à un antisémite, le fait d'être soi-même juif [...]. Mais c'est ce reliquat qui, paradoxalement et à contretemps, incita tant de juifs, qui à la limite auraient pu s'en dispenser, à "se déclarer". Un homme d'honneur ne saurait être un "juif honteux[179]". »

Elle récuse toutefois avec fermeté l'idée selon laquelle les Juifs se seraient fait recenser « par étourderie, imprévoyance ou même présomption ». Elle rappelle ainsi que « croire que c'est d'un cœur somme toute léger qu'ils se rendirent dans les commissariats comme pour accomplir une formalité dont ils n'éprouvèrent, après s'être rassurés les uns les autres sur son innocuité, qu'une émotion passagère, c'est faire insulte non seulement au sens de l'honneur de la dignité des intéressés, non seulement à leur lucidité, mais à la vérité du climat de l'époque – celui d'une attente anxieuse[180]. »

Cela correspond parfaitement à la démarche de Léon Werth, réfugié dans le Jura, qui se rendra à la préfecture en juillet 1941, se sentant juif parce qu'on le contraignait à se fondre dans une identité dans laquelle il ne se reconnaissait pas. « Je me sens humilié, c'est la première fois que la société m'humilie. Je me sens humilié non pas d'être juif, mais d'être présumé, étant juif, d'une qualité inférieure [...]. Ainsi ils prétendent m'imposer une autre patrie, un autre groupe. Quelle lâcheté serait de délibérer sur le point de savoir si je me sens ou je ne me sens pas juif. Si vous insultez en moi le nom de juif, je suis juif, éperdument juif, juif jusqu'à la racine des cheveux, juif jusqu'aux tripes. Après on verra. » Léon Werth ira s'enregistrer à Lons-le-Saunier, « comme d'autres vont déclarer leur cheptel et le poids de leurs cochons[181] », en lançant le mot « Juif » comme s'il allait chanter la Marseillaise.

Georges Wellers résume l'opinion générale, partagée sans doute par Adolphe, de la manière suivante : « Si les Israélites se savaient particulièrement visés et détestés par l'envahisseur, ils gardaient la profonde conviction qu'en général, en la matière, les choses ne pouvaient jamais se passer en France comme elles avaient pu se passer en Allemagne [...]. Ils s'imaginaient que leur sort se confondrait avec celui de la majorité de la population du pays, sans doute avec une certaine aggravation dans leur cas, mais dans le passé ils avaient vu suffisamment d'autres situations de ce genre pour ne pas s'affoler maintenant outre mesure[182]. »

Même Henri Bergson, l'une des plus importantes figures intellectuelles françaises, internationalement connu, officieusement avisé qu'il n'avait pas à effectuer cette formalité humiliante, se traîna au commissariat, soutenu par des infirmiers, pour se soumettre au recensement d'octobre 1940. Il mourut quelques mois plus tard, début 1941, à l'âge de 81 ans. Point d'hommage national, mais un simple éloge funéraire à son domicile prononcé par Paul Valéry, qui s'exclame : « A-t-il désespéré ? A-t-il pu garder sa foi dans l'évolution de notre espèce ? Je l'ignore[183]. »

Annie Kriegel évoque deux catégories susceptibles de se soustraire à ces obligations : les personnes pour qui la judéité définie dans les textes pouvait laisser des doutes, et celles qui étaient très loin, dans leur vie quotidienne et leur esprit, du monde juif, célibataires ou avec un conjoint non juif, sans enfant, menant une carrière professionnelle sans aucun lien avec leur milieu d'origine, le plus souvent installé dans les grandes villes.

Or, même les Juifs qui entraient dans ces catégories rebelles ou plus marginales, dans de nombreux cas, se soumirent au recensement. Ainsi, Léon Poliakov, dont l'acte de naissance était à Leningrad, qui ne se connaissait pas d'ennemi et dont le nom finit en *ov*, explique pourquoi il a obtempéré comme tant d'autres, alors qu'il avait été prévenu par un ami russe de ne pas s'y rendre : « Dans mon village, lorsque les services statistiques effectuaient un recensement, les paysans sachant que cela ne présageait rien de bon, se cachaient dans les bois [...]. Mais en vertu d'un mélange caractéristique de motivations opposées : le refus de renier mes origines d'une part, l'habitude d'obéir à la loi d'autre part, je finis par faire comme les autres. Et après une interminable attente au commissariat, où je faisais la queue en compagnie d'un authentique abbé en soutane, je remplis un questionnaire et je me fis apposer un beau cachet à l'encre rouge sur mes papiers : JUIF[184]. »

On peut s'étonner que le fait d'être en règle constituait alors « une véritable obsession » pour les Juifs. « Pas question pour eux d'être de mauvais citoyens. Ils ont toujours été respectueux de la loi. Pourquoi soudainement passeraient-ils dans l'illégalité[185] ? » Et même Ivan Jablonka, à propos de ses grands-parents venus en France de leur shtetel de Parczew en Pologne (un monde englouti si bien décrit dans le livre captivant d'Albert Londres, *Le Juif errant est arrivé*, publié en 1930) : « Quelle idée de se faire recenser en 1940 quand on est juif sans papiers, menacé d'internement ! Mais c'est une démarche paperassière, une de plus ; de toute façon, tout le monde fait pareil, quel risque court-on[186] ? »

On lit également que, pour le recensement en zone libre, qui ne débuta, on l'a vu, qu'en juin 1941, « il reste difficile d'évaluer la proportion de ceux que Vallat qualifia d'"insoumis" [...]. Sans la lourde présence de l'occupant allemand [en zone sud], il était plus facile qu'à Paris de se dérober ; la sanction semblait moins menaçante, il était plus aisé de se fondre dans la population, pour ceux en tout cas dont la qualité de réfugié n'éclatait pas trop aux yeux, pour ceux qui déjà étaient bien intégrés dans des milieux français hostiles à Vichy. Et puis, depuis le recensement de la zone occupée, huit mois étaient passés ; les illusions s'étaient estompées, les avantages de la dissimulation apparaissaient plus nettement[187]. » Quels furent, dans ces circonstances, les choix de ma famille ?

MYTHOLOGIE FAMILIALE

Pendant plus de trois et demi, j'ai cru à une fiction constamment répétée par mon père et confirmée par les conclusions inexactes que j'avais tirées des documents familiaux. Selon son souvenir qui se mélangeait avec une forme de croyance qui m'avait échappé, aucun d'entre eux n'avait accepté un tel diktat, ni Adolphe à Néris-les-Bains, suivi par ses trois fils, ni Poldi alors à Agen. Ainsi, mon père était catégorique : personne ne s'était fait recenser à l'issue du second statut des Juifs de juin 1941 et, de la même manière, tous s'étaient abstenus de respecter les mesures imposées aux Juifs qui allaient suivre.

Après de nombreux recoupements nécessaires à mesurer l'ampleur de ce phénomène, j'étais arrivée à la conclusion qu'environ 10 % des Juifs, français ou étrangers, ne s'étaient jamais fait enregistrer, soit environ 30 000 personnes[188]. Je notais avec fierté que c'est à cette minorité courageuse, douée d'une certaine prescience, qu'appartenait donc ma famille.

Ce récit était même devenu l'un des arguments forts de mon ouvrage, ce qui en justifiait l'écriture et – pourquoi le cacher ? – en faisait, à mes yeux, son originalité. J'avais d'ailleurs élaboré une hypothèse selon laquelle les Frank et les Wachsmann avaient conservé, de façon sélective, une forme de respect des lois en se soumettant aux règles qui s'appliquaient à tous les Français, tout en ignorant, en parfaite connaissance de cause, les mesures antijuives.

Grâce à cette conviction et à la fermeté de mon père qui en

était « sûr et certain », je n'avais jamais remis en cause ce discours. Pourtant, l'avocate que je suis sait parfaitement, et ce, d'autant plus éclairée par la lecture du livre de Daniel Mendelsohn, *Les disparus*, que les témoins se trompent souvent.

J'avais en particulier imaginé la description suivante, à laquelle je tenais tant que je ne me suis pas résolue à la supprimer : « Le choix délibéré de Poldi, lui qui était pourtant juriste et donc par nature enclin à respecter les règles, doit se lire à la lumière de tous ceux qui ont fait le choix inverse du légitimisme. Obéissance à la loi et crainte de la sanction faisaient pourtant partie de son ADN d'avocat. Il eut pourtant le courage de refuser ce qui paraissait aller de soi. »

Or, les maigres statistiques à ce sujet ne laissaient en aucun cas présumer (et pour cause) d'un tel choix. En effet, selon Claire Zalc et Nicolas Mariot, qui ont étudié ce phénomène auprès de la communauté juive à Lens, une telle insoumission était plutôt l'apanage de gens jeunes, célibataires, isolés spatialement, nés en France ou entrés tardivement sur le territoire, tandis que le statut socio-professionnel semblait accessoire[189]. Ces caractéristiques étaient aux antipodes de la situation d'Adolphe ou de celle de mon grand-père, qui avait dépassé les 35 ans, était marié et avait la charge d'un jeune enfant.

Ces contradictions me paraissent rétrospectivement éclatantes, mais à l'époque, cela ne m'avait pas empêchée de faire preuve d'une grande naïveté. Il est vrai que mes erreurs étaient également la conséquence des strates successives de mon travail, composé uniquement à l'origine de cartes postales. J'avais par la suite entamé une nouvelle étape plus ambitieuse après la découverte d'archives familiales supplémentaires dans le « carton des miracles ». Mais, ce faisant, j'avais négligé de vérifier l'existence de possibles sources externes en vue de reconstruire, et surtout vérifier, la cohérence de cet itinéraire familial.

En l'espèce, le fait de travailler uniquement sur des documents familiaux m'avait emportée sur un terrain incertain, d'où j'avais tiré des présomptions globalement favorables à cette fiction : aucune pièce d'identité ne comportait de tampon « JUIF », mon grand-père avait conservé son travail lors de ses déménagements successifs sans apparemment avoir été inquiété, mon père était scolarisé dans des lycées, comme n'importe quel petit Français. Les cartes postales elles-mêmes semblaient confirmer que ma famille vivait comme tout un chacun.

Bien sûr, j'avais trouvé curieux qu'Adolphe soit répertorié en tant que franc-maçon et que son nom apparaisse au Journal officiel du 5 septembre 1941. De ce point de vue, ne pas se faire recenser malgré ce premier avertissement m'avait paru étrange. Mais la chronologie pouvait expliquer cela, et rien n'indiquait dans cette liste qu'il était juif.

C'est au printemps 2018, lorsque je finis par maîtriser un peu mieux les recherches sur Gallica, le site de la BNF, section « Lois et décrets numérisés du Journal officiel entre 1880 et 1946 », surtout consulté pour trouver les dates de naturalisation d'Adolphe et de Poldi, que des doutes sérieux commencèrent à m'assaillir. En effet, Ernest était à Néris-les-Bains au moins jusqu'en octobre 1941. Or, par quel miracle aurait-il pu s'abstenir de se faire recenser alors qu'il était d'ores et déjà identifié depuis plusieurs mois comme Juif et en avait d'ailleurs subi les conséquences directes par son exclusion de la magistrature ?

Le coup de grâce arriva à peu près au même moment par le truchement de Bruno, petit-fils d'Adolphe, que je ne remercierai jamais assez, qui me transmit une carte d'identité d'Adolphe datée du 22 avril 1944 qui était restée dans les archives de son père Paul. Le choc fut cruel. Adolphe, qui était devenu mon héros, m'avait, en quelque sorte, trahie. En effet, avec son timbre fiscal bien en règle et ses informations scrupuleusement exactes, y compris la partie dite de « signalement », où il est indiqué que mon grand-père mesure 1,66 mètre, qu'il a les yeux gris-bleu et que son nez est droit et de dimension moyenne, cette carte d'identité délivrée par la mairie de Néris-les-Bains comportait le tampon infamant, « JUIF », dont je l'avais toujours cru exempt. Ainsi, une nouvelle réalité se dessinait à travers ces nouveaux indices.

LES SIX RECENSEMENTS D'ADOLPHE

Je contactai la mort dans l'âme les Archives départementales de l'Allier en envoyant un message où, par des formules alambiquées, j'espérais encore être trompée par mes intuitions. Avec célérité et rigueur, je reçus la réponse que j'aurais pu découvrir bien avant si j'avais été plus vigilante. Par un courrier du 28 juin 2018, je fus informée qu'Adolphe avait scrupuleusement respecté les textes antisémites de Vichy. Pire, il n'avait pas été recensé qu'une seule fois dans le cadre du second statut des Juifs de juin 1941, mais près de six fois entre 1941 et 1944.

En 1941, dans une première « Liste des israélites résidant dans la commune de Néris-les-Bains », avec un tampon de la sous-préfecture de Montluçon du 16 juillet 1941, figurent Adolphe, Ernest et Robert, avec leur adresse de Strasbourg (Belfort pour Ernest) et leur profession. Je relève également dans ce document la présence du père de Saul Friedländer, Jan, avec la mention de son fils, mais pas de sa femme, de même que celle de son ami Walter Frenkel. Adolphe est ensuite mentionné seul dans une seconde liste rédigée à la main, probablement en 1941. Si je comprends bien une inscription au crayon de papier, il est le n° 188 – ce qui, à la lettre F, laisse augurer du nombre très important de Juifs à Néris-les-Bains.

L'année suivante, Adolphe est encore recensé le 2 août 1942, cette fois-ci avec ses trois fils, Ernest (pour la dernière fois), Paul (pour l'unique fois) et Robert. Encore une incongruité, puisque ni Paul ni Ernst n'habitent plus à Néris-les-Bains à ce moment.

En 1943, deux listes coexistent, qui incluent seulement Adolphe et Robert, l'une du 21 janvier 1943, intitulée « État des israélites français s'étant soumis aux lois du 9 novembre et 11 décembre 1942 [texte sur le tampon JUIF] », et l'autre, rédigée à la main, sans date.

Enfin en mai 1944, la police régionale de Clermont-Ferrand établit une ultime « liste des israélites réfugiés du département du Bas-Rhin, Haut-Rhin, Moselle, en résidence dans la circonscription de Montluçon ». Elle mentionne encore Adolphe et Robert.

L'application du premier statut des Juifs à Ernest et la lecture du Journal officiel m'avaient déjà paru pesantes. Que dire alors de la découverte de ces (trop) nombreux documents ? Pour conclure provisoirement sur ce sujet, je suis dorénavant bien obligée d'écrire que ma famille se comporta comme les autres Juifs de la zone libre, qui réagirent eux-mêmes de la même manière que ceux de la zone occupée quelques mois plus tôt.

Ils refusèrent de ne pas respecter la loi pour diverses raisons: par exemple par impossibilité pratique, notamment les personnalités connues, celles avec un nom incontournable (Lévy, Kahn, Blum...) ou qui, comme Ernest avaient déjà subi d'autres mesures antisémites. Le passage soudain dans l'illégalité semblait inenvisageable à des familles bourgeoises comme la mienne, peu enclines au non-conformisme. À tout le moins s'agissant d'Ernest, son engagement dans la Résistance va lui permettre de disparaître des radars administratifs à partir de 1943 et d'entrer dans une véritable clandestinité, bien au-delà des stratégies d'évitement que choisit d'adopter de son côté Poldi. Le nom «Frank» était d'ailleurs d'une grande ambivalence si l'on songe à Hans Frank, avocat d'Hitler, «éminent» juriste du nazisme, qui fut le gouverneur sanguinaire d'une large partie de la Pologne entre Cracovie, Varsovie et Lemberg. Son histoire est admirablement décrite par Philippe Sands dans son livre *Retour à Lemberg*, paru en 2018.

Le recensement était minutieux: sur la base d'un questionnaire à remplir, l'administration élaborait un jeu de six fiches. Quatre fiches de petit format: la fiche J par nom, JN par nationalité, JD par domicile et JP par profession, et deux fiches de grand format, pour les particuliers et les commerçants. Là encore, il en reste une trace dans les Archives départementales de l'Allier, où figurent la fiche d'Adolphe et celle de Robert.

LE JUIF FRANK

Quel Juif était mon arrière-grand-père? Ou plutôt, que signifiait pour lui «être Juif»? À Strasbourg, je l'imagine bien assimilé, tout comme Poldi et Lise, sans parler d'Ernest, dont les fonctions de magistrat en faisaient un modèle de réussite et d'intégration. Adolphe était à l'aise avec ses racines germaniques et sa nationalité française. Accaparé par ses activités professionnelles et sa charge élevée dans la franc-maçonnerie qui l'éloignait de toute mystique religieuse, il suivait avec fierté, mais aussi d'une main de fer, le parcours de ses enfants, qui s'orientaient vers des professions plus intellectuelles que la sienne. D'un caractère inflexible, peut-être se montrait-il encore un peu plus dur en matière scolaire, universitaire et professionnelle depuis le décès de sa femme.

Sa fille Lise s'était empressée d'échapper à l'emprise paternelle en fondant un foyer avec un avocat dont les origines polonaises déplaisaient à Adolphe (un « polak », comme on disait dans la famille avant le mariage de Lise, synonyme de « gens primitifs, arriérés, incultes[190] »), mais dont le métier et le succès au barreau de Strasbourg lui firent oublier ce désagrément. Son histoire était celle d'une blague juive racontée sous forme de question quant à la différence entre un cordonnier et un médecin juifs, la réponse étant : « une génération ».

Patriote et républicain, Adolphe se sentait-il « israélite », comme ces Juifs qui se disaient de « souche » évoqués plus haut (sans nécessairement, d'ailleurs, avoir à remonter à l'acquisition de la citoyenneté française à partir de 1791), par opposition aux Juifs étrangers, souvent immigrés de fraîche date, qui avaient choisi, pleins d'illusions, la France, patrie des droits de l'Homme ? Il aimait en tout cas se rendre à l'imposante synagogue du quai Kléber, toute proche de sa villa, pour les offices du vendredi soir. C'était un moment de prière, mais également le meilleur moyen de se tenir au courant des derniers événements (et commérages) de la communauté juive de la ville.

Saul Friedländer, pour qui les deux années passées à Néris-les-Bains furent plutôt un moment de bonheur avant la séparation définitive d'avec ses parents, rappelle que, là comme ailleurs en France, « le malheur commun n'effaçait pas entièrement cette ligne de partage[191] » : les « Aronson ou les Chouchan » étaient des Juifs français, les « Friedländer, Meltzer et Fraenkel », des Juifs étrangers.

Les familles fortunées vivaient généralement dans des villas (*Jeanine, Florentin, Beau-Soleil, Les Acacias*, etc.) et chacun ne fréquentait que des Juifs relevant de son milieu. C'est, en tout cas, ce que sous-entend Saul Friedländer lorsqu'il raconte que ses parents voyaient souvent les Fraenkel, dont le fils, Georges, avait le même âge (huit ans) que lui. Venu de Vienne, le père avait toujours la bonne blague (juive) à la bouche. Ainsi, ils célèbrent ensemble

Hanukah, la fête des Lumières, en décembre 1941 : «Être juif, a-t-on dit, c'est continuer, de génération en génération, à raconter une histoire aux contours estompés. Être un enfant juif à Néris, pendant la guerre, c'était entendre un récit de Hanukah, dans le plus profond silence, sans poser la moindre question[192].»

Je peux imaginer qu'Adolphe ne se serait pas reconnu dans le portrait de Jean-Jacques Becker, pour qui sa famille, issue de la petite bourgeoisie, était «d'origine» juive. «D'origine, parce qu'à peu près totalement déjudaïsée [...]. Nous, les enfants, ne connaissions même pas le nom des fêtes juives; les seules fêtes pour nous étaient les fêtes chrétiennes ou républicaines: le 14 juillet, Pâques à cause des vacances, et surtout Noël[193].» L'historien va jusqu'à poser cette question: «Savions-nous même que nous étions juifs[194]?» En vérité, «le Juif de France ne se sentait plus Juif[195]», comme le relève Léon Werth le 3 octobre 1940. De la même manière, Georges Wellers rappelait qu'il n'avait reçu aucune culture juive jusqu'à l'avènement d'Hitler[196].

Certains pourtant avaient, à l'évidence, davantage conscience de leur religion, même si c'était sur un plan plus spirituel que religieux. Ainsi cet autre Alsacien, qui ne dit rien d'autre en rappelant qu'il a été élevé «dans le culte de ces traditions patriotiques, dont les Israélites de l'exode alsacien furent toujours les plus fervents mainteneurs[197]». Marc Bloch poursuit alors avec une citation devenue célèbre de son livre déjà évoqué sur la défaite de 1940: «Je suis Juif, sinon par la religion que je ne pratique point, non plus que nulle autre, du moins par la naissance. Je n'en tire ni orgueil ni honte, étant, je l'espère, assez bon historien pour n'ignorer point que les prédispositions raciales sont un mythe et la notion même de race une absurdité particulièrement flagrante [...]. Je ne revendique jamais mon origine que dans un cas: en face d'un antisémite[198].»

À ce propos, Tal Bruttmann cite cette note interne de Darquier de Pellepoix du 9 septembre 1942 qui, à l'instigation des Allemands, a remplacé quelques mois plus tôt Xavier Vallat à la tête du Commissariat général aux questions juives: «Le Commissaire général a remarqué que, dans la correspondance de certains services, les juifs étaient dénommés "israélites". L'emploi de cette dénomination est dû à l'influence juive qui, en interdisant le mot "juif", a réussi à matérialiser, dans les termes, le moyen principal de défense de la juiverie, qui consiste à prétendre que le problème juif n'est qu'un problème religieux. Au Commissariat général aux questions juives, un juif doit être appelé un juif et on ne doit pas écrire "Monsieur LEVY" ou "Monsieur DREYFUS", mais "le juif LEVY", ou "le juif DREYFUS". Le terme "israélite" ne sera employé que du point de vue religieux, par exemple "la confession israélite" ou "le culte israélite"[199]. »

Véritable ministère de l'antisémitisme, le Commissariat général aux questions juives a été créé le 29 mai 1941 pour coordonner les multiples aspects de la politique antijuive en France. Il est dirigé au départ par Vallat, un avocat du barreau de Paris dont il a déjà été question, nationaliste ultraconservateur et antisémite viscéral. Il s'était fait connaître pour avoir lancé, le 6 juin 1936, à Léon Blum qui prenait la tête du gouvernement après les élections du Front populaire, que, « pour la première fois, ce vieux pays gallo-romain sera gouverné par un juif[200] ». Obligé de retirer ses propos sous la menace du président de séance, il se contentera de le traiter de « Disraëli » français. Cet incident eut lieu à la Chambre des députés, où il siégeait depuis 1919 après avoir fini la Première Guerre mondiale avec un œil et une jambe en moins. Il entretient le temps de son mandat des relations exécrables avec les Allemands, ce qui explique son remplacement en avril 1942 par Darquier de Pellepoix, une brute épaisse et corrompue, à l'inefficacité notoire.

C'est ainsi que je comprends que mon arrière-grand-père devient le juif Frank ; Lise, Poldi et Jean-Paul, les juifs Wachsmann. Autre comparaison possible avec la famille juive de Jacques Samuel telle que décrite dans son *Journal* de l'époque. Sans aller aussi loin dans la laïcisation que la famille Becker, il y avait bien des nuances face à un autre extrême incarné par les familles juives orthodoxes de Strasbourg qui fréquentaient la synagogue de la rue Kageneck. Dans sa préface à ce *Journal*, Katy Hazan rappelle qu'à Strasbourg et en Alsace d'une manière générale, on vivait entre soi et que « la méfiance à l'encontre des juifs d'Europe centrale est ancestrale[201] ».

Adolphe et ma famille se situaient quelque part dans cette nébuleuse, qui a, de toute façon, emporté ses secrets avec la nazification de l'Alsace. En tout état de cause, mon arrière-grand-père ne pouvait pas avoir une pratique rigoriste de sa religion, qui eût été aux antipodes de son engagement dans la franc-maçonnerie. Adolphe allait-il quand même ou aurait-il souhaité aller dans une synagogue, pour peu qu'il y en ait eu une, à Néris-les-Bains ? Selon Jean-Pierre Rebière, un érudit local un peu plus jeune que mon père, qui m'a formidablement aidée et soutenue dans mon travail de recherche, il n'y en avait pas. Je le revois lors de nos rendez-vous parisiens et je repense souvent à sa demande : « J'espère que je serai encore là pour lire votre livre. »

À Périgueux, Monette Bohrmann, qui avait l'âge de mon père pendant la guerre, évoque dans son livre de souvenirs l'existence d'une synagogue, non loin d'une caserne qui servait de prison aux résistants et aux Juifs. C'est là que le rabbin Victor Marx, pourtant déjà âgé (il était né en 1872) fut l'un des premiers à tenter de réorganiser la vie de la communauté juive après l'évacuation de Strasbourg. Cette figure très appréciée, proche des foyers déshérités et défenseur du sionisme dès la Première Guerre mondiale, célébrait offices, mariages et bar-mitsva tout en s'occupant également des circoncisions. Sa crainte, face à ces milliers de Juifs alsaciens arrivés dans le Sud-Ouest en septembre 1939, fut, dans un premier temps, banale : éviter la multiplication des *schnorrers* (mendiants) et la perte de repères d'une communauté qui n'avait plus de structure d'encadrement spirituel, ni de lieu de culte. De même que celles du grand rabbin Hirschler, ses préoccupations vont vite évoluer avec l'antisémitisme et la discrimination d'État dont vont être l'objet les Juifs, alsaciens ou non.

Quoi qu'il en soit, Néris-les-Bains n'est pas Périgueux. Ce qui n'empêchera pas Adolphe de maintenir des liens avec cette communauté, en aidant ses coreligionnaires malgré les risques que cela impliquait. En effet, dans un courrier du 10 décembre 1942 envoyé de Périgueux, le rabbin Victor Marx remercie Adolphe pour le mandat qui lui est parvenu par l'intermédiaire de son associé suisse au sein des *Sparteries alsaciennes*, Georges Halff. Ce rabbin, qui dépensait sans compter son énergie pour encadrer et rassurer les Juifs exilés à Périgueux, écrit à Adolphe que « par les temps actuels, nous sommes doublement reconnaissants pour tout geste par lequel nous pouvons venir en aide à des pauvres honteux que nos Œuvres officielles ne peuvent pas faire passer par nos livres». Le destin lui épargnera de vivre les heures sanglantes qui, vers Pâques 1944, décimèrent la communauté juive de Périgueux. Il décède à son poste en février 1944, laissant le souvenir d'un homme fidèle entièrement dévoué à sa communauté.

On ne peut qu'admirer Adolphe pour ce geste, signe de courage et d'intégrité, voire presque d'inconscience. Donner de l'argent en temps de guerre, c'est déjà une action considérable. Prendre le risque de le faire quand on est soi-même en danger permanent (nous sommes en décembre 1942, la pire année pour les Juifs, quelques mois après la rafle du Vel d'Hiv) et de se mettre en situation de recevoir une lettre aussi compromettante, alors que le contrôle postal ouvre et décrypte des centaines de milliers de lettres comme on le verra pour Poldi, c'est faire preuve de qualités humaines exceptionnelles.

VA-T'EN, JUIFS

Comment Adolphe s'occupait-il à Néris-les-Bains, lui jusqu'alors si affairé? Saul Friedländer n'hésite pas à dire que «ce lieu de rassemblement avait quelque chose de particulièrement sinistre, précisément parce qu'il s'agissait d'une petite ville de vacances et de repos, caractéristique que Néris essayait de maintenir comme si de rien n'était[202]».

Comment ne pas devenir fou d'oisiveté contrainte et d'angoisse quant à l'avenir face à la «morne douceur des premières semaines de l'Occupation[203]», dont parle Jean Cassou? Léon Werth écrit qu'il se sentait comme «captif» dans sa maison de vacances et qu'il ressentait une solitude de prisonnier, comme en exil dans le Jura.

Adolphe a entretenu une très importante correspondance pendant la guerre dont le contenu reste à exploiter. Découverte peu agréable, j'ai retrouvé un courrier de mise en demeure d'Adolphe en février 1941, provenant d'un certain M. E. Korenzovski, résidant à Néris-les-Bains, à la suite d'un litige avec l'une de ses employés de maison, Mademoiselle Hild Koble. Celui-ci menace Adolphe de saisir le conseil de Prud'hommes s'il ne négocie pas. Cette situation paraît rétrospectivement des plus étranges: trois protagonistes dont les noms laissent entrevoir qu'ils ne sont pas de Néris-les-Bains sont pourtant prêts à lancer un contentieux devant la justice française de l'époque.

En dehors de ses querelles de droit du travail, Adolphe consacrait une large partie de ses loisirs à la lecture des journaux. Il était abonné à *La Voix du Geral*, un bimensuel publié à partir du 10 avril 1941 à Clermont-Ferrand, qui lui permettait d'obtenir quelques nouvelles de son Alsace d'adoption qu'il chérissait tant. Il fallait au préalable qu'il cotise auprès de ce Groupement d'entraide des réfugiés d'Alsace et de Lorraine, mais cela n'avait pas été un obstacle, hormis une méfiance naturelle à l'égard de tout lien institutionnel avec une Alsace en cours de nazification. Il est vrai que la citation qui ornait la couverture de cette revue s'appliquait bien mal à ma famille : « Ils n'ont plus, comme richesse, que la fierté de rester français », citation de Pétain extraite d'un discours du 30 novembre 1940. Deux autres journaux occupaient ce créneau : *Le Lorrain* et *L'Écho des réfugiés*, qui publiaient des nouvelles locales directement issues des journaux nazis.

Dans *La Voix du Geral*, on trouvait des exemples de condamnations pour le port du béret ou l'écoute de la radio anglaise, mais, sans surprise, le sujet des Alsaciens incorporés de force dans l'armée allemande ne fut jamais divulgué. Adolphe pouvait également méditer sur les querelles journalistiques à propos des souffrances endurées par les différentes catégories de population alsacienne, entre réfugiés, évacués ou encore expulsés... Mais ces nouvelles d'Alsace ne devaient pas lui peser, et plutôt même le distraire.

Sans doute s'intéressait-il également, cette fois par nécessité du quotidien, aux nouvelles locales qu'il pouvait lire tous les jours dans le journal de Montluçon, de l'Allier et de la Creuse, *Le Centre*, et peut-être son éditorial « Au jour le jour » d'un conservateur antisocial et antisémite convaincu, Jean Joussain du Rieu, qui fut un soutien inconditionnel de la Révolution nationale.

Sans surprise, depuis l'entrée en guerre, la presse était sous le strict contrôle du gouvernement, qui n'hésitait pas à la censurer. À l'issue de la débâcle, certains journaux se saborderont, d'autres passeront sous obédience allemande ou émigreront en zone libre sous l'œil de Vichy. Adolphe a pu facilement se rendre compte que la presse (en tout cas, celle qui n'était pas clandestine) oscillait entre servilité médiocre et collaborationnisme de plus en plus extrême.

Voici ce qu'il put lire dans l'éditorial du *Centre* à la suite de l'adoption du premier statut des Juifs, sous l'intitulé «Le fibrome»: «[...] il est absolument incontestable que l'influence juive dans notre pays a été, ces dernières années, constamment croissante, envahissante et néfaste. [...] Le cinéma, la grande presse ont été envahis par les "contrôles" financiers juifs. D'où certaines campagnes savamment orchestrées, pour la guerre par exemple. La politique elle-même était mise à profit. Que d'élections ont été financées par de l'argent juif! Et que de parties ont reçu de tel ou tel potentat israélite de confortables subventions! C'était de l'argent bien placé pour les affaires et la puissance des "donateurs". Ainsi, au sein de la France, déformant son tempérament propre, croissait le néfaste fibrome du capitalisme juif. C'est contre cet excès qu'il y avait lieu de réagir. Le gouvernement s'y est décidé. On a vu qu'il y procède – non point en proscrivant, non point en persécutant, non point en expropriant les Juifs, mais bien en leur interdisant les "leviers de commande". Il est très regrettable que l'on ait dû en venir là. Mais l'on a dû en venir là[204].»

Dans ce contexte, il devait être très difficile de supporter mentalement et physiquement la double tentative, d'origine allemande et française – ses deux patries, donc –, visant à ostraciser les Juifs du reste de la population, à travers une série sans fin de textes destinés à définir qui était Juif et les privations de droits qui en découlaient. Adolphe dut alors s'apercevoir que «comme la pensée, la liberté peut vite mourir[205]» et *le monde d'hier*, cher à Stefan Zweig, s'écrouler.

Finalement, j'espère qu'Adolphe se limitait à la lecture du *Centre*, déjà très déprimante, et, comme on le verra, à celle de *L'Illustration* ainsi que les gazettes de réfugiés alsaciens, et qu'il ne s'abaissait pas à lire la presse collaborationniste, si ce n'est pour s'informer ou se fondre dans le paysage.

Malgré les restrictions de papier et un règne naturel dans la capitale plutôt qu'en zone libre, ces journaux étaient particulièrement visibles dans les kiosques qui bordaient les parcs de Néris-les-Bains où il se promenait en allant aux thermes et aux alentours du casino, fermé et occupé par des services de l'armée repliés à Néris-les-Bains.

Pour ses lectures quotidiennes, Adolphe appréciait de s'installer confortablement aux terrasses des cafés, loisir qui n'était pas à la portée de tous, comme en témoigne Saul Friedländer dont la famille n'avait en aucun cas les moyens de s'offrir de tels plaisirs. Je le mentionne après avoir été surprise par la remarque de Laurent Joly dans l'un de ses articles dédiés au journal *Au Pilori*. Selon cet historien, « il est certain qu'*Au Pilori* a son vivier de lecteurs fidèles et qu'il représente une tribune tentante pour les délateurs de toutes sortes. Mais la part des acheteurs-observateurs – opposants à la collaboration ou Juifs curieux de voir à quelle ignominie l'antisémitisme pouvait s'abaisser et désireux de guetter les décisions redoutables à venir – est alors loin d'être négligeable[206]. » *Au Pilori* est, parmi une escalade de journalistes déconsidérés, de racistes convaincus et antisémites furieux, la plus violente des revues antijuives. Lancé le 12 juillet 1940 par l'activiste Henry-Robert Petit et financé à l'origine par Jean Lestandi – une de ces ombres ressuscitées dans toute son abjection par Patrick Modiano dans *Les boulevards de ceinture* –, ce journal voit défiler les collaborateurs les plus infects : Robert Pierret, Robert Jullien-Courtine, Louis Prax, Jean Drault (un antisémite « historique » proche d'Édouard Drumont, installé à la tête du journal par les Allemands en 1943) et bien entendu Céline.

Cet hebdomadaire, qui vise un public populaire, relaye les malheurs des Français « de race » abusés par les Juifs. Ses colonnes sont « généreusement » ouvertes aux dénonciations calomnieuses en tout genre (comme les nominations « douteuses » à des postes officiels) ainsi qu'à la publication de listes d'entreprises juives. Les rubriques sont édifiantes : « On maquille ! On maquille... », « Échos et Potins », « Les quatre vérités » ou « Tir de barrage » ; le ton est ordurier et démagogique. Les ventes de cette revue oscilleront quand même entre 50 000 et 80 000 exemplaires en 1943.

La revue salue le statut des Juifs d'octobre 1940 comme une date historique. On peut aussi y lire que le Commissaire général aux questions juives (Xavier Vallat) pratique une politique trop lénifiante, qui en faisait « l'ambassadeur des Juifs à Paris » ! Celui-ci se servit, sans la moindre honte ni retenue, de ces insultes lors de son procès de décembre 1947. En distinguant l'antisémitisme « français » prenant sa source dans la religion chrétienne avec celui des Allemands, païen et racial, il réussit à imposer une défense efficace. Grâce aux indulgences politiques dont il bénéficia, Vallat ne fut condamné qu'à dix ans de prison, limités en réalité à deux ans après sa libération conditionnelle.

J'espère enfin qu'Adolphe n'a jamais lu ces minables alexandrins de mirliton de Jacques de Feraudy, *Va-t'en, Juifs*, publiés en septembre 1941, que j'ai retrouvé par hasard parmi une pléiade d'écrits nauséabonds[207]. Ce titre est pourtant évocateur de l'extrême précarité dans laquelle se trouvait Adolphe. Au printemps 1941, aucun Juif résidant dans l'Allier n'ignore qu'un arrêté d'expulsion et une interdiction de séjour ont été pris dans une large zone autour de Vichy[208].

> «Va-t'en, Juifs.» Entends bien ce que te dit la France,
> Bien moins par haine au cœur, crois-moi, que par raison.
> Ta face immonde a trop noirci mon horizon,
> J'ai besoin de clarté pour guérir ma souffrance. [...]
> Va, ne t'incruste plus sur tout mon territoire
> Avec tes doigts crochus, pour salir mon Histoire
> Toi qui n'es pas d'ici... qui n'es de nulle part,
> Que pourrais-tu bien faire au pays de Bayard? [...]

Toujours est-il qu'«avec les premières lois raciales d'octobre 1940, celles plus draconiennes de juin 1941, l'enflure quotidienne, à la radio, de la propagande et des injures antijuives[209]», Adolphe, probablement comme le père de Jacques Lanzmann, ne pouvait qu'en tirer un pessimisme puissant et ravageur. Peut-être même, lui qui paraît si solide sur les photos, cédait-il par instants «à la facilité du désespoir[210]». De la même manière, Jacques Lanzmann – comme Adolphe et bien d'autres dans leur terrible situation –, «sans rien savoir alors des déportations à venir et évidemment de la Solution finale, mais averti sûrement des arrestations des Juifs étrangers, qui commencèrent dans le Sud dès la promulgation des lois d'octobre, et des rafles massives de mai, août et décembre 1941 en zone occupée, [...] était animé des plus noirs pressentiments. Sauver ses trois enfants, je ne l'ai vraiment compris que plus tard, était son souci majeur[211].»

LE JUIF ET LA FRANCE

Les propos suivants de Léon Poliakov étaient-ils transposables à Adolphe ? « Pourquoi ne pas ajouter que toutes ces choses qui de nos jours sont devenues les symboles de l'infamie et de l'horreur : le film *Le Juif Süss*, l'exposition antisémite du palais Berlitz, la fameuse publicité "Lissac n'est pas Isaac" ne suscitaient pas un grand émoi dans mon âme ? J'étais comme mithridatisé. Le film, je le vis, l'exposition, je la parcourus, en haussant les épaules[212]... »

Médiocre réaction que celle de l'opticien Lissac, qui précise dans la presse, le 2 août 1940, qu'on ne saurait sans malveillance les confondre avec « ISAAC, nom israélite par excellence » et qu'il est dès lors insupportable que des concurrents fassent « malgré cela courir le bruit stupide que les Frères LISSAC sont israélites. Or, LISSAC est un nom bien français, dont s'honorent plusieurs localités de France, et c'est aussi le nom authentique des frères LISSAC, descendants d'une vieille famille de la Corrèze et du Jura[213]. »

Adolphe n'eut heureusement pas l'occasion, ni aucun autre membre de ma famille, de visiter l'abominable exposition qu'évoque Léon Poliakov, *Le Juif et la France*, surnommée par Patrick Modiano dans son premier livre, *La place de l'Étoile*, « l'exposition zoologique du Palais Berlitz[214] ». À Montluçon, la seule exposition qu'Adolphe ait pu visiter fut consacrée, en juin 1943, à la vie et l'œuvre du Maréchal.

L'exposition du palais Berlitz eut lieu avenue de l'Opéra à Paris du 5 septembre 1941 au 15 janvier 1942, pour être ensuite montrée à Bordeaux de mars à mai 1942, et à Nancy en juillet-août 1942, selon un curieux choix d'itinérance. Elle fut organisée, sous l'impulsion des Allemands, par l'Institut d'études des questions juives créé quelques mois plus tôt, en mai 1941, et qui occupait les locaux de l'ancienne et prestigieuse galerie de Paul Rosenberg, le grand-père d'Anne Sinclair, au 21 rue La Boétie. Totalement sous la coupe des Allemands, cette agence, qui publiait deux brochures, *Le Cahier jaune* et *La Question juive en France et dans le monde* ne doit pas être confondue avec le Commissariat général aux questions juives, évoqué plus haut, créé peu avant, en mars 1941, avec lequel elle entretenait d'ailleurs des relations houleuses.

Il est probable qu'Adolphe ait lu avec attention le compte-rendu de cette exposition dans le numéro du 20 septembre 1941 de l'une de ses revues favorites sur papier glacé, *L'Illustration,* ancienne et prestigieuse, mais dont la direction, choisie par les Allemands, venait de changer de main afin d'insuffler une soi-disant mentalité nouvelle. À ce sujet, ce qui était d'abord une intuition fut confirmé par la réalité. En effet, de passage rue Saint-Fridolin en évoquant Adolphe avec son petit-fils Bruno, celui-ci me montra une caisse de journaux contenant des piles d'*Illustration* datant de 1939 qui avait traversé les âges dans un coin du grenier. Je tenais en main des magazines qui avaient été feuilletés par Adolphe juste avant de quitter Strasbourg pour Néris-les-Bains.

C'est en cherchant de la documentation sur cette exposition que j'ai pu tester le devoir de mémoire et ses deux composantes, le souvenir et la vigilance. « La vigilance, c'est l'actualisation du souvenir, l'effort pour imaginer dans le présent ce qui pourrait ressembler au passé[215]. »

Ce devoir de mémoire fut ici particulièrement pénible. L'article de *l'Illustration* précise que plus de 18 000 personnes se sont pressées à cette exposition dans la semaine de son ouverture et que son immense affiche qui en marque le seuil est une grande composition allégorique « représentant une sorte de vampire à longue barbe, aux lippes épaisses et au nez crochu, dont les doigts décharnés, semblables à des serres d'oiseau de proie s'agrippent à un globe terrestre ».

Le journaliste, Robert de Beauplan, rappelle d'abord que « la désagrégation intérieure à laquelle nous devions notre défaite était en majeure partie l'œuvre des Juifs et qu'il n'y avait de redressement possible que par leur élimination de notre vie nationale », raison pour laquelle les nouvelles règles applicables aux Juifs dans le premier statut furent approuvées par l'opinion publique française, « si contradictoire qu'elle apparût avec les principes sur lesquels nous vivons depuis la Révolution de 1789 ». Sur ce thème, le journaliste ne se fait que l'écho du texte du catalogue de l'exposition rédigé par le directeur de l'Institut d'études des questions juives, Paul Sézille, une brute, antisémite hystérique, qui y soulignait la nécessité d'instruire les Français pour les aider à se défendre contre l'emprise judaïque.

Les développements consacrés dans l'exposition à l'étude morphologique du Juif retiennent également l'attention du journaliste de *L'Illustration* : « Français ? Grec ? Russe ? Allemand ? Anglais ? Non : Juifs ! Une énorme tête représentant le type classique du Juif porte sur chacune de ses parties des chiffres qui renvoient à des pancartes. Oreille large et décollée, nez fortement convexe, lèvres épaisses, traits mous, l'œil fuyant sur les côtés avec des paupières lourdes, cheveux crépus, etc., s'opposent aux portraits des types d'Aryens parmi lesquels figurent les plus illustres personnalités françaises. »

Le compte-rendu décrit ensuite la salle consacrée à la description de l'hégémonie juive sur « les manifestations essentielles de l'activité française », où il est important, selon le journaliste, de prendre connaissance de ces effarantes statistiques : la composition du ministère du Front populaire de Léon Blum regroupait 166 Juifs sur 210 membres. Et si, en France, on comptait un Juif pour 200 habitants, dans certaines professions, la participation juive représentait de 50 à 90 % de ses membres : « Les Juifs – on ne saurait le nier – tenaient bien chez nous tous les leviers de commande ».

Les avocats font l'objet d'un panneau dédié où, sous le portrait de célébrités, on pouvait lire « Rien qu'à Paris 664 Juifs sur 2 025 avocats (30 %)[216] », avec un commentaire injurieux, quoique sans surprise : « Les Juifs avaient transformé la noble profession d'avocat en un infâme commerce où l'on racolait des clients dans les prisons. Le défenseur de la veuve et de l'orphelin avait cédé la place au collaborateur de l'escroc et de l'assassin. »

À la fin de l'exposition, le journaliste indique qu'il ne faut pas rater deux dioramas : le premier, « D'où ils viennent », représentant un ghetto « avec ses maisons lépreuses et ses habitants sordides », et le second, « Où ils arrivent », qui montre un château magnifique des Rothschild et la somptueuse limousine d'un Juif cossu.

Que ressentait-on à cette lecture quand on était un grand bourgeois juif alsacien en résidence forcée dans une petite ville thermale, loin de sa belle villa strasbourgeoise, sans activité, sans certitude sur l'avenir, et vivant dans la crainte permanente d'un malheur pour ses enfants et petit-enfant ?

Maurice Garçon, qui visite également cette exposition, en donne une description plus nuancée : « C'est à la fois puéril et impressionnant. Tout ce qui est, pour les besoins d'une démonstration, poussé à l'excès est nécessairement un peu bête. Le tableau de l'histoire des juifs au temps de la bible est risible. Joseph est comparé à Louis Louis-Dreyfus accaparateur de blé. La cruauté juive est démontrée par une projection cinématographique où l'on voit couper la gorge d'un bœuf. C'est évidemment un peu cruel. Mais j'ai vu avant-hier ma fermière saignant un poulet, ce n'était pas beau non plus et l'on ne fait pas autrement pour les cochons et les moutons. L'exposition offre plus d'intérêt dans ses statistiques. On ne peut pas ne pas être frappé du nombre de juifs qui encombrent les professions libérales, la banque, le cinéma, que sais-je encore. Le tableau du cabinet Blum est évidemment outrageant pour une nation qui n'est pas exclusivement sémite. Qu'il y ait eu à freiner, on doit en convenir. Mais de là à en arriver à la persécution actuelle, il y a un monde. » D'ailleurs, ajoute-t-il, « la foule qui visite cette exposition est silencieuse. Il est difficile de savoir ce qu'elle pense. Les gens sont inquiets. Ils ne disent rien. Il n'y a ni rires ni indignation. On se surveille. On n'ose pas exprimer une opinion. On veut voir et on a peur[217]. »

Près de 250 000 personnes auront visité cette exposition à Paris, un million selon les estimations totalement fantaisistes de Paul Sézille[218]. Il s'agit d'un résultat bien inférieur aux expositions précédentes pilotées par les Allemands, qui eurent lieu au Grand Palais, sur la franc-maçonnerie ainsi que la France européenne (au sens des nazis).

Peut-être qu'Adolphe se rassurait-il en songeant au paradoxe fondamental de cette exposition ? D'une part, les organisateurs supposaient que les Juifs avaient réussi « à s'infiltrer et affaiblir la société française grâce à leur capacité à se mêler à la population tout en restant indétectables ». Mais d'autre part, les caricatures et les stéréotypes étaient si extrêmes, comme le relève Maurice Garçon, que l'hypothèse de l'invisibilité des Juifs se révélait tout à fait grotesque.

LE JUIF SÜSS

Claude Lanzmann, replié à Brioude (Haute-Loire), indique qu'en province, « il y avait peu à faire, les distractions étaient rares et la vie nocturne nulle dans la France de Vichy[219] ». Même dans la capitale pétainiste, « l'ennui fait aussi partie du décor, la ville est d'autant plus morne que dès l'automne le brouillard chasse les promeneurs des galeries[220] ».

Puisque la presse offrait bien peu de réconfort, le cinéma, peut-être ? Mais à Néris-les-Bains, il n'y avait que des projections ponctuelles dans l'ancien dancing du casino, qui était, en hiver, assez mal chauffé. Pour le cinéma, Adolphe, comme tous les habitants de Néris-les-Bains, allait à Montluçon pour pouvoir profiter de l'intense production cinématographique française de l'époque, des Claude Autant-Lara, Clouzot ou autre Pagnol, dont une partie a été financée par la Continental, d'obédience allemande, qui racole acteurs et réalisateurs français. Il pouvait fréquenter plusieurs des cinémas de la ville : *l'Apollo, le Rex, le Palace, Cinémonde* ainsi que *les Variétés*. Pour le programme, il suffisait de consulter la seconde page du double feuillet du journal *Le Centre*.

C'est en effet une sorte d'âge d'or, avec près de 225 films produits entre 1940 et 1944, réalisés par plus de 80 metteurs en scène, comme *Les visiteurs du soir* de Marcel Carné avec Arletty et Jean-Louis Barrault, *Le corbeau* de Clouzot (produit par la Continental), ou encore *Goupi mains rouges* de Jacques Becker, malgré l'affreux tableau que dresse ce film de la paysannerie française. On choisissait son film, surtout attiré par les vedettes de l'époque : Jouvet, Raimu, Arletty, Darrieux ou encore Gabin et Morgan, deux des plus grandes stars françaises, qui quitteront la France pour se réfugier à l'étranger. Le public est au rendez-vous avec près de 225 millions de spectateurs en 1941, plus de 310 millions en 1942 et en 1943[221].

Les films sont bien entendu sévèrement contrôlés par les nazis et Vichy. La production française antérieure à 1937 est interdite de projection, de même que tous les films jugés « tendancieux », comme *La règle du jeu* de Jean Renoir, qui rejoindra Hollywood. Le nom des acteurs juifs disparaît des génériques et des affiches. Les films anglo-saxons disparaissent à partir de 1942 en zone libre. La très grande majorité des films se déroulent dans une espèce de bulle temporelle sans aucune référence à la guerre, même si les thèmes de la Révolution nationale ne manquent pas d'être mis en valeur.

La religion rattrape toujours les Juifs, y compris dans ces « innocents » loisirs cinématographiques. Ainsi, *Le Juif Süss*, sorti en 1940 en Allemagne et réunissant tous les stéréotypes de l'antisémitisme, est projeté en novembre 1941 à Montluçon. Si aucun trouble local n'a été rapporté, il y eut quelques manifestations à Lyon et à Bourg-en-Bresse à l'encontre de ce film, comme le rapporte Léon Werth, de la part de professeurs et d'étudiants courageux, qui se firent insulter par ceux qui avaient payé leur place et qui escomptaient bien voir le spectacle. Succès retentissant dans le Reich, projeté non-stop en France entre 1941 et 1944, certains estiment que ce film attira plus d'un million de spectateurs français[222].

Adolphe connaissait bien cette histoire et avait lu le livre, dont le film est une adaptation, publié en 1925 par Lion Feuchtwanger, un écrivain juif allemand qui croupissait d'ailleurs en 1940 dans un camp du sud de la France. Je le sais avec certitude parce que cette édition allemande figurait encore dans la bibliothèque de Lise dans les années 1980, lorsque nous avions eu l'occasion d'en parler après que j'eus découvert à mon tour ce livre[223]. Il s'agit d'un roman historique assez déplaisant sur l'histoire du plus célèbre des Juifs « de cour », conseiller des princes allemands au XVIIIe siècle, génie de la politique et de la finance, menant une vie luxueuse et brillante qui causera sa chute. Un personnage presque aussi antipathique que David Golder, le héros d'un des ouvrages d'Irène Némirovsky, où aucun des pires défauts généralement attribués aux Juifs n'est épargné au lecteur. Si Adolphe pouvait avoir quelque sympathie pour Joseph Süss Oppenheimer, dont l'ingéniosité était sans limite, il ne lui avait pas non plus échappé que ses extraordinaires capacités avaient été à l'origine de sa perte.

J'associe à ce livre une autre histoire, très sombre elle aussi, quoique moins centrée sur la question juive, *L'Affaire Maurizius*, publié en 1928 par un autre écrivain juif, Jacob Wassermann. Un roman que Lise, grande lectrice, élevée dans un milieu bourgeois « à bibliothèque[224] », avait apprécié lorsqu'elle l'avait lu dans les années 1930 et dont nous avions devisé à sa publication en français, soixante ans plus tard.

À l'été 1942, c'est la trilogie de Marcel Pagnol, *Marius*, *Fanny* et *César*, qui occupent le haut de l'affiche. En 1943, Adolphe a encore pu voir, à Montluçon, *Circonstances atténuantes* avec Michel Simon et Arletty, *Le jour se lève* avec Jean Gabin, ou *La fille du puisatier*, qui intègre le discours de Pétain, même si Marcel Pagnol prendra ensuite ses distances avec le régime en refusant toute aide et en revendant ses studios à Gaumont.

En 1944, avec l'occupation de Néris-les-Bains par les Allemands, même si elle fut brève, il est improbable qu'Adolphe ait continué à fréquenter les cinémas de Montluçon. Si tel avait été le cas, son choix aurait pu se porter sur *Caprices*, avec Danielle Darrieux et Albert Préjean (dont l'escapade à Berlin dans « le train de la honte » sera immortalisée dans *Le chagrin et la pitié* de Marcel Ophüls) ou *La femme perdue* avec Renée Saint-Cyr.

Les films étaient précédés des actualités cinématographiques *France-Actualités-Pathé-Gaumont*, sous contrôle de Vichy, qui devint *France Actualités* fin 1942 et qui favorisait l'imagerie française. « En revanche, le monde extérieur était largement absent des actualités de Vichy : l'Espagne et la Suisse étaient les seuls autres pays qui parussent exister. À les voir aujourd'hui, on a peine à saisir que la guerre battait son plein en Europe. Elles décrivaient une France paisible et rurale, couvrant systématiquement les voyages de Pétain en province[225] [...] »

Le 30 juin 1943, *Le Centre* indique toutefois qu'à Montluçon, comme dans le reste de la France[226], du fait de réactions de plus en plus hostiles à ces actualités trop mièvres, l'éclairage des salles de cinéma fut imposé pendant leur diffusion. La police effectuait d'ailleurs des contrôles impromptus pour repérer d'éventuels perturbateurs.

LES JUIFS CONTRE LA FRANCE

Évidemment, la radio, qui s'écoute en famille, est, à cette époque, incontournable. Même les plus réfractaires se dotent d'un appareil, comme la famille Becker, qui achète un poste en mai 1940 lorsque les Allemands franchissent les Ardennes, estimant jusque-là que c'était néfaste à l'atmosphère studieuse de leur maison. Jean-Jacques Becker en témoigne : « Mais les événements allaient trop vite, le journal n'était plus suffisant et je nous vois encore suspendus aux nouvelles de la radio[227].» Les Becker l'écoutent ensuite avidement, toutefois ni Radio-Paris, ni Radio-Vichy, «mais exclusivement la radio anglaise, même si progressivement cela en devenait de plus en plus difficile en raison des brouillages[228]». Et sans doute, Adolphe écoutait-il au moins discrètement le soir Radio-Londres, comme une large majorité de Français. Selon Léon Werth, les seuls qui n'écoutaient pas la radio anglaise étaient ceux qui n'avaient pas de poste.

Trois radios principales, et diamétralement opposées, se disputent les auditeurs: outre Radio-Londres, il y avait Radio-Vichy, mal diffusée, vieux jeu et ennuyeuse, et Radio-Paris, sous contrôle allemand, mais avec un personnel français et dynamique. Diffusée sur tout le territoire, elle prêchait pour la nouvelle Europe nazie.

S'agissant d'Adolphe, il deviendra rapidement risqué d'écouter Radio-Londres à Néris-les-Bains, puisque «plusieurs israélites résidant, [...] font [...] l'objet de condamnation pour avoir écouté la radio anglaise, perceptible de la rue, selon les rapports de gendarmerie[229]». Il est vrai que dès octobre 1940, c'est une activité interdite à tous, Juifs ou non, que d'écouter, en public, des radios se livrant à une propagande antinationale. En 1941, cette interdiction s'étend à tous les lieux privés. En parallèle, pour les Juifs, la solution sera encore plus radicale puisque, par ordonnance allemande du 13 août 1941, il leur sera tout simplement interdit de posséder un poste de radio, qu'ils doivent aller déposer en mairie ou au commissariat.

De toute façon, comme avec la presse, ce n'est guère joyeux, comme le note Jean Guéhenno le 4 mai 1942: «Vers la fin d'un maigre repas, on tourne le bouton de la radio. Avec tranquillité on écoute dire que cinquante-cinq otages ont été fusillés à Lille, qu'en Russie deux divisions ont été exterminées, que Malte vient de subir son deux millième bombardement, etc.[230]»

Pour les Juifs, il n'était pas non plus très rassurant d'écouter certaines émissions violemment antisémites, animées par diverses officines parisiennes financées par les Allemands, comme *La question juive en france et dans le monde*, de Pierre Regnault, diffusées en 1943 (et ses successeurs, tous liés au Commissariat général aux questions juives), lui-même membre de l'éphémère et sans ambiguïté, *Union française pour la défense de la race*. L'ouverture et la conclusion constituaient tout un programme, à peu près dans ces termes : « les Juifs ayant tout pris, nous avons tout perdu [coup de gong]. Notre seul trésor national est désormais notre race [coup de gong][231] ».

De même, il n'était pas fameux pour le moral de se brancher sur Radio-Paris lors de l'émission de Georges Oltramare *Les Juifs contre la France*, qui encourageait la délation et signalait les appartements « libérés » par des Juifs en fuite. Les belles voix de Paul Ferdonnet, un ancien de Radio-Stuttgart, ou de Jean Hérold-Paquis, clamant que, comme Carthage, l'Angleterre sera détruite ou que « les juifs sont les rats de l'humanité[232] », étaient elles aussi particulièrement déprimantes à écouter.

À la limite, comme avec la presse écrite collaborationniste, les célèbres émissions sur Radio-Vichy de Philippe Henriot, au talent oratoire tristement incontestable, pouvaient servir de couverture, comme le raconte Jean-Jacques Becker, qui l'utilisait comme « viatique », puisque ses logeuses à Grenoble l'écoutaient tous les soirs à l'heure de son retour du lycée[233]. Même si, selon Laurent Joly, « le racisme a trouvé là de bien médiocres défenseurs[234] », il faut bien reconnaître que « dans le contexte du fichage, de l'étoile jaune, des rafles, de l'enfermement, puis de la déportation vers l'assassinat, les mots des antisémites professionnels furent des armes létales[235] ».

PÉTAIN À NÉRIS-LES-BAINS

Puisque les distractions tendaient à s'amenuiser et qu'il faut se fondre dans le paysage, Adolphe va assister à la visite de Pétain à Montluçon le 1er mai 1941 malgré un temps déplorable. Il aura été précédé par Poldi, qui, on le sait, était à Marseille lors du déplacement de Pétain dans la ville en décembre 1940 et qui le recroisera avec Lise et Jean-Paul en août 1941 à Agen.

Effigie géante du Maréchal, portique monumental avec l'inscription « Vive Pétain » – slogan qui ornait également les platanes de la ville –, Adolphe a peut-être même acheté une affiche à large bande tricolore reproduisant le visage du Maréchal, au prix de 3 francs. Il aurait d'ailleurs pu simplement rester à Néris-les-Bains et attendre que le Maréchal y effectue son bref arrêt de quelques minutes, ce 1er mai 1941. Le conseil municipal s'était préparé à cette visite en achetant un portrait de Pétain, fin 1940, pour la somme de 500 francs et en rebaptisant le parc des Chaudes en parc du Maréchal-Pétain en mars 1941. Il est vrai que, dans toute la France, on déploie des trésors d'inventivité pour plaire à Vichy et aux Allemands. Jean Galtier-Boissière rapporte, le 15 août 1941, qu'à Barbizon, « le maire – Légion d'honneur, médaille militaire, Croix de guerre – a mis sur sa porte une pancarte : "Burgmeister[236]". »

Toutefois, il y eut une limite à ces marques d'allégeance de Néris-les-Bains, puisque la tentative de donner le nom du maréchal Pétain à la rue Boisrot-Desserviers fut finalement repoussée. Quelques jours avant la venue de Pétain, le conseil municipal de Néris-les-Bains avait changé de physionomie. Le maire élu sous la Troisième République venait d'être remplacé par une nomination directe du préfet de l'Allier à la mi-avril 1941, mettant en évidence l'une des composantes de la Révolution nationale : retour à la hiérarchie et aux chefs, loin de « la tyrannie démagogique du suffrage universel[237] ».

Adolphe a lu ensuite, comme tous ses voisins, le compte-rendu de cette visite dans *Le Centre* le 3 mai 1941[238], où le profil de Pétain s'affiche sur l'ensemble de la page de couverture avec ce titre : « Montluçon et Commentry se sont donnés au Maréchal ». Selon ce journal, qui couvre cet événement sur trois pages au lieu des deux habituelles, Pétain a fait le tour du parc des Arènes après avoir été reçu par le maire et le conseil municipal, tandis qu'un mutilé et un groupe de fillettes costumées en bleu-blanc-rouge lui ont offert des fleurs. Le talent de flagorneur de Joussain du Rieu se déploie ici sans retenue : « Des orateurs brillants peuvent séduire les foules à coups de verbes clinquants. Mais qu'en reste-t-il ? Le Maréchal les prend, lui, par le rayonnement de sa personne, par le poids de ce qu'il dit en toute simplicité, en toute netteté. Et puis parce que c'est lui. Lui, le sauveur. Lui, l'espoir. Lui, tout simplement. Lui que, comme le lui criait une jeune fille au bas du perron de Commentry, "nous aimons, beaucoup, beaucoup, beaucoup !" »

TROP DE JUIFS À NÉRIS-LES-BAINS

Quelques mois plus tard, au début de l'année 1942, dans un courrier du 7 février[239], le directeur général de la Légion interroge le ministre secrétaire d'État à l'Intérieur sur les « agissements des juifs réfugiés à Néris-les-Bains ». La Légion française des combattants a été créée le 29 août 1940, à peine Pétain arrivé au pouvoir, à l'initiative de l'incontournable Vallat. Il s'agit d'un regroupement d'anciens combattants des deux guerres qui s'activent pour la propagande du régime en zone libre et qui, à son apogée en 1941, comprendra près de deux millions de membres.

Le courrier fait état de plaintes de la population à l'égard des Juifs, bien trop nombreux, qui seraient réfugiés sur place. Selon ce courrier, Néris-les-Bains, qui compterait 1 200 habitants avant-guerre (en réalité près de 4 000), subirait l'invasion de près de 1 000 « indésirables ». Le rédacteur précise que, « profitant de la liberté dont ils jouissent, du temps et des moyens financiers dont ils disposent, ces juifs drainent littéralement la campagne environnante de toutes les denrées alimentaires qu'elle peut produire ». Il en résulte que les habitants de la ville, ouvriers et employés pour la plupart, s'en trouvent « sérieusement rationnés ». Il n'est donc pas normal qu'une « localité aussi peu importante que Néris-les-Bains ait à subir l'intrusion d'un nombre de juifs aussi élevé ». On ne peut s'empêcher ici de penser qu'Adolphe correspondait parfaitement aux Juifs décrits dans cette lettre, sans activité – certes à son corps défendant – et occupant, comme par une provocation supplémentaire, l'une des plus belles villas de Néris-les-Bains.

Aggravé par l'incessante propagande officielle, dont la résonance fut plus importante dans les petites localités, l'antisémitisme en zone libre se nourrissait des difficultés d'approvisionnement qui allaient croissant, les Juifs étant accusés d'accaparement, auquel Vichy associait sans peine un autre vice : celui de l'oisiveté. *Le Centre* se fait l'écho d'arrestations de contrevenants (juifs) pour infraction en matière de rationnement. Ainsi, le 7 mars 1942, un Juif est arrêté pour détention d'un stock de tissus de 341 mètres[240].

Jean-Pierre Rebière me confirma que c'était une impression effectivement ressentie localement et qu'il se souvient que sa mère était parfois excédée d'arriver devant des boutiques vides « parce que les Juifs avaient tout acheté». Dans son souvenir, il lui semble que les Juifs de Néris-les-Bains avaient des ressources importantes et qu'ils étaient commerçants dans le tissu, pour l'essentiel en provenance du Sentier à Paris. Il ne se souvient pas de Juifs étrangers, alors qu'ils étaient également nombreux à séjourner en ville, comme en atteste la présence de la famille Friedländer.

Des rapports sur l'état de l'opinion témoignent de cette exaspération à l'encontre des Juifs installés à Néris-les-Bains, qui sont accusés d'acheter de grandes quantités de victuailles dans les campagnes à n'importe quel prix, eu égard à leur supposée richesse. Il est vrai que les temps sont durs sur place: Néris-les-Bains a subi plusieurs réquisitions depuis fin 1941, qui pèsent sur la vie quotidienne des habitants: la compagnie *Gues radio*, le service des sépultures et celui de la récupération des bagages militaires occupent le casino, l'hôtel thermal et celui de la Promenade. Le maire relèvera en conseil municipal que les curistes ont pu difficilement être logés l'année précédente et que ces réquisitions causent un préjudice important à la ville et notamment aux établissements thermaux. Malgré ces protestations, le service des décorations ira s'installer peu de temps après sur les tennis du Grand hôtel[241].

1942 : LES PREMIÈRES ARRESTATIONS DE JUIFS ÉTRANGERS DANS L'ALLIER

Quelques mois plus tard, à l'été 1942, la situation générale se dégrade alors inexorablement pour les Juifs, dans l'Allier comme dans toute la France, à la suite du cataclysme qui s'est enclenché à Paris avec la rafle du Vel d'Hiv et la traque des Juifs, afin de remplir les contingents exigés par les nazis depuis la conférence de Wannsee pour activer la Solution finale. «Philosophie de pourceaux, s'écrira Jean Cassou, lorsque la nécessité se révèle à un peuple comme l'unique issue, sans plus aucun effort d'imagination possible, et que cette nécessité s'identifie à l'ordure, où il ne reste plus qu'à se vautrer[242]».

Autour de Néris-les-Bains, le terrain a été préparé par l'ouverture d'un camp d'internement à Frémont, puis de divers camps de travail destinés aux Juifs étrangers. En août 1942, un centre de rassemblement des Juifs dit « du camp du textile » (sur l'emplacement d'une usine désaffectée) est mis en place à côté de Montluçon. C'est alors qu'une grande rafle est menée par la police française dans 18 communes de l'Allier le 26 août 1942, comme d'ailleurs dans l'ensemble de la zone libre. Cette « inhumaine battue en zone sud[243] » aboutit à 170 arrestations, limitées, semble-t-il, aux Juifs étrangers, dont plus de 140 prendront la destination finale d'Auschwitz le 14 septembre 1942[244].

Or, l'une des six listes où Adolphe a été recensé en tant que Juif résidant à Néris-les-Bains a été établie le 2 août 1942, à peine quelques semaines avant ces arrestations, soulignant que le danger est alors très proche et menace également ses trois fils, Ernest, Paul et Robert. Alors qu'Adolphe n'est, semble-t-il, pas inquiété, les parents de Saul Friedländer n'ont, quant à eux, pas d'autre choix que de s'enfuir de Néris-les-Bains en tentant de façon désespérée de franchir la frontière suisse à Saint-Gingolph. Ils sont arrêtés le 30 septembre et décèdent peu de temps après, en déportation.

Par bonheur, grâce à l'entremise de la bibliothécaire de Néris-les-Bains, Mme M. de L., et de trois maîtres d'école « farouchement anti-allemands et anti-pétainistes dès la première heure[245] », Saul sera envoyé dans un pensionnat catholique, « vers ces dames de la Sodalité qui allaient sauver une âme, mais qui prenaient aussi de sérieux risques puisque l'âme était celle d'un enfant juif[246] ». Saul sera baptisé pour devenir Paul-Henri Ferland. Il doit sa survie à ce réseau d'entraide composé d'*excellents Français*.

DES JUIFS HARCELÉS

Le débarquement des Alliés en Afrique déclenche la prise de contrôle par les Allemands, le 11 novembre 1942, de la zone libre, qui devient la zone sud ou « zone sud occupée ». Cette invasion marque l'arrivée quasi concomitante des nazis à Montluçon, avec près de 600 hommes en provenance de Moulins et de Bourges. La fin de l'année, guère plus réjouissante, coïncide avec l'entrée en vigueur de la loi du 11 décembre qui impose la mention « JUIF » sur les cartes d'identité, et ce, sur l'ensemble du territoire français et non plus seulement en zone occupée (où c'était le cas depuis septembre 1940), qu'il s'agisse de Juifs étrangers ou français.

Adolphe a été informé par un article du *Centre* du 11 janvier 1943 que toute personne de « race juive » résidant dans la circonscription de Montluçon devait se présenter avant le 15 janvier 1943 au service des étrangers du commissariat avec sa carte d'identité, afin qu'on y appose le terrible tampon. Il est encore indiqué que cette mesure est d'application provisoire, dans l'attente de la distribution des « cartes d'identité de Français ».

Début 1943, c'est pourtant une autre information qui est de nature à affoler Adolphe : un communiqué de Vichy du 21 janvier annonce en effet que plus d'une douzaine de départements, dont l'Allier, vont être soustraits à toute « invasion juive ». Comme par hasard, le quatrième recensement d'Adolphe coïncide précisément avec cette date. Difficile de comprendre, en pratique, comment il a réussi à se soustraire à de telles mesures.

Y a-t-il le moindre lien entre ce nouveau péril et l'une de ses cartes d'identité, datée de juillet 1943 ? Aucun tampon « JUIF » n'y figure. Curieusement, ce document aurait été fait à Lyon et comporte une adresse inconnue, le 7, rue Mulet. Or, au même moment, les lettres grenobloises de Jean-Paul envoyées à Adolphe lui sont adressées à Néris-les-Bains. De faux papiers, sans aucun doute.

Il est vrai qu'au-delà des recensements, marquages et expulsions, la justice française continue à appliquer mécaniquement le droit antisémite, et de nombreuses décisions sont rendues en cas de non-respect des lois antijuives, notamment pour défaut d'apposition du fameux tampon. *Le Centre* mentionne de nombreux faits divers impliquant des Juifs de Néris-les-Bains, comme la condamnation à une amende par le tribunal correctionnel de Montluçon à l'encontre d'une Juive française, « une israélite », résidant à l'hôtel du casino à Néris-les-Bains. Cette villégiature semble d'autant plus mal choisie que cet hôtel accueille également une brigade de gendarmerie[247].

Au-delà de ces condamnations (près de 560 Juifs auraient été jugés par des tribunaux français pour violation des règles antisémites entre 1941 et 1944[248]), ce sont également les expulsions qui se multiplient à Néris-les-Bains. Un Juif qui séjourne à l'hôtel

Splendid est sommé par la police de quitter l'Allier le 25 février 1943, alors qu'il avait déjà obtenu une prolongation depuis le 1er janvier 1943.

Même très tardivement, on lit encore dans *Le Centre* du 12 juin 1944, sous la sympathique rubrique « Obligations des israélites », qu'un certain David Arthur, âgé de 60 ans, habitant la villa Beau-Soleil à Néris-les-Bains, israélite français, a été condamné à 200 francs d'amende par le tribunal correctionnel de Montluçon à l'audience du 8 juin 1944, deux jours après le débarquement des Alliés en Normandie, pour ne pas s'être fait apposer le tampon « JUIF ».

Adolphe, qui résidait alors à Néris-les-Bains depuis près de quatre ans, savait bien ce qui se passait autour de lui. Il connaissait la plupart du temps les personnes concernées et ne pouvait qu'être atterré par les cas les plus révoltants, comme, en février 1943, « cet Israélite de Néris-les-Bains, mis en demeure de quitter la ville dans un délai de 10 jours, avec une femme malade et une fillette de trois ans, qui ne sait où aller et qui demande qu'on l'autorise à rester à Néris-les-Bains, jusqu'à la fin de l'hiver[249] ».

L'OCCUPATION ALLEMANDE DE NÉRIS-LES-BAINS

En mai 1943, des officiers allemands avaient déjà visité Néris-les-Bains et ses hôtels en vue d'une éventuelle installation. Ils mettent d'ailleurs en place une ligne téléphonique reliant les hôtels du Jardin et du Parc à la Kommandantur de Montluçon. Toutefois, l'arrivée de troupes allemandes n'a lieu qu'un an plus tard, entre mai et juillet 1944, une période assez courte mais qui se révélera tragique pour les nombreux Juifs qui s'étaient réfugiés sur place.

Cette chronologie est particulièrement malheureuse pour Adolphe, puisqu'elle coïncide à quelques jours près avec l'établissement de sa carte d'identité avec le tampon « JUIF » (22 avril 1944). Or, depuis janvier 1944, celui qui dirige la police nationale, un certain André Parmentier, ancien préfet régional de Rouen, proche de Vallat, a donné instruction aux préfets régionaux de la zone sud de fournir aux Allemands les listes où les Juifs ont été recensés. La Gestapo s'en empare en avril 1944, ce qui permet sans doute d'éclaircir la séquence des événements à Néris-les-Bains. Heureusement que, sur les injonctions de son fils Paul, Adolphe quitte du jour au lendemain La Roseraie pour se cacher à Dontreix, dans la Creuse.

À Néris-les-Bains, les nazis réquisitionnent les derniers grands hôtels encore libres, qui sont obligés de faire partir leurs clients (il y en avait donc encore), et les camions militaires envahissent le parc du casino. La communauté juive de Néris-les-Bains va être durement éprouvée par cette occupation.

La catastrophe a lieu quelques jours après leur arrivée, avec l'arrestation, vers le milieu du mois de mai 1944, de 29 Juifs résidant à Néris-les-Bains, probable et fatale conséquence de l'usage des listes de Juifs remises aux Allemands par l'administration française. Cela correspond à plus de dix familles juives vivant sur place qui seront brutalement arrêtées à quelques semaines de la Libération de la ville, le 25 août 1944. Sur ces dix familles, trois d'entre elles vivaient avant-guerre à Strasbourg, les Meyer, les Ruff et les Mayer, ces derniers résidant boulevard Ohmacht, à moins d'un quart d'heure à pied de la rue Saint-Fridolin. Adolphe les fréquentait sans doute et, comme lui, les Mayer s'étaient fait recenser à l'été 1941, en remplissant une déclaration pour eux-mêmes, l'un de leurs fils (Albert) et leur fille (Liliane), mais, sans qu'on sache pourquoi, ils omirent leur second fils (Paul).

Cela m'a fait encore penser à l'histoire de Dora Bruder, dont le père, qui s'était enregistré avec sa femme un 4 octobre 1941 à Paris, n'avait pas non plus recensé sa fille pour des raisons inconnues, sauf que ceci n'a pas suffi à la sauver, contrairement à Paul Mayer. Jules Mayer et sa femme seront arrêtés à Néris-les-Bains le 12 mai 1944 par les Allemands et décéderont à Auschwitz quinze jours plus tard. Par chance, leurs trois enfants en réchapperont, chacun pour des raisons différentes.

Et si on ne saura jamais comment s'organisait la vie de la communauté juive de Néris-les-Bains et comment fonctionnaient les réseaux de connaissance et de solidarité, il est certain que Paul Mayer, le fils non recensé de Jules, a été en contact étroit avec Ernest. En effet, Paul Mayer, qui avait tout juste 21 ans, avait rejoint les FFI de l'Allier en septembre 1943 où il était lieutenant sous les ordres d'un certain Commandant Fabre, qui n'était autre qu'Ernest, ainsi qu'on le verra plus loin.

Grâce à l'intervention des Amis de la Fondation pour la Mémoire de Déportation, Néris-les-Bains rend aujourd'hui un touchant hommage à cette communauté juive partiellement décimée, à travers une plaque commémorative apposée sur le monument aux morts de la ville, dévoilée le 8 mai 2008, en mémoire des 29 Juifs réfugiés à Néris-les-Bains morts en déportation. Outre les Mayer, certains noms figurant sur cette plaque m'étaient entre-temps devenus familiers. Celui de Walter Frenkel, né à Vienne, déporté le 31 juillet 1944 et qui décède à Auschwitz en mars 1945, correspond très probablement à l'ami des Friedländer. Plus surprenant est de trouver la mention des noms des deux parents de Saul, Elli et Jan Friedländer, bien qu'ils n'aient pas été arrêtés à Néris-les-Bains, mais, on l'a vu, à la frontière suisse.

Jean-Pierre Rebière m'a appris que, au titre des réparations de guerre, l'Allemagne, parmi diverses indemnisations aux familles juives, avait financé des cures thermales à Néris-les-Bains. Ces séjours ont constitué une manne importante pour la ville pendant « au moins 20 ans », et leur arrêt a porté un coup sérieux au tourisme local. Cette affluence d'après-guerre était d'autant plus justifiée que les eaux de Néris-les-Bains étaient réputées soigner « les affections psychosomatiques » ou plus simplement les maladies des nerfs, comme on disait à l'époque. Jean-Pierre Rebière se souvient précisément que certains curistes juifs parlaient yiddish et que les kiosques vendaient des journaux en hébreu.

FAUSSES IDENTITÉS
POUR SE CAMOUFLER

Dans la quinzaine de papiers d'identité retrouvés, les informations qui y figurent connaissent de nombreuses variantes et de plus en plus de fausses déclarations, au gré de l'évolution de la situation. Un témoignage modeste de l'adaptation de nombreux Français à un monde devenu hostile, même si rien ne les prédisposait à mentir. Or, les membres de ma famille sont non seulement des exilés alsaciens, mais surtout des Juifs, d'ores et déjà citoyens de seconde zone, avant de devenir des cibles à éliminer.

3060
JUIF
CARTE d'IDENTITÉ
Nom : Frank
Prénoms : Adolphe
Profession : sans
Né le : 17 septembre 1879
à : Constance
Département :
Nationalité : française
Domicile : Néris - Allier
TIMBRE FISCAL 10 FRANCS
SIGNALEMENT
Taille : 1.66
Cheveux : blancs
Moustache : sans
Yeux : gris-bleu
Nez : Dos droit, base moyen ; Dimensions moyenne
Forme du visage : rond
Teint : hâlé
Le Titulaire :
Les Témoins :
Vu pour Légalisation :
Le 22 Avril 1944
5 FRANCS

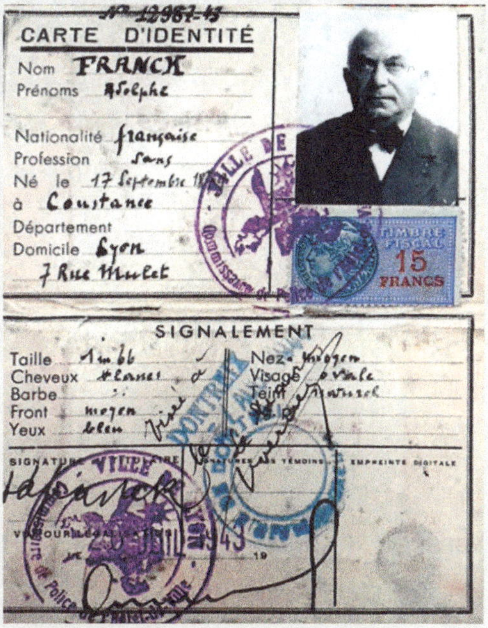
N° 12987-43
CARTE D'IDENTITÉ
Nom FRANCK
Prénoms Adolphe
Nationalité française
Profession sans
Né le 17 Septembre 18..
à Constance
Département
Domicile Lyon
7 Rue Mulet
TIMBRE FISCAL 15 FRANCS
SIGNALEMENT
Taille 1m66
Cheveux blancs
Barbe
Front moyen
Yeux bleu
Nez moyen
Visage ovale
Teint naturel
SIGNATURE DU TITULAIRE
SIGNATURES DES TÉMOINS
EMPREINTE DIGITALE
VU POUR LÉGALISATION
19
VILLE DE LYON
Commissariat de Police

La mention « Juif »

Le 11 décembre 1942, une loi impose la mention « Juif » sur les cartes d'identité sur tout le territoire français. Adolphe n'échappe pas à ce tampon infamant, quoiqu'apposé très tardivement : sa pièce d'identité porte la date du 22 avril 1944. Cela ne rend pas sa situation moins périlleuse, puisqu'en mai 1944, 29 Juifs de Néris-les-Bains sont arrêtés et déportés.

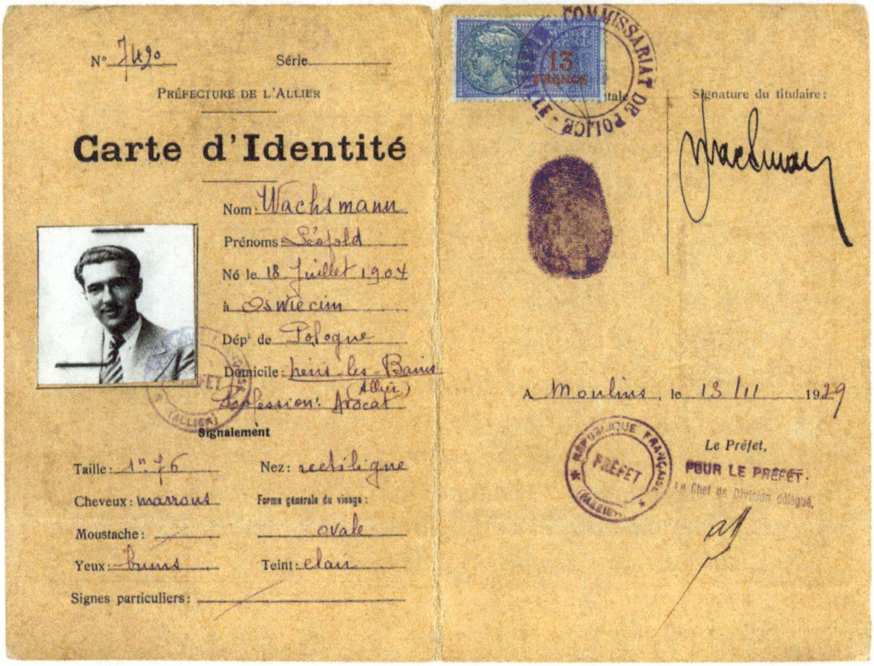

N° 7490 Série

Préfecture de l'Allier

Carte d'Identité

Nom : Wachsmann

Prénoms : Léopold

Né le 18 juillet 1904

à Oswiecim

Dép' de Pologne

Domicile : Néris les Bains (Allier)

Profession : Avocat

Signalement

Taille : 1m 76

Nez : rectiligne

Cheveux : marrons

Forme générale du visage : ovale

Moustache :

Yeux : bruns

Teint : clair

Signes particuliers :

13 francs

Commissariat de Police

Signature du titulaire :

A Moulins le 13/11 1929

République Française – Préfet (Allier)

Le Préfet,

Pour le Préfet :

Le Chef de Division délégué,

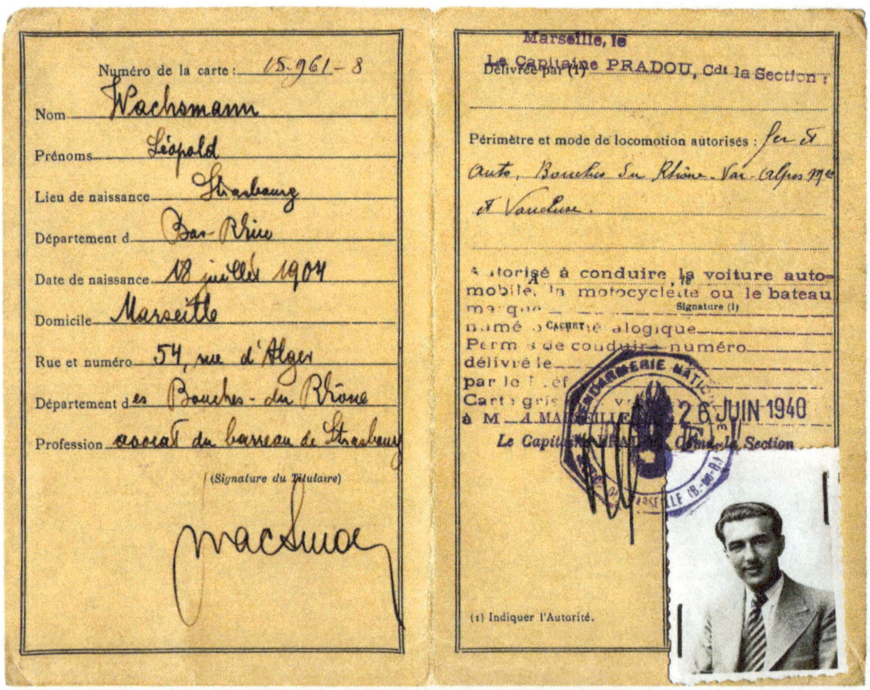

Numéro de la carte : 15.961-8

Nom Wachsmann

Prénoms Léopold

Lieu de naissance Strasbourg

Département d Bas-Rhin

Date de naissance 18 juillet 1904

Domicile Marseille

Rue et numéro 54, rue d'Alger

Département des Bouches-du-Rhône

Profession avocat du barreau de Strasbourg

(Signature du Titulaire)

Marseille, le

Délivrée par (1) Le Capitaine PRADOU, Cdt la Section

Périmètre et mode de locomotion autorisés : fer et auto, Bouches du Rhône, Var, Alpes Mmes et Vaucluse.

Autorisé à conduire la voiture automobile, la motocyclette ou le bateau

marque

numéro minéralogique

Permis de conduire numéro

délivré le

par le Préfet

Carte grise

à M

Signature (1)

Cachet

Gendarmerie Nationale

A Marseille le 26 JUIN 1940

Le Capitaine PRADOU, Cdt la Section

(1) Indiquer l'Autorité.

Fausses cartes

Lorsque mon père m'expliqua que Poldi avait utilisé de faux papiers pendant la guerre, au nom de Léopold Willemain, cette révélation me fit longuement réfléchir. Ma famille, au passé plutôt lisse, se découvrait une face plus sombre et plus inquiétante. Il ne s'avéra d'ailleurs pas possible de réconcilier cette fausse identité avec la situation scolaire de mon père à Agen et Grenoble, où Jean-Paul Wachsmann était un écolier parmi d'autres, ou presque.

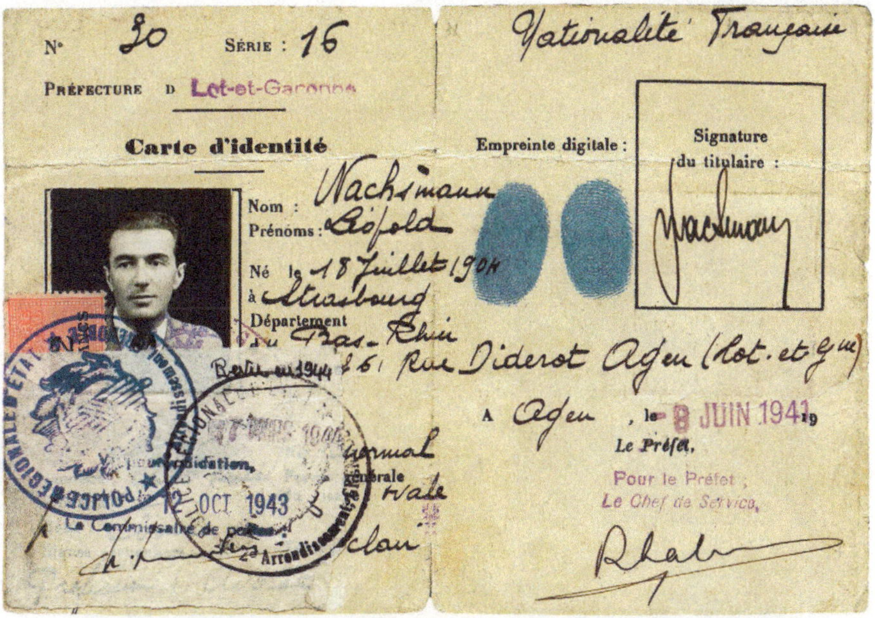
N° 30 Série : 16

Préfecture d Lot-et-Garonne

Carte d'identité

Nom : Wachsmann
Prénoms : Léopold
Né le 18 Juillet 1904
à Strasbourg
Département du Bas-Rhin
86, rue Diderot Agen (Lot et Gne)

Nationalité Française

Empreinte digitale :

Signature du titulaire :

A Agen, le 8 JUIN 1941

Le Préfet,
Pour le Préfet ;
Le Chef de Service,

normal
générale
ovale
clair

12 OCT 1943
Le Commissaire de police

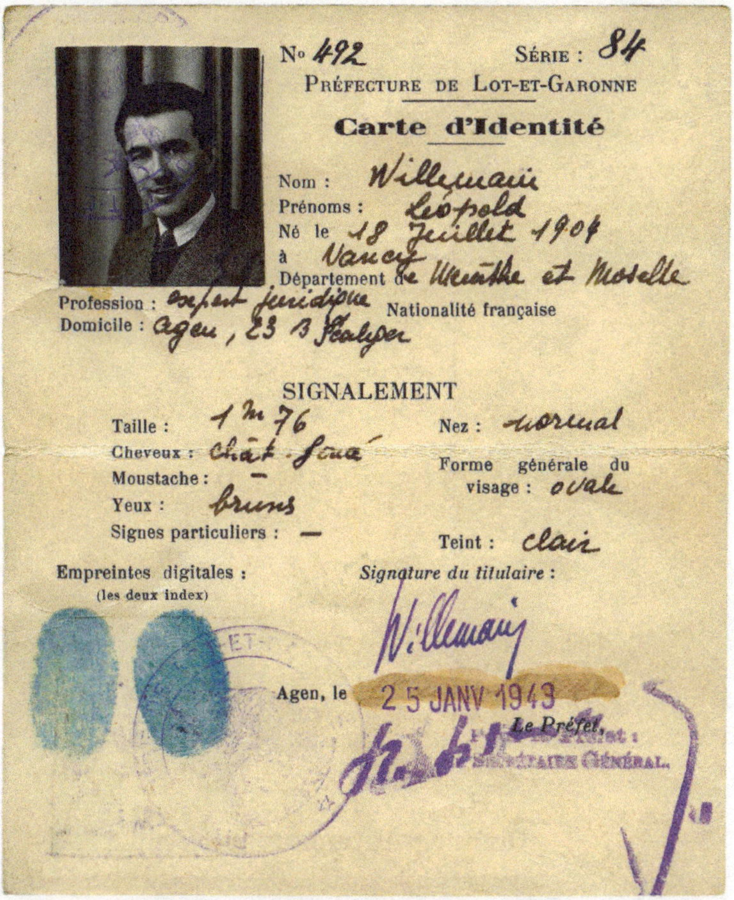
N° 492 Série : 84

Préfecture de Lot-et-Garonne

Carte d'Identité

Nom : Willemain
Prénoms : Léopold
Né le 18 Juillet 1904
à Nancy
Département de Meurthe et Moselle
Profession : expert juridique
Nationalité française
Domicile : Agen, 23 B Scaliger

SIGNALEMENT

Taille : 1m76
Cheveux : Chât-foncé
Moustache : –
Yeux : bruns
Signes particuliers : –
Nez : normal
Forme générale du visage : ovale
Teint : clair

Empreintes digitales : (les deux index)

Signature du titulaire :

Agen, le 25 JANV 1943

Le Préfet,
Pour le Préfet :
Secrétaire Général.

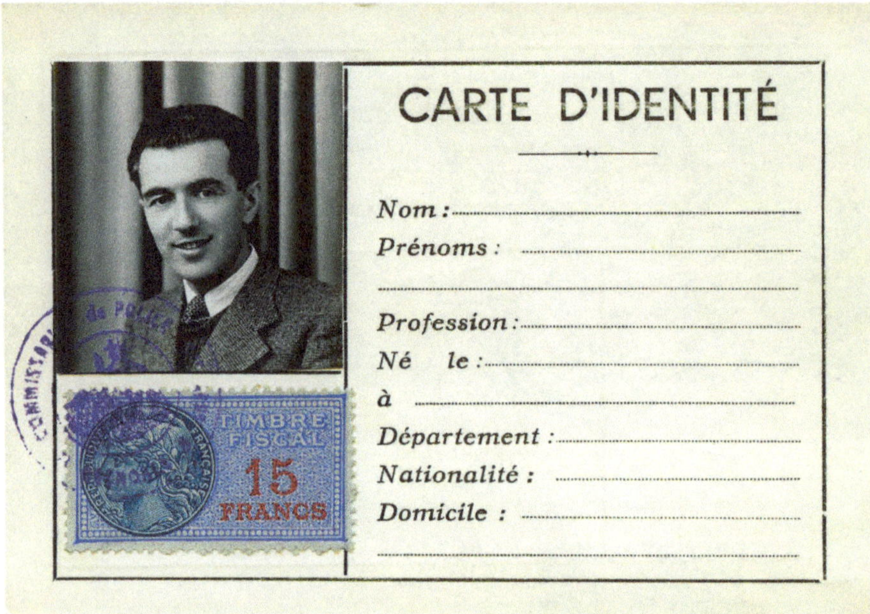

CARTE D'IDENTITÉ

Nom :
Prénoms :
Profession :
Né le :
à
Département :
Nationalité :
Domicile :

TIMBRE FISCAL 15 FRANCS

CARTE D'IDENTITÉ

Nom :
Prénoms :
Profession :
Né le :
à
Département :
Nationalité :
Domicile :

TIMBRE FISCAL 15 FRANCS

Documents compromettants

Des papiers d'identité vierges, tamponnés et avec un timbre fiscal, avec les photos de Poldi et de Lise. Ces documents compromettants datent de 1943, alors qu'ils résident à Grenoble.

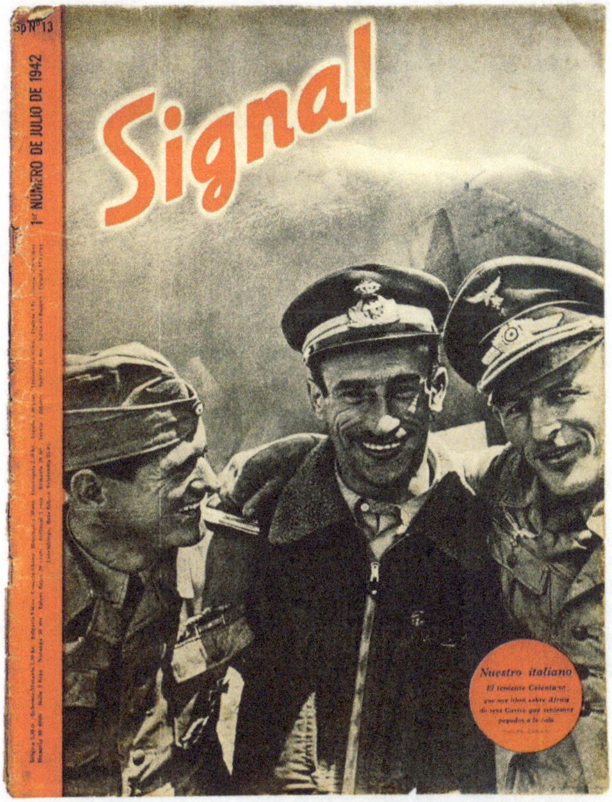

Tromper l'ennemi

Malgré les dangers, à Agen comme à Grenoble, Poldi fait preuve d'une grande rigueur professionnelle dans son métier, qui l'oblige à se déplacer chez ses clients. Les apparences sont cruciales et, lorsqu'il prend le train, Poldi voyage systématiquement avec le magazine de propagande nazi *Signal* à son bras.

Fiduciaire de France

S. A. au Cap. de 2.000.000 de Frs - SIÈGE SOCIAL : 12, RUE DE PENTHIÈVRE, PARIS-8e - Tél. ANJOU 23-41 (6 lig.)

SERVICES : FISCAL • COMPTABLE • JURIDIQUE
ET DES SOCIÉTÉS

DIRECTION DE GRENOBLE
5, RUE DE PALANKA
Téléph. 21-20
Ch. Postaux LYON 443-92
R. C. Grenoble 9.734

le 19

ATTESTATION

Je soussigné GRENADE Jean Henri, Directeur de la FIDUCIAIRE DE FRANCE à Grenoble, certifie que Monsieur WILLEMAIN Léopold, né à NANCY (Meurthe & Moselle), le 18 Juillet 1904, demeurant à Grenoble, rue Bayard N° 2, est attaché à la FIDUCIAIRE DE FRANCE en qualité d'inspecteur et appelé en raison des missions de vérification et de contrôle que nous lui confions à se déplacer dans tous les départements français.

La FIDUCIAIRE DE FRANCE, Société d'expertise comptable relevant par son activité de l'ordre des experts-comptables (lois N°467 et 468 du 3 Avril 1942) exerce l'une des professions libérales visées par le décret du 27 Mars 1943 et dispensées du certificat de travail.

La présente attestation est délivrée pour en tenir lieu au porteur et pour valoir et servir ce que de droit.

Fait à Grenoble, le 5 Août 1943.

FIDUCIAIRE DE FRANCE
DIRECTION de GRENOBLE
5, Rue de Palanka, 5
MAJESTIC-IMMEUBLE - Tél. 21-20

LE DIRECTEUR :

JHGrenade

17 DIRECTIONS
PARIS-EST - PARIS-OUEST - BESANÇON - BORDEAUX - CAEN - CLERMONT-FERRAND - DIJON - GRENOBLE
LILLE - LYON - MARSEILLE - NANCY - NANTES - RENNES - ROUBAIX - ROUEN - TOULOUSE
R. C. Seine 207.027 B — 41 BUREAUX — Mod. 18 bis

SOCIÉTÉ D'IMPORTATION DES NAPHTES

SODINA

SOCIÉTÉ ANONYME AU CAPITAL DE 305.000 FRANCS

SIÈGE SOCIAL : RIXHEIM (HAUT-RHIN)

STATIONS-SERVICE :
MULHOUSE-RIXHEIM
TÉL. MULHOUSE 41.64
MULHOUSE
RUE ST-NICOLAS
TÉL. 41.93
MULHOUSE-BOURTZWILLER
TÉL. 8.93
COLMAR
RUE STANISLAS
TÉL. 27.08
STRASBOURG-SCHILTIGHEIM
41, ROUTE DE BRUMATH
ROTHAU-LA-CLAQUETTE
TÉL. 18

ADRESSE TÉLÉGRAPHIQUE :
SODINA-MUHOUSE
COMPTE CHÈQUES POSTAUX :
STRASBOURG 207.44
COMPTE EN BANQUE :
B. N. C. I. MULHOUSE
R. C. MULHOUSE B. 1554

RIXHEIM, LE

C E R T I F I C A T

Le soussigné Directeur de la société SODINA certifie que Monsieur WILLEMAIN Léopold, Docteur en Droit, a occupé le poste de Chef du Service du Contentieux dans notre Maison du 1er août 1932 au 31 mars 1937.

Par ses connaissances juridiques étendues, ses grandes capacités d'organisation et son amour du travail, Monsieur WILLEMAIN nous a rendu d'inestimables services. Nous perdons en lui un collaborateur de tout premier ordre.

Fait à Mulhouse-Rixheim, le 31 mars 1937.

S O D I N A s.a.

Le Directeur

P. [signature]

Vraies-fausses attestations

Ces attestations au nom de Léopold Willemain comportent de nombreuses fausses informations : Poldi n'est pas né à Nancy, l'adresse à Grenoble est erronée, il n'a jamais été juriste à la Sodina avant-guerre. Mais son directeur à la Fiduciaire de France de Grenoble en 1943 s'appelle bien Jean-Henri Grenade. C'est un « excellent Français » qui rendra de nombreux services à mon grand-père et sa famille.

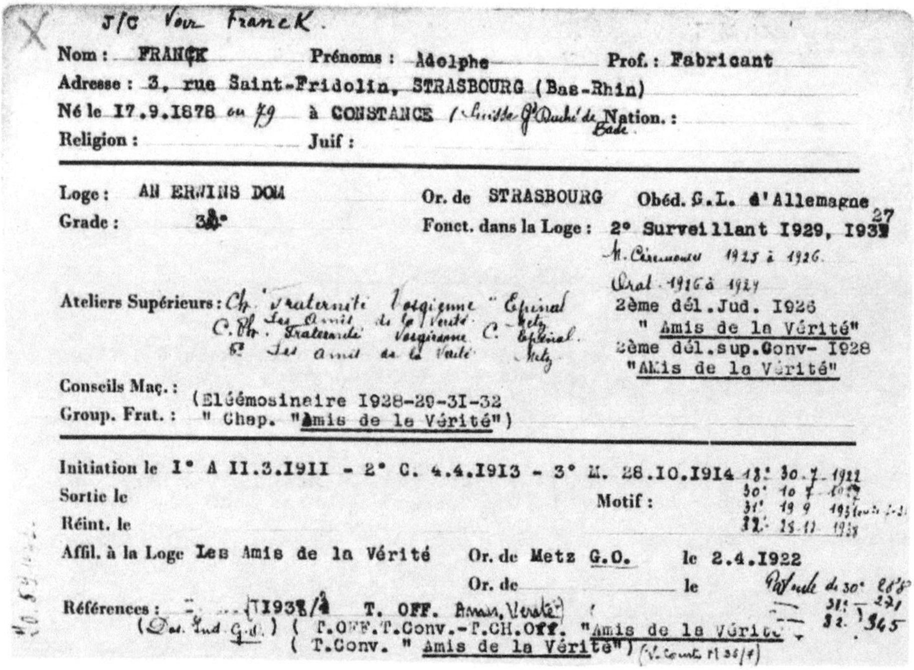

J/C Voir Franck.

Nom : FRANCK Prénoms : Adolphe Prof. : Fabricant
Adresse : 3, rue Saint-Fridolin, STRASBOURG (Bas-Rhin)
Né le 17.9.1878 ou 79 à CONSTANCE (Grand Duché de Bade) Nation. :
Religion : Juif :

Loge : AN ERWINS DOM Or. de STRASBOURG Obéd. G.L. d'Allemagne
Grade : 32° Fonct. dans la Loge : 2° Surveillant 1929, 1927
M. Cérémonies 1925 à 1926.
Orat. 1916 à 1924
2ème dél. Jud. 1926
" Amis de la Vérité"
2ème dél. sup. Conv- 1928
"Amis de la Vérité"

Ateliers Supérieurs : Ch. "Fraternité Vosgienne" Epinal
C. Ch. Les Amis de la Vérité Metz

Conseils Maç. : (Elémosinaire 1928-29-31-32
Group. Frat. : " Chap. "Amis de la Vérité")

Initiation le 1° A 11.3.1911 - 2° C. 4.4.1913 - 3° M. 28.10.1914
Sortie le Motif :
Réint. le
Affil. à la Loge Les Amis de la Vérité Or. de Metz G.O. le 2.4.1922
Or. de le
Références : (1938/4 T. OFF. Amis, Vérité)
(T.OFF.T.Conv.-T.CH.Off. "Amis de la Vérité"
(T.Conv. " Amis de la Vérité")

La fiche d'Adolphe, dignitaire de la franc-maçonnerie

Adolphe est un franc-maçon actif au sein du Grand Orient, comme on le voit sur cette fiche qui indique son grade (32e). C'est ce qui lui a probablement permis, en tant qu'Allemand, de rester à Strasbourg redevenue française en 1918. Vichy déteste autant les Juifs que les francs-maçons, dont les sociétés seront dissoutes dès août 1940. Adolphe figure dans la liste des dignitaires de la franc-maçonnerie publiée au Journal officiel du 5 septembre 1941 établie par le régime de Vichy.

FICHAGE
ET SURVEILLANCE

Premier et second statut des Juifs, loi d'aryanisation des biens juifs, recensement obligatoire, étoile jaune, tampon juif... Vichy et les nazis n'ont de cesse de stigmatiser et d'exclure les Juifs de la société française. La rafle du Vel d'Hiv en juillet 1942, avec plus de 13 000 arrestations, et celles en zone sud, un mois plus tard, ont été soigneusement préparées avec l'administration, qui a dû au préalable identifier et localiser les Juifs, en rupture totale avec la tradition républicaine et laïque française.

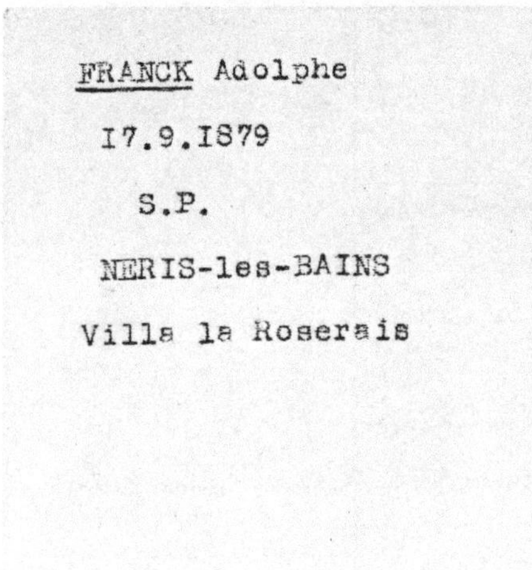

FRANCK Adolphe
17.9.1879
S.P.
NERIS-les-BAINS
Villa la Roserais

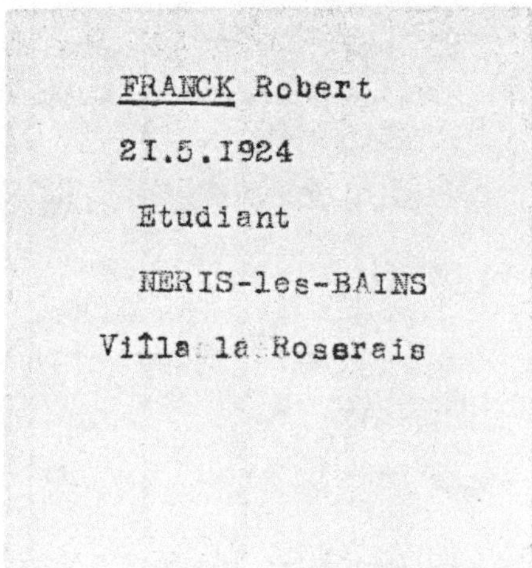

FRANCK Robert
21.5.1924
Etudiant
NERIS-les-BAINS
Villa la Roserais

Les Juifs sont soumis à divers recensements où ils sont obligés d'aller se déclarer. Très peu se méfient et la très grande majorité obtempère, tant en zone occupée qu'en zone sud. Ceci se traduit par de sinistres listes (voir page suivante), qui serviront ensuite à organiser rafles et arrestations des Juifs. Cette politique antisémite des nazis et de Vichy était déjà bien rodée : définition de qui est juif, recensement, interdiction professionnelle, expropriation, arrestation, et finalement déportation.

Commune de Néris les Bains

173 Bass Axel	10-11-1875	—	Pompier Tailleur	
174 Bernard Hélène	26-8-1886	chez Mlle Dourif	Sans	R. Strasbourg
Bernard Marcel	2-3-1892	X — d°	— d°	R. d° frère de H
~~Bernard Hélène~~	~~26-8-1886~~	~~— d°~~	~~— d°~~	~~d°~~
~~Bernard Marcel~~	~~2-3-1892~~	~~— d°~~	~~— d°~~	~~d° frère de H~~
175 Bernard Lucie épse KAHN	27-11-1863		Sans	R Paris 15e 50 R. Vergolise
176 Bernheim Hélène née Weil (veuve)	22-7-1873			
177 Blum Maurice	1-3-1876	Hôtel des Arènes	Marchand de vaches laitières	R. Paris XX 159 Av. J.-Jaurès
178 Bloch Maurice	1-10-1902	/ — d°	Secrét. Génér. Cinéma "Royal Passy"	R Paris XII 81 Av. Ledru-Rollin gendre du préc.
179 Blum Pauline née Weill	20-11-1882	Villa Lucette rue Day	Sans	R. Strasbourg
180 Bloch Marcel	14-6-1881	X les Iris	Ingénieur Conseil	—
181 Bonneff Ernest	20-6-1854	Hôtel de la Source	Sans	R. Paris
Bonneff Jean	16-5-1887	X Grand-Hôtel	Commissionnaire en bestiaux	fils du Précéd.
182 Borenstein Albert	10-12-1908	Rte de Clermont	Ouvrier maroquinier	R Paris XI 129 Bd Charonne
~~Claus Gaston~~	~~30-11-1886~~	~~Hôtel du Jardin et du Parc~~	~~Ingénieur Conseil~~	~~R Paris 16e~~ 32 R. des Vignes
183 Cahen Émile	22-2-1882	X Bd des Arènes	Ingénieur	R. St-Cloud
184 Cain Eugène	26-2-1862		Sans	R. Metz
Caïn Simon	20-10-1898	/	Sans	d° fils du préc.
185 Claus Gaston	30-11-1886	X H. du Jardin et du Parc	Ingénieur Conseil	R Paris 16e 32 R des Vignes

186	David Arthur	8-1-1884	X	Négociant en bestiaux	R. Chalon s/ Marne
	Delbré Yvonne née Blum	9-5-1893		Sans	R. Strasbourg
	Dennery Rachel née Lévy	20-7-1879	Hôtel du Jardin	Sans	R.P. 116 Av. V. Hugo
	Dennery Jean	22-3-1912	/ - do.	Ingénieur	do. fils de la précéd.
187	Ebstein Maurice	27-12-1891	X R. Voltaire	Empl. de bureau	60 R. de l'Université (autre local.) Lyon
188	Frank Adolphe	17-9-1879	X La Roseraie	Retiré du Commerce	R. Strasbourg
189	Francfort Gustave	18-9-1860	Villa Segova	Sans	R. Paris 56 R. Compans.
190	Francfort Georges	22-12-1869	Villa Clairette	Fabric. fournitures p. modes	R. Fontaine Simon
191	Gentzberger Robert	2-4-1888	X R. Kléber	Horlogerie en gros	R. Paris 13 R. Lebrun
192	Glasberg Georgette	15-11-1892	Grand Hôtel	Modiste	
193	Goltman Marcel	19-12-1872	Bd des Arènes	Tailleur à façon	R. Versailles Av. de St Cloud
194	Goltman Marcel	21-3-1897	X Bd des Arènes	ex. jeune représentant	
195	Grumbach Violette née Heymann	22-4-1884	Villa des Roses	Sans	R. Paris 9 bis Av. Chernoviz
196	Heimendinger Arthur	23-11-188.	X	Docteur en médecine	
	Heimendinger Sylvain	11-5-1884	X	Marchand de houblon	R. Haguenau frère du précéd.
	Heimendinger Claude	22-7-1920	/	Etudiant en pharmacie	do. fils du précéd.
197	Heimendinger Henri	2-7-1886	X	Brasseur	R. de Lille
198	Hirsch Ernestine	23-12-1870	Hôtel du Jardin et du Parc	Sans	R. Lille
199	Hummel Robert	26-6-1875	Villa Anne Marie	Directeur des Ventes Optiques	R. Paris X 14 R. Beaurepaire

NOM	Prénoms	Adresse	Date de naissance	Profession	Nationalité	Date arrivée dans l'Allier	OBSERVATIONS Mentionner éventuellement dans cette colonne les situations : a) si fonctionnaire dans la situation prévue par la loi du 2.6 1941/ ;b) si alsacien lorrain expulsé ou réfugié des départ Ht Rin, B Rhin Moselle ;si étudiant inscrit Université Clermont ou Strasbourg et bénéficiaire du numérus clausus ;d) si autorisation séjour vice amiral PLATON ; si curiste
BLUM	David	St Louis	8.1.1874	voyageur	FR	3.8.42	curiste parti à Lyon
BRINE	Abraham	Mon Bartazon	17.1.1889	brocanteur	FR	Juillet 41	réclamation
BRINE née Reznick	Rosa	d°	18.9.1891	sans	FR	d°	réclamation
BORENSTEIN	Albert	Printania	10.12.1908	maroquinier	FR	1.12.40	2 enfants 6 et 4 ans réclamation
née BRINE	Situl	d°	15.12.13	sans	FR	d°	réclamation
BLUM née Weill	Pauline	rue Davy	20.10.82	sans	FR	27.8.39	refugiée Alsace
BLUM née Israël	Léa	Villa Myrèse	23.5.89	sa,s	FR	23.5.40	voir réclam fille Meyer née Blum
COIFMAN	Boris	Idéal Hotel	5.3.1925	étudiant	FR	28.7.42	réclamation
COIFMAN	Simon	d°	5.6.1926	d°	FR	d°	réclam
DOIFMAN	Mordéo	d°	12.1895	brocanteur	FR	d°	
COIFMAN née Bocal	Dina	d°	13.8.1898	sans	FR	d°	
CAHEN	Robert	r Cne Miga	28.2.89	commercant	FR	Juin 42	Néris depuis 20.7.42 réclamation
CAHEN	Marthe	d°	4.10.81	sans	FR	d°	réclamation
CHOUCHAN	Albert	r Clermont	11.9.82	md meubles	FR	Sept 40	3 enfants 17.13 et 8 ans réclamation
CHOUCHAN	Rosa	d°	5.12.1903	sans	FR	d°	réclam.
CLAUS	Gaston	hotel Berger	30.4.80	ingénieur	FR	Juin 40	réclamation
CLAUS née Levy-Alexandre	Suzanne	d°	5.4.1888	sans	FR	d°	réclamation
ECAIN	Simon	la Chaumière	20.10.98	docteur médecine	FR	17.8.40	1 enfant 9 ansréf Alsace medecin hopital militaire
CAIN née Debré	Jacqueline	d°	15.11.18	sans	FR	d°	ref alsace
CAIN	Eugène	d°	26.2.62	sans	FR	d°	ref Alsace
CAHEN	Emile Hypolite	les Vilattes	22.8.82	ingénieur	FR	20.6.40	réclamation
CAHEN	Irène	d°	25.7.12.	sans	FR	d°	réclamation
DREYFUS	Léon	Hotel Splendid	5.5.73	négociant	FR	3.8.42	curiste réclamation
DREYFUS née Strack	Elvire	d°	20.2.74	sans	FR	d°	d° réclamation
DREYFUS	Mathieu	Clair Logi	23.9.77	commercant	FR	Aout 39	réclamation
DREYFUS née Meyer	Palmyre	d°	19.9.83	sans	FR	d°	réclamation
DREYFUS	Adrien	hotel Du moulins	23.6.82	adminis[t] société	FR	28.7.42	1 enfant 16 ans réclamation
DREYFUS née Alexandre	Gabrielle	d°	26.8.82	sans	FR	d°	réclamation
DAVID	Arthur	de Paris	8.1.84	négociant	FR	9.9.40	1 enfant de 15 ans réclamation
DAVID née Cerf	Rachel	d°	6.4.88	sans	FR	d°	réclamation
DREYFUS née Israel	Marthe	Hotel du Jardin	27.8.78	sans	FR	7.8.42	curiste ref Alsace
DEBRE née Blum	Yvonne	La Chaumière	9.5.93	sans	FR	17.8.40	ref Alsace
XXXXXX	XXXXXXXX	XXXXXXX	X.XX.XX	XXXXXXXX	XX		
EDBERG Gourentzeig	Suzanne	Bart Arenes	15.2.1919	sans	FR	10.11.41	réclamation
EDBERG	Georges	d°	10.1.13	négociant	FR	d°	réclamation
EISSEMANN née Dreyfux	Berthe	hotel; Du moulin	20.1.12	sans	FR	30.7.42	curiste 1 enfant
FRANCFORT	Gustave	Villa Gergovia = Metz	18.9.60	agent commercial	FR	Sept 40	Réclamation
FRANCFORT née Speira	Anna	d°	2.9.1869	sans	FR	d°	Réclamation
Frank	Adolphe	Roseraie	16.9.79	sans	FR	24.4.39	ref d'Alsace
FRANK	Ernest	d°	24.7.09	Juge	FR	Aout 40	d°
FRANK	ROBERT	d°	24.5.24	étudiant	FR	24.4.39	d°
FRANK	Paul	d°	5.8.18	d°	FR	d°	inscrit Faculté Strasbourg numéru
FRIED	Jean	Villa Marthe	24.9.91	industriel	FR	6.6.39	3 enfants 17.13.et 11 ans. réclamation
FRIED Ve	Julie	d°	1.4.72	sans	d°	6.8.42	
FRIED née Sée	Valérie Babette	d°	8.2.98	sans	FR	d°	
FONKS	Suzanne	r Voltaire	13.8.32	vendeuse	FR	Novembre 41	réclamation
GOLTMAN	Marcel	r de Paris	21.3.97	sans	FR	10.6.40	réclamation

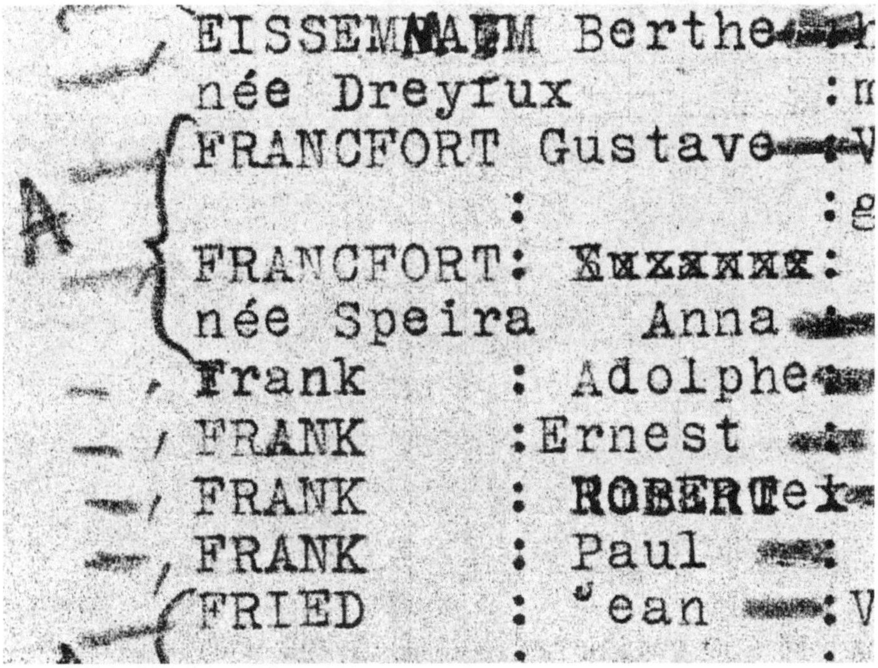

EISSEMANN Berthe
née Dreyfux :m
FRANCFORT Gustave V
: :g
FRANCFORT: Xxxxxxx:
née Speira Anna
Frank : Adolphe
FRANK :Ernest
FRANK : ROBERT
FRANK : Paul :
FRIED : Jean :V

Incessants recensements

Adolphe sera recensé à six reprises à Néris-les-Bains, parfois avec ses enfants, parfois sans, ou juste avec Robert.

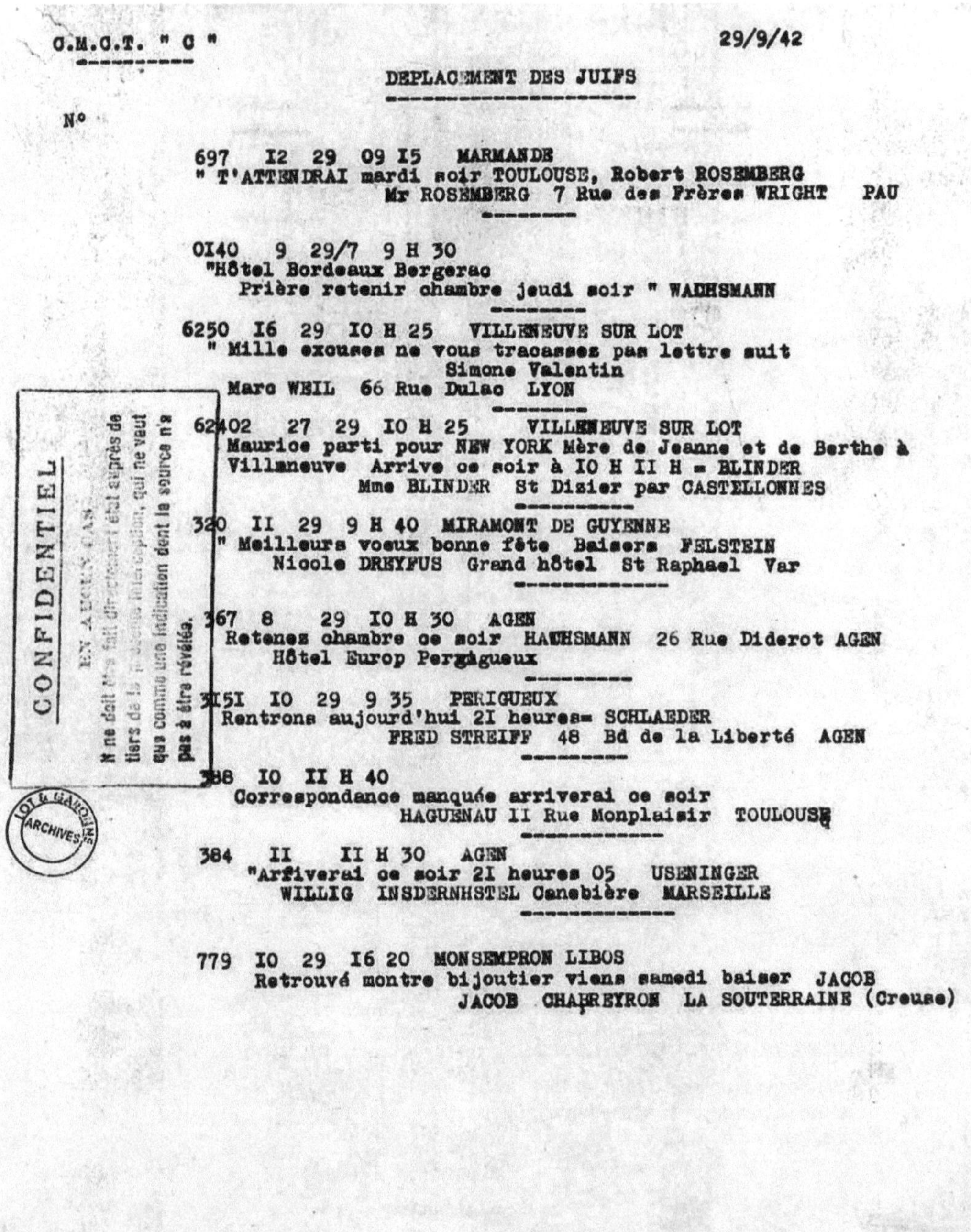

C.M.C.T. " C "   29/9/42

DEPLACEMENT DES JUIFS

N°

697 I2 29 09 I5 MARMANDE
" T'ATTENDRAI mardi soir TOULOUSE, Robert ROSEMBERG
Mr ROSEMBERG 7 Rue des Frères WRIGHT PAU

OI40 9 29/7 9 H 30
"Hôtel Bordeaux Bergerac
Prière retenir chambre jeudi soir " WADHSMANN

6250 I6 29 IO H 25 VILLENEUVE SUR LOT
" Mille excuses ne vous tracassez pas lettre suit
Simone Valentin
Marc WEIL 66 Rue Dulac LYON

62402 27 29 IO H 25 VILLENEUVE SUR LOT
Maurice parti pour NEW YORK Mère de Jeanne et de Berthe à Villaneuve Arrive ce soir à IO H II H = BLINDER
Mme BLINDER St Dizier par CASTELLONNES

320 II 29 9 H 40 MIRAMONT DE GUYENNE
" Meilleurs voeux bonne fête Baisers FELSTEIN
Nicole DREYFUS Grand hôtel St Raphael Var

367 8 29 IO H 30 AGEN
Retenez chambre ce soir HAUHSMANN 26 Rue Diderot AGEN
Hôtel Europ Perigueux

3151 IO 29 9 35 PERIGUEUX
Rentrons aujourd'hui 2I heures= SCHLAEDER
FRED STREIFF 48 Bd de la Liberté AGEN

388 IO II H 40
Correspondance manquée arriverai ce soir
HAGUENAU II Rue Monplaisir TOULOUSE

384 II II H 30 AGEN
"Arriverai ce soir 2I heures 05 USENINGER
WILLIG INSDERNHSTEL Canebière MARSEILLE

779 IO 29 I6 20 MONSEMPRON LIBOS
Retrouvé montre bijoutier viens samedi baiser JACOB
JACOB CHABREYRON LA SOUTERRAINE (Creuse)

CONFIDENTIEL
EN AUCUN CAS
Il ne doit être fait directement état auprès de tiers de la présente interception, qui ne vaut que comme une indication dont la source n'a pas à être révélée.

LOT & GARONNE ARCHIVES

Poldi est bien repéré en tant que Juif à Agen. Il est même espionné dans le cadre du contrôle des communications, avec des retranscriptions de ses déplacements au titre évocateur, « Déplacement des juifs », où il figure au moins à quatre reprises entre 1941 et 1943.

31

C O P I E

CII – 41

VICHY, le 7 Février 1942

OBJET :
Agissements des juifs réfugiés à NERIS-les-BAINS

LE DIRECTEUR GENERAL DE LA LEGION
-Services Civiques-

à

Monsieur le Ministre Secrétaire d'Etat
à l'INTERIEUR
Secrétariat Général à la Police
VICHY

REF : D/2819
HLC.AB.

Nous avons l'honneur de vous signaler que la population de NERIS-les-BAINS, dans l'Allier, se plaint des agissements de nombreux juifs qui se sont réfugiés dans cette station tehrmale.

Cette petite ville, qui comptait avant la guerre environ 1.200 habitants, possède maintenant une population supplémentaire de 1.000 indésirables.

Profitant de la liberté dont ils jouissent, du temps et des moyens financiers dont ils disposent, ces juifs drainent littéralement la campagne environnante de toutes les denrées alimentaires qu'elle peut produire.

Les habitants de NERIS, pour la plupart employés ou ouvriers aux Mines de Charbon des FERRIERES, se trouvent de ce fait, sérieusement rationnés.

On peut penser qu'il n'est pas normal qu'une localité aussi peu importante que NERIS-les-BAINS ait à subir l'intrusion d'un nombre de juifs aussi élevé.

Nous serions heureux d'avoir votre avis sur cette question.

Correspondance officielle sur l'« intrusion » des Juifs à Néris-les-Bains.

Nom et Prénoms	Nationalité	Pays d'origine	Date de naissance	Sexe	Confession	Profession	Situation civile	Nombre d'enfants Français	Nombre d'enfants Étrangers	Adresse	Date d'entrée en France
VILLENBERG Jacqueline	86	86	17 9 31	4			1			4 8 19 Rue des Argentiers	Franç
VILLENBERG Janine	86	86	20 12 27	4			1			4 8 19 d°	d°
VILLENBERG Rose	86	86	3 4 33	4			1			4 8 19 d°	d°
VILNER Balbina	58	58	3 12 05	4	4	222	2			2 12 4 Carbun et Uut par Tonneins	juillet
VILNER Liliane	86	86	6 3 28	4	4		1			2 12 4 d°	Franç
VILNER Haïm	58		15 7 93	1	4	222	2	1		2 12 4 d°	juin,
VOGELSANG Julius	4	4	20 4 08	2	4	493	2			1 1 1. 22 rte de Cahors - Agen	13-5-
WAAS Isaac	46	46	3 3 16	2	4	4764	1			1 1 1 détenu (voir liste grangé)	20-5-
WACHSMANN Lili	86	86	1 5 11	4	4		2			1 1 1 26 Rue Diderot - Agen	Franç
WACHSMANN Jean Paul	86	86	20 10 35	2	4		1			1 1 1 d°	d°
WACHSMANN Léopold	86		18 7 04	1	4	71	2	1		1 1 1 d°	d°
WACHSPRESS Guinda	87	57	14 6 11	4	4		2			3 9 7 8 Rue général Blaine Villeneuve	20-1
WACHSPRESS Joseph	87	55	27 1 09	1	4	47691	2		1	3 9 7 d°	9-12-
WACHSPRESS Waldimir	87	86	10 10 40	2	4		1			3 9 7 d°	né en F
WAGNER Adolf	4	4	31 10 63	1	4		4		2	3 9 7 29 Rue de Penne - Villeneuve	19-8-
WAHL Nelly	86	86	18 12 11	4	4		2			1 1 1 13 bis Bd Sylvain Dumon - Agen	Franç
WAHRHAFTIG Wilhelm	74	74	13 10 03	2	4		1			1 1 1 6 Rue Rayssac - Agen	12-5-
WAJNBERG Chil	55	55	23 6 98	1	4		2		2	2 8 8 Rue Paul Vergnes - Marmande	17-5-
WAJNBERG Dola	55	55	28 1 97	4	4		2			2 8 8 d°	d°
WAJNBERG Marcel	55	9	3 11 38	2	4		1			2 8 8 21 Petite rue Labat - Marmande	d°
WAJNBERG Rachel	55	9	3 11 28	4	4		1			2 8 8 5 Rue Paul Vergnes - Marmande	d°
WAJSENBERG Isaak	55	55	21 1 02	1	4	727	2	1		1 1 1 Rue Castera - Agen	14-5-
WAJSENBERG Rachel	55	55	4 12 03	4	4		2			1 1 1 d°	d°
WAJSENBERG Eric	86	86	11 3 41	2	4		1			1 1 1 d°	Franç
WALDMANN Bernard	86	86	4 11 28	2	4					4 2 4 Chateau de Salayrie à Lauda	d°
WALDMANN Rosa	86	51	23 6 23	4	4	4486	1			4 2 4 d°	192
WALDMANN Eugénie	86	86	3 3 30	4	4		1			4 2 4 d°	né en F
WALDMANN Marie	86	55	14 7 12	4	4		2			4 2 4 d°	192
WALDMANN Léon	86	86	4 11 28	2	4		1			4 2 4 d°	França
WALDMAN Joshua	86		1 8 95	1	4	511	2	4		4 2 4 d°	Sept 19
WALLER Bernard	71	4	22 12 10	2	4	220	1			3 7 4 Le Temple à Brocq	12-5-
WALTZ Robert	86	86	28 9 78	1	4		2	1		1 1 1 35 Av. de l'Ermitage - Agen	França
WASSERFALL Beila (Lydlow)	55	55	4 6 92	4	4		2			4 4 3 Monières par Grignols	15-5-
WASSERZUG Martin	[illegible]	4	25 [illegible]	2	4	[illegible]	[illegible]			[illegible] Château de [illegible]	1445
WEIDENFELD Berthe [illegible]	74	74	21 9 95	4	4		2		4	[illegible]	1922
WEICHMANN [illegible] Tosa	55	55	[illegible]	4	4	T.E.	4			[illegible] 1e Annexe du Gard (Gironde libre)	1919
WEICHMANN Michel	55	55	29 12 21	4	4				4	[illegible] d°	né en F

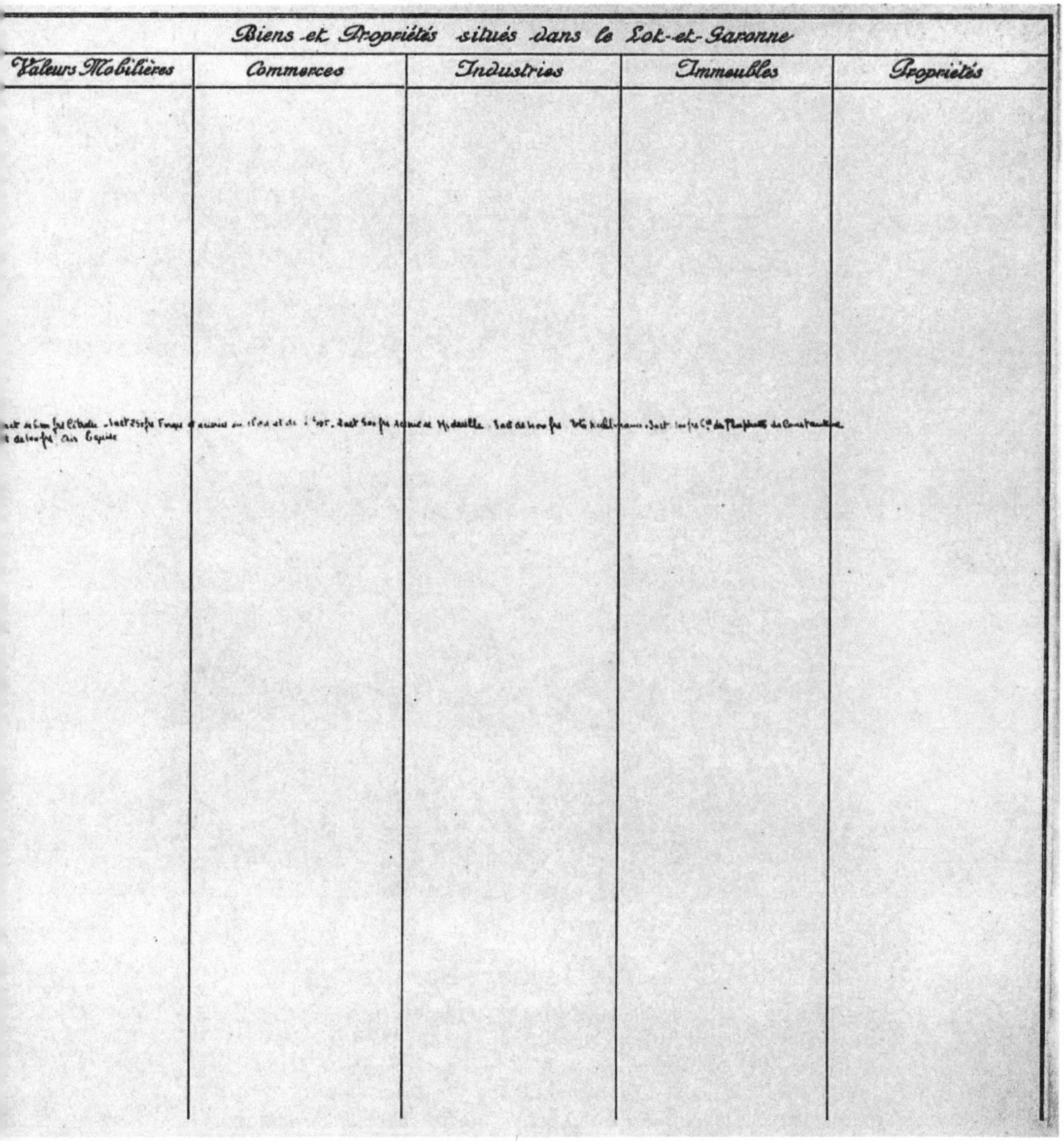

Biens et Propriétés situés dans le Lot-et-Garonne				
Valeurs Mobilières	Commerces	Industries	Immeubles	Propriétés
[illegible]				

Poldi, Lise et Jean-Paul figurent dans le « Recensement des Juifs »

La mythologie familiale s'effondre après avoir la découverte dans les archives publiques du recensement de Poldi, Lise et Jean-Paul à Agen, probablement à l'été 1941. Le document s'intitule « Recensement des Juifs résidant dans les départements du Lot-et-Garonne et de la Gironde libre ». Comment Poldi a-t-il pu ensuite continuer à travailler à la Fiduciaire de France ? Cela reste une énigme.

Adolphe recueilli par des paysans dans la Creuse

Adolphe, à droite, semble vieilli et usé par ces années d'angoisse. À l'instigation de Paul, il a été recueilli par des paysans à Dontreix, dans la Creuse, là encore « d'excellents Français » qui cachent un Juif à l'été 1944, alors qu'à Néris-les-Bains et ailleurs en France, les arrestations, déportations ou exécutions d'otages sont incessantes et que l'atmosphère confine à la guerre civile. Adolphe décédera en janvier 1945 à Néris-les-Bains et ne reverra jamais Strasbourg.

CHAPITRE 5

Les fils d'Adolphe s'engagent dans la Résistance

Ernest, Paul et Robert

1939 – 1945

Parmi les nombreuses cartes postales que mon père reçoit à Néris-les-Bains, quelques-unes sont envoyées par des personnes que je n'ai pas pu identifier. En revanche, les trois frères de Lise, Ernest, Paul et Robert, correspondent assez souvent avec mon père par cartes postales et courriers interposés. Parmi eux, Ernest fut un grand résistant, chef des FFI de l'Allier, Paul travailla à sauver des vies à l'hôpital de Clairvivre, et Robert s'engagea lui aussi à la fin de la guerre. Tous firent de brillantes carrières après la Libération.

ERNEST, ALIAS COMMANDANT FABRE[250]

Ernest, le plus âgé des trois, enverra de nombreuses cartes postales à mon père, en particulier en 1941. Le 31 mai de cette année-là, il écrit ainsi à Jean-Paul : « Nous avons appris ta maladie avec regret. Ne mange plus de pain frais, mais fais-le-toi griller ; alors il te réussira mieux. Quand tu seras rétabli, tu devrais venir ici pour une cure d'air qui te ferait du bien. Le nono Robert travaille avec beaucoup d'entrain et se lève souvent à 4 h du matin. Le nono Paul n'a pas pu venir depuis longtemps et le nono Rerness se morfond à longueur de journée et finira par devenir fou. »

Fou, comme on l'a vu, à tenter de digérer son exclusion de la magistrature du fait de sa religion et d'incarner désormais ces individus dangereux pour la société comme il en avait tant jugé et condamné depuis 1932. Docteur en droit et lauréat de la faculté de Strasbourg, Ernest est diplômé en droit local d'Alsace-Lorraine. Il réussit le concours de la magistrature en 1932 et débute comme juge suppléant à Colmar. Lorsque la guerre éclate, il est juge à Belfort depuis 1936. Il officie aussi au tribunal pour enfants de Strasbourg.

Il mène en parallèle une carrière militaire comme officier de réserve. Il suit ainsi l'école militaire de Saint-Cyr en 1931, d'où il sort sous-lieutenant de réserve dans l'infanterie, et devient lieutenant en 1935. À la suite de diverses périodes de stage et d'instruction dans son corps d'origine et au service d'état-major, il est admissible aux cours de l'École de guerre à la veille des hostilités en 1939. La mobilisation générale l'empêche d'en profiter.

Engagé volontaire, il est affecté, fin août 1939, à l'état-major du secteur fortifié de Mulhouse, où il est chargé d'organiser son service, le 4e bureau. Il y reste jusqu'en janvier 1940, puis connaîtra diverses affectations jusqu'en août 1940, à la 53e puis la 40e division d'infanterie.

Lors de l'invasion allemande de mai 1940, un document émanant de la Commission des récompenses de la guerre 1939-1940 le décrit comme un officier « intelligent, travailleur et dévoué, qui a rempli avec zèle et habileté différentes missions de liaison dans une zone menacée par les engins blindés ennemis pendant la bataille du 5 au 8 juin 1940. Chargé de coopérer à l'organisation du repli des trains et convois de la division, il a participé avec ce détachement autour duquel se rassemblaient les restes des éléments combattants à la retraite du sud de la Seine et de la Loire et a déployé en cette circonstance de très louables qualités de courage et de sang-froid. »

Il est piquant de préciser que ce texte laudateur à destination du lieutenant Frank a été rédigé le 26 mars 1943 à Vichy, alors qu'Ernest a été impitoyablement exclu de la magistrature depuis plus de deux ans. Selon sa fiche individuelle d'officier, il est spécialisé en engins mitrailleurs et apte au service d'état-major pour le 4e bureau.

ERNEST S'ENNUIE

C'est donc en août 1940, à la suite de sa démobilisation, qu'Ernest rejoint Néris-les-Bains et s'installe à La Roseraie avec Adolphe et Robert. Comme Poldi, il est déjà trentenaire et exerce une profession juridique. En revanche, à la différence de ce dernier, il ne cherchera pas d'autre emploi dans le domaine du droit après avoir cessé d'être juge. Mais tout comme lui, il se déplace souvent en zone libre, en particulier en 1941, comme en témoignent plusieurs cartes postales envoyées à mon père : dans l'une, écrite de Toulouse le 7 avril 1941, Ernest indique qu'il est en route pour Pau afin de ramener les « H. » à Périgueux en passant par Agen et que, si l'heure n'est pas trop tardive, il viendra voir Jean-Paul. Malgré ces allées et venues, il est recensé en tant que Juif résidant à Néris-les-Bains le 16 juillet 1941. Il en sera de même en août 1942, alors qu'il a quitté la ville depuis près d'un an.

Ces voyages lui permettent de « passer le temps » pour ne pas sombrer, se ressaisir comme Adolphe lui avait appris à le faire en toutes circonstances, même les plus iniques. En revanche, impossible de s'occuper, comme autrefois lorsqu'il était encore magistrat, en se tenant informé des actualités juridiques. En effet, la doctrine, insensible aux souffrances infligées, fait désormais son miel des nouvelles questions soulevées par le droit antisémite. Le professeur Georges Burdeau[251] n'écrit-il pas dans ses cours de droit constitutionnel que, étant donné « ses caractéristiques ethniques, ses réactions, le Juif est inassimilable » ? Il est donc normal, poursuit-il, que le régime considère « qu'il doit être tenu à l'écart de la communauté française ».

À l'automne 1941, Ernest part s'installer à Lyon, « d'où il enverra ultérieurement son adresse », comme il l'annonce dans une autre carte postale à mon père du 29 septembre. Dans ses archives militaires, il est fait mention d'un passage à l'école de tissage de Lyon entre octobre 1941 et septembre 1942, ce dont Robert m'avait parlé. Curieux épisode pour un ancien magistrat que d'aller suivre des cours dans une école d'artisanat ! Un « choix » instructif sur la nécessité de reclassements professionnels radicaux pour les Juifs qui exerçaient jusqu'alors des professions intellectuelles.

L'ENTRÉE EN RÉSISTANCE

L'engagement d'Ernest dans la Résistance remonte précisément à ses activités lyonnaises à partir de juin 1942, où il devient l'un de ces « révoltés moraux[252] » en rébellion contre le pouvoir en place. Tout porte à croire que c'est en tant que Français qu'il fit le choix de devenir membre du mouvement Franc-Tireur, déniant probablement à sa judéité toute influence dans cette démarche. Ainsi, « si la Résistance était la vraie France, les Juifs rejetés par la France légale pouvaient s'y intégrer comme par le passé[253] ».

Ernest se fait nommer à Montluçon en octobre 1943, où il est en charge de la constitution des MUR (Mouvements unis de la Résistance), dont il devient le chef départemental pour l'Allier en janvier 1944. Il est alors connu sous le nom de Commandant Fabre, et apparemment aussi d'autres pseudonymes, comme Ravel et Morin.

De Montluçon, il passe souvent voir Adolphe à La Roseraie, comme en témoignent les lettres envoyées par mon père à Néris-les-Bains depuis Grenoble : celle du 29 décembre 1943 est destinée à Ernest, celles des 24 février et 5 mars 1944, bien qu'adressées à Adolphe, mentionnent longuement Ernest.

En avril 1944, il devient le chef des FFI de l'Allier et prend le maquis. Les événements se précipitent, comme l'indique son rapport militaire pour services de Résistance :

« [En mai 1944], Nous avons exécuté les plans prévus (Plan vert), sabotage de voies ferrées, sabotages de lignes électriques, sabotages industriels (SAGEM où 6 écouteurs d'aviation furent détruits). Le débarquement du 6 juin et les appels de la radio de Londres nous amenèrent des centaines de jeunes gens désireux de prendre le maquis.

» Faute d'armes et d'équipements, j'avais organisé dans tout le département des groupes de sédentaires appelés au fur et à mesure des réceptions d'armes parachutées. Ils constituèrent nos réserves.

» En peu de temps, nos maquis se multiplièrent sur toute l'étendue de l'Allier. Nous n'avions pas encore ordre d'attaquer, mais au contraire de passer inaperçus pour défendre les terrains de parachutage pour matériel et pour troupes aéroportées éventuelles. Or, la configuration topographique de l'Allier présente très peu de sécurité par suite de l'existence d'un réseau routier très dense et très serré. De ce fait, des changements continuels du stationnement des troupes s'imposèrent. »

Ernest poursuit en faisant référence à des événements plus sanglants où la justice des hommes semble s'être substituée à celle des lois : « La Police du maquis constituée par mes soins réussit à exécuter des miliciens et à appréhender le chef d'une organisation de Gestapo – une femme – qui contrôlait environ 300 agents femmes lâchées dans le département pour dépister l'emplacement, les effectifs et l'armement de nos maquis. Elle fut exécutée. »

Courant juin 1944, l'organisation se structure et des armes sont réceptionnées, la moitié de l'Allier passe sous le contrôle d'Ernest et de ses troupes, à l'exception des grandes villes.

LE LIBÉRATEUR DE MONTLUÇON

Avant l'assaut final de Montluçon, Ernest participe à d'autres actions violentes en juillet 1944 : « la guérilla se déclenchait et de nombreuses embuscades heureuses infligeaient des pertes sévères à l'ennemi. Nos propres pertes furent très minimes dans ces opérations. » Ernest poursuit : « Entre-temps, j'avais réussi un projet auquel je tenais depuis un certain temps : l'accord avec les FTP avec qui j'avais formé un État-Major FFI. Par suite du changement continuel de personnel chez FTP, cet État-Major existait plus sur le papier que dans la réalité. Or, fin juillet, je réussis à assurer une collaboration sincère et effective.

» Pour la matérialiser, j'organisais le 27/7/44 une première descente à Montluçon pour attaquer l'hôtel de l'Écu, siège du PPF et de la Milice. Entre midi et 13 h [avec] une vingtaine de voitures légères : MUR et FTP fit son entrée à Montluçon dans une atmosphère d'enthousiasme débordant de la population. L'attaque devait être rapide (10 minutes), brutale et violente. La réussite fut pleine et entière. Le Chef départemental du PPF et plusieurs officiers de son État-Major furent tués ; il y eut de nombreux blessés. »

En effet, le PPF (Parti populaire français) de Montluçon avait établi depuis peu son quartier général dans cet hôtel, occupant jusque-là le magasin bien connu de Lise, *À la Femme Chic.* Ce parti, créé en 1936, par Jacques Doriot, « vaillant » combattant français sous l'uniforme allemand sur le front russe, faisant office de police supplétive des Allemands, lançait d'incessantes actions de répression. À la suite de l'attaque d'Ernest et de son groupe, il y eut trois morts, dont le chef, un certain Marcel Lamy, pharmacien, résidant à Néris-les-Bains, et cinq blessés chez les doriotistes.

L'atmosphère se fait de plus en plus pesante à Montluçon, où les Allemands ont désarmé la gendarmerie, en qui ils n'ont plus confiance. Le 14 août 1944, 42 otages sont emmenés et exécutés par les nazis, plus exactement massacrés à la carrière des Grises, de nombreuses victimes ayant été retrouvées avec le crâne défoncé.

Ce n'est finalement que le 19 août que l'attaque de Montluçon est décidée. En attendant, les destructions de routes et de voies ferrées se sont multipliées pour empêcher les Allemands de circuler, soit près de 800 hommes du 163e bataillon du *Verbindungsstab*, de la

Feldgendarmerie et quelques unités de SS. La population espérait encore que la garnison allemande allait se rendre, comme ce fut le cas dans d'autres villes au même moment, mais une première tentative fut accueillie par un refus. Il fallait donc se préparer au combat.

Il convient encore de laisser la parole au vaillant soldat qui joua un rôle crucial dans la libération de Montluçon :

« Malgré notre armement léger et l'impossibilité de nous réapprovisionner en munitions (depuis le 15 juillet aucun parachutage ne nous était parvenu), le siège des casernes fut décidé. Il a duré 5 jours dans des conditions atmosphériques extraordinaires (tempête et grêle avec des grêlons de 500 à 800 Grs) les hommes à peine équipés, sans capotes.

» Nous avons tenu contre et malgré tout, sous le feu des mortiers de 120 et des mitrailleuses lourdes.

» Le 25 août, dans la nuit, après une préparation de feu terrible, les Allemands essaient de sortir. Ils partent en hâte en subissant de grosses pertes en personnel et en matériel[254].

» Montluçon est entre nos mains. »

Le bilan n'est pas négligeable : 38 morts de part et d'autre.

Le 26 août, Ernest, à peine nommé lieutenant-colonel des FFI, part à la conquête de Moulins avec ses troupes, ville qui sera libérée le 6 septembre 1944. Il participe encore à la libération d'une partie du département du Cher, dans la région de Sancoins.

Selon une légende tenace qui faisait toujours rire mon père qui avait été très frappé par cet incident, Ernest se retrouve à la fin de cet été à Vichy, et l'envie saugrenue le prend de faire un tour avec l'une des voitures de Pétain, reconnaissables, semble-t-il, à leur plaque ornée des sept étoiles attachées au titre de Maréchal. En ces temps encore troubles, Ernest se fait tirer dessus par des résistants et l'une des balles, qui aurait pu le tuer, viendra trouer le bas de son pantalon, qu'il conservera toute sa vie. Ayant survécu à ce curieux incident, il est nommé, le 5 octobre 1944, commandant de la subdivision militaire de l'Allier jusqu'au 1er mai 1945, date à laquelle il est finalement démobilisé.

Dans les multiples papiers administratifs qui accompagnent la fin de la guerre, la réorganisation de la France et la clarification du rôle de chacun, une fiche de renseignement militaire indique qu'Ernest a commandé au total plus de 6000 hommes, soit 4500 FFI de l'Allier, un bataillon parti dans l'Est (600 hommes), des Espagnols (200) et le bataillon Roussel (800 hommes). Ernest déclare dans un de ses courriers de novembre 1944 au ministère de la Défense qu'il va s'appliquer à transmettre « le patrimoine spirituel des FFI, afin que le sacrifice des aînés n'ait pas été consenti en vain et que l'esprit FFI continue à vivre ».

Après la Croix de guerre 1939-1945 avec trois palmes et deux étoiles de bronze, il reçoit la médaille de la Résistance en septembre 1945, comme 65000 valeureux Français (dont 25000 à titre posthume). Il est ensuite nommé chevalier dans l'ordre de la Légion d'honneur. Cette distinction conférée à titre militaire pour services exceptionnels s'accompagne de la citation suivante à l'ordre de l'armée : « Animateur plein de zèle de l'action des Forces françaises de l'Intérieur dans le département de l'Allier depuis octobre 1942, formant lui-même ses unités et instruisant leurs chefs, dirigeant les sabotages, les destructions et toutes les actions de guérilla. [Il] s'est brillamment distingué au cours des opérations qui, du 11 au 26 août 1944, ont amené la libération de Montluçon, en effectuant avec de simples armes de guérillas un véritable siège de la ville et de sa caserne dont il a assuré la protection grâce à un judicieux système de destructions routières. »

Mon père m'a bien confirmé que personne dans la famille n'avait la moindre idée des activités d'Ernest pendant ces années de clandestinité, ni Adolphe, ni ses deux frères, ni Lise, ni Poldi. Ce héros familial, qui avait vécu « une période d'une nature unique, hétérogène à toute autre réalité, sans communication et incommunicable[255] », reprend sa carrière à la fin de la guerre, brièvement comme juge à Limoges à partir de novembre 1944, puis à la cour d'appel de Colmar en mai 1945. Il est alors le plus jeune des conseillers et est décrit comme un « magistrat plein d'idéal et qui a tout risqué pour l'amour de son pays[256] ». Il deviendra président de chambre de cette cour en 1951.

En parallèle, il est également président du tribunal permanent des forces armées de Metz, qui jugera en 1954 certains des tortionnaires du camp de Natzweiler au Struthof. Débuté le 15 juin 1954 après une instruction lancée dès 1945, le procès des responsables

SS de ce camp aboutit à leur condamnation à mort par jugement du 2 juillet 1954. Un pourvoi en cassation aboutit à l'annulation de ce verdict le 2 décembre 1954, entre autres pour une irrégularité de composition liée à la présence d'Ernest en tant que président, « M. le président Frank n'étant désigné pour présider le Tribunal permanent des forces armées de Metz que si celui-ci doit connaître du jugement des colonels ou lieutenants-colonels et assimilés[257] » ; l'autre raison tenant à d'obscures questions de compétence pour juger de ressortissants allemands qui n'étaient ni prisonniers de guerre ni militaires de l'armée française. Les accusés seront renvoyés devant le tribunal militaire de Paris et condamnés en 1955, pour certains d'entre eux, à des peines plus clémentes.

Quelques années plus tard, Ernest est nommé président de chambre à la cour d'appel de Paris en 1959 puis conseiller à la Cour de cassation en 1965 à la 3e chambre civile. En 1981, son parcours est couronné par la présidence de cette même chambre.

Il atteindra au cours de sa vie les échelons les plus élevés de nombreuses et prestigieuses décorations : officier en 1954 puis commandeur de la Légion d'honneur en 1972, ainsi que grand officier dans l'ordre national du Mérite en 1983, quelques mois après sa retraite. Il décède le 19 juillet 2003 à 93 ans.

Pour en revenir à ses échanges épistolaires avec mon père, en particulier en 1941, le lieutenant-colonel Ernest Frank est surtout connu, pour l'instant, au sein de sa famille, en tant que « nono Rerness », comme le surnomme Jean-Paul à la suite d'une difficulté récurrente de prononciation.

ROBERT, LE ZAZOU DE NÉRIS-LES-BAINS

J'ai pu parler avec Robert (né le 21 mai 1924) de ces sombres années, et même récupérer quelques documents, reproduits dans ce livre. À plus de 95 ans, il était encore alerte, jouant au tennis une fois par semaine. Il est décédé le 7 août 2020.

Robert est le plus jeune des enfants Frank. C'est un adolescent lorsqu'il suit le reste de la famille à Néris-les-Bains au printemps 1939. Robert n'avait malheureusement pas de précisions à me fournir sur les raisons de ce choix. C'était, selon lui, un lieu situé au centre de la France qui permettait ensuite, le cas échéant, de se rendre partout ailleurs en parcourant une distance à peu près égale, tout en étant éloigné d'éventuelles lignes de front, à supposer que le conflit annoncé soit semblable à la guerre précédente.

Une fois installé à Néris-les-Bains, Robert passe beaucoup de temps en 1940 avec Lise et Jean-Paul avant leur départ pour Toulouse et Agen, comme en témoigne une carte postale de Poldi qui demande à Jean-Paul, le 18 mars 1940, s'il se promène avec « nono Paul et Robert ».

À partir de la rentrée de 1939, Robert va poursuivre sa scolarité au lycée de Montluçon, où il passe son baccalauréat en 1942. Il travaille un temps comme apprenti mécanicien chez un dentiste de Néris-les-Bains et effectue aussi un stage à la gigantesque usine Dunlop de Montluçon (dont la production alimentait pour l'essentiel le Reich), heureusement bien avant son bombardement par l'aviation britannique le 16 septembre 1943, qui fit une cinquantaine de morts et provoqua la venue sur place de Pétain. Néris-les-Bains, pourtant sur le trajet, ne fut pas touché.

Les photos de l'époque peuvent laisser penser qu'il faisait partie de cette bourgeoisie rebelle affectant un style dégingandé (les zazous), même si Adolphe devait lui recommander de faire profil bas pour des raisons évidentes. Avec son père, Robert est de tous les recensements des Juifs résidant à Néris-les-Bains, y compris celui de mai 1944, bien qu'il soit parti depuis 1943 pour étudier la chirurgie dentaire à Lyon en première année où, m'a-t-il affirmé, il faisait partie du *numerus clausus* des étudiants juifs de la faculté.

UN ÉTUDIANT PAS COMME LES AUTRES

Début 1944, Robert est en deuxième année de chirurgie dentaire à Clermont-Ferrand. Pourquoi change-t-il de faculté ? Cela a-t-il un lien avec le *numerus clausus* à Lyon ? Probablement que Clermont-Ferrand, lieu de repli de l'université de Strasbourg, et où a étudié Paul avant d'aller à Clairvivre, est un choix qui s'explique mieux que Lyon. En tout cas, il ne s'agit pas de se mettre à l'abri des arrestations, qui se multiplient à Clermont-Ferrand depuis 1943. Ainsi, au foyer de la Gallia, le 25 novembre 1943, près de

1 200 personnes sont appréhendées et triées : certaines sont incarcérées, mais pour 131 étudiants et personnels de l'université de Strasbourg, qui étaient déjà dans le collimateur du Commissariat général aux questions juives pour une soi-disant mauvaise volonté dans l'application du *numerus clausus* aux étudiants juifs, ce sera la déportation en Allemagne, dont seule une minorité reviendra[258]. Il s'agit d'un événement brutal qui résonne dans toute la France puisqu'à Paris ; Maurice Garçon l'évoque dans son *Journal* le 1er décembre 1943, où il note qu'un professeur de papyrographie qui faisait son cours de paléographie égyptienne, « un enseignement bien inoffensif »[259], a été abattu et qu'élèves et professeurs arrêtés ont le choix entre retourner à Strasbourg et devenir allemands, ou demeurer dans des camps de concentration. Il relève avec tristesse que Vichy n'a pas protesté. Hélène Berr s'en fait également l'écho angoissé dans son *Journal* le 7 décembre 1943, où elle relève qu'il s'agirait d'une dénonciation d'un étudiant français, fils d'officier français, qui a donné l'identité réelle des Alsaciens-Lorrains arrêtés[260]. En souvenir de ces terribles événements de l'année 1943 à Clermont-Ferrand, des commémorations annuelles ont lieu à l'université de Strasbourg, qui reçoit, en 1947, la médaille de la Résistance.

À la même époque, Claude Lanzmann réside également à Clermont-Ferrand. Il est en classe d'hypokhâgne au lycée Blaise-Pascal, dont il dirige un réseau de Résistance. Il note que trois élèves de sa classe, dont lui-même, sont juifs, « tous trois inscrits sous nos noms véritables et sans la mention obligatoire et infamante en quatre lettres rouges, JUIF, sur nos cartes d'identité. Nous étions donc dans une parfaite illégalité[261]. » On ne saurait mieux dire.

C'est dans cette situation particulièrement précaire pour un étudiant juif alsacien que Robert s'engage dans la Résistance, au printemps 1944, à Auzances, dans la Creuse, puis au plateau de Millevaches en tant que FFI.

Lorsque la guerre s'achève, Robert est élève officier à Châtel-Guyon, à quelques kilomètres de Clermont-Ferrand. Le 18 octobre 1944, il indique à Jean-Paul, dans l'une de ses cartes postales, qu'il va reprendre ses études de chirurgie dentaire à la faculté de Clermont-Ferrand, où il va rentrer en troisième année. En effet, à la suite de la libération de cette ville le 27 août 1944, la dernière année universitaire des étudiants strasbourgeois en exil s'achèvera en juin 1945.

Il deviendra bien plus tard un universitaire reconnu, également chef de service du Centre de soins, d'enseignement et de recherche dentaires de Strasbourg. Chercheur célèbre internationalement avec plus de cinq cents publications à son actif en biologie et pathologies bucco-dentaires, il sera, entre 1970 et 1992, doyen de la faculté de chirurgie dentaire de Strasbourg, dans cette spécialité qu'il va durablement marquer. Sept fois *honoris causa* d'universités prestigieuses dans le monde, il était également officier de la Légion d'honneur, Croix de guerre 1939-1945 et Croix du combattant volontaire. En hommage à sa carrière et au rayonnement qu'il a apporté, le grand amphithéâtre de la faculté porte son nom depuis 2015.

PAUL, INTERNE À LA CITÉ SANITAIRE DE CLAIRVIVRE

Paul, qui a 20 ans au printemps 1939, suit son père à Néris-les-Bains comme le reste de la famille. Il est alors, avec son frère Robert, le compagnon de jeu favori de Jean-Paul, en particulier pour les matchs de football dans le jardin de La Roseraie.

Au printemps 1940, il est mobilisé à Rouen, et ce, jusqu'à l'armistice, à la caserne Jeanne-d'Arc au 3e SIM Détachement du Cirque, en tant que «médecin EOR [élève officier de réserve]», comme en témoignent deux cartes postales envoyées à mon père à La Roseraie en avril 1940. Une fois démobilisé, il continue ses études à la faculté de médecine de Strasbourg repliée à Clermont-Ferrand, où il est externe des hôpitaux. Il intègre cette université en faisant partie du *numerus clausus* des étudiants juifs, comme en témoigne le recensement des Juifs de Néris-les-Bains du 2 août 1942, qui contient une rubrique où doit figurer un tel renseignement.

J'ai pu reconstituer son trajet assez finement grâce à l'aide de son épouse, Nicole, et son fils Bruno, avec qui j'ai eu des échanges nombreux et prolifiques. Le témoignage de son frère Robert m'a également été fort utile. Robert raconte que, malgré des difficultés extrêmes pour se loger fin 1940, Paul trouve une chambre d'étudiant auprès d'une certaine Madame Chain. Il aurait dû, comme ses amis, habiter au foyer des étudiants, la Gallia, mais pour des raisons peu claires, il n'a pas pu l'intégrer. Il s'agit bien du foyer d'étudiants qui a été la cible d'arrestations massives par les Allemands en novembre 1943, évoquées plus haut.

Paul ne se rend plus à Néris-les-Bains qu'épisodiquement. À partir d'avril 1943, il s'installe à Clairvivre, en Dordogne, à une cinquantaine de kilomètres de Périgueux, lieu de repli des hospices civils de Strasbourg depuis l'évacuation de septembre 1939, et devient assistant de clinique du professeur André Fontaine. Malgré ces temps troublés, il devient docteur en médecine en 1944.

Clairvivre apparaît, de ce point de vue, comme un lieu d'exception. En effet, comme pour les métiers du droit, il règne un climat antisémite très prononcé dans les professions médicales, que Vichy a choisi d'abord de protéger de la présence de médecins étrangers avec la loi du 16 octobre 1940, qui exclut d'office les médecins dont le père n'avait pas la nationalité française à titre originaire[262]. Le *numerus clausus* limitant à 2 % le nombre des médecins juifs sera ensuite institué par le décret du 11 août 1941. Les médecins juifs qui continuent à exercer le font dans des conditions impossibles, puisqu'en zone occupée, ils n'ont plus le droit d'avoir de téléphone ni d'utiliser une cabine publique.

Paul étant devenu proche de sa logeuse de Clermont-Ferrand, celle-ci lui fait découvrir la région, notamment la Creuse. Madame Chain devait lui être très attachée, car, dans une lettre à Ernest d'août 1943, elle indique avoir envoyé à Paul un petit colis familial (dont on mesurera plus tard, grâce à Adolphe, la valeur inestimable en ces temps de disette), afin d'améliorer son ordinaire à Clairvivre. Elle propose également à Ernest de lui rendre visite et le remercie, ainsi qu'Adolphe, pour leur invitation à venir séjourner à Néris-les-Bains.

PAUL CACHE ADOLPHE À DONTREIX

À partir du printemps 1944, « quand ça chauffait vraiment », dixit Robert, c'est-à-dire lorsque les nazis débarquent à Néris-les-Bains, Madame Chain leur indiquera le nom d'amis près d'Auzances, à

Dontreix, distant de Néris-les-Bains de quelques dizaines de kilomètres, qui pouvaient cacher Adolphe et Robert, alors en danger de mort, tandis que les arrestations de Juifs et de résistants se multiplient dans une atmosphère de guerre civile, comme on le verra à Grenoble.

Les photos de Dontreix montrent un Adolphe soudain vieilli et usé, qui a perdu de sa superbe. Il est habillé à la manière des paysans qui l'accueillent alors dans leur ferme, au péril de leur vie. C'est un vieux monsieur habillé d'un manteau en guenille, qui contraste de façon lugubre avec son élégance d'avant-guerre. On peut sûrement y voir les effets destructeurs de plusieurs années d'angoisse ininterrompue, d'un combat ordinaire dans des circonstances extraordinaires. Comme le souligne Ivan Jablonka, certes à propos des Juifs étrangers en situation irrégulière que sont ses grands-parents, « la peur est d'autant plus envahissante, corrosive, que la clandestinité est une activité à plein temps[263] ». Adolphe essaye de sourire alors que le couple qui l'accueille et leur fille posent comme dans une photo qui aurait pu avoir été prise au XIXe siècle, ou plutôt par August Sander dans sa célèbre série parue en 1929, *Antlitz der Zeit*.

Qui est cette famille ? Robert croyait se souvenir qu'ils s'appelaient Redon. Comme beaucoup de paysans du coin, ils étaient « très anti-allemands ». Très héroïques aussi d'avoir caché un Juif à un moment où les arrestations et exécutions d'otages sont incessantes.

Pour en revenir à Paul, j'ai retrouvé dans la bibliothèque de mon père un livre d'histoire locale paru en 2000, intitulé *Chirurgiens et chirurgie à Strasbourg*, sous la direction du professeur Louis-François Hollender, chirurgien et professeur de médecine honoraire de la faculté de médecine de Strasbourg, et sa fille Emmanuelle, docteur en médecine. Jamais je n'aurais eu l'idée ou l'envie de feuilleter ce livre au graphisme suranné. Mais l'un des contributeurs importants étant justement Paul, je m'y suis plongée avec délice, découvrant cette histoire grâce à la plume de la personne dont je voulais moi-même raconter la destinée. Comme la vie est parfois bien faite, il est l'auteur tout désigné de plusieurs notices, en particulier celle qui s'attache à la description de la médecine strasbourgeoise pendant la Seconde Guerre mondiale, notamment la chirurgie à Clairvivre. Je résume donc ici l'article de Paul[264].

Lors de l'évacuation de septembre 1939, les malades des hospices civils ne sont pas épargnés et doivent également quitter Strasbourg. À une première étape au Hohwald, une station de cure des Vosges à une quarantaine de kilomètres de Strasbourg, succède le départ à Clairvivre en Dordogne.

Clairvivre était une cité sanitaire, créée en pleine campagne périgourdine, entre Périgueux et Brive, au milieu des années 1930 par la Fédération des blessés du poumon, dans un environnement qui visait à garantir un air pur et vif ainsi qu'un bon ensoleillement. Si le site est superbe, cette cité spécialisée est en réalité en plein délabrement, et les 2 500 malades et accompagnants qui y débarquent seront accueillis dans des conditions très rudimentaires, nécessitant l'envoi de cinquante wagons de matériel supplémentaire de Strasbourg. À peine installés dans des conditions sanitaires plus décentes, près de 1 900 malades et personnels soignants reviennent, après l'armistice, à Strasbourg en pleine nazification. Le matériel expédié fait également partie de ce gigantesque aller-retour.

Une partie du personnel demeure toutefois sur place. L'établissement prend alors le nom d'« Hôpital des réfugiés de la Dordogne » et sera considéré comme l'émanation naturelle des hospices civils de Strasbourg, malgré leur réouverture par les Allemands au même moment. Cet hôpital est réduit à 120 lits en août 1940, qui passeront à 340 quelques mois plus tard.

Le service de chirurgie où Paul travaille, sous la direction du professeur André Fontaine, devient rapidement « le grand hôpital du maquis où les blessés et les malades étaient accueillis à tout moment ». Paul évoque également des épisodes plus alarmants puisqu'à l'été 1942, période de tous les dangers, il verra deux assistants du service de médecine, soupçonnés d'être Juifs, arrêtés sous ses yeux par deux gendarmes français et livrés aux Allemands pour être déportés, sans retour, à Auschwitz.

L'hôpital devient un centre actif de Résistance, accueillant de jeunes opérés pour des affections inexistantes afin de les soustraire au STO, le travail obligatoire en Allemagne, instauré à partir du 16 février 1943, ou des blessés du maquis soignés pour des diagnostics fantaisistes tels que coup de fourche, accident de chasse ou chute d'arbre.

Selon Paul, 156 résistants sont soignés entre septembre 1940 et avril 1941, et 3 220 en 1943, avec parfois près d'une centaine d'opérations concomitamment. Pour la plupart affiliés au maquis de Dordogne-Nord et au bataillon Violette, ces médecins et personnels soignants « inscrivirent une page glorieuse de la Résistance périgourdine ». Paul n'est pas en reste puisqu'il s'engage dans les FFI (brigade Rac, Dordogne-Nord) entre juin et août 1944.

Finalement, l'hôpital est dissous avec le rapatriement définitif de l'ensemble du personnel et des patients le 19 juin 1945 à Strasbourg. Je cite encore Paul : « Les cliniques universitaires de Strasbourg, repliées à Clairvivre, ont donc bien mérité des populations alsaciennes ou lorraines réfugiées et ont contribué à garder intact le rayonnement et la réputation de Strasbourg. Inséparable des mouvements de résistance, l'hôpital des réfugiés, et plus particulièrement le service de chirurgie du professeur Fontaine, est devenu l'hôpital du maquis, véritable centre d'appels pour les blessés qui y recevaient les soins adaptés à la gravité de leur état. L'hôpital de Clairvivre a également fourni aux unités combattantes de nombreux volontaires qui ont joué un rôle exemplaire dans la Libération du pays. L'année 1945 voit, avec la fin de la Seconde Guerre mondiale, le retour à Strasbourg de la faculté de médecine et des cliniques chirurgicales universitaires A et B qui y reprennent leurs activités. »

Paul retournera à Strasbourg pour devenir l'un des grands chirurgiens de la ville, comme interne en 1946, puis au sein des hôpitaux de Strasbourg auprès du professeur Fontaine, qu'il retrouve entre 1959 et 1979. Après différentes périodes de service, il sera également nommé médecin de réserve à partir de 1971. Il décède le 12 avril 2016 à 96 ans.

UN VIEUX CONTENTIEUX AVEC LA FAMILLE JUNG

Dans ce livre, un autre article de Paul, quoique plus court, a également attiré mon attention[265]. En effet, une brève notice biographique, parmi d'autres, en l'occurrence consacrée à Adolphe-Michel Jung, a obligé mon père à défendre Paul devant les tribunaux, à la suite d'une action en justice lancée par la famille Jung.

Voyons d'abord le portrait qu'en fait Paul : ce chirurgien né en 1902 à Schiltigheim fait de brillantes études de médecine. Interne des hôpitaux de Strasbourg en 1927, puis chef de clinique en chirurgie en 1932, il devient agrégé en 1938. Mobilisé à l'ambulance chirurgicale légère puis démobilisé en juin 1940, Paul indique qu'il est le seul professeur de la faculté de médecine de Strasbourg qui retourne en Alsace, annexée de fait par les Allemands.

Si le parcours d'Adolphe-Michel Jung est alors mal connu, Paul indique qu'il est promu professeur extraordinaire par les Allemands lors de l'inauguration de la *Reichsuniversität* de Strasbourg le 23 novembre 1941, sous la direction du recteur Karl Schmidt, professeur de médecine. En effet, dans le cadre de la nazification de l'Alsace, les Allemands voulurent créer à Strasbourg l'université nationale-socialiste la plus moderne du Reich, dans le prolongement de la prestigieuse *Kaiser-Wilhelm-Universität*, l'ancienne université impériale qu'ils avaient établie à Strasbourg entre 1872 et 1918. Strasbourg avait ainsi vocation à devenir une des trois *Reichsuniversitäten* en dehors de l'Allemagne, avec Poznan et Prague.

Adolphe-Michel Jung travaille un temps à la clinique chirurgicale universitaire de Strasbourg et parcourt ensuite différents hôpitaux en Allemagne : à Wurtemberg, à Überlingen et à Berlin, fin 1943, à la clinique chirurgicale universitaire de l'hôpital de la Charité. Il aurait alors mené une double vie, chirurgien assistant de jour et agent de renseignements des réseaux alliés de Londres la nuit. Il obtient à la fin de la guerre une décoration militaire britannique et la Croix de guerre. Il aura donc eu plus de chance que les enseignants de la *Reichsuniversität* restés à Strasbourg, qui seront faits prisonniers à la Libération de Strasbourg le 23 novembre 1944 (cela dit, un bon nombre avait déjà fui lorsque la *Reichsuniversität* de Strasbourg sera un temps unie à l'université de Tübingen en octobre 1944 jusqu'à la libération de cette ville par les Alliés en avril 1945).

Paul explique qu'Adolphe-Michel Jung « doit cependant attendre mai 1954 avant d'être réadmis dans le cadre universitaire ». Entre-temps, « nommé par Paris », il occupe une chaire de pathologie chirurgicale dans une université sarroise créée par la France, jusqu'au retour de la Sarre à l'Allemagne en 1957. En 1958, il deviendra chef de service à l'hôpital orthopédique Stéphanie, « un service non universitaire associé au CHU », à Strasbourg. Il prend sa retraite en 1974 et décède en 1992.

Les trois pages rédigées par Paul sont un bijou de critique voilée, mais dans l'ensemble, comme j'en convenais avec mon père, il n'y avait rien d'insultant pour la mémoire du défunt. Dans ce contentieux, la famille se plaignait d'un dénigrement, l'article ayant, selon elle, été conçu et écrit « pour laisser croire que le professeur Jung était un ami, voire un collaborateur des nazis pendant la période de guerre et d'occupation, et qu'il a bénéficié à ce titre d'avantages et qu'il a méconnu ses obligations de professeur français ». Selon la famille, qui attaquait sur le terrain de la faute civile classique, Paul avait écrit un article « qui – malgré son apparence historique – comporte des contrevérités et allégations douloureusement fausses et insinuations inadmissibles ».

Or, le débat devant le tribunal de grande instance de Strasbourg en 2002 et devant la cour d'appel Colmar en 2004 (bizarrement, ces deux décisions sont demeurées introuvables, je me fonde donc sur les conclusions rédigées par mon père) se soldera par un rejet cinglant, fondé sur une question de base juridique erronée en lien avec les textes applicables en droit de la presse. Mon père plaide néanmoins dans ses conclusions, que j'ai eu plaisir à relire (en particulier la dernière phrase de cette citation), que si le fond de l'affaire avait dû être évoqué, les juges n'auraient pu que constater que « l'article consacré au professeur Jung est rédigé de manière objective – sans rien de l'animosité qu'y décèlent les demandeurs –, il repose sur une documentation importante et adéquate [...], rend compte de faits dont l'exactitude peut être prouvée et il ne s'y rencontre aucune des caractéristiques de la mauvaise foi telles qu'elles ressortent d'une jurisprudence bien établie. Que certains des faits rapportés ne correspondent pas à l'image que les demandeurs se faisaient du défunt, qu'ils n'aient pas trouvé dans cet article l'hagiographie qui seule les aurait satisfaits, mais un article scientifique, tout cela n'est pas encore constitutif d'une faute, quel que soit le sens que l'on donne à cette expression. »

LES FRÈRES FRANK

Lise a trois frères : Ernest, brillant magistrat depuis 1932, Paul, étudiant en médecine, et Robert, qui passera son bac en 1942, la pire année pour les Juifs en France. Exclu de la magistrature par le premier des statuts des Juifs, Ernest deviendra un grand résistant, chef des FFI de l'Allier. Paul s'emploiera à sauver des vies à l'hôpital de Clairvivre en Dordogne, et Robert finira comme élève officier à la fin de la guerre. Personne n'avait la moindre idée de leurs activités clandestines au sein de la famille, éparpillée en zone sud.

Après la guerre, en parallèle à son métier de juge,
Ernest mène une carrière militaire comme officier de réserve.

Ernest, alias Commandant Fabre

Ernest prend le maquis en 1944 sous le pseudonyme de « Commandant Fabre ». Il libère Montluçon des Allemands avec ses troupes et sera nommé lieutenant-colonel des FFI en août 1946.
Tout au long de sa vie, Ernest recevra de nombreuses décorations : Croix de guerre, médaille de la Résistance, Légion d'honneur (commandeur), ordre national du Mérite (grand officier). À la fin de sa carrière, il sera nommé président de la 3e chambre civile de la Cour de cassation.

Robert

Encore adolescent pendant la guerre, Robert va au lycée à Montluçon, à côté de Néris-les-Bains. Il est le compagnon de jeu de Jean-Paul à La Roseraie. Il continuera après ses études de dentaire la guerre et deviendra doyen de la Faculté de Strasbourg. Un amphithéâtre y porte son nom, en hommage à son action pour le rayonnement de cette institution.

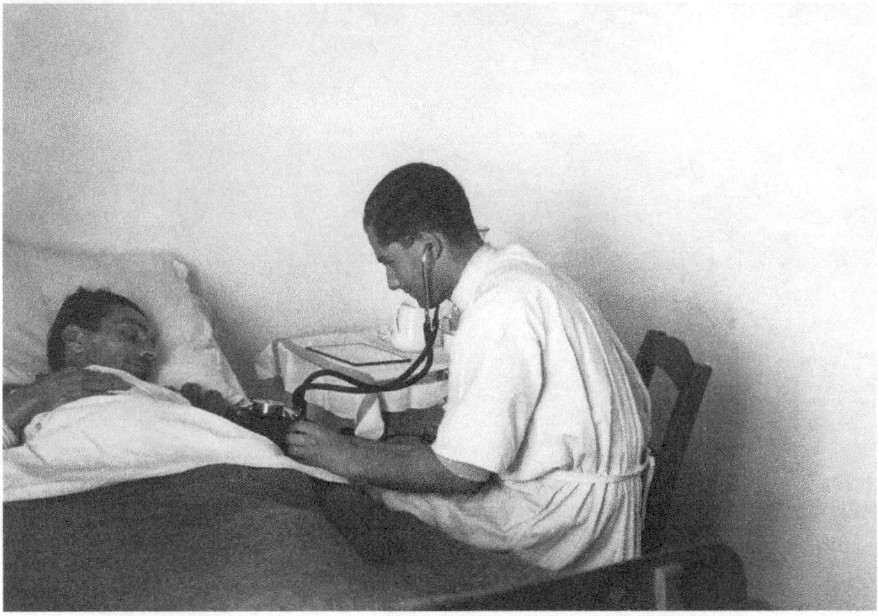

Paul

Paul finit ses études de médecine à Clermont-Ferrand dans des conditions précaires, puisque les étudiants juifs y sont très majoritairement exclus. Il travaille ensuite à la cité sanitaire de Clairvivre, lieu de repli des hospices civils de Strasbourg, où sont soignés résistants et réfractaires au STO (le travail obligatoire en Allemagne). Après-guerre, il fera une grande carrière de chirurgien à Strasbourg.

CHAPITRE 6

Léopold et Lise s'adaptent à la vie en zone libre

Jours tranquilles à Agen

JANVIER 1941 – FÉVRIER 1943

DÉBUT 1941 : UN COURT SÉJOUR À TOULOUSE

Marseille ne sera qu'une étape pour Poldi, qui se déplacera à plusieurs reprises avec Lise et Jean-Paul – on ose à peine imaginer dans quelles conditions. Malgré un hiver 1940 qualifié de terrible sur le plan climatique, même à Marseille, la nouvelle année 1941 débute ainsi avec un déménagement à Toulouse, où mon grand-père s'est vu proposer un nouveau poste à la Fiduciaire de France. Ce n'est pas la grande gaieté et Jean Guéhenno note, outre la neige en abondance, que « les gens rendus modestes par le malheur se souhaitent timidement une année “meilleure” [266]. »

La famille s'installe au 17, rue Saint-Philomène, adresse où Jean-Paul reçoit cinq cartes postales de son père dans le cadre de ses déplacements, ainsi que de ses oncles Ernest et Robert, qui lui écrivent de Néris-les-Bains. Toulouse est à plus de 440 kilomètres de Marseille. L'installation est brève, janvier et février 1941. Comme Néris-les-Bains et Marseille, la ville rose est, en ce début 1941, en zone libre. Je ne sais quasiment rien de cette période, si ce n'est que Pétain est venu sur place pour lancer la première de ses tournées provinciales le 5 novembre 1940, soit deux mois avant l'arrivée de mes grands-parents. Cette première visite de Pétain à Toulouse sera suivie d'une cinquantaine d'autres à travers la France, comme à Marseille ou Montluçon. Il y reçut un accueil triomphal, avec un rituel qui s'établit dès ce premier déplacement : discours au balcon de l'hôtel de ville devant la foule, présentation des corps constitués, prestations de serment des anciens combattants, notamment des membres de la Légion française des combattants, toujours en première ligne lors de ces cérémonies.

En s'installant à Toulouse, ma grand-mère reprend une vie de couple plus traditionnelle sous le même toit que son mari, sans l'entourage peut-être légèrement étouffant de son père ni celui de ses frères. Malgré ces retrouvailles, la vie quotidienne d'un foyer français est remplie d'anxiété. Les fenêtres doivent être calfeutrées et les sources lumineuses dissimulées. Sur les murs, des consignes indiquent l'adresse de l'hôpital le plus proche et le numéro des pompiers. Toutes les villes sont divisées en secteurs et îlots. À chaque immeuble est attribué un abri pour se réfugier en cas de bombardements, lorsque les sirènes hurlent. Ces mesures de défense passive ne feront que s'aggraver, comme on le verra à Grenoble.

DES CARTES POSTALES TIMBRÉES DE LA RÉPUBLIQUE

En cette fin 1940 et début 1941, l'imagerie populaire se sature de « Maréchal » avec le lancement de l'affiche sur la « Révolution nationale », tirée à plusieurs centaines de milliers d'exemplaires. « Au centre devant le drapeau tricolore, au milieu du blanc de la bannière royale, le Chef, grave, équilibre ainsi le rouge de la "Révolution" et le bleu de "nationale". Il incarne donc le passé du pays et dit les mots du renouveau[267]. » Plus proche de nos préoccupations, il s'avère que cette affiche sera également tirée en carte postale, à plus de dix millions d'exemplaires[268]. Mon grand-père ne l'a jamais, en tout cas dans mes archives, utilisée pour correspondre avec son fils. Chacun peut d'ailleurs en faire l'usage qui lui sied. Jean Galtier-Boissière raconte avoir acheté un de ces magnifiques portraits du Maréchal pour l'exposer dans les WC, « les réactions des invités qui vont aux cabinets après le dîner sont assez plaisantes à observer, au retour[269] ».

S'il était loisible à mon grand-père d'éviter l'image pourtant incontournable de Pétain dans le choix de ses cartes postales, il était plus difficile de l'ignorer pour leur affranchissement. En matière de propagande, il est indéniable que la philatélie devint immédiatement « une formidable puissance de diffusion[270] ». En effet, ce sont plus de six milliards de timbres à l'effigie de Pétain qui seront diffusés, dix-sept séries à sa gloire et représentant ses thèmes favoris, soit « l'une des meilleures opérations de propagande qui n'était pas démentie par la modestie du format[271] ». Si chacun se voyait soumis indirectement à cette vision anodine, il semble qu'on assistait, là comme ailleurs, à une violation de règles non écrite selon lesquelles un chef de l'État ne passait à la postérité philatélique qu'après sa mort – à l'exception de Napoléon III. Sur le moment, cela parut risible à une grande partie de la population. « Nous imaginions un vieillard puéril, collant sur un album des timbres à son effigie. Mais ce timbre n'est plus comique. Nous mesurons à ce timbre les étapes de la nazification de la France. Le Maréchal n'était qu'un vieillard philatéliste. Maintenant, il tue et condamne aux travaux forcés[272]. »

C'est *L'Écho de la timbrologie* qui annonce le 30 novembre 1940 que quatre timbres (80 cts, 1 F, 1,50 F et 2,50 F) gravés par Piel seront émis à partir du 1er janvier 1941[273]. Les inscriptions sur les timbres suivaient la nature du régime : Postes françaises ou État français et, en 1943, « Travail, Famille, Patrie ». Ces timbres seront interdits à la Libération et démonétisés le 1er novembre 1944.

Il semble pourtant qu'à ce sujet, « la contradiction minait parfois le volontarisme du régime en matière de "changement" : *Iris*, *Mercure*, *La Semeuse*, ou *La Paix*, étaient encore émis avec la vieille légende : *République Française*[274] ». Effectivement, sur la grande majorité des timbres utilisés par mon grand-père (en se plaçant bien entendu après l'arrivée au pouvoir de Pétain en juillet 1940), que ce soit sur *Mercure* ou *La Semeuse*, figure encore bien cette mention, ce qui peut paraître étonnant.

Seuls quelques timbres figurant sur les cartes postales de mon père représentent Pétain, que ce soit en civil ou en militaire, de face ou de profil. Ce rejet a-t-il pu constituer un acte volontaire de mon grand-père ? Je me rappelle qu'il était philatéliste et avait constitué une belle collection de timbres durant une grande partie de sa vie. Il est probable qu'il ait été sensible dès cette époque aux représentations figurant sur les timbres qu'il utilisait et que son choix de rester fidèle aux symboles de la Troisième République était donc largement conscient.

1941-1943 À AGEN, 26 RUE DIDEROT

À peine arrivé à Toulouse, mon grand-père prépare immédiatement le déménagement suivant, à Agen cette fois, puisque le 13 février 1941, il écrit à son fils qu'il a fait un long voyage « en autocar » et qu'il l'attend à Agen pour faire des promenades à vélo. Quelques jours plus tard, le 20 février, il annonce à Jean-Paul qu'il viendra le chercher avec Lise pour les y emmener.

Toulouse n'apparaît pas comme une destination particulièrement attractive pour une famille juive alsacienne. En effet, rien n'indique que la ville allait s'avérer accueillante, d'autant que la population juive a gonflé, passant d'un millier avant 1939 à 6 000 ou 7 000 les années suivantes, ce qui classe la Haute-Garonne en quatrième position parmi l'ensemble des départements où la concentration des Juifs est devenue la plus importante. À Toulouse, les mesures de confiscation des biens juifs aryanisés seront d'ailleurs significatives : 224 entreprises et 33 immeubles[275]. La ville accueillera toutefois les dirigeants de la Fédération des sociétés juives et certains mouvements de jeunesse dans ses environs, notamment les Éclaireurs israélites. Parmi ces Juifs qui ont afflué à Toulouse se trouve également Edgar Morin, fils de Vidal Nahoum.

Cette fois le déménagement suivant est moins lointain et peut-être plus facile à gérer par mon grand-père, Agen n'étant qu'à 115 kilomètres de Toulouse. Malgré une taille sans commune mesure avec Strasbourg, Marseille ou Toulouse, Agen est néanmoins la préfecture du département du Lot-et-Garonne et sa plus grande ville. La famille s'installe alors au 26, rue Diderot, à partir de mars 1941, et y restera jusqu'en février 1943. Elle loge dans un appartement loué chez une vague connaissance de mon grand-père, un avocat, M. Bertomet, qui savait très probablement, selon mon père, que ses locataires étaient juifs.

Comme à Marseille, mais cette fois avec Lise et Jean-Paul, il est probable que Poldi soit allé voir Pétain et Darlan le 30 août 1941, avec près de 90 000 Agenais. En revanche, je doute qu'ils se soient mêlés à un rassemblement d'ouvriers, le 14 juillet 1942, pour chanter la Marseillaise « autour du socle vide de la statue de la République, place du Pin[276] ».

Pourquoi Agen, où aucun d'eux n'avait jamais été, pas plus qu'à Marseille ou Toulouse, d'ailleurs ? Il ne semble pas qu'ils aient eu la moindre connaissance personnelle sur place, hormis leur loueur (ce qui n'était déjà pas si mal), à une époque où disposer de relations locales compte autant, si ce n'est plus, que d'avoir de l'argent. C'est ainsi un capital extrêmement précieux que de pouvoir échanger ou connaître les bonnes adresses pour manger, se vêtir, voire pour se procurer les papiers nécessaires, vrais ou faux.

Les raisons de ces changements sont *a priori* professionnelles : mon grand-père aurait été cette fois muté au bureau d'Agen de la

Fiduciaire de France. Même si la famille Wachsmann est désormais réunie, comme en témoigne le moindre flot de cartes postales échangé, mon grand-père continue néanmoins à voyager de façon très régulière pour son travail (à Toulouse, Lyon ou encore Grenoble). Il s'en plaint à plusieurs reprises, notamment dans une carte postale du 26 novembre 1941 : « Après un long voyage d'Agen à Toulouse, de Toulouse à Pau, de Pau à Oléron et d'Oléron à Mauléon, je suis arrivé ici sous une pluie battante. Je ne pourrai probablement rentrer que samedi après-midi et au plus tôt vendredi. » De même, dans une carte du 10 novembre 1942, mon grand-père indique qu'il est à Pau et qu'il sera de retour vendredi soir à Agen. C'est une des rares cartes postales photographiques, à propos de laquelle il demande à Jean-Paul quelle est la couleur du cheval blanc d'Henri IV, dont on aperçoit une reproduction du château.

Dans ses déplacements, mon grand-père a sans aucun doute dû affronter la rigueur hivernale dans les gares et les trains, où le chauffage était réduit en raison des difficultés d'approvisionnement en combustible et où, dans les wagons, « la température ne dépasse guère 5° au-dessus de zéro[277] ». De toutes les façons, il est particulièrement malaisé de voyager, puisque « la priorité accordée aux convois allemands, les bombardements et les pénuries désorganisent les transports. Les voyageurs se tassent dans des trains lents et bondés, qui acceptent couramment des surcharges en passagers de 30 à 40 %[278]. » Les contrôles et arrêts inopinés sont omniprésents et, avec la raréfaction des voitures, les gares, comme les trains dont le nombre a considérablement diminué faute de combustible, regorgent en permanence de monde.

En arrivant à Agen, ville et région où ils ne connaissaient personne, comment envisageaient-ils le futur, alors que le pays « s'enfonce doucement dans la servitude » ? « Pour combien de semaines, de mois, d'années[279] ? » Mon grand-père se sentait-il, à juste titre, désemparé ? À quels tourments était-il confronté, lui qui devait cacher ses doutes et ses angoisses tant à Lise qu'à Jean-Paul ?

La vie quotidienne se durcit encore. Le sévère rationnement alimentaire déjà évoqué s'accompagne désormais de celui des vêtements, qui se met en place avec des cartes de textiles à coupons et tickets, comme celles pour la nourriture.

VACANCES D'ÉTÉ 1941 À NÉRIS-LES-BAINS

À l'été 1941, mon père revient passer les vacances à Néris-les-Bains, comme en témoignent trois cartes postales envoyées là-bas à son attention. D'Agen, pour aller déposer Jean-Paul chez Adolphe à Néris-les-Bains, mes grands-parents doivent faire un trajet de plus de 475 kilomètres, ce qui revient quasiment à traverser du sud au nord, avec un enfant de six ans, l'ensemble de la zone libre.

Mon grand-père qui travaille s'ennuie de son fils. Il lui écrit d'Agen le 9 août 1941 : « Encore dimanche – lundi – mardi – mercredi – jeudi et vendredi et je serai chez toi. Nous nous promènerons alors beaucoup ensemble. » Moins dangereux que celui de l'année suivante, l'été 1941 voit surtout la crise de confiance entre les Français et leur gouvernement gagner du terrain, même si elle vise la politique de Vichy plutôt que Pétain lui-même. Toutefois, cet été-là n'en demeure pas moins particulièrement lourd pour les familles juives, et mes grands-parents sont ainsi confrontés à un certain nombre d'événements des plus alarmants.

Les premières rafles de Juifs étrangers ont débuté : 3 700 d'entre eux, essentiellement polonais, et, dans une moindre mesure, tchécoslovaques et apatrides (comme on disait alors), sont arrêtés à Paris en mai 1941, sous couvert d'un « examen de situation » et parqués dans les camps de Pithiviers et de Beaune-la-Rolande (Loiret), placés sous administration française[280]. Cette rafle est aussi connue comme celle du « billet vert », d'après la couleur des convocations qui avaient été envoyées. Il ne s'agit pas d'arrestations secrètes. La population semble au contraire bien informée, comme en témoigne Jean Guéhenno le 9 mai 1941 : « Au nom de la loi française, cinq mille Juifs ont été conduits dans des camps de concentration. Pauvres Juifs venus de Pologne, d'Autriche, de Tchécoslovaquie, gens misérables de petits métiers qui mettaient en grand péril l'État [...]. Leurs femmes, leurs enfants suppliaient les policiers, criaient, pleuraient...[281] »

Toujours à l'été 1941, alors que s'inaugure le 20 août le camp de Drancy, d'où partiront près de 67 000 des 75 000 déportés juifs de France[282], l'exclusion des Juifs se renforce avec la mise en place du second statut en juin, après celui d'octobre 1940. L'on assiste également à l'intensification de la répression contre les communistes, ainsi que la création des « sections spéciales » auprès des tribunaux militaires et cours d'appel le 14 août 1941. Deux jours auparavant, Pétain a prononcé son discours où il dénonce « un vent mauvais » qui se lève dans plusieurs régions de France, annonçant une répression accrue et brutale de la Résistance, dont il appelle à décimer les chefs. Les exécutions d'otages par les Allemands en représailles aux attentats se multiplient.

Une seconde vague d'arrestations se déroule fin août 1941 à Paris, principalement dans le 11e arrondissement et touchant plus de 4200 Juifs, là encore majoritairement étrangers, mais avec un contingent français où figurent d'ailleurs une quarantaine d'avocats[283]. Certains d'entre eux sont célèbres, tel Pierre Masse, sénateur radical de l'Hérault de la défunte Troisième République, brillant avocat, sous-secrétaire d'État à la guerre en 1917 auprès de Clemenceau après avoir combattu et été blessé au front. Malgré une demande écrite de Pétain auprès des Allemands pour obtenir sa libération, il fut déporté à Auschwitz le 30 septembre 1942 et n'en revint pas. Dans une magnifique lettre à son bâtonnier, il déclare : « Je finirai en soldat de la France et du Droit que j'ai toujours été[284]. »

Parmi eux, un homonyme, Maître Jacques Frank, « qui incarnait l'Israélite français conforme au modèle transmis par des générations successives de Juifs français, républicains, intellectuels et patriotes ». Chevalier de la Légion d'honneur, grièvement blessé pendant la Première Guerre mondiale avec une citation signée de la main de Pétain, il menait une belle carrière au barreau de Paris, où il jouissait du respect de ses confrères. Interné à Drancy, il fut libéré parmi un contingent de prisonniers malades. Pressé par ses amis de quitter Paris, il refusa de fuir et se suicida de désespoir, en se jetant par la fenêtre, le 18 janvier 1942.

Dans cet affreux climat, une lueur d'espoir surgit pourtant avec la décision allemande de lancer l'opération Barbarossa, l'invasion de l'Union soviétique, le 22 juin 1941. Ainsi, se réjouit Jean Guéhenno, « dimanche matin, les Français ont connu un grand bonheur. Le Reich dans la nuit avait déclaré la guerre aux Soviets. Comme les ennemis de nos ennemis sont nos amis, nous avons désormais cent quatre-vingts millions d'amis en plus[285]. » À cela s'ajoute un événement clé pour le futur : l'entrée en guerre des États-Unis le 9 décembre 1941.

En parallèle, l'aryanisation économique des biens juifs se poursuit, sous l'égide de la loi du 22 juillet 1941. Avant même l'adoption de ce texte, certains estiment qu'à l'été 1941, plus de la moitié de la communauté juive se trouve sans ressource[286]. Les conséquences de cette spoliation sont radicales : les Juifs sont privés de leurs moyens d'existence et sont souvent réduits à une vie miséreuse. Cette aryanisation de leurs biens s'effectue sous la menace de la Police des questions juives, créée dans les deux zones à partir de l'automne 1941, et qui relève alors du ministère de l'Intérieur.

Par la suite, afin d'éliminer « toute influence juive dans l'économie nationale », selon les termes de la loi précitée du 22 juillet 1941, objectif que rappellera sans discontinuer le Conseil d'État à chacune de ses décisions sur l'application de ce texte[287], le relais est pris par le Commissariat général aux questions juives, dont c'est l'une des missions principales. C'est d'ailleurs l'un des seuls domaines où l'antisémitisme de Vallat est au diapason de celui des Allemands.

Malgré ce panorama de plus en plus sombre où la marginalisation des Juifs préfigure les déportations à venir, des vacances, à l'été 1941, comme pour mon père qui se rend à Néris-les-Bains, semblent encore à la portée des familles juives, même en zone occupée. Jean-Jacques Becker mentionne que ses parents l'autorisent à quitter Paris avec sa sœur pour se rendre en Bretagne, eu égard au calme relatif en cette fin d'année scolaire 1940-1941. Et en effet, « les choses se gâtèrent l'année suivante, en 1941-1942[288] ».

En novembre 1941, suivant des recettes éprouvées ailleurs par les nazis, est créée l'UGIF, l'Union générale des Israélites de France, destinée à prendre le relais de plusieurs dizaines d'associations juives et permettant une centralisation ainsi qu'un contrôle accru par les autorités françaises et allemandes, à laquelle Poldi ne fera jamais appel. Mais un événement bien plus inquiétant vient de se dérouler : en décembre 1941, pour la première fois, « toute une série de juifs français, choisis parmi les notables, avocats, magistrats, médecins, étaient arrêtés [...]. Tout en provoquant la consternation, [ces arrestations] ne furent pas prises exagérément au tragique[289]. » C'est la rafle dite « des notables » où plus de 740 Juifs français, commerçants aisés, chefs d'entreprises, membres des professions libérales et du monde intellectuel, sont internés au camp de Compiègne[290].

Georges Wellers, alors modeste assistant à la faculté de médecine de Paris, s'étonne de « l'honneur » qui lui est fait ce 12 décembre de figurer parmi un groupe de personnalités juives aussi prestigieuses. Il est arrêté par un soldat allemand accompagné d'un gardien de la paix, qui lui indiqua avoir quinze minutes pour s'habiller et qu'il était recommandé de prendre avec soi un peu de nourriture, un peu de linge, une couverture, ses pièces d'identité et sa carte d'alimentation. Emmenés d'abord à la mairie, les prisonniers furent conduits à l'École militaire en passant « entre deux rangées d'Allemands riant, vociférant, en proie à une surexcitation joyeuse[291] ». Envoyé à Drancy, il survivra par miracle à sa déportation ultérieure à Auschwitz.

Le terrain est désormais préparé pour les rafles et déportations massives qui vont s'enclencher l'année suivante. Le 27 mars 1942, un premier convoi quittera Drancy vers « une destination inconnue » avec plus de 1 100 personnes, dont seules 23 survécurent[292].

LA MYTHOLOGIE FAMILIALE S'ÉCROULE UNE SECONDE FOIS

Ces grands périls ne font l'objet d'aucune mention, pas même allusive dans les correspondances familiales. Au contraire, certains sujets paraissent même évoqués avec beaucoup d'ingénuité. Dans une carte postale du 29 septembre 1941, Ernest, depuis Néris-les-Bains, souhaite à Jean-Paul de pouvoir bientôt retourner jouer à l'Orangerie, l'un des plus jolis parcs de Strasbourg, situé à côté de là où habitait mon père avant-guerre. Il s'agit là d'un vœu qui ne se réalisera que quatre ans plus tard, lorsque mon père retournera à Strasbourg après six ans d'absence. Jusque-là, rien de problématique. Ernest, pourtant déchu de ses fonctions depuis plusieurs mois et sur le point de s'engager dans la Résistance, n'hésite pas à souhaiter très imprudemment à mon père de passer de bonnes fêtes. Or, le mois de septembre indique, sans aucun doute, qu'il s'agit de Roch Hachana et de Yom Kippour. D'autant que le séjour de mes grands-parents à Agen n'est pas placé sous le signe de la semi-clandestinité, comme je l'avais cru à tort.

Enhardie par mes fructueux échanges avec les Archives départementales de l'Allier, je contactai, à l'été 2018, les Archives départementales du Lot-et-Garonne. Là encore, les équipes locales se montrèrent efficaces, car le « Recensement des juifs résidant dans les départements du Lot-et-Garonne et de la Gironde libre », très probablement de l'été 1941, était accessible sur internet en version numérisée. Encore fallait-il avoir le cheminement précis, ce qui nécessitait un guidage minutieux que me fournirent avec amabilité les archivistes.

À la côte 1 W 291, la liste des Juifs recensés à Agen s'étendait sur 70 pages rédigées à la main. À la page 67 figurent Poldi, Lise et Jean-Paul. Cette liste comporte diverses indications, dont leur adresse, 26, rue Diderot, leur date de naissance, le pays d'origine sous forme de codes : 1 pour Lise, 20 pour Jean-Paul et 18 pour Poldi. Dans un second tableau adjacent, mon grand-père a déclaré quelques actions (avec leur nombre et leur valeur) sous la rubrique « Biens et propriétés situés dans le Lot-et-Garonne ».

Comment ce recensement était-il compatible avec la possibilité qu'avait mon grand-père de continuer à exercer son métier à la Fiduciaire de France après les mesures en vigueur depuis novembre 1941, qui confinent les Juifs à des « emplois subalternes » sans contact avec le public ? Est-ce l'ambigu *Willemain* qui lui a permis de passer à travers les interdictions professionnelles applicables aux Juifs ?

Selon Adam Rayski, à partir de 1942, « la survie supposait qu'on change d'identité, qu'on "s'enterre" tout en s'efforçant de se maintenir à la surface de la vie quotidienne ». Ce sujet n'était pas, on s'en doute, abordé en public et mon père se souvient de la seule « raclée » (ce sont ses termes) que Poldi lui ait jamais donnée, lorsque, par mégarde, il lui demanda, devant des tiers, s'il s'appelait Wachsmann ou Willemain.

JUIFS À AGEN EN 1942

Recensés et localisés comme les 3800 autres Juifs du Lot-et-Garonne, mes grands-parents y passent la très dangereuse année 1942. C'est l'année où les déportations sont les plus nombreuses, dans ce département comme dans le reste de la France : près de 75 % des 473 Juifs déportés du Lot-et-Garonne l'ont été en 1942 (contre 57 % en France). C'est ainsi que 340 Juifs, majoritairement étrangers, sont arrêtés par des policiers français le 26 août 1942. À Agen même, seules 11 personnes furent concernées, en particulier grâce au rabbin Fuks et sa femme, qui purent, la veille du drame, prévenir de nombreux Juifs résidant sur place. Cela met en relief de façon édifiante les risques encourus par Poldi, Lise et Jean-Paul.

Toutefois, il a été relevé qu'à Agen, « depuis le recensement de l'été 1941, qui faisait état de 741 réfugiés juifs de tous horizons (un chiffre significatif pour une ville qui n'en comptait aucun avant la guerre), la plupart d'entre eux ont été refoulés vers les campagnes. Les autres (les Français) ne sont guère inquiétés par la Gestapo, plus soucieuse de traquer les résistants que de "pratiquer la chasse aux Juifs[293]." » En effet, la très grande majorité des déportés sont des Juifs étrangers (en majorité, allemands, autrichiens et polonais), à 94 % (contre 68 % pour le reste de la France). Deux tiers des déportés sont des hommes, et la tranche d'âge de mon père à l'époque (6-7 ans) ne représente que 3 % des déportations (contre 5,8 % en France). Sur l'ensemble de la période, si l'ennemi est allemand, ce sont pourtant les fonctionnaires français qui ont réalisé la majorité des arrestations (à 92 % dans le Lot-et-Garonne).

Si l'été 1942 est le temps de tous les dangers, malgré une relative tranquillité à Agen, ma famille est confrontée à un nouveau bouleversement en novembre 1942 : plus de 2500 Allemands de la Wehrmacht et de la Gestapo occupent la ville. En effet, « prendre Agen, c'est contrôler la vallée de la Garonne, un axe majeur reliant Bordeaux à Toulouse et au-delà l'Atlantique à la Méditerranée[294] ».

La Kommandantur s'installe à quelques centaines de mètres de mes grands-parents, de même que la Gestapo. La Milice est à un jet de pierre de leur appartement de la rue Diderot. Si je n'ai pas pu établir de justifications particulières du départ de Marseille et du bref séjour à Toulouse; les raisons qui poussent mon grand-père à quitter Agen en février 1943 sont limpides, quelques mois après l'arrivée des Allemands. En effet, la Gestapo y sème rapidement la terreur, avec l'arrivée de Johann Zorn et Erwin Klahr à sa tête. Ils sont fidèlement secondés par les Français de la Milice, dont la création a été précédée par le Service d'ordre légionnaire au début 1942, qui regroupait déjà les «durs» de la Légion française des combattants, «ceux qui portent en sautoir la détestation des parlementaires, des communistes et des juifs[295]». Instituée par la loi du 30 janvier 1943, la Milice française, organisée sur le modèle du parti nazi, est dirigée par Joseph Darnand, qui, dès l'été 1943, se rapprochera des SS, dont il deviendra commandant et complice, ce qui a pu un temps surprendre, s'agissant d'un soldat décoré des deux guerres contre les Allemands. Les Allemands armeront rapidement les miliciens, à un moment où la police française était jugée moins fiable qu'auparavant.

J'imagine que cette confrontation directe avec les Allemands, la première, finalement, depuis l'entrée en guerre de la France, pousse rapidement mon grand-père à envisager une solution de repli avec sa famille. Poldi actionne alors, autant que possible, ses connexions au sein de la Fiduciaire de France afin de pouvoir quitter Agen. Sa nouvelle destination ne doit cette fois rien au hasard. Il sait en effet parfaitement où il veut s'installer: Grenoble. C'est ainsi qu'en mars 1943, la famille déménage vers ce fameux (mais bref) «paradis des Juifs», comme l'on surnommera un temps la ville de Grenoble.

1942 : LA TRAQUE DES JUIFS EN FRANCE

1942 est évidemment de sinistre mémoire. C'est la plus meurtrière pour les Juifs: sur les 75000 qui seront déportés, 42000 le seront entre mars et décembre 1942[296]. Être Juif en France, c'est, au printemps 1942, affronter, en zone occupée, le port de l'étoile jaune, puis, en juillet, la rafle du Vel d'Hiv, surnommée ainsi d'après le lieu où les familles vont être conduites dans des conditions épouvantables avant d'être expédiées à Drancy.

Les nazis viennent de sceller le sort des Juifs en Europe en décidant de leur extermination lors de la conférence de Wannsee.

Le SS Theodor Dannecker, collaborateur d'Adolf Eichmann, sera l'instrument de cette décision en France avant son remplacement, à l'été 1942, par le zélé et fanatique Heinz Röthke, tandis que la police intérieure est confiée à un autre officier nazi, Carl Oberg.

La fin de l'année se termine de façon également angoissante, cette fois pour l'ensemble des Français, avec l'occupation par les Allemands de l'ensemble du territoire français à partir de novembre 1942.

Pour rendre un peu de cette atmosphère morbide, il faut se rappeler que, du côté des hommes politiques français, c'est alors le retour aux affaires de Laval en avril 1942. Bousquet s'installe au secrétariat général de la Police, lui qui sera l'une des clés de voûte de la collaboration avec Oberg en matière de politique antijuive, en associant la police française à ses homologues allemands. Bousquet, qui n'a que 33 ans en 1942, n'est pas un inconnu, mais un fonctionnaire qui a fait ses armes sous le Front populaire en gérant le fichier de la Sûreté nationale. Il promet à Oberg d'arrêter 20000 Juifs en zone occupée pour ce qui deviendra la rafle du Vel d'Hiv, et 10000 en zone libre, où, dans les deux cas, les mesures de recensement évoquées plus haut ont joué un rôle majeur pour l'établissement des listes de victimes par les préfectures. Toutefois, il faut encore se rappeler que cette rafle, n'aboutissant « qu'à » 13152 arrestations dont 11363 le premier jour, malgré la mobilisation d'environ 4500 policiers et gendarmes français[297], alors que pas un seul Allemand ne prendra part à cette opération, sera ressentie comme un « sabotage » par les nazis, qui escomptaient des chiffres plus proches des fiches d'arrestation, établies à hauteur de 27391 noms[298].

De « meilleurs résultats » sont attendus en zone libre. Dès la fin juillet, les préfectures sont mises sous pression afin d'atteindre les objectifs fixés avec Oberg (10000 Juifs à appréhender), et l'on se repose entièrement sur l'administration française. À partir du 26 août, les rafles, ou plutôt les « ramassages », selon l'expression de Laurent Joly[299], où policiers et gendarmes français arrêtent des familles dans des villages ou des ouvriers dans des usines, sont déclenchés dans toute la zone libre. Ainsi que le rappelle Philippe Burrin, « Bousquet s'active, livrant les juifs internés dans les mouroirs du régime, puis les juifs apatrides pris dans des rafles[300] ».

Malgré tous ces efforts, le bilan des arrestations en zone libre est mitigé aux yeux des nazis et de Vichy: 6600 personnes, dont 5293 «seulement» sont envoyées à Drancy[301]. Il est blessant de rappeler que Bousquet, principal artisan des rafles de 1942, responsable de plusieurs dizaines de milliers de déportations, ne sera condamné en 1949 qu'à cinq ans de dégradation nationale, peine dont il sera relevé pour fait de Résistance. II n'aura passé que trois ans et trois mois en prison[302].

Quelques mois plus tard, la France sert encore occasionnellement de lieu d'accueil, plus exactement de «dépotoir» selon les nazis, à des Juifs allemands refoulés en zone libre, comme en octobre 1942, où près de 7700 Juifs de Bade, là où est né Adolphe, du Palatinat et de la Sarre, souvent des femmes, vieillards et enfants, seront enfermés au camp de Gurs (Béarn) dans des conditions désastreuses[303].

Mais avant toute élimination physique, le terrain est également préparé par le droit antisémite, qui se déploie désormais tous azimuts, constituant ainsi pour tous les Juifs un facteur d'isolement et de très grande vulnérabilité. En 1942, les Juifs deviennent définitivement des parias de la société française: ils sont astreints à un couvre-feu spécial, entre 20 heures et 6 heures du matin (février); ils ne peuvent plus voyager que dans la dernière voiture du métro (juin); ils ne peuvent plus faire leurs courses qu'entre 15 et 16 heures, autant dire quand il n'y a plus rien à acheter ou que les magasins sont fermés (juillet); ils ne peuvent plus utiliser de téléphone, qui, comme les postes de radio un an plus tôt, doivent disparaître de leur foyer (juillet); ils ne peuvent plus fréquenter de lieux publics.

En effet, quelques jours avant la rafle du Vel d'Hiv qui se déroule les 16 et 17 juillet, les Juifs sont contraints de disparaître du paysage. Parmi les dix-sept catégories de lieux interdits (selon l'ordonnance allemande du 8 juillet 1942), on peut citer: les restaurants, cafés, théâtres, cinémas et concerts, mais aussi les musées, les bibliothèques, les parcs, les marchés, les piscines ou encore les lieux de course. Les moyens nécessaires ne sont pas négligés, qu'il s'agisse de police dédiée ou généraliste: la Police des questions juives devenue Section d'enquête et de contrôle sous

La France après l'invasion allemande de la zone libre

11 novembre 1942

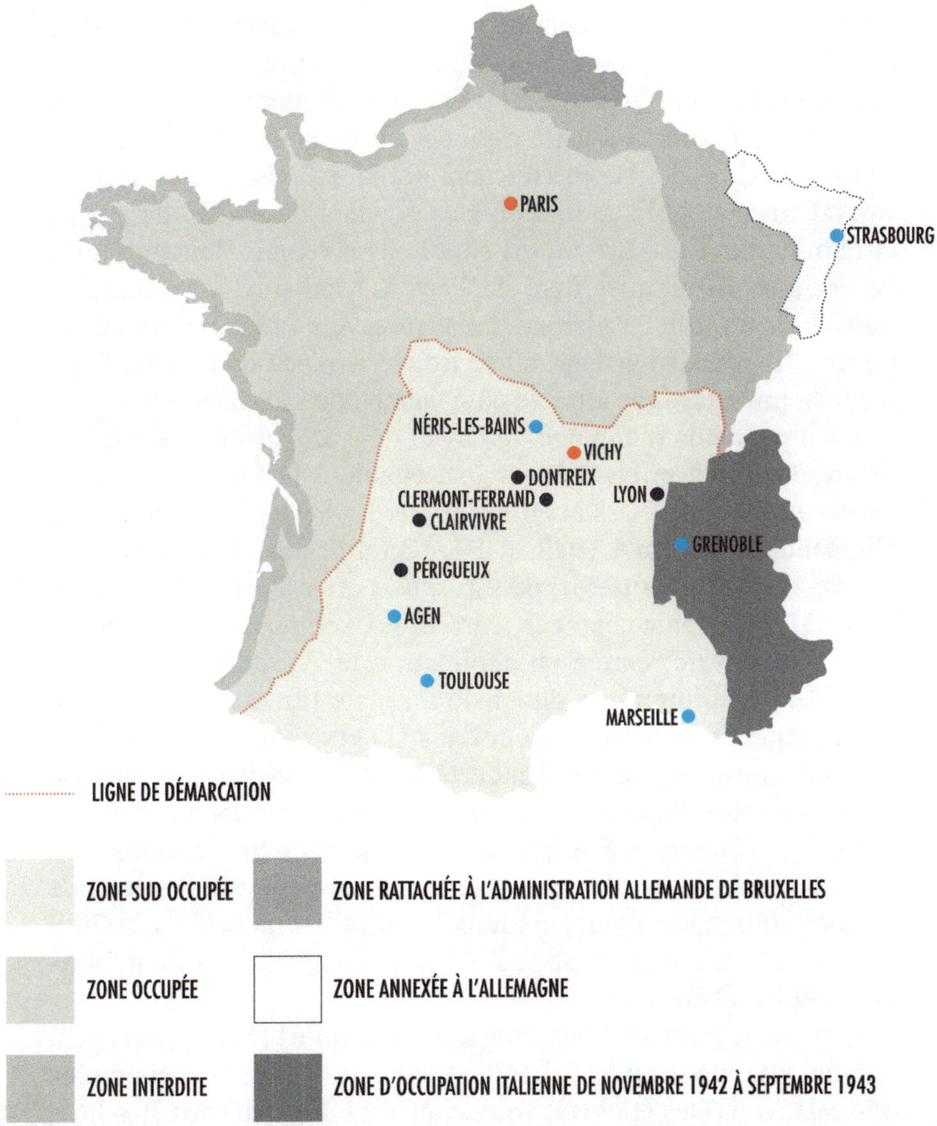

l'égide du Commissariat général aux questions juives en 1942, la brigade Permilleux, un service spécial des affaires juives au sein de la police judiciaire, qui voit le jour fin 1942, ou encore les terribles Groupes mobiles de réserve.

Toutefois parmi l'arsenal juridique antisémite qui a peu à peu été élaboré en France, la mesure la plus spectaculaire va être prise par les Allemands, à la fois comme moyen de ségrégation et prélude à la Solution finale, avec l'obligation faite aux Juifs en zone occupée de porter l'étoile jaune. Si bien d'autres sentiments dominent lorsqu'on s'intéresse à cette période, on ne peut pas manquer de s'étonner de ce double mouvement paradoxal visant à effacer les Juifs de la vie publique tout en leur donnant une visibilité accrue et humiliante. Peut-être faut-il simplement retenir l'histoire juive en exergue du premier livre de Patrick Modiano: «Au mois de juin 1942, un officier allemand s'avance vers un jeune homme et lui dit: “Pardon, monsieur, où se trouve la place de l'Étoile?” Le jeune homme désigne alors le côté gauche de sa poitrine[304].»

Ce procédé de marquage, qui avait déjà été introduit sur le territoire du Reich et en Pologne, est étendu à la France en même temps qu'aux Pays-Bas et en Belgique. En vertu de l'ordonnance allemande du 29 mai 1942, «il est interdit aux Juifs, dès l'âge de six ans, de paraître en public sans porter l'étoile juive». Ils sont 83 000 à venir chercher leurs trois exemplaires en quelques jours. La mesure, entrée en application le 7 juin, prend tout de suite dans l'opinion une dimension à juste titre symbolique, car elle marque un tournant majeur dans la persécution. Pour réaliser ces étoiles, on fit jouer la concurrence entre sociétés: la maison Barbet-Massin, Popelin et Cie fournit le tissu, tandis que l'imprimerie Ch. Wauters et Fils assura l'impression. «Et c'est ainsi que l'on apprend que la fabrication de l'étoile a exigé 5 000 mètres de tissu de cotonnade légère, couleur “vieil or”, d'un prix de 21,70 F le mètre et d'un poids total de 700 kg. C'est ainsi que furent fabriquées 400 000 étoiles[305].»

Comme le rappelle Léon Poliakov: «L'étoile! De loin, cela peut paraître une vexation humiliante et imbécile. C'est beaucoup plus que cela. Vous êtes étiqueté. Votre concierge sait que vous êtes Juif; votre épicier le sait aussi, tout comme l'agent du coin. Impossible d'échapper aux pénalités de code grotesque qui régit notre existence tous les jours. Vous montez dans un wagon de métro autre que le wagon de queue : Drancy. Vous achetez une boîte d'allumettes à midi cinq : Drancy. Vous rentrez chez vous après huit heures du soir : Drancy. [...] L'étoile ! Savez-vous que nous avons dû payer 15 francs et remettre trois points de textile pour avoir le droit de la retirer dans les commissariats[306] ? » Léon Poliakov a raison, bien sûr, face au déluge de mesures coercitives qui régissent chaque instant de la vie des Juifs : pas moins de 168 lois et textes réglementaires[307] promulgués par Vichy durant les quatorze premiers mois du régime. Le danger encouru par les Juifs n'est alors plus lié à des actes, mais se confond avec leur personne même, sans autre dessein ni limite. Pas une minute, les Juifs ne peuvent s'en abstraire. « C'est intolérable », note Léon Werth[308].

Maurice Garçon témoigne de son embarras le 7 juin 1942, le jour même de la mise en place du port de l'étoile jaune : « j'ai rencontré dans le métro une jeune fille qui portait l'insigne jaune des juifs. C'est le premier que j'ai aperçu. Personne n'y prenait garde en apparence. Il s'est fait, à l'évidence, une entente tacite pour ignorer la persécution. Pourtant, j'ai éprouvé une grande gêne qui certainement était partagée. À la dérobée, j'ai essayé de découvrir sur le visage de la juive la révélation de quelque sentiment. Ce fut impossible [...]. Nos regards se sont croisés plusieurs fois et ce sont les miens qui se sont détournés. J'éprouvais comme une honte personnelle à être témoin de cette triste exhibition[309]. »

Le port de l'étoile fut très diversement appliqué, y compris au sein d'une même famille. Jean-Jacques Becker raconte que « c'était totalement insupportable, mais ne pas la porter, dans un quartier où mes parents étaient connus et (re)connus comme juifs, même s'ils ne participaient à aucune activité juive, c'était prendre le risque d'être dénoncés et arrêtés[310] ». Son père ne la porta jamais, en mettant un porte-documents devant sa poitrine lorsqu'il sortait pour faire croire qu'il la dissimulait. Sa mère l'arbora avec une sorte d'ostentation, comme par défi. Son frère, interne à Louis-le-Grand, n'avait pas besoin de la mettre en cours et, de son côté, il la fit coudre sur un pull qu'il enlevait aussitôt franchies les limites du quartier.

Jean Galtier-Boissière note, le 6 juin 1942, qu'on en revient en plein Moyen-Âge[311]. Même le bâtonnier de Paris, que l'on a déjà croisé plus timoré, voire complaisant avec Vichy, à propos du *numerus clausus* des avocats juifs, refuse d'afficher dans les locaux de l'Ordre l'instruction obligeant les avocats juifs à exhiber l'étoile jaune sur leur robe, mesure ressentie par tous comme un véritable outrage à la profession. Elle s'imposa néanmoins aux rares Juifs qui venaient encore plaider au Palais.

Des agents du SD, le service de la sûreté nazi chargé de surveiller l'état de l'opinion publique, rapportèrent à chaud en juin 1942 : « Une indignation vive et unanime a été provoquée par les étoiles jaunes. Même les antisémites condamnent cette mesure, surtout parce que les enfants doivent porter l'étoile. » Dannecker note à la main en marge dudit rapport : « Voici de beaux antisémites[312]. »

Quelques *excellents Français* affichent ostensiblement leur désaccord en portant insigne ou étoile avec des inscriptions humoristiques, telles un prénom, « Swing », « Papou », ou encore « Auvergnat ». Une courageuse Française fait porter à son chien, autour du cou, une étoile jaune. Ils furent immédiatement arrêtés, puis relâchés. Il faut lire le très beau roman autobiographique de Michael Freund, *La disparition de Deborah L.*, qui s'attache à la mémoire d'une ethnologue qui sera déportée à Auschwitz. Les recherches difficiles menées par l'écrivain le projetteront dans le passé de son père, lui-même exterminé par les nazis. À un des moments cruciaux du livre, il tombe par hasard sur les mémoires d'Alice Courouble, *Amie des Juifs*, emprisonnée à la caserne des Tourelles (également lieu de détention de Dora Bruder...) pour avoir porté l'étoile jaune par solidarité avec les Juifs.

D'autres sont nettement moins gênés par cette étoile. On peut lire, dans le journal *Paris-Midi*, un article d'André de Laumois consacré à la marche de l'étoile : « Comme elle fut modeste à ses débuts dans l'existence, la petite étoile jaune ! On la voyait à peine : comme effrayée à l'idée d'affronter le grand jour, elle se terrait. Et l'on disait : – Y en a-t-il donc si peu ! Mais elle ne fut pas longue à s'enhardir. Elle sortit d'abord des échoppes du faubourg Montmartre. Puis elle gagna Saint-Lazare, la Madeleine, les Champs-Élysées et, enfin, se répandit dans Passy et Auteuil. Aujourd'hui, le cri est unanime : – Y en a-t-il donc tant[313] ? »

L'ESPIONNAGE DE POLDI

Comment Lise et Poldi vécurent-ils cette situation ? Même s'ils n'étaient pas soumis à une telle humiliation en zone libre, que pouvaient-ils en penser ou en craindre ? En parlaient-ils entre eux ? Arrivait-il à Lise de paniquer pour son mari toujours par monts et par vaux ? Songeait-elle à retirer Jean-Paul de son lycée, où il était une proie facile en cas de contrôle de la police ? Ont-ils été rassurés par les premières protestations de l'Église catholique dans la lettre de Mgr Saliège, lue dans certaines églises du diocèse de Toulouse qui témoigne du début de la « levée des crosses épiscopales[314] », selon l'expression d'Adam Rayski ?

Fin 1942, mes grands-parents ne sont plus de simples citoyens anonymes depuis qu'ils se sont fait recenser quelques mois plus tôt. Ils figurent sur des listes à la disposition de la police et des nazis qui viennent de s'installer en ville. D'ailleurs les autorités françaises ne se désintéressent pas totalement des activités du « Juif Wachsmann ». À l'été 2018, grâce aux Archives départementales du Lot-et-Garonne, je découvrais que ses allées et venues avaient fait l'objet d'interceptions par le « Contrôle des communications postales, télégraphiques et téléphoniques ». Poldi est ainsi mentionné à quatre reprises dans les archives disponibles, qui couvrent la période de mars 1941 à novembre 1943, c'est-à-dire celle qui correspond à sa présence sur place.

Sous le titre évocateur de « Déplacement des Juifs », deux extraits datés du 29 septembre 1942 indiquent d'abord « 29 juillet, 9 h 30, Hôtel Bordeaux Bergerac – Prière de retenir chambre jeudi soir – Wachsmann » et ensuite « 10 h 30, Retenez chambre ce soir Hachsmann [sic] 26 rue Diderot, Hôtel Europe Périgueux ». On comprend qu'il s'agit de télégrammes envoyés par Poldi dans le cadre de ses déplacements qui ont fait l'objet de ces interceptions.

Quelques jours plus tard, le 17 octobre 1942, sous « Activités diverses des Juifs d'Agen », il est indiqué « Périgueux, L. Wachsmann, rue Condé II – Invoquer loi du 22 mars 1936 prorogée par la loi du 25 mars 1938 protégeant le commerce de détail de chaussures – Wachsmann ». Il s'agit probablement ici d'un contact avec son bureau ou avec un client. Enfin, le 5 novembre 1942, à nouveau sous la rubrique « Déplacement des Juifs », apparaît la mention suivante: «Agen, Hôtel commerce Pau (BP) – préfère retenir chambre lundi soir – Wachsmann».

Les pages de ces rapports sont estampillées «Confidentiel» avec une précision plutôt menaçante, à savoir qu'«en aucun cas, il ne doit être fait directement état auprès de tiers de la présence de la présente interception, qui ne vaut que comme une indication dont la source n'a pas à être révélée».

Il faut bien avouer que le contenu de ces interceptions paraît bien anodin et strictement lié au travail de Poldi. Malgré tout, ces documents attestent que mon grand-père était repéré et surveillé en tant que Juif. Rien n'empêchait donc qu'il soit, à un moment ou un autre, arrêté, avec Lise et Jean-Paul, qui, pendant ce temps, étudie «tranquillement» au lycée Bernard-Palissy.

SIGNAL ET *LES DÉCOMBRES* : DES LECTURES PRONAZIES DE FAÇADE

Il n'était pas question pour Poldi, qui ignorait probablement tout de l'espionnage dont il était l'objet, de quitter son travail à la Fiduciaire de France, malgré l'inquiétude de Lise au sujet de ses déplacements professionnels. Poldi, pragmatique comme son beau-père, s'organise. Les apparences sont cruciales et mon grand-père sélectionne avec soin ses lectures lorsqu'il doit prendre des trains, que l'on sait glacials et toujours bondés. Mon père est formel. Il voyageait systématiquement un numéro de la revue *Signal* au bras, qui servait essentiellement à faire bonne figure face aux contrôles: rien que pour s'installer à sa place, il était nécessaire de décliner son identité. Ainsi paré, il pouvait affronter le pitoyable avertissement du journaliste collaborationniste Jean de Méricourt dans le *Pilori* du 28 mai 1942: «Attention, le youtre est fertile en combinaison, faux-fuyants et camouflage[315].»

Signal[316], le grand magazine de propagande nazie, publié entre avril 1940 et avril 1945, avait pour vocation de créer une communauté d'esprit entre les alliés du Reich et les territoires occupés ou neutres comme la Suisse ou l'Espagne. Exaltant l'avènement d'un homme nouveau, ce bimensuel n'était apparemment pas diffusé en

Allemagne, confirmant là son objectif de propagande pure. Avec une présentation luxueuse et des photographies à l'optimisme conquérant, dont le modèle était le magazine américain *Life*, *Signal* a été publié en plus de 30 langues et 25 éditions différentes. Sous la responsabilité des services de la propagande de la Wehrmacht, son tirage a atteint, à son instant de gloire, plus de 2,5 millions d'exemplaires, pour un total estimé à 160 millions pendant les cinq ans de son existence. Très largement diffusée, cette revue était disponible dans plus de 36 000 points de vente et 20 000 villes en Europe.

Grâce à ce magazine qui avait une vitrine grandiose sur les Champs-Élysées et dont il n'était pas si facile de se procurer des exemplaires en zone libre avant mars 1943, mon grand-père se fondait parfaitement dans l'air du temps qui fait dire à Laval qu'il souhaite la victoire de l'Allemagne dans un discours du 22 juin 1942, provoquant un choc terrible à travers le pays, et, même si chacun l'avait deviné, « on n'eût pas cru possible qu'il le dît aussi brutalement et publiquement[317] ».

En 1942, mon grand-père a forcément aussi entendu parler, avec ses 65 000 lecteurs le mois de sa sortie, du grand succès de librairie que fut *Les Décombres* de Lucien Rebatet. Il est peu probable qu'il ait eu l'envie ou le courage de se procurer ce livre rempli d'insanités, où les passages antisémites atteignaient leur paroxysme. Il est vrai que Vichy, irrité par des critiques trop appuyées contre le régime, interdit sa diffusion en zone libre.

Maurice Garçon note, après avoir lu ce « best-seller de l'Occupation[318] », que « l'ouvrage a un grand succès. La première édition a été enlevée en quelques jours. C'est un livre de talent écrit en un style rapide et imagé. Moins grossier que Céline, Rebatet est aussi violent. Antisémite, admirateur des doctrines allemandes, l'auteur se réjouit de notre défaite et de notre abaissement [...] Et l'on frémit en pensant que cet état d'esprit était antérieur aux évènements[319]. »

LA VILAINE BESOGNE DE LA POLICE FRANÇAISE

Il y a un « avant » et un « après », et, comme Jacques Chirac le dira bien plus tard, « la France, patrie des Lumières et des droits de l'homme, terre d'accueil et d'asile, la France, ce jour-là, accomplissait l'irréparable[320]». En effet, «tout change avec les grandes rafles de l'été 1942. On assiste alors à un revirement capital de l'opinion. Deux raisons principales y contribuent. D'abord le choc provoqué par le caractère inhumain de la persécution : brutalité des arrestations, séparation des parents et des enfants, conditions bestiales de transport vers une destination inconnue. Tous les rapports des préfets rapportent l'émotion de la population, heurtée, indignée, parfois bouleversée[321]. » On peut lire dans l'un d'eux, en date du 1er août 1942, que « certes les Juifs ne bénéficient d'aucune réelle sympathie. Mais les procédés employés à leur égard sont jugés inhumains et inacceptables[322]. »

Maurice Garçon fait mention de ces arrestations dès le 5 juillet 1942, pour poursuivre le 13 juillet en indiquant que 20 000 personnes seraient sur le point d'être envoyées dans des camps en Allemagne[323]. Le 18 juillet, il écrit : « On commence à avoir quelques renseignements sur les arrestations en masse auxquelles il a été procédé depuis deux jours. Par pleins camions, on a ramassé pêle-mêle des hommes, des femmes et des enfants. En général, jusqu'à présent, on semble n'avoir cueilli que des juifs étrangers ou d'origine étrangère. On n'a eu aucune pitié même pour les malades. Je n'ai vu personnellement rien que quelques cars bondés passant à vive allure. Mais on me rapporte que dans les quartiers de la rue de Clichy, de la Bastille, de Saint-Paul et de l'Hôtel de Ville, les spectacles de rafles ont été déchirants. En quelques minutes, sans leur donner le temps de faire un paquet de linge, des familles surprises de bonne heure ont été arrêtées. On entendait des cris, des supplications et c'est la police française qui faisait cette vilaine besogne[324]. »

Je n'ai pas la moindre idée de la manière dont ma famille a pu réagir à cet événement qui se déroulait à quelques centaines de kilomètres de là. Or, selon Renée Poznanski, à l'été 1942, « les Juifs en zone sud ne vivaient pas moins au rythme des rumeurs que ceux de la zone occupée[325]. » Lise et Poldi se sentaient-ils protégés à Agen, loin de ce « climat d'expectative, de gestes en suspens, qui précède les rafles[326] » ?

L'arrestation des femmes et surtout des jeunes enfants (4 000 sur les 13 000 Juifs arrêtés) ne pouvait que rendre mon grand-père très inquiet et particulièrement fébrile. Comme le clame Hélène

Berr dans son *Journal*: «Pourquoi? Et l'inutilité de tout cela: à quoi cela sert-il d'arrêter les femmes et les enfants? N'est-ce pas une monstrueuse bêtise pour un pays en guerre d'avoir à faire cela[327]?» Pourtant, mon père, âgé de six ans en 1942, c'est-à-dire l'âge théorique pour commencer à porter l'étoile jaune s'il avait été en zone occupée, continue sa scolarité à Agen au lycée Bernard-Palissy sans le moindre heurt entre 1941 et 1943, date du départ pour Grenoble. Jean-Paul Wachsmann est un élève parmi d'autres, ce qui n'est pas rien à cette époque.

Lors de cette sinistre année 1942, les mauvaises nouvelles continuent de s'accumuler en France, y compris pour ceux vivant en zone libre comme ma famille, qui n'est plus à l'abri de l'occupation allemande depuis le 11 novembre. Le 26 novembre, la flotte basée à Toulon se saborde (plus de 75 bâtiments de guerre et leurs 230 000 tonnes disparaissent alors dans les flots[328]) pour ne pas tomber aux mains des Allemands.

Les pauvres arguments de Vichy, notamment le fait d'épargner à une partie des Français l'occupation allemande directe, s'effondrent et précipitent la satellisation d'un régime en perdition. Les historiens s'accordent sur le fait que novembre 1942 apparaît indéniablement comme un tournant de la guerre. Dès lors, quel que soit l'endroit où ils vivent en France, «à tout moment, les juifs courent le risque d'être arrêtés, internés, puis déportés. Les rafles sur l'ensemble du territoire s'achèvent, mais leur succèdent sans cesse des arrestations locales, ciblées, exécutées par la police française ou la Gestapo, voire les deux[329]».

Maurice Garçon perçoit parfaitement cette accentuation des persécutions. Il note, le 3 octobre 1942: «De tous ceux qui sont partis, on n'entend plus parler. Ils ne peuvent pas écrire et l'on ne sait même plus s'ils sont en vie. On relègue des hommes, des femmes et des enfants, mais séparément. Les enfants ne portent qu'un numéro d'ordre et sont privés de papiers. C'est peu à peu l'exode forcé d'un peuple dans des conditions de cruauté atroces. [...] Les listes de partants sont dressées par les autorités françaises et remises aux Allemands qui prennent le troupeau et se chargent de l'expédition dans des wagons à bestiaux. Laval et Pétain livrent des trains entiers de malheureux cueillis en zone libre. Ceux-là sont surtout des Juifs étrangers. Nous livrons nos hôtes. La semaine dernière, on a fait partir pas mal de nos confrères, notamment Pierre Masse, qui fut sénateur et dont nous avions failli faire naguère un bâtonnier[330]. »

JEAN-PAUL, UN ÉCOLIER JUIF À AGEN

Mais revenons à mon père, qui est désormais écolier au lycée Bernard-Palissy d'Agen, situé boulevard de la Liberté, à moins de trois cents mètres de l'appartement de mes grands-parents. En tant qu'enfant réfugié à Agen, il a bénéficié du droit d'être scolarisé à l'école la plus proche de son lieu de séjour. Une attestation du proviseur de ce lycée indique qu'il y a été élève du 1er mai 1941 au 28 février 1943. Le document est bien au nom de mon père, avec ses date et lieu de naissance corrects. Il n'y a jamais eu de faux papier au nom de Jean-Paul *Willemain*.

Rétrospectivement, outre les périls qui ne cessent de redoubler de gravité à l'aune de la relative transparence dans laquelle ils vivaient tous les trois à Agen, je me suis demandé comment ma famille avait réussi à échapper à l'un des vices les plus écœurants de cette période : la délation, qui « occupe une place centrale dans l'imaginaire lié à la France des années noires[331] ». En somme, un troisième péril : entre les rafles (touchant certes une large majorité de Juifs étrangers) et les arrestations pour non-respect des règles applicables aux Juifs (par exemple à Néris-les-Bains), la délation aboutissait à l'arbitraire le plus absolu. Et pourtant, il ne leur arriva rien.

Malgré ces dangers permanents, le premier bulletin scolaire de mon père à Agen a été très bon, comme le confirme Ernest dans sa carte postale du 17 mai 1941. Ernest ajoute toutefois qu'il attend les bulletins suivants, en espérant qu'ils soient « toujours excellents ». Je dispose de l'un de ces bulletins, celui du troisième trimestre de l'année scolaire 1941-1942, et il est effectivement de bonne tenue. La conduite, le travail et les résultats de mon père sont « très bien », Jean-Paul est qualifié d'« excellent élève [qui] a fait un très bon trimestre ». Il est second en mathématiques avec 19,5 et troisième en « musique vocale » avec 17. Cette année-là, outre les compliments du proviseur, il obtient le prix d'excellence de sa classe en étant cité au tableau d'honneur. Il figure à divers échelons (prix, accessit) dans neuf matières lors de la distribution des prix de son lycée, qui a eu lieu le 13 juillet 1942. Ainsi, se maintenaient de façon surprenante sous Vichy ces cérémonies « qui jalonnaient les parcours scolaires du temps de la République[332] ».

Parmi ses diverses citations, je relève que Jean-Paul s'est illustré en chant, avec un second prix. Les souvenirs de mon père sont à ce propos très précis, de façon inattendue grâce à sa prestation de « Maréchal, nous voilà devant toi, le sauveur de la France, nous jurons, nous tes gars... », l'hymne d'André Montagnard qui résonnait chaque jour dans les salles de classe de France. Excellent chanteur dès son enfance comme le prouve ce prix, Jean-Paul continua à exercer ses talents dans les revues d'avocats avec des chansons satiriques sur ses confrères, où il excellait. Au-delà de cette chanson dédiée au Maréchal, mon père a sûrement eu du mal à échapper aux objets de propagande à la gloire de Pétain, avec « schématisation, répétition, séries, messages, couleurs et formes édifiantes[333] », selon une esthétique candide et folklorique. D'ailleurs, dès Noël 1940, des centaines de milliers de dessins d'écoliers sont envoyés à Vichy en hommage à Pétain, qui, appréciant leur compagnie, insiste pour en être entouré lors de ses déplacements. Mon père n'en a pas souvenir.

Après la classe, Jean-Paul va souvent jouer dans les parcs de la ville avec ses camarades, comme n'importe quel écolier. Un jour, probablement au printemps 1941, il croise par hasard un parent d'élève de sa classe accompagné d'un Alsacien célèbre, Hansi, de son vrai nom Jean-Jacques Waltz, caricaturiste et polémiste anti-allemand né en 1873 à Colmar. Les présentations sont faites et Hansi lui offre sur le vif une carte postale illustrée par ses soins, qu'il dédicace à Jean-Paul « Waghseann ». Peut-être est-ce l'origine de la bibliophilie de mon père, qui détient l'intégralité des éditions originales de Hansi. En 1941, quatre millions d'élèves comme Jean-Paul et 130 000 instituteurs et professeurs sont astreints au respect de la nouvelle propagande du régime : salut aux couleurs hebdomadaire dans les cours des écoles, révision des programmes scolaires, gymnastique obligatoire, ateliers d'enseignement technique pour les garçons et ménager pour les filles, littérature consacrée aux bienfaits de la Révolution nationale et, surtout, allégeance à Pétain, dont l'image est omniprésente, voire clouée dans les pupitres.

Annie Kriegel ajoute néanmoins que les manuels, « faute de papier, faute de temps, mais aussi faute de volonté politique », n'avaient pas pu être modifiés ou interdits dans une large mesure. Elle se souvient, tout comme Robert Badinter, avoir continué à étudier l'histoire dans les fameux Malet et Isaac (!), même si leurs noms furent finalement et tardivement retirés par Hachette après épuisement des stocks existants.

Les années d'apprentissage de mon père ne sont donc quand même pas tout à fait celles qu'il aurait pu avoir avant-guerre : les sciences sont rejetées, comme les idées démocratiques ou laïques. Les nouveaux programmes établis en octobre 1940 insistent sur la morale, la foi, le nationalisme. Les écoliers doivent vénérer le Maréchal, dont les messages à la jeunesse sont repris dans diverses brochures et affiches pour les classes, alors même que les professeurs manquent de craies, de crayons et de papier. D'ailleurs, les parents doivent se séparer de précieux points de ravitaillement pour acquérir feuilles et cahiers. De ce fait, les professeurs sont invités à ne pas multiplier inconsidérément les exercices écrits et à interroger leurs élèves, de préférence, à l'oral.

Pour mieux imaginer mon père écolier, j'ai repris le récit de Monette Bohrmann. Comme Monette, mon père s'installe chaque matin à un pupitre avec encrier. Pour l'écriture à l'encre violette avec son porte-plume en bois doté d'une plume Sergent-Major, il apprend à respecter les pleins et les déliés. L'usage du buvard est incontournable. Certaines des fournitures sont à l'effigie de Pétain, y compris les bons points qui sont distribués aux écoliers méritants.

À l'image de tous les élèves de cette époque, Jean-Paul porte un tablier et, outre la distribution de vitamine C en comprimés rouges et de biscuits caséinés, Jean-Paul reçoit, à partir de mai 1943, des « bonbons vitaminés » en petites capsules roses au mauvais goût de médicament. Selon Jean-Jacques Becker, ces rations étaient distribuées en classe pour la semaine entière, et il était bien difficile de tenir jusqu'à la distribution suivante. En zone libre, il ressort que le poids des enfants est, selon l'âge, inférieur de 1 à 7 kg à la moyenne de 1938. Leur taille connaît également un déficit de 1 à 5 centimètres[334].

En tout état de cause, l'alimentation est l'obsession bien légitime de tous. Deux cartes postales d'Ernest à Jean-Paul en témoignent.

Dans la première, du 10 août 1941, Ernest indique que si grossir c'est vieillir, il ne prend aucun risque de ce côté-là, et, en effet, la carte est agrémentée d'une phrase un peu curieuse que seule l'illustration éclaire : on y voit un lapin blanc qui tient les arêtes d'un poisson. Dans la seconde du 29 septembre 1941, Ernest demande à Jean-Paul s'il n'a pas fait comme le petit garçon de l'image, qui apparaît avec un énorme ventre parce qu'il a mangé ses tickets d'alimentation, dont il tient en main des lambeaux.

LA MENTION « JUIF » SUR LES CARTES D'IDENTITÉ

Si les Allemands n'arriveront pas à imposer le port de l'étoile jaune en zone sud, ils obtiennent sans difficulté, dès le 11 décembre 1942, la mise en place d'une décision plus discrète, mais lourde de conséquences, à savoir le tampon « JUIF » sur les cartes d'identité et de rationnement.

Il m'a coûté beaucoup d'effort pour clarifier la date à laquelle cette obligation avait été instaurée en zone occupée. Je comprends qu'elle est associée au recensement d'octobre 1940 et qu'il s'agit d'une mesure d'application de l'ordonnance allemande du 27 septembre 1940 destinée à faciliter la détection des Juifs. Alors qu'à Paris, on en est à la lettre N et que c'est le jour de Kippour (13 octobre 1940), tous les Juifs déjà recensés sont rappelés quelques jours plus tard dans les commissariats afin de se faire tamponner à l'encre rouge le mot « JUIF » ou « JUIVE ». Selon Georges Wellers, cette opération de marquage s'acheva le 7 novembre 1940[335]. Fin 1942, cela faisait donc deux ans que les papiers d'identité des Juifs de la zone occupée portaient ce stigmate.

Poldi et sa famille doivent alors redoubler de prudence. Il me faut rester circonspecte, mais, si j'ai retrouvé des traces de leur recensement, aucun des papiers d'identité de mes grands-parents dont je dispose ne porte le tampon « JUIF ». Ceci signifie qu'à partir du 11 décembre 1942, à Agen puis à Grenoble, Poldi, Lise et Jean-Paul se mettaient en danger de mort en cas de découverte de leurs origines à l'issue d'un contrôle. De ce point de vue, à Néris-les-Bains, Adolphe, franc-maçon haut gradé, recensé à de nombreuses reprises, qui plus est avec ses origines allemandes, était encore plus exposé dans cette petite ville fourmillant de Juifs, où, comme le rappelle Robert Badinter, « leur oisiveté forcée les rendait suspects, voire odieux[336] ». D'ailleurs, on le sait, Adolphe ne pourra finalement pas échapper au tampon « JUIF », même s'il ne figure que dans une ultime carte d'identité, très tardive, datée du 22 avril 1944.

À l'égard du tampon « JUIF », comme Poldi, beaucoup de Juifs en zone sud ne savent pas s'il faut ou non se plier à cette nouvelle humiliation. Refuser, c'est se mettre dans l'illégalité ; se soumettre, surtout en décembre 1942, bien après la date des recensements, de l'aryanisation économique et avec plus de recul sur les brutalités nazies et la collaboration de Vichy avec les grandes rafles qui ont eu lieu depuis l'été, c'est se placer dans une situation terriblement précaire. Pour Annie Kriegel, à tout le moins pour les Juifs venant de la zone occupée, comme c'était le cas de sa famille, il n'était plus question de respecter les prescriptions de Vichy et des nazis : « Une fois en effet qu'ils eurent franchi la ligne de démarcation, les juifs venus de zone occupée, instruits par l'expérience, n'ont déféré à aucune des obligations qu'exigeait en principe leur changement de résidence. Dans leur grande masse, ils se sont donc trouvés à partir de 1942-1943 soustraits à toutes les procédures d'identification et de repérage[337]. »

Les faux papiers deviennent alors le lot quotidien des Juifs, y compris pour ceux qui, par leur profession, n'avaient jamais flirté avec l'illégalité. Sans conteste, « le plus efficace et le plus dangereux, c'est d'avoir de faux papiers, des papiers qui transforment un juif en bon catholique[338] [...] ». Les Allemands se plaignent d'ailleurs du niveau important de falsification des cartes d'identité et suggérèrent de substituer une perforatrice à l'usage du tampon « JUIF », trop facilement escamotable.

Laurent Schwartz, mathématicien et universitaire strasbourgeois, qui s'était replié, comme Paul, à Clermont-Ferrand en janvier 1943, explique que sa femme avait fabriqué des cartes d'identité pour lui et ses parents : « ce n'était pas sorcier[339] » – même s'il reconnaît que la situation des Juifs demandait à tous les instants des prodiges d'invention. Claude Lanzmann ne dit rien d'autre à propos de ses fausses identités : « On pouvait vérifier dans les registres d'état civil de chacune de ces localités l'exactitude des informations portées sur les fausses cartes d'identité, dates et lieux de naissance inclus. Des employés ou des secrétaires de mairie avaient choisi, à leurs risques et périls, d'authentifier les faux. On les appellerait aujourd'hui des "Justes". Ils n'y pensaient pas, je n'ai jamais connu leur nom, ils se moquaient de la postérité et accomplissaient sans esbroufe leur devoir de solidarité, au titre humain tout simplement[340].» Ce que confirme à son tour Léon Poliakov: «La carte d'identité authentique, établie par une administration authentique, était enregistrée par celle-ci. Le cas échéant, la vérification s'effectuait par un coup de téléphone au commissariat ou à la mairie qui l'avait établie. Le fin du fin, pour le porteur d'un nom d'emprunt, était donc de posséder une carte dûment enregistrée, une «vraie fausse carte[341]».

Mon grand-père était-il entré dans ces subtilités? Comme pour lui, le faux nom choisi reste proche du nom d'origine, à savoir, pour Laurent Schwartz, «Sélimartin». Claude Lanzmann indique qu'il s'appela Claude Bassier ou Claude Chazelle dans ses faux papiers, ne gardant que son prénom d'origine. Léon Poliakov n'avait conservé quant à lui que les initiales de son nom, pour devenir «Robert Paul».

Cependant, «au printemps 1942, les faux papiers étaient encore un article plutôt rare[342]». Ils sont souvent rudimentaires et assez repérables, tandis qu'à partir de 1943, le développement de la Résistance va contribuer à améliorer considérablement la qualité de ces documents.

Au final, tous les stratagèmes sont bons pour profiter des failles du système. Ainsi, même pour ceux qui se sont soumis au tampon «JUIF», il n'est pas toujours impossible de l'effacer, peut-être parce que, par exemple à Toulouse, selon les termes de la section d'enquête et de contrôle locale, les services compétents apposent le cachet «minusculement et à une mauvaise place[343]».

En tout état de cause, les Juifs sont encore très nombreux à se soumettre à ce marquage de leur papier d'identité, parce qu'une fois encore, ils veulent être officiellement en règle. Ce respect formel de la loi n'empêche pourtant pas nombre d'entre eux de se procurer dans le même temps de faux papiers.

Comme mon grand-père.

LES FAUX PAPIERS DE MON GRAND-PÈRE

La France de mon grand-père est celle qui vient d'être rapidement décrite : une France veule et inquiète où les Juifs sont marqués et désormais déportés après leur arrestation, où ils n'ont plus le droit de sortir qu'à certaines heures et sont interdits de tout lieu public, une France où l'on voit fleurir les demandes de « certificat de non-appartenance à la race juive ». Ces attestations seront délivrées par le Commissariat général aux questions juives à partir de décembre 1941, sous la houlette du « professeur » Georges Montandon, en sa qualité d'« ethnologue » de la race. C'est un auteur prolifique d'ouvrages théoriques, comme *L'ethnie française* en 1935, ou à vocation plus pratique, tels que *Comment reconnaître le Juif ?*, publié en 1940 chez Denoël, « avec des clichés hors textes », dans une collection qui vient d'être lancée, « Les Juifs en France ». Rédacteur enragé des *Cahiers jaunes* de l'Institut d'études des questions juives, il donne un glacis pseudo-scientifique à cet antisémitisme frénétique. Ce funeste personnage sera abattu peu avant la Libération.

Jean Guéhenno le confirme, « la sottise abonde. Pour la quatrième fois, j'ai dû aujourd'hui déclarer sur l'honneur que je ne suis pas juif, ni franc-maçon[344]. »

Je ne peux m'empêcher de comparer les deux cartes d'identité de mon grand-père délivrées à Agen. Ceci soulève une question à propos de ses faux papiers : où se les est-il procurés ? Via quelles filières, lui qui n'avait a priori aucun contact avec la Résistance ? Ernest a-t-il joué un rôle (mais ils étaient alors séparés depuis l'été 1941 par des distances importantes : Néris-les-Bains/Montluçon, contre Agen puis Grenoble) ? Connaissait-il certains circuits tels ceux évoqués par Léon Poliakov, alors à Marseille, à travers des experts au service de l'Œuvre de secours aux enfants (juifs) créée en 1912 ?

La première carte d'identité de Poldi provient de la préfecture d'Agen, le 8 juin 1941. Cette carte est classiquement un « Modèle N° 4 », tel qu'évoqué plus haut. Je ne sais pas pourquoi il est indiqué à la main les mots « Nationalité française ». Sur la photo, mon grand-père a l'air rêveur et ne regarde pas l'objectif. Cette carte est plusieurs fois tamponnée pour signaler des changements de domicile, en particulier le déménagement à Grenoble, d'abord au 69, cours Berriat, le 17 avril 1943, puis au 41, rue Génissieu, le 12 octobre 1943, ceci conformément à la loi du 30 mai 1941 sur le signalement obligatoire des changements de domicile. La mention de ces deux adresses postérieures soulève à nouveau la question de l'absence du tampon « JUIF », qui aurait dû y figurer depuis fin 1942. Mon grand-père est (à nouveau) né à Strasbourg comme sur sa carte de circulation marseillaise de juin 1940. Les temps ont changé. La mention de son origine polonaise, même en ayant la nationalité française, devient manifestement un souci et mon grand-père préfère l'occulter.

Dans sa seconde carte d'identité, un pas supplémentaire dans l'illégalité est franchi : les informations inexactes s'accumulent. Le document, toujours du « Modèle N° 4 », est daté du 25 janvier 1943 (la date semble néanmoins avoir été frottée et le tampon est peu lisible) à Agen, où mes grands-parents ne résideront plus que quelques semaines avant de se rendre début mars à Grenoble. Il y a cette adresse que je n'arrive pas à déchiffrer : 23 B (probablement pour boulevard) Scaliger, alors que je ne connaissais à Agen que le 26, rue Diderot. Mon grand-père est désigné sous son faux nom, *Willemain*, avec un lieu de naissance nouveau, Nancy, en Meurthe-et-Moselle. Sa profession est correcte : il est « expert juridique ». Un changement d'adresse daté du 26 juillet 1943, avec un tampon du commissariat de Grenoble, est également mentionné au recto : il s'agit d'une adresse à Grenoble, au 2, rue Bayard, qui m'est inconnue. Malgré toutes ces invraisemblances, il est souriant sur la photo et paraît chercher à convaincre.

Annie Kriegel, que ses activités dans la Résistance juive communiste à Grenoble (au sein de la Main-d'œuvre immigrée) amèneront à fabriquer des faux papiers, indique qu'elle était fière de pouvoir, au premier regard, juger de la qualité des papiers d'identité : « vrais/faux, vrais/vrais, tout à fait faux ». Elle explique que l'alpha et l'oméga pour établir de faux papiers supposaient trois choses : un réseau de complicités administratives pour fournir des formulaires et cartes vierges, une énorme documentation permettant d'éviter de fatales erreurs, comme de dater un papier le dimanche, et enfin, les tampons, puisqu'il n'y avait pas à l'époque de papier officiel qui n'en comportât un ou plusieurs.

Dans le genre « très faux », je dispose encore de deux autres documents, l'un avec la photo de ma grand-mère, l'autre avec celle de mon grand-père, d'un format à peine plus grand qu'une carte de visite, bien différents des cartes d'identité du « Modèle N° 4 ». Il s'agit de documents tamponnés, avec timbre fiscal, photos et empreintes digitales, mais les rubriques (nom, prénoms, profession, date de naissance, département, nationalité, domicile et signalement) sont tout simplement vierges, même s'il y a bien un tampon « Grenoble, le ... 194..., Le Commissariat de Police » !

Ces papiers non remplis de Lise et de Poldi, à première vue inutiles, voire compromettants en cas de contrôle, sont *a priori* postérieurs à janvier 1943, puisque la photo de mon grand-père est identique à celle de sa carte d'identité du 25 janvier 1943 décrite plus haut (celle où il s'appelle Léopold *Willemain*), mais comme tout indique que cette dernière est un faux...

Ma grand-mère, justement. Présente comme une ombre sans parole, « la chère petite maman » de Jean-Paul.

LISE, MÈRE AU FOYER

Depuis qu'elle a quitté Néris-les-Bains, Lise est en première ligne pour affronter les défis du quotidien, en particulier le ravitaillement. Or, « pour la ménagère, faire la cuisine devient bientôt un acte héroïque[345] ».

Élevée au sein d'une famille bourgeoise très aisée de Strasbourg grâce à la réussite d'Adolphe et vivant dans un bel appartement cossu depuis son mariage avec Poldi, elle était habituée à disposer de domestiques, qu'il s'agisse de la tenue de la maison, de la cuisine, ou même pour son fils, élevé avec une gouvernante.

Les années de guerre mettent un terme à cette opulence, et Lise doit non seulement s'occuper à plein temps de Jean-Paul, mais aussi et surtout trouver de quoi nourrir son mari et son fils. Elle a ainsi dû apprendre à gérer son stock de tickets d'alimentation pour ne pas en consommer trop au départ, au risque de les épuiser rapidement, « faute de quoi, le pain sera absent des tables en fin de période[346] ». Pour échanger ses coupons à la mairie, il faut impérativement lire la presse, qui donne des informations cruciales sur les produits rationnés qu'il est possible de trouver et à quelle date. En revanche, pour certains articles, l'échange de coupons se fait directement chez le commerçant, qui le détache, note au dos les achats et tamponne. « Les non-initiés sont complètement perdus[347]. »

Lise doit aussi s'adapter à un nouvel environnement particulièrement menaçant dans des villes qui lui sont étrangères. Les absences de son mari lors de ses incessants déplacements professionnels et la séparation d'avec son père, resté à Néris-les-Bains, et ses frères, eux-mêmes dispersés, accentuent sa solitude. La cellule familiale de Strasbourg devait lui paraître bien lointaine, elle qui n'avait jamais quitté la ville, hormis pour son voyage de noces et les vacances. Comme l'indique Hélène Berr le 19 octobre 1943 dans son *Journal*, « la grande découverte que j'aurais faite cette année aura été l'isolement[348] ».

Lise s'occupait seule de cette gestion quotidienne. Poldi gardait toutefois la main pour le renouvellement des cartes d'alimentation, source inévitable de nombreuses angoisses pour toutes les familles juives. Comme n'importe quel contact avec l'administration, Laurent Schwartz, alors réfugié à Grenoble, témoigne que « c'était toujours avec une grande anxiété que j'allais renouveler les cartes d'alimentation. En effet, la mention "JUIF" devait y figurer comme sur les cartes d'identité[349]. » La manière dont mon grand-père surmontait ces obstacles de la vie de tous les jours demeure obscure.

Gestion des cartes de rationnement et des coupons, queues interminables : il aura fallu beaucoup de vertu et de résilience à ma grand-mère pour survivre durant « cette période de haute turbulence[350] », comme le dit Patrick Modiano. D'autant que la propagande officielle à l'égard des femmes se place également sur un plan moral, les sacrifices encourus étant présentés dans le cadre de la Révolution nationale comme un élément du redressement de la France, dont la chute était attribuée à un soi-disant relâchement généralisé du pays. Le modèle de la Française est alors, sans surprise, celui de la mère-épouse-ménagère. Lise, comme toutes les Françaises, subit alors de plein fouet les mesures draconiennes imposées par Vichy, que ce soit pour l'alimentation, l'habillement ou l'éducation.

Elle a dû réapprendre à accommoder des ingrédients bien moins riches qu'avant-guerre et redécouvrir des techniques oubliées depuis une génération au moins. Outre les sociabilités plus ou moins belliqueuses dans les queues (où Jean-Paul saura déployer un certain talent, comme on le verra plus loin à Grenoble), Lise a pu s'instruire dans quelques magazines féminins dont elle était friande, notamment *Marie-Claire*, publication moderne à l'américaine, lancée en 1937, qui se placera dans le sillon de la propagande de Vichy, mais aussi *Pour elle*, qui paraît pour la première fois en août 1940 et qui est perçu comme une revue raffinée, quoique pro-allemande.

Ces magazines sont alors une mine de renseignements pour la santé et l'hygiène : comment faire une sauce blanche sans huile, sans beurre et sans graisse, comment récupérer du pain rassis, ou comment faire des crêpes sans œuf ni lait. Lise, qui n'avait jamais mangé de sa vie de rutabagas ou de topinambours, réservés en Alsace aux animaux, sait désormais les cuisiner en choucroute, escalopes ou gratin. Les livres de cuisine se métamorphosent pour s'adapter à la situation : *Cuisine et restrictions* paraît en octobre 1940 et *Manger quand même* en 1941, les deux d'Édouard de Pomiane, médecin et biologiste, auteur à succès en la matière. Il indique à propos de la ménagère que « sa mission est grave, car c'est à elle qu'incombe de savoir choisir, dans la pénurie d'aliments, ceux qui sont indispensables à son mari, à ses enfants [...]. Aux enfants, le meilleur morceau de viande, puis elle pense à son mari, puis à elle-même[351]. » Pauvre Lise !

Ses pauses lecture sont maintenant bien rares. Mais depuis la publication de la « liste Otto » le 2 octobre 1940, qui a fait disparaître plus de mille titres auprès d'une centaine d'éditeurs, Lise sait que nombre de ses écrivains favoris sont désormais interdits. Comme la plupart des Français, elle se plonge dans les livres d'histoire, la littérature d'évasion (*Premier de cordée* de Frison-Roche publié en 1942) ou étrangère (*Moby Dick*, sorti en juin 1941, est l'un des grands succès de la période). Elle évoque parfois avec Poldi certains titres de la collection « Que sais-je ? » lancée en mai 1941. Mais tout comme son mari, elle reste indifférente aux romans policiers, qui sont pourtant populaires depuis la fin des années 1920.

Hélas ! aucune littérature ne peut lui faire oublier que le café a disparu pour faire place aux glands de chêne, que le serpolet et les feuilles de fraisier servent à faire le thé. Des jours « sans » instaurés par le gouvernement viennent compléter ce tableau édifiant : trois jours sans viande, quatre jours sans pâtisserie...

Il est certain que Lise a dû surmonter ces défis permanents pour faire manger Poldi et Jean-Paul, même si les cartes postales, hormis les deux qui ont été envoyées par Ernest, dont il a été question plus haut, ne reflètent pas cette situation délicate. Et il faudra attendre les lettres de Jean-Paul envoyées à Adolphe, fin 1943 - début 1944, pour découvrir le chef-d'œuvre culinaire de Lise, « le baba au rhum sans rhum ».

LISELOTTE WACHSMANN, NÉE FRANK, ÉPOUSE DE LÉOPOLD WILLEMAIN

En miroir des papiers de mon grand-père, je ne dispose que d'une seule carte d'identité de ma grand-mère, à l'exception de la carte vierge déjà mentionnée. La carte d'identité de ma grand-mère est là encore du « Modèle N° 4 ». Elle a été faite à Agen, comme les deux précédentes de mon grand-père. Curieusement, elle date du 25 avril 1942, soit dix mois après celle délivrée à son mari.

Les deux changements d'adresse à Grenoble figurent aux mêmes dates, 17 avril 1943 et 12 octobre 1943, et comportent bien entendu les mêmes adresses. Toutes les autres informations sont exactes. Tel n'est pas le cas d'un autre document officiel relatif à Lise, un acte de naissance certifié à la mairie d'Agen le 21 janvier 1943, donc postérieur à sa carte d'identité. Si le nom de son père, Adolphe Frank, figure de façon correcte, celui de sa mère a été quant à lui « déjudaïsé » : Martha Wertheimer est devenue Marthe *Weninger*.

De même, dans un troisième document, un acte de mariage de la mairie d'Agen daté du 15 février 1943, Marthe *Weninger* apparaît à nouveau. Ce document comporte d'ailleurs une multitude de fausses mentions : la mère de Poldi, Sarah Blumenfrucht, devient Sabine *Beringer*. Inutile de préciser que mon grand-père y figure selon son lieu de naissance à Strasbourg et non Auschwitz, qui est, à cette date, en train d'acquérir sa réputation maudite pour l'éternité.

Plus exotique encore, un dernier document sur ma grand-mère, un extrait du Registre des naissances de Strasbourg délivré soi-disant à Périgueux le 23 novembre 1942, atteste de la naissance de mon père, Jean-Paul, Joseph, le 20 octobre 1935 à Strasbourg, fils de Léopold *Willemain* et Liselotte Frank.

Enfin, pour en revenir à la carte d'identité de Lise, la signature du « titulaire » est celle de son mari « L. Wachsmann », ce qui en dit long sur le statut des femmes mariées à l'époque, déjà en ligne avec la loi à venir du 22 septembre 1942 qui reproduit un schéma patriarcal parfait, où l'homme est le chef de famille disposant de toute autorité sur le foyer.

« JEAN-PAUL AUSSI EST TRISTE SANS TOI »

1941-1944

La correspondance entre Jean-Paul et son père Poldi continue tout au long des années noires. Malgré les saynètes chatoyantes et humoristiques, le contexte de disette et de séparation se fait sentir. En père attentif, Poldi s'enquiert souvent des résultats scolaires de son petit Jean-Paul, dit Coco. Et il vérifie systématiquement s'il a été gentil avec Lise, « sa chère petite maman ». Jean-Paul correspond aussi avec son grand-père Adolphe et ses oncles, en particulier Ernest et Paul.

Quittant Néris-les-Bains et le confort de la villa d'Adolphe, Poldi et Lise vont résider brièvement à Toulouse en janvier et février 1941, avant de rejoindre Agen. Dans ces deux villes, mes grands-parents n'avaient ni amis, ni liens familiaux. C'est le travail de Poldi à la Fiduciaire de France qui guide ces choix d'installation.

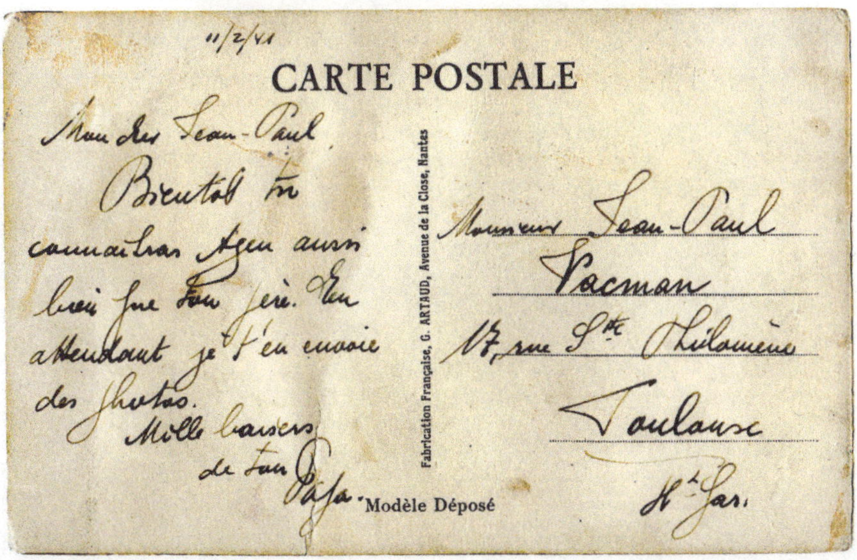

11/2/41

CARTE POSTALE

Mon cher Jean-Paul,

Bientôt tu connaîtras Agen aussi bien que ton père. En attendant je t'en envoie des photos.

Mille baisers de ton Papa.

Fabrication Française, G. ARTAUD, Avenue de la Close, Nantes

Modèle Déposé

Monsieur Jean-Paul
Vacman
17, rue Ste Philomène
Toulouse
Hte Gar.

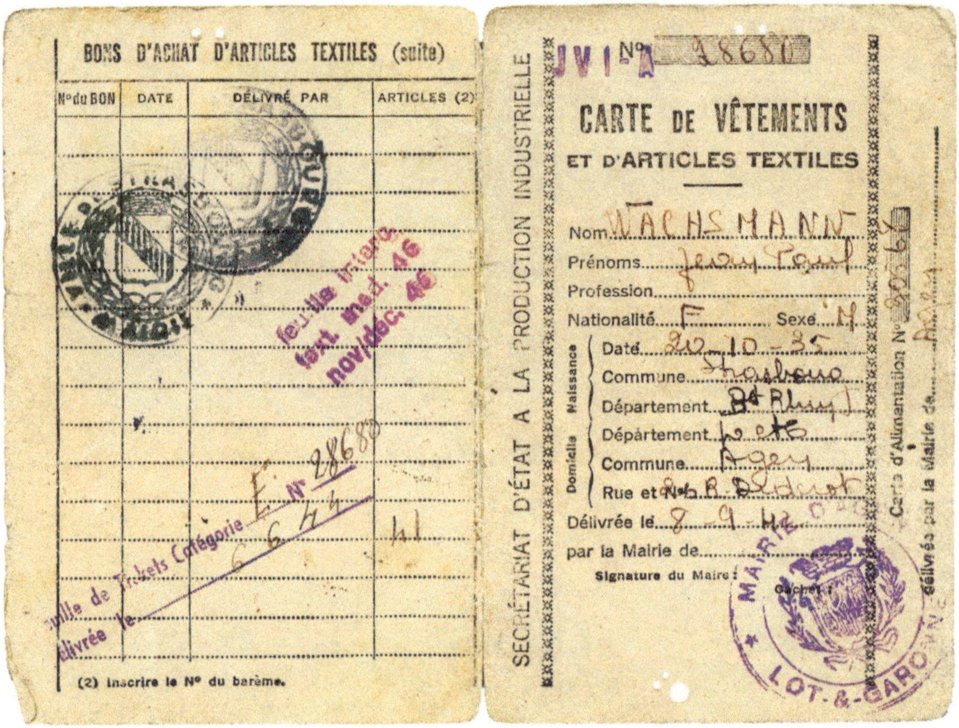
BONS D'ACHAT D'ARTICLES TEXTILES (suite)

N° du BON	DATE	DÉLIVRÉ PAR	ARTICLES (2)
		feuille intercal. text. mod. 46 nov/déc. 46	
		Feuille de Tickets Catégorie E N° 28680 délivrée le 6 6 44	41

(2) Inscrire le N° du barème.

SECRÉTARIAT D'ÉTAT A LA PRODUCTION INDUSTRIELLE

JV I-A N° 28680

CARTE DE VÊTEMENTS ET D'ARTICLES TEXTILES

Nom WACHSMANN

Prénoms Jean Paul

Profession

Nationalité F Sexe M

Naissance: Date 20-10-35; Commune Strasbourg; Département Bas-Rhin

Domicile: Département Lot-et-G.; Commune Agen; Rue et N° 5 R. Diderot

Délivrée le 8-9-42

par la Mairie de

Signature du Maire: Cachet:

Carte d'Alimentation N° 20166 délivrée par la Mairie de Agen

MAIRIE D'AGEN LOT-&-GARONNE

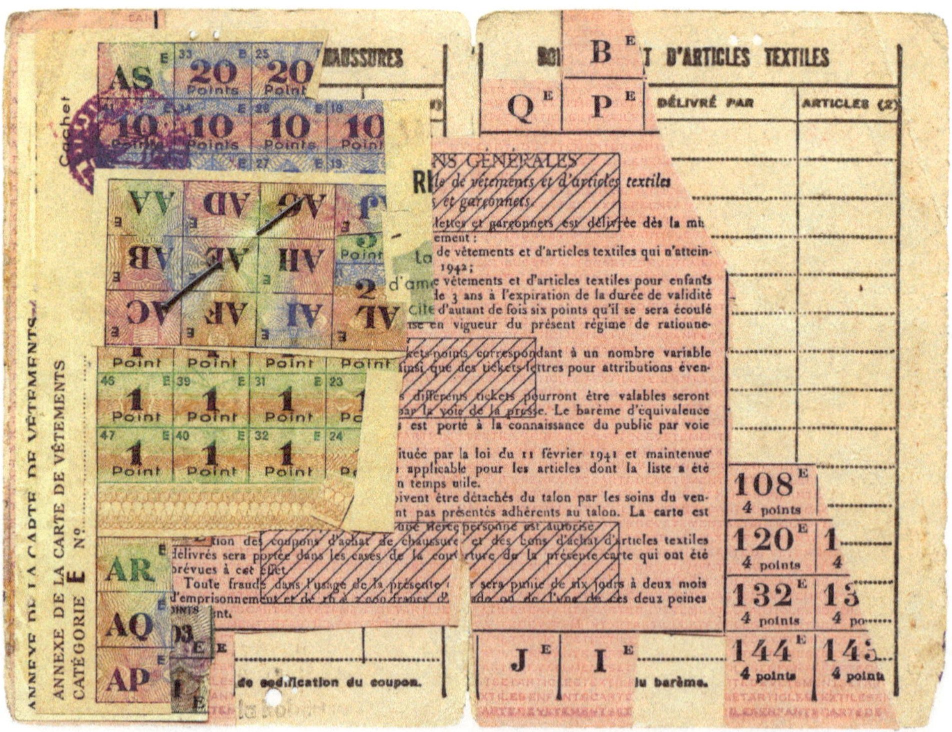

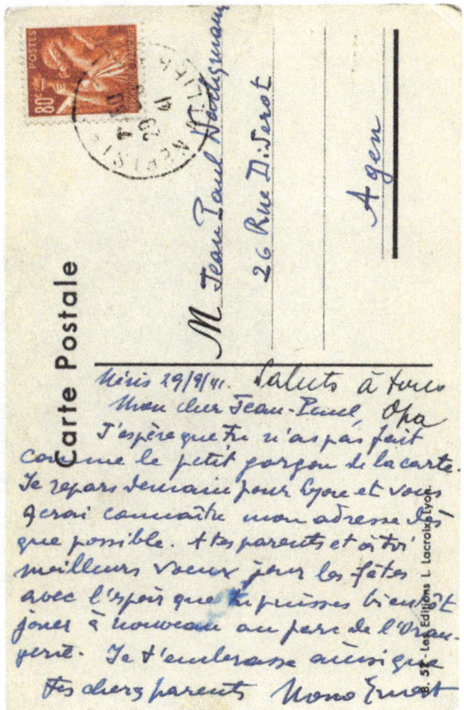

L'épreuve du rationnement

Les cartes de ravitaillement font rapidement leur apparition après la défaite de la France face à l'Allemagne et l'occupation d'une grande partie du territoire par les nazis. Les rations diminuent au fur et à mesure de la guerre et les queues interminables font partie de l'univers de tous les Français. Les règles pour s'approvisionner sont complexes et sources de grandes tensions pour les Juifs, qui doivent, pour obtenir leurs cartes, être en contact avec une administration qui par ailleurs les pourchasse. Les vêtements sont également rationnés avec des cartes de textiles à coupons, comme celle, page ci-contre, au nom de Jean-Paul.

CARTE POSTALE

Agen le [illegible] juillet 1941 –

Correspondance

Mon cher Jean Paul
Ta carte m'a fait bien plaisir – je ne t'oublie pas, et je suis triste tout seul. J'espère que tu t'amuses bien – je vais à Monrepos et je vais y rester jusqu'au 1er septembre – Bien des choses à ta maman et pour toi un gros baiser sur tes deux joues – Jean-Jacques

EDITION LACROIX LYON

Monsieur Jean Paul Waschmann
La Roseraie
à Néris les Bains
Allier

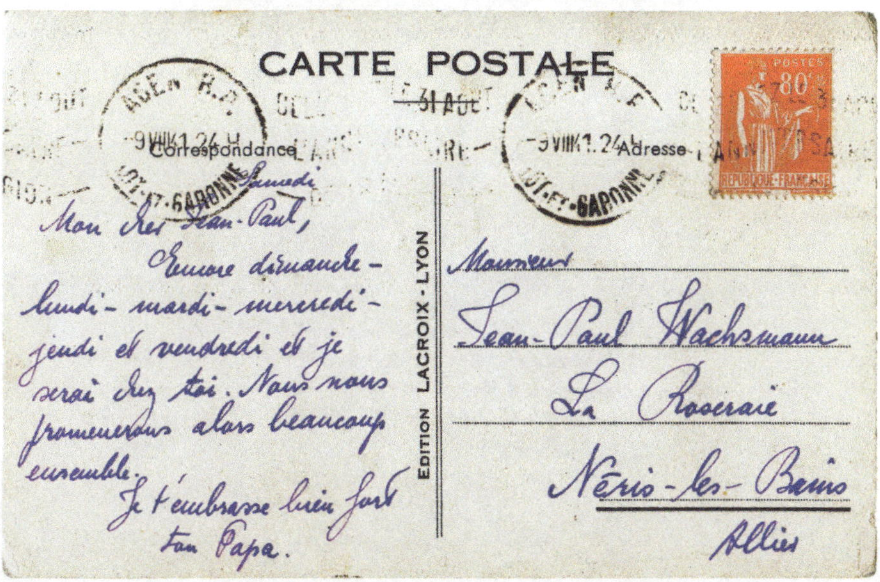
CARTE POSTALE

Correspondance

Adresse

EDITION LACROIX - LYON

POSTES 80c RÉPUBLIQUE FRANÇAISE

AGEN R.P. 9 VIII 41 LOT-ET-GARONNE

Samedi

Mon cher Jean-Paul,

Encore dimanche - lundi - mardi - mercredi - jeudi et vendredi et je serai chez toi. Nous nous promènerons alors beaucoup ensemble.

Je t'embrasse bien fort

ton Papa.

Monsieur

Jean-Paul Wachsmann

La Roseraie

Néris-les-Bains

Allier

EAU
grossir...
... c'est vieillir !

CARTE POSTALE
Adresse
Famille L. Wachsmann
26 rue Diderot
Agen
EDITION LACROIX - LYON
Correspondance
Mes chers,
En toute vitesse mes félicitations de l'heureux retour du cher Eric. Partage pleinement votre joie à tous. Ici ça va et je suis certain de ne pas vieillir, car certes je ne grossirai pas.
Un baiser au Coco.
Affectueusement
à vous Nono Kernes

Poldi et Lise vont passer deux ans à Agen entre 1941 et 1943. Jean-Paul y sera scolarisé au lycée Bernard-Palissy. Comme Poldi continue de voyager pour la Fiduciaire de France – malgré les dangers qu'il y a à se déplacer –, Jean-Paul reçoit de nombreuses cartes, que son père choisit avec soin. Ernest lui envoie également des nouvelles en utilisant des cartes postales similaires.

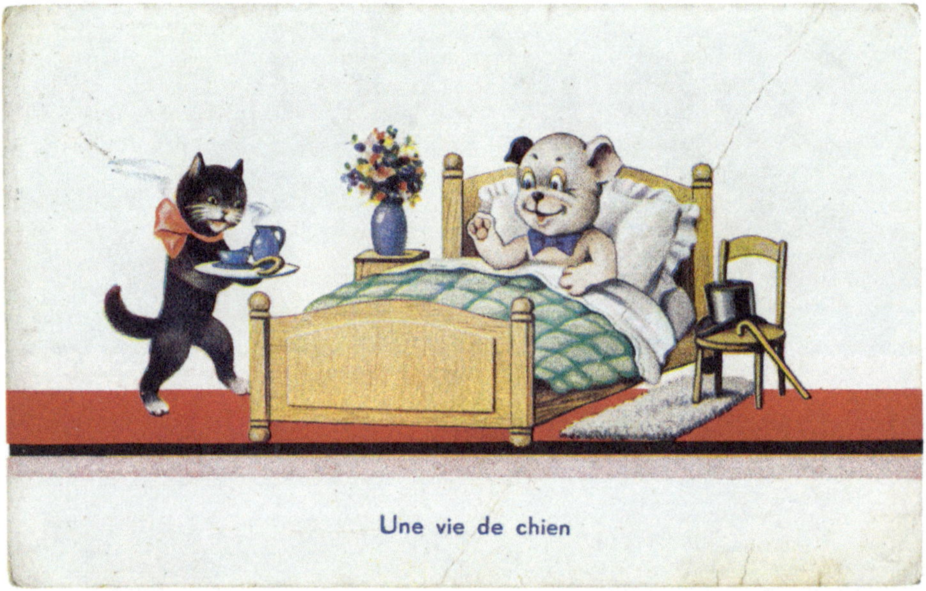
Une vie de chien

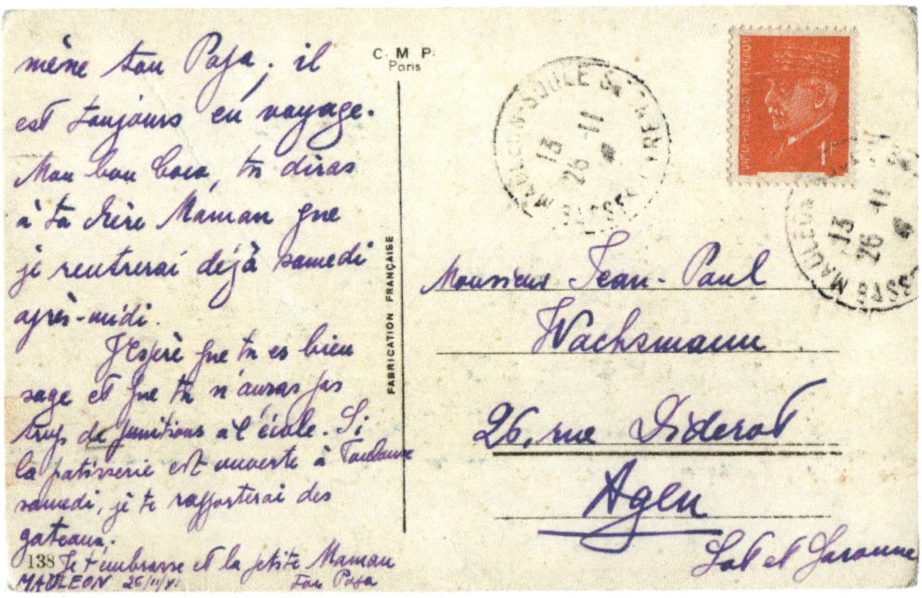
mène ton Papa, il
est toujours en voyage.
Mon bon Coco, tu diras
à ta chère Maman que
je rentrerai déjà samedi
après-midi.
J'espère que tu es bien
sage et que tu n'auras pas
trop de punitions à l'école. Si
la pâtisserie est ouverte à Toulouse
samedi, je te rapporterai des
gateaux.
138 Je t'embrasse et la petite Maman
MAULEON 26/11/41
Ton Papa
C.M.P.
Paris
FABRICATION FRANÇAISE
1F
Monsieur Jean-Paul
Wachsmann
26, rue Diderot
Agen
Lot et Garonne

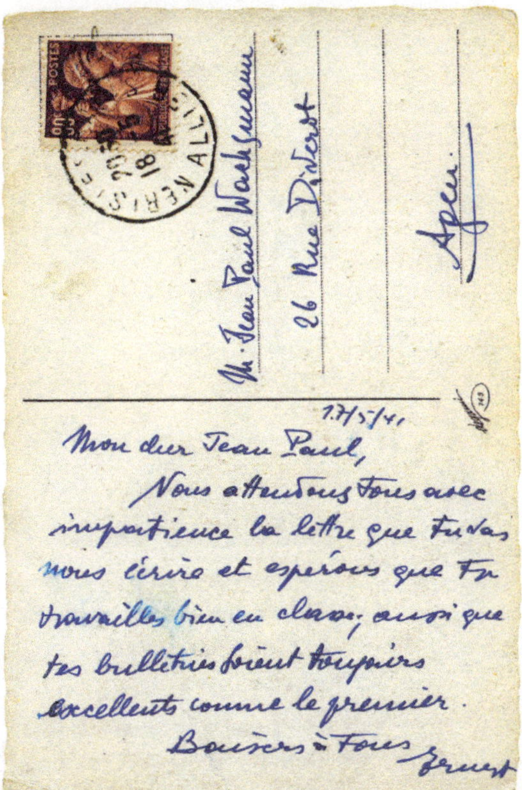

17/5/41.

Mon cher Jean Paul,

Nous attendons tous avec impatience la lettre que tu vas nous écrire et espérons que tu travailles bien en classe, ainsi que tes bulletins soient toujours excellents comme le premier.

Baisers à tous

Ernest

Mr Jean-Paul Wachsmann
élève de 11e
26 rue Didant, 26
Agen
(Lot-et-Garonne)

Mon cher Jean-Paul,
À l'occasion de la nouvelle année, je t'envoie mes meilleurs vœux de bonne année. J'espère que tu travailles bien et que tu seras bientôt guéri. Je te souhaite de ne pas être chassé de l'école comme le petit garçon de la carte.
En t'embrassant bien fort, je te quitte
ton nounou, Robert.

Bons baisers de Hélène et de papa et de maman

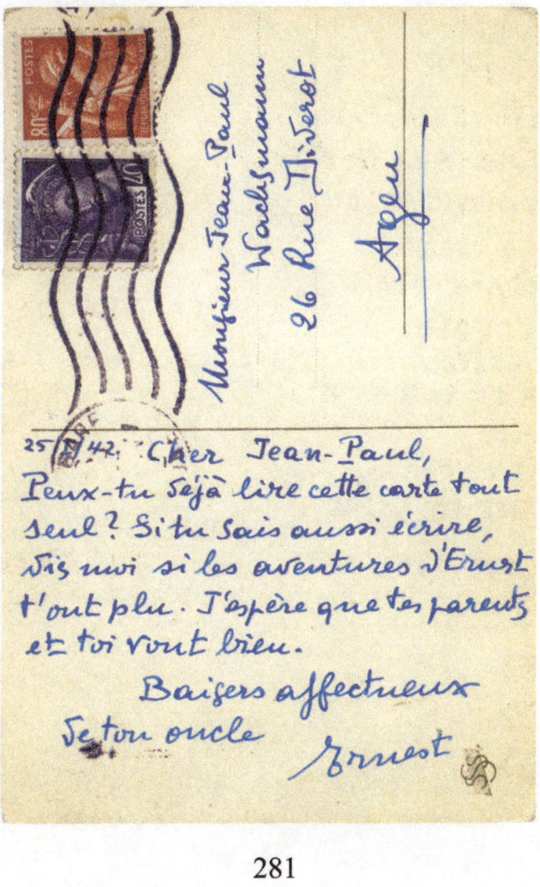

Monsieur Jean-Paul
Wachsmann
26 Rue J. J. Serot
Agen

25/1/42. Cher Jean-Paul,
Peux-tu déjà lire cette carte tout
seul? Si tu sais aussi écrire,
dis moi si les aventures d'Ernst
t'ont plu. J'espère que tes parents
et toi vont bien.
Baisers affectueux
de ton oncle
Ernest

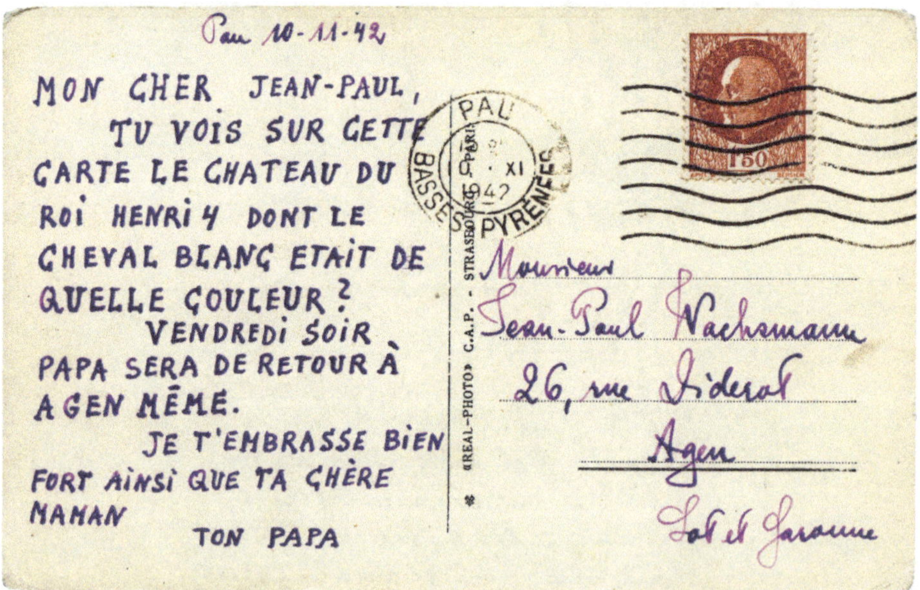

Pau 10-11-42

MON CHER JEAN-PAUL,
TU VOIS SUR CETTE CARTE LE CHATEAU DU ROI HENRI 4 DONT LE CHEVAL BLANC ETAIT DE QUELLE COULEUR?
VENDREDI SOIR PAPA SERA DE RETOUR À AGEN MÊME.
JE T'EMBRASSE BIEN FORT AINSI QUE TA CHÈRE MAMAN
TON PAPA

PAU · XI 1942 BASSES PYRÉNÉES

«REAL-PHOTO» C.A.P. - STRASBOURG - PARIS

Monsieur
Jean-Paul Nachmann
26, rue Diderot
Agen
Lot et Garonne

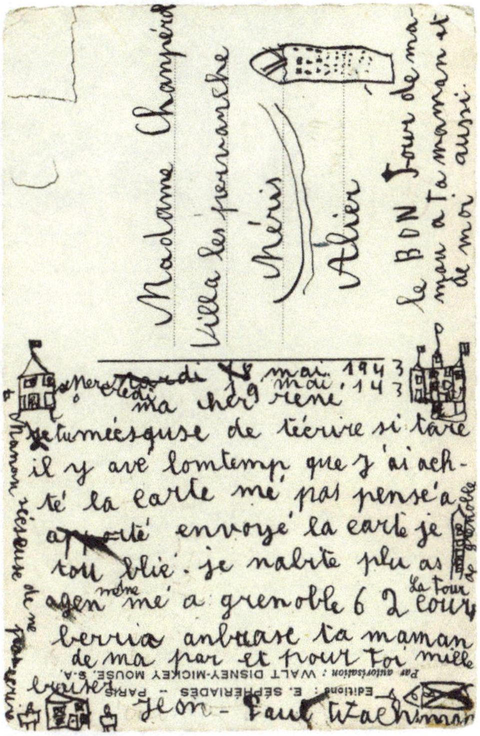

En mars 1943, la famille arrive à Grenoble, où les Juifs sont protégés par les Italiens, qui contrôlent la zone. De l'été 1943 à la libération de Grenoble en août 1944, les cartes postales se raréfient, Poldi cessant enfin ses voyages alors que le pays est à feu et à sang, entre les exactions de la milice et les barbaries nazies. Attentats, arrestations et exécutions deviennent le lot quotidien de toute la population. Pour les familles juives, l'angoisse est à son comble.

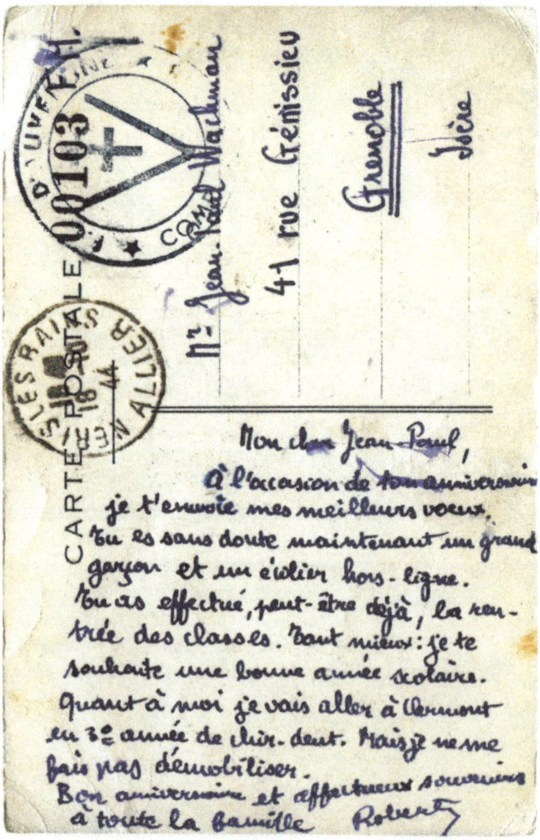

CARTE POSTALE

Mr Jean-Paul Wachman
41 rue Génissieu
Grenoble
Isère

Mon cher Jean-Paul,
À l'occasion de ton anniversaire
je t'envoie mes meilleurs voeux.
Tu es sans doute maintenant un grand
garçon et un écolier hors-ligne.
Tu as effectué, peut-être déjà, la ren-
trée des classes. Tant mieux : je te
souhaite une bonne année scolaire.
Quant à moi je vais aller à Clermont
en 3e année de chir.-dent. Mais je ne me
fais pas démobiliser.
Bon anniversaire et affectueux souvenirs
à toute la famille Robert

Mardi 24/4/45

Mon cher Jean. Paul,

Notre séjour à Paris touche à sa fin, ce soir Nouon Ère et moi partons pour Mulhouse, où nous espérons arriver dans la matinée. Nous espérons trouver un moyen de locomotion pour aller vendredi à Strasbourg.

Écrivez-moi c/o M. de Pr. - Industrie Textile, 58 rue La Boëtie, 8e jusqu'à j'aie de vos nouvelles à mon retour ici. Ne vous inquiétez pas si vous restez ce temps sans mes nouvelles. J'aurai beaucoup beaucoup de courses à faire à Str.

J'espère que la présente vous trouvera en bonne santé. Je vous embrasse bien fort
ton Papa.

Reproduction interdite - Fabrication Française
[illegible]41
Véritable Photo

Monsieur Jean. Paul Wachsmann
41, rue Génissieu
Grenoble
Isère

CHAPITRE 7

Du paradis à l'enfer

Grenoble

FÉVRIER 1943 – JUIN 1945

DÉBUT 1943 : L'INSTALLATION À GRENOBLE

Un nouveau déménagement se profile : mes grands-parents s'installent à Grenoble, où Poldi a été nommé en mars 1943. Un mois auparavant, une nouvelle cruciale sur le plan militaire a été accueillie avec soulagement et espérance : les Allemands viennent de capituler à Stalingrad face à la résistance acharnée des Soviétiques, qui ont fait, en outre, près de 100 000 prisonniers, dont des milliers d'officiers. C'est donc le cœur un peu plus léger que Poldi et Lise font route vers Grenoble, avec l'idée de passer les derniers mois de la guerre au calme, dans une zone hors influence allemande, sous occupation italienne. Il s'agit là d'une distance importante, plus de 640 kilomètres séparant Agen de Grenoble. C'est également une installation dans une nouvelle région, la Savoie. Leur première adresse grenobloise est située 62, cours Berriat jusqu'en octobre 1943 ; la seconde, 41, rue Génissieu, toute proche, où la famille résidera ensuite pendant la terrible année 1944.

Début 1943, chaque ville de France a sa physionomie particulière, « mais dans le Sud-Est de la France, la palme revenait à Grenoble. Était-ce le tempérament montagnard ou la proportion des universitaires, surtout d'étudiants ? Chaque nuit, des explosions faisaient trembler les vitres, des coups de feu claquaient. On n'y faisait même plus attention[352]. »

Même si l'année 1942, qu'ils ont passée à Agen, a été la plus dramatique pour les Juifs, 1943 voit également se succéder des événements tragiques : l'instauration du STO en février 1943, l'arrivée de cet antisémite acharné évoqué plus haut, corrompu, stupide et des plus dangereux, Darquier de Pellepoix, au Commissariat général aux questions juives, et la montée en puissance de la Milice, qui fait désormais régner la terreur en France par de sanglantes opérations. En 1943, près de 17 000 Juifs furent encore déportés en France (42 000 en 1942[353]).

Plus réjouissant, ce printemps 1943 coïncide aussi avec la création clandestine, à Grenoble, du Centre de documentation juive contemporaine (le 28 avril), rassemblant alors une quarantaine de responsables d'organisations juives sous l'impulsion d'un Juif, russe blanc, Isaac Schneersohn, dont l'entreprise avait été aryanisée. Ce centre aura pour vocation de conserver et rassembler les preuves du sort funeste des Juifs. Ce travail d'archivage et de documentation perdure et se double aujourd'hui d'un lieu de mémoire pour honorer les victimes de la barbarie nazie à travers le Mémorial de la Shoah.

Début 1943, c'est également la date retenue par le Commissariat général aux questions juives pour effectuer une enquête d'opinion en zone sud afin d'évaluer l'impact de la propagande antisémite en France. Dans un sondage auprès de plus de 3 000 personnes, à la question parfaitement saugrenue : « Aimez-vous les Juifs ? », 12 % se déclarent philosémites, 51 % se disent antisémites, et 36,5 % indifférents. Ces derniers, interrogés sur les raisons de leur réponse, évoquent, entre autres, leur ignorance de ce sujet, l'existence de bons et mauvais Juifs, le fait qu'il s'agisse de gens comme les autres, que les Juifs n'ont rien fait à la personne sondée, qu'il n'y a pas de raison à leur persécution ou encore l'inutilité d'en faire des martyrs[354].

Malgré cette atmosphère délétère, mon grand-père a toujours vocation à sillonner la France, comme en témoigne une attestation du directeur de la Fiduciaire de France de Grenoble du 5 août 1943. Ce document est destiné à permettre à Poldi de se déplacer « dans tous les départements français » pour effectuer ses missions de vérification et de contrôle sur le plan juridique et fiscal. Il est également précisé que la Fiduciaire de France relève de l'ordre des experts-comptables selon les lois du 3 avril 1942 et que ses membres exerçant une profession libérale sont dispensés de contrat de travail sur la base du décret du 27 mars 1943.

Cette attestation recèle au moins trois « erreurs » : il est fait mention d'une adresse de mon grand-père à Grenoble, 2, rue Bayard, qui ne figure nulle part ailleurs. Ensuite, mon grand-père serait originaire de Nancy, alors qu'on le sait bien, il est d'Auschwitz. Enfin, il s'agit d'un document à l'attention de Léopold *Willemain*, le faux nom de mon grand-père. Seule sa date de naissance est correcte.

Ce document, qui est un faux, était-il utilisé par mon grand-père « au cas où » ? Au contraire, est-il possible qu'il ait été délivré, de bonne foi, par son directeur, à qui mon grand-père aurait donc menti sur de nombreuses informations ? Aux yeux de mon père, Jean Henri Grenade savait pertinemment ce qu'il en était pour

Poldi et sa famille, venant ainsi grossir « ces résistances ordinaires et humbles [qui] ne sont pas dérisoires[355] ». Il les avait donc protégés de son silence, tout en s'exposant lui-même en employant mon grand-père. Il continuera à l'aider, lors de ses déplacements, en hébergeant à quelques reprises Lise et Jean-Paul. Jean-Paul évoque d'ailleurs, on le verra, dans une de ses lettres de mars 1944, son amitié avec le fils de M. Grenade.

Sur un plan pratique, est-il plausible que Poldi ait travaillé près de cinq ans à la Fiduciaire de France sous le nom de *Willemain*, alors que mon père était scolarisé sous son vrai nom au lycée Champollion (et précédemment au lycée Bernard-Palissy à Agen) ? Quid, une fois encore, de la loi du 17 novembre 1941, qui aurait dû l'écarter définitivement du marché du travail, lui, le Juif recensé à Agen ? À cette date, pour les Juifs, l'inquiétude permanente règne, à Grenoble ou ailleurs, mais comme le relève au même moment Hélène Berr dans son *Journal* (le 25 août 1943), depuis Stalingrad, « les raisons d'espérer sont immenses[356] ».

UNE ARRIVÉE CONCOMITANTE À L'INSTAURATION DU STO

Lorsque mes grands-parents s'installent à Grenoble, Vichy vient d'instaurer, le 16 février 1943, le service du travail obligatoire (STO). Cette mesure a été précédée par « la Relève », qui permettait d'échanger un prisonnier de guerre contre trois ouvriers partant travailler en Allemagne. Cette initiative est un échec pour Laval, avec un nombre de volontaires dérisoires. Elle est alors suivie d'une loi permettant de réquisitionner la population active dans « l'intérêt supérieur de la Nation ».

Mon grand-père était trop âgé pour être inquiété par le STO, qui verra près de 650 000 Français livrés à l'Allemagne jusqu'à l'été 1944, et dont le retour en France fut particulièrement amer. Ce « service », qui visait d'abord les jeunes et qui accéléra les défections et entrées dans la Résistance, était soumis à de nombreuses exceptions, pour les personnes que le gouvernement voulait protéger ou exempter. Tel fut le cas, pour des raisons évidentes, des Alsaciens.

En tout état de cause, une autre raison aurait pu permettre à mon grand-père de ne pas partir en Allemagne. En effet, les Juifs seront également exemptés de STO. Ceci, non pour les protéger, mais parce que les Allemands refusèrent qu'ils figurent parmi des travailleurs envoyés sur leur territoire, ce qui était somme toute logique, depuis la décision prise quelques mois auparavant par les nazis d'exterminer la population juive. Il suffisait ainsi de présenter aux autorités sa carte d'identité ou d'alimentation portant le tampon « JUIF » pour échapper à cette mesure.

Les réactions face à cette situation où les Juifs sont pour une fois épargnés sont très négatives. Tal Bruttmann cite un rapport administratif à Grenoble fin juin 1943 : « la masse ouvrière s'oppose plus que jamais aux mesures concernant le travail obligatoire et aux réquisitions. Elle critique surtout le fait que ni les ouvriers étrangers ni les Juifs ne sont inquiétés par le service obligatoire du travail et de la relève [...]. La masse ouvrière n'ignore plus que ces Juifs réfugiés [à Grenoble], touchent de leurs bureaux, des allocations beaucoup plus élevées que celles données par le Gouvernement aux Français réfugiés et expulsés. Il est constaté que tous ces israélites sont encore bien habillés, bien chaussés et d'un aspect florissant tout en menant une vie d'oisiveté complète[357]. » La propagande collaborationniste s'empare de ce sujet en or et de nombreuses autorités de Vichy sont sollicitées pour remédier à cette situation, de Darquier de Pellepoix à Bousquet, en passant par Vallat, qui était encore chargé de mission auprès de Laval après avoir quitté son poste au Commissariat général aux questions juives.

Une solution « originale » finit par émerger en juillet 1943 et reçoit l'accord des Allemands. La main-d'œuvre juive n'ira pas en Allemagne, mais sera mise à disposition des chantiers de l'Organisation Todt en France, qui était en charge de la construction du mur de l'Atlantique et son pendant en Méditerranée. Il s'ensuit un certain cafouillage dans la mise en œuvre de cette mesure, d'autant qu'en Isère, les Italiens s'opposent fermement à tout « recrutement » de Juifs pour aller travailler sur ces chantiers. C'est en tout cas la réponse faite par le général di Castiglioni, commandant en chef de la 5e division d'infanterie italienne *Pusteria* basée à Grenoble, au préfet de l'Isère.

Au global, cette politique sera plutôt un échec bien au-delà de la zone sous contrôle des Italiens, même si probablement plusieurs centaines de personnes seront quand même livrées aux Allemands par ordre de Vichy à l'automne 1943. «Ainsi, une partie des Juifs remis par Vichy à l'Organisation Todt dans le cadre de la "mise au travail" a finalement été déportée[358].» Encore une maille du filet que mon grand-père a réussi, apparemment sans encombre, à traverser.

LA VIE COURS BERRIAT

Je n'ai pas de détail provenant de mon père sur leur vie quotidienne au 62, cours Berriat entre février et octobre 1943. En effet, les quatre lettres qu'il enverra à Adolphe et Ernest à Néris-les-Bains ont été rédigées un peu plus tard depuis leur seconde adresse grenobloise, rue Génissieu.

Pourquoi changer de résidence à Grenoble en octobre 1943, alors même que le lycée de mon père était situé dans le prolongement du cours Berriat, ce qui permettait à Lise de n'effectuer qu'un court trajet pour emmener et aller chercher Jean-Paul à l'école? Bien sûr, il pouvait y avoir de nombreuses explications (fin de bail, meilleur état des lieux). En tout état de cause, il est extrêmement difficile de trouver un appartement à Grenoble, du fait des nombreuses réquisitions effectuées par les Allemands à partir de septembre 1943. Même pour la Milice locale, «en dépit de la manne des appartements juifs "aryanisés", se loger à Grenoble représente un véritable exploit[359]».

Il s'avère à cet instant, comme auparavant à Agen, que le voisinage de mes grands-parents devient toxique. La Gestapo s'installe au 28, cours Berriat, à quelques encablures et sur le même trottoir que leur logis. Or, «c'est dans les appartements de cet immeuble que seront aménagés des chambres d'angoisse et des salons de torture[360]». Il n'est pas besoin de chercher ailleurs la raison principale et logique de ce déménagement à l'automne 1943.

Autre élément d'importance, il semble que mon grand-père ait cette fois jugé plus prudent de ne pas se faire recenser en tant que Juif, ce qui, selon les Archives départementales de l'Isère, aurait pu être le cas à deux reprises en mai et en août 1943. Contrairement à Agen, les archivistes m'ont bien confirmé que la famille Wachsmann n'est mentionnée dans aucune liste de recensement des Juifs à Grenoble.

Le décryptage des comportements de mon grand-père se fait plus complexe : recensé à Agen, il préfère s'en dispenser à Grenoble, ce qui ne l'empêche pas de faire valider sa carte d'identité le 17 avril 1943 à son arrivée à Grenoble, puis, à nouveau, le 12 octobre 1943 lorsqu'il déménage rue Génissieu, conformément à l'obligation de déclarer toute nouvelle adresse selon la loi du 31 mai 1941. Bien évidemment, s'il ne se soumet pas au recensement, il n'est pas non plus question pour lui de se voir apposer le tampon « JUIF » sur ses papiers d'identité. Cette fois, même avec ses papiers au nom de *Willemain*, les risques encourus en cas de contrôle – et on verra qu'ils seront incessants entre septembre 1943 et août 1944 à Grenoble – sont énormes.

Les souvenirs d'Annie Kriegel et son frère, cours Berriat à Grenoble, permettent d'imaginer la vie de ma famille pendant ces quelques mois. À leur arrivée dans la ville, après avoir fui Paris à l'été 1942 et passé la ligne de démarcation dans des conditions difficiles, ils se fixent provisoirement dans une pension du cours Berriat et non dans un appartement, du moins au début, comme ce fut le cas dès l'origine pour mes grands-parents. Dans quelle mesure cette rue constituait-elle un lieu de cachette pour des Juifs et selon quels réseaux ou connexions avaient-ils été amenés à se réfugier à cet endroit, en plein centre-ville ? Encore une fois, mon grand-père ne connaissait personne à Grenoble et n'y était probablement jamais allé auparavant.

La pension Lonjon, où séjourne la famille Becker, est laide et triste, le mobilier disparate et il y règne cette odeur « fade et composite des lieux de refuge temporaire[361] ». D'ailleurs, « L'atmosphère n'était ni aux vacances ni aux études, mais à l'attente. À cette attente très particulière, creuse, vide, inerte qu'est l'attente d'on ne sait trop quoi. Une attente muette. De quoi parler puisque tout le monde savait à quoi s'en tenir sur l'identité de tous les autres, la même que la sienne, bien qu'il y en eût qui s'efforçaient de donner le change, par gloriole, frictionnant leur dignité ou pour mieux tromper l'humiliation qui rongeait leur âme à la manière des termites le bois[362] ? »

Ainsi, rester dans une telle pension, pleine de coreligionnaires, n'était pas prudent quand « on voulait ne pas apparaître pour ce qu'on était[363] ». Le père d'Annie Kriegel trouve finalement un appartement meublé à louer, via une petite annonce du *Petit Dauphinois*, pour le prix prohibitif de 1 000 francs par mois, situé toujours... cours Berriat, au n° 17 ! Annie Kriegel décrit un lieu sinistre et délabré, orienté plein nord, d'une tonalité verdâtre, malgré un immeuble de belle apparence. Ce n'était pas, tant s'en faut, le confort moderne et je crains qu'il en fût de même pour Lise, Poldi et Jean-Paul. L'appartement des Kriegel ne disposait que d'un seul poêle dans la salle à manger, d'une salle d'eau sans eau, et fourmillait de cafards.

Annie Kriegel se pose la question de l'état général des autres appartements du centre de Grenoble, sans avoir de point de comparaison. En effet, au cours des deux années qu'elle passera à Grenoble, aucun membre de sa famille n'aura l'occasion d'aller chez des Grenoblois de souche. « Faut-il voir dans ce trait un refus provincial obstiné, la marque d'une totale absence de cœur ou même de pitié à l'égard d'étrangers, qui plus est possiblement des juifs, même s'il n'était pas exclu que ce fût, à en juger par leur patronyme, des Alsaciens [les Becker][364] ? »

Une fois installés moins provisoirement qu'à la pension, les parents d'Annie Kriegel s'occupent, comme mes grands-parents, de scolariser leurs trois enfants : les deux filles iront au lycée de jeunes filles, le lycée Stendhal, et les deux garçons au lycée Champollion, comme Jean-Paul.

GRENOBLE, LE RÉPIT ITALIEN

Contrairement à Toulouse ou Agen, il est certain que la décision de se rendre à Grenoble ne doit rien au hasard. Mon grand-père avait fait le pari (temporairement exact) que le territoire sous contrôle italien, qui concerne, à partir de cette date, huit départements, dont l'Isère, offrirait des conditions de vie moins dangereuses qu'à Agen pour des Juifs. En effet et à tout le moins, « l'existence d'un havre de sécurité italien jusqu'en septembre 1943 fit gagner aux Juifs un temps précieux[365] ».

Le père d'Annie Kriegel avait suivi le même raisonnement pour le choix de leur installation à Grenoble, « qui se trouvait alors sous la juridiction italienne dont le caractère débonnaire était général et plus accentué encore quand il s'agissait de ne pas faire tort aux juifs. C'est là l'un des traits qui interdisent, sauf pour les exigences d'une théorisation sommaire et dogmatique, de confondre dans une même catégorie le fascisme italien et le nazisme. En somme, même si le fascisme avait eu l'ambition déclarée de construire enfin un "État fort", il était encore trop marqué par la culture politique italienne classique, y compris ses apparentes "faiblesses" (nonchalance et corruption), pour sombrer dans la barbarie[366]. »

Grenoble est sous mandat italien depuis quatre mois et demi à l'arrivée de mes grands-parents. Méprisés, tout à la fois bon enfant et redoutables, les Italiens allient francophilie et répression, avec l'OVRA, la police secrète fasciste, qui arrête et torture, notamment à Nice. Georges Perec, qui séjournait alors à Villard-de-Lans, près de Grenoble, l'évoque dans *W ou le souvenir d'enfance* : « Il y avait des soldats italiens, des chasseurs alpins avec des uniformes, me semble-t-il, d'un vert criard. On ne les voyait pas beaucoup. On disait qu'ils étaient bêtes et inoffensifs[367]. » De même, Jean-Jacques Becker leur lance des noyaux de cerises du haut de son balcon.

Quoi qu'il en soit, les témoins n'hésitent pas à évoquer alors un « paradis des Juifs[368] », voire « une micro-Palestine[369] ». En effet, les Italiens rejettent avec la plus grande fermeté l'application des textes antisémites de Vichy et des Allemands. Ceci est d'autant plus frappant que le 26 août 1942, comme dans toute la zone libre, et notamment dans l'Allier ou à Agen, des rafles avaient eu lieu et plus de 350 Juifs étrangers venaient d'être arrêtés à Grenoble[370].

Ce répit grenoblois, alors que les persécutions font rage partout ailleurs, ressort parfaitement du témoignage de Cécile Klein, via une missive rédigée de Suisse en février 1944 pour solliciter une aide financière. Née en Pologne, elle vivait en Alsace avec son mari (également d'origine polonaise) depuis 1927, où ils obtiendront la nationalité française. L'exode de mai 1940 est un calvaire. Résidant à Sélestat, ils n'avaient pas eu à subir l'évacuation de septembre 1939. Installée misérablement à Grenoble avec sa famille, elle décrit la période de l'été 1942 de la manière suivante : « Il suffisait de jeter un coup d'œil par la fenêtre pour être saisi de terreur. Ici, à Montfleury [quartier de Grenoble], comme juifs français nous n'étions pas censés être en danger de déportation. Dans la rue, la Gestapo ne cessait de hurler après nous et il fallait sans cesse faire tamponner les papiers de rationnement et les autres de la marque "Juif". Nous étions livrés à la haine et au mépris du monde entier. Il fallait toujours "se déclarer" : on nous posait les questions les plus curieuses et impossibles : on nous renvoyait et peu après il fallait revenir, pour être à nouveau renvoyés, comme si l'on voulait nous empoisonner l'existence[371]. »

En revanche, à l'arrivée des Italiens en novembre 1942, la situation s'améliore pour les Juifs : « Il n'y avait plus de chasse à l'homme, on se sentait mieux, même si nous restions des étrangers sans véritable chez soi, nous étions à nouveau des hommes parmi les hommes[372]. » Les Italiens placent de suite les Juifs sous leur protection et refusent catégoriquement la mise en place du tampon « JUIF ». Ils bloquent également toute arrestation et laissent quasiment leur entière liberté aux Juifs, en particulier grâce à l'action du général italien di Castiglioni, commandant en chef des troupes d'occupation italiennes, qui s'oppose ainsi aux mesures envisagées par le préfet de l'Isère en février et mars 1943. Laval en informe immédiatement les Allemands à Paris et l'on assiste à une situation des plus étranges, où la politique antijuive de Vichy est bloquée par les fascistes italiens, pourtant alliés des nazis.

Ces circonstances rendent la politique antisémite française encore plus lamentable. Le corollaire est que les Juifs affluent dans cette zone, en particulier à Nice. Mon grand-père est donc loin d'être le seul à mettre alors le cap sur Grenoble, où il n'y avait, dans les années 1930, qu'une cinquantaine de familles juives, auxquelles s'ajoutèrent quelques réfugiés venus d'Allemagne et de Pologne à partir de 1936. Sur l'ensemble du département de l'Isère, on sait qu'il y avait 591 Juifs, dont 231 Français, en juin 1941. En juillet 1941, ils sont 837, et près de 2 000 un mois plus tard (dont 1 331 Français)[373]. En janvier 1943, les Juifs sont désormais plus de 3 000, soit 1 388 Juifs français et 1 665 étrangers, juste un mois avant l'arrivée de mes grands-parents.

Les Juifs peuvent mener à nouveau une vie à peu près normale à Grenoble en 1943, même si cela n'empêche pas mes grands-parents d'être confrontés à une certaine violence, puisqu'en février et mars 1943, de futurs miliciens et ultras de la Collaboration badigeonnent les murs d'inscriptions antisémites, plus exactement, selon leurs termes, « antiyoutres ».

MICKEY MOUSE ENTRE EN GUERRE

De cette époque bienheureuse, je ne dispose que d'une seule carte postale, datée du 19 mai 1943, envoyée par mon père à Renée, une amie du temps de Néris-les-Bains. Celle-ci se déchiffre phonétiquement tant l'orthographe est hasardeuse : « tu meesquse de tecrire si tare il y avé lomtemp que j'ai achté la carte mé pas pensé a envoyé la carte je tou blié. Je nabite plu as agen même mé a grenoble 62 cours berria anbrase ta maman de ma par et pour toi mille baiser. »

Autre particularité, cette carte postale représente un personnage de Walt Disney, Dumbo l'éléphant. Sept autres cartes postales, envoyées à mon père au printemps 1940, représentent des personnages de Walt Disney, pour l'essentiel Mickey, mais aussi Blanche-Neige, dont le film est sorti en 1938. Elles ont été éditées par les Éditions E. Séphériadès avec l'autorisation de « Walt Disney – Mickey Mouse S.A. »

Curieuse présence de la petite souris américaine, née en 1928, à travers ces cartes postales qui devaient à l'évidence être facilement accessibles à la vente et jugées anodines. C'est que Mickey, au-delà de sa nationalité compromettante, jouissait d'une immense popularité en France grâce à la publication du *Journal de Mickey* depuis le jeudi (jour sans école à cette époque) 18 octobre 1934, un an avant la naissance de mon père. Ce journal a été introduit en France, avec le soutien de Hachette, par le très entreprenant journaliste Paul Winkler, qui prendra plus tard la tête de *France Soir*. *Le Journal de Mickey* révolutionne alors la presse enfantine grâce à l'usage de bulles dans le texte. Contrairement aux cartes postales qui continueront à être disponibles à la vente, *Le Journal de Mickey* cesse de paraître le 16 juin 1940 et Paul Winkler s'exilera en Amérique, car il est juif. La célébrité de Mickey est tristement reflétée par le bouleversant carnet *Mickey au camp de Gurs publié sans l'autorisation de Walt Disney* de Horst Rosenthal, où le jeune homme, Juif allemand, dépeint, en 1942, son quotidien misérable en camp d'internement sous les traits de Mickey. Il mourra en déportation à Auschwitz peu de temps après.

Entre-temps, mon père se sera peut-être rabattu sur *Fanfan la Tulipe*, « le journal petit français, pensé, écrit, dessiné par des Français », où le héros commente de façon hebdomadaire les discours de Pétain. *Âmes vaillantes* et *Cœurs vaillants* séduisent également les Français de son âge, tout en flirtant allégrement avec l'antisémitisme de l'époque, quand le méchant est symbolisé par un milliardaire apatride dénommé *Bronbronstein*.

Le Journal de Mickey reparaît brièvement à partir de décembre 1943 en zone sud, fusionné avec un autre journal (*Hop-là !*, également dans l'escarcelle de Paul Winkler), sous le nom de *Journal de Mickey et Hop-là ! réunis*, jusqu'au 2 juillet 1944. À la Libération, les autorités s'opposent à sa reparution et *Le Journal de Mickey* ne ressortira que près de huit ans plus tard, en 1952.

GRENOBLE, LE NID D'AIGLE ALLEMAND

Malheureusement, le répit laissé aux Juifs n'est que temporaire et durera moins de dix mois. Avec le débarquement des Alliés en Sicile le 10 juillet 1943, c'est bientôt la chute de Mussolini le 25 juillet et la capitulation de l'Italie le 8 septembre. En France, l'armée italienne s'effondre totalement et, dès le lendemain, la Wehrmacht et la Gestapo en profitent pour reprendre le contrôle de la zone et se déployer à Grenoble. Le bureau des affaires juives du SD, le service de la sûreté nazie, attend ce moment avec impatience avec un plan d'action détaillé dans une note du 4 septembre 1943 rédigée par Alois Brunner, dont il sera question plus loin, et Röthke, déjà évoqué. L'objectif est de rafler massivement les Juifs qui se sont réfugiés dans ces territoires. Tout n'est pas négatif : la sortie de la guerre de l'Italie apparaît comme le signe de la prochaine défaite des Allemands, au moins autant que Stalingrad en février 1943.

L'horreur est de retour. Les rafles commencent à Cannes dès les 8 et 9 septembre 1943 et s'étendent ensuite à l'ensemble du périmètre contrôlé la veille par l'Italie. Pierre Giolitto, qui a raconté l'histoire de la ville entre 1940 et 1944, évoque la période la plus noire qu'ait connue Grenoble, où la guérilla urbaine s'est installée et « la spirale de l'action directe » entre Allemands, miliciens et résistants se traduit par des attentats suivis d'arrestations, de séances de torture et d'exécutions sommaires.

Plusieurs dizaines de Juifs sont arrêtés puis déportés chaque mois : cette chasse fera plus de 700 victimes entre l'arrivée des Allemands en septembre 1943 et la libération de Grenoble en août 1944[374]. L'éradication des Juifs s'appuie encore et toujours sur deux politiques concurrentes et distinctes : « fonctionnaires français appliquant le projet vichyste de discrimination antisémite, Allemands et ultras de la collaboration appliquant le projet nazi d'annihilation des Juifs. En Isère, cette situation prévaut à partir de septembre 1943[375]. »

En effet, comme en témoigne Jean-Jacques Becker, « à peine les Allemands arrivés, l'atmosphère changea très vite. L'armée n'était pas venue seule, mais avec la Gestapo (renforcée d'auxiliaires français), qui entrait immédiatement en action pour traquer les résistants et les juifs[376] ». À cet instant, les contrôles de police deviennent omniprésents à Grenoble, même si les arrestations demeurent ponctuelles et se concentrent jusqu'à la fin de l'année 1943 sur les hôtels, à la différence des actions de ratissage menées sur la Côte d'Azur. Ainsi, en décembre 1943, le commissariat central de Grenoble fait état dans son rapport d'activité mensuel de l'interpellation et de la fouille de près de 4 800 personnes, dont un certain nombre aboutit à des arrestations pour détention de fausses cartes d'identité[377]. Léon Poliakov, qui habite alors la ville, fait l'expérience en 1943 d'un de ces contrôles impromptus, et réussit à s'en sortir sans être arrêté.

Difficile de se transposer et d'aller au-delà des truismes, comme le relève Tal Bruttmann : « Ici, le silence des sources empêche de mieux saisir la réalité de l'activité quotidienne exercée par les forces de police dans le contrôle de la population. [...] Seuls les témoignages permettent de saisir la réalité des humiliations, insultes et autres virulentes manifestations d'antisémitisme qui s'expriment[378]. » Survivre alors avec des papiers, vrais et faux, ne mentionnant pas la « race juive », comme ce fut le cas de ma famille, relevait de l'exploit.

Cécile Klein indique qu'à la chute de l'Italie, « la ville grouilla à nouveau d'Allemands et l'on vit réapparaître les fonctionnaires de la Gestapo que tout le monde craignait et dont la seule évocation vous transperce le corps. Le pillage des appartements était à l'ordre du jour. On apprit que de faux agents de la Gestapo procédaient aussi à ces pillages, mais on pillait et nous étions sans défense. On n'osait plus sortir de chez soi, car on risquait de ne plus pouvoir rentrer, alors que votre domicile pouvait être pillé en votre absence[379]. » Elle décide alors de tenter un passage en Suisse qui lui sauvera la vie.

Fin 1943, les opérations coup de poing, où les soldats allemands arrivaient discrètement pour bloquer brusquement une place, se succèdent dans le centre-ville près de chez mes grands-parents. À plusieurs reprises, des centaines de passants sont contrôlés, fouillés et, à la moindre suspicion, arrêtés. Comme tous les habitants de la ville, Lise et Poldi hésitent à sortir de chez eux, circuler en ville prenant des allures de comportement à haut risque. Les Allemands ne faisaient plus alors, depuis longtemps, de distinction entre Juifs étrangers et Juifs français. Comme le relève Jean-Jacques Becker, « dans ces périodes, il était nécessaire d'être très prudent dans ses déplacements[380] ».

Ces scènes brutales n'empêchent pas le régime de Vichy de sombrer dans le ridicule lorsque les Allemands interdisent le passage à la radio de Pétain le 13 novembre 1943 en lui substituant des airs d'opérette (*Dédé*). Celui-ci se lance alors dans une grève auquel il est mis un terme rapide avec l'entrée au gouvernement début 1944 des collaborationnistes et autres miliciens, validant la fascisation du régime. La tension est vive dans l'ensemble du pays.

Dans un registre moins dramatique, Maurice Garçon relève dans son *Journal* qu'une loi du 11 novembre 1943 vient d'interdire de prendre des photographies en extérieur sauf autorisation : « Jusqu'où nous restera la liberté de respirer ? »

JEAN-PAUL, UN ÉCOLIER JUIF À GRENOBLE

Tandis que Poldi continue, envers et contre tout, de sillonner les routes de France pour son travail à la Fiduciaire de France avec ses *Signal* bien calés sous le bras, mon père est scolarisé au lycée Champollion à partir du 17 mars 1943, là encore sous son vrai nom. Un certificat du proviseur de ce lycée mentionne que la conduite de Jean-Paul est « bonne » et son travail « satisfaisant ». Le seul bulletin que j'ai retrouvé, celui du troisième trimestre 1944, fait état d'un niveau inférieur à celui d'Agen, les appréciations n'étant plus que « satisfaisantes » avec une moyenne de 13,75. Mon père occupe le sixième rang sur une classe de vingt et un élèves. Il est vrai qu'à ce moment, Jean-Paul a bien des excuses, et notamment celle de tous les écoliers de France, dont « la faim est la compagne principale [...]. Des écoliers s'endorment en classe ou bien ont des malaises[381]. »

Selon Jean-Jacques Becker, qui est en seconde dans la même école, les Juifs étaient nombreux au lycée Champollion, « mais jamais un professeur ne fit la moindre réflexion qui aurait pu nous mettre mal à l'aise. Certains professeurs étaient résistants – on l'a su plus tard –, mais pratiquement tous se sont conduits envers nous d'une façon parfaitement sereine, ne mettant en évidence particulière ni nos qualités ni nos défauts[382]. » Ni lui ni mon père ne furent a priori confrontés à cet enseignant dont les terribles paroles sont rapportées par Hélène Berr dans son *Journal* le 1er février 1944. Il s'était exclamé à propos d'un élève juif : « Vous, vous seriez mieux avec vos coreligionnaires dans les environs du Bourget[383] [à Drancy]. »

Robert Troujman, Juif d'origine grenobloise alors âgé de douze ans (Jean-Paul en a huit), est également écolier au lycée Champollion. Ce qu'il relate est certainement proche de ce qu'a vécu mon père[384]. Il se rappelle ainsi que « à Grenoble, la situation de 40 à 41 ne fut pas si dramatique. Cependant, petit à petit, on sentait croître une pesanteur policière, l'ambiance devenait lourde. J'étais au lycée Champollion où, heureusement, la plupart des enseignants étaient de vrais républicains ; il n'y eut donc pas de problèmes avec eux. Parmi les élèves, par contre, qui appartenaient à la bourgeoisie grenobloise du centre-ville, il y en avait souvent qui nous traitaient de “sales youpins”, de “sales juifs”. Il ne se passait pas de semaine sans que je me bagarre avec eux. » Mon père n'a aucun souvenir de tels incidents qui pouvaient forcer des parents juifs à changer leur enfant d'école.

Le grand magasin *La Providence*, qui appartenait au père de René Troujman, passe alors sous le contrôle d'un administrateur provisoire du fait de l'aryanisation des biens juifs. René Troujman se souvient également, donnant chair aux statistiques précitées, que de très nombreux Juifs réfugiés étaient désormais installés à Grenoble, des Juifs étrangers, mais aussi et surtout des Juifs alsaciens. En 1943, il témoigne : « Durant l'occupation italienne, j'ai senti que la situation s'apaisait. »

Lorsque les Allemands arrivent à Grenoble à la suite de la débâcle italienne, Robert quittera rapidement la ville avec sa famille grâce à l'aide d'un certain nombre d'*excellents Français*. Caché dans la Drôme, ils retourneront sains et saufs à Grenoble, une fois la ville libérée à l'été 1944. Du côté de la famille Becker, on tire également les leçons de la situation inquiétante dans laquelle se trouve la ville : parents et enfants se séparent (ils sont six), car « rester en famille devenait d'autant plus périlleux qu'en cas de dénonciation, pour les juifs, c'était toute la famille qui serait arrêtée[385] ». Ainsi, bien qu'étant installés cours Berriat à côté de leur école, les deux garçons vont habiter dans une chambre en ville pour qu'en cas de malheur, toute la famille ne soit pas anéantie.

La fin de l'année scolaire 1943-44 voit les classes se vider, avec de moins en moins d'écoliers. Autant que possible, la plupart des élèves juifs sont mis à l'abri par leurs familles à la campagne. Dans la chasse aux résistants, aux Juifs et aux insoumis du STO, la multiplication des contrôles faisait que n'importe qui pouvait être arrêté. Le préfet ordonne des réaménagements d'horaires pour les classes, afin que les enfants présents ne dépassent jamais 50 % du nombre des inscrits et que la plus grande dispersion possible des élèves dans les bâtiments scolaires soit la règle.

Mon grand-père quant à lui ne considéra pas cette option. Ils restèrent jusqu'au bout à Grenoble en poursuivant leurs activités réciproques, ma grand-mère au foyer, mon père au lycée et mon grand-père, toujours fidèle au poste, à la Fiduciaire de France.

ARYANISATION GRENOBLOISE

À Grenoble, comme dans toute la France avec la loi du 22 juillet 1941, l'aryanisation des biens juifs est en marche, ainsi qu'en atteste René Troujman à propos du magasin de son père. Elle nécessite une publicité importante pour que des acquéreurs se manifestent auprès des administrateurs provisoires, afin de leur permettre de vendre les biens auprès de personnes dépourvues de toute influence juive. À Grenoble, des encarts paraissent dans la presse, notamment dans le journal d'annonces légales *Les Affiches de Grenoble et du Dauphiné*, que mon grand-père, en tant que juriste à la Fiduciaire de France, avait à sa disposition. De même que Lise lorsqu'elle faisait ses courses, il ne pouvait pas manquer de passer devant de nombreuses vitrines de magasins où étaient apposées des affiches jaunes ou rouges selon l'état d'avancement du processus d'aryanisation. Cette pénible vision leur avait déjà été imposée à Agen, mais Grenoble est une ville beaucoup plus importante.

Faut-il voir quelque chose de positif lorsqu'un administrateur provisoire déclare au Commissariat général aux questions juives qu'« à Grenoble plus qu'ailleurs, il existe une résistance concertée contre les achats de biens juifs[386] » ? En effet, les objectifs en la matière ne sont pas toujours atteints. D'ailleurs, à la Libération, même si près de 50 000 biens, entreprises ou immeubles avaient été touchés par la procédure d'aryanisation, environ 60 % des cas n'avaient pu aboutir à une vente ou une liquidation[387]. En termes financiers, les sommes résultant de ces spoliations sont néanmoins considérables, environ 3,5 milliards de francs, démontrant l'ampleur de la politique d'aryanisation[388].

Ainsi, à Grenoble, l'administrateur provisoire d'un magasin très fréquenté depuis de longues années, *Le grand bazar du travail des prisons*, appartenant à Georges Franck (un autre homonyme n'ayant rien à voir avec ma famille, mais qui montre bien, une fois encore, que ce patronyme n'était pas neutre), ne peut que relayer l'information selon laquelle « beaucoup entretiennent des relations personnelles avec le propriétaire » et qu'une dérogation devrait être envisagée pour que les gens sachent « qu'on ne met pas tout le monde dans le même panier[389] ». Lise s'y rendait souvent avec

Jean-Paul, et parfois accompagnée de son mari, même si, à cette période, restrictions d'énergie obligent, « la pénombre règne dans les grands magasins atteints par les coupures de courant[390] ». La vente sera un échec même à un prix très bas, car « c'est un obstacle considérable, Georges Franck est extrêmement connu et très honorablement connu sur la place ; [les éventuels acheteurs] dès qu'ils prennent quelques renseignements, leur décision est prise, ils ne donnent point suite à leur intention déjà vacillante, sûrs de se mettre une partie de la clientèle à dos[391] ».

Force est de constater qu'à Grenoble comme ailleurs, il y eut bien des réticences à ce sujet dans l'opinion publique. Cela n'empêche pas les administrateurs provisoires de trouver une variété d'acquéreurs pour les biens juifs, parmi lesquels des concurrents « heureux de faire disparaître un rival, des affairistes qui espèrent acheter à bas prix, mais aussi des chômeurs ou des sinistrés à qui l'on refuse de s'établir sinon en achetant une affaire aryanisée[392] ». Toutefois, nombre de commerçants ou entrepreneurs restaient sceptiques, moins par sympathie, éthique ou pitié, mais par intérêt, devant le contrôle bureaucratique des ventes et la lenteur des procédures, où les querelles entre gestionnaires français et allemands jouaient un rôle non négligeable dans l'échec de certaines ventes.

LE QUOTIDIEN DE MES GRANDS-PARENTS FIN 1943

Quatre lettres envoyées de Grenoble par mon père, entre fin 1943 et début 1944, à Ernest, Robert et Adolphe, son cher « opapa gâteau », illustrent leur vie de tous les jours. Alors que leur correspondance était très régulière, voire quotidienne, je n'ai pu malheureusement en récupérer que des bribes, peut-être dérisoires, mais qui, comme tous les souvenirs, n'en demeurent pas moins des « morceaux de vie arrachés au vide[393] ». Je pense qu'il s'agit dans ces lettres de l'écriture de mon père, régulière et lisible, sans comparaison avec celle de la carte postale de mai 1943 évoquée plus haut (à moins que ce soit encore Lise ?). L'orthographe est bien meilleure, même si des fautes subsistent.

Entre-temps, n'importe quelle sortie familiale pouvait tourner au drame. Le 11 novembre 1943, alors que des tracts de la

Résistance ont été distribués en masse, que les «V» surmontés d'une croix de Lorraine prolifèrent sur les murs de Grenoble et que des appels à manifester ont été lancés par Radio-Londres, des centaines de personnes qui s'étaient rassemblées au centre-ville sont arrêtées. Une partie sera transférée à Compiègne pour être ensuite déportée dans des camps en Allemagne. Les voitures allemandes sillonnent désormais la ville, munies de haut-parleurs qui hurlent que des tirs sans sommation viseront tout groupe de plus de dix personnes. Le préfet relève qu'il en découle un fanatisme antiallemand des Grenoblois.

Quelques jours plus tard, toujours en novembre, la Résistance fait sauter un dépôt de munitions et de matériels militaires situé non loin de l'appartement de mes grands-parents. Cette explosion, qui ravage plusieurs quartiers, est suivie d'un «sauvage rodéo allemand dans les rues de Grenoble[394]», où plusieurs personnes périssent sous les balles, tel ce boulanger qui sortait simplement de sa boutique – située d'ailleurs cours Berriat – en chemise nuit pour voir ce qui se passait.

En représailles, du 25 au 29 novembre se déroule ce qui fut surnommé «la Saint-Barthélemy grenobloise», où une lugubre ronde des tractions est lancée par la Gestapo et les miliciens. «Un coup de frein caractéristique, la ruée de quelques nervis armés de mitraillettes, un patriote qu'on emmène: la rafle est passée. Quelques heures plus tard, un corps ensanglanté, mutilé, sera découvert dans la banlieue grenobloise avec la signature du crime[395].»

À la même période, sur les conseils de son directeur à la Fiduciaire de France, Poldi emmène Lise et Jean-Paul à Mens, dite «la petite Genève des Alpes», à environ soixante kilomètres de Grenoble, pour les mettre autant que possible loin des dangers qui les guettaient en ville. La vision d'une souris, dont Lise avait la phobie, mit un terme immédiat à ce séjour. Poldi revint les chercher le jour même. Le lendemain, l'hôtel que Lise et Jean-Paul venaient de quitter faisait l'objet d'un ratissage brutal, où plusieurs Juifs furent arrêtés et déportés. Cette histoire est l'une de celles que me racontait le plus fréquemment mon père.

De retour à Grenoble, on en apprend un peu plus sur les terribles conditions de vie. Dans la première lettre de décembre 1943, mon père raconte à Ernest, à la veille de la nouvelle année, qu'il est devenu « spécialiste pour faire la queue chez le boulanger et le charcutier » : « j'arrive toujours à passer devant quelques personnes bien que celles-ci ronchonnent quelques fois mais je ne m'en occupe pas ». Jean-Paul prend ici comme un jeu ce qui est depuis 1940 le lot commun de tous les Français, et surtout des Françaises. Or, des disputes éclatent, chacun se jalouse : on en veut à ceux qui se sont levés plus tôt ou qui disposent de cartes prioritaires, comme les familles nombreuses ou les femmes enceintes. Ces accès privilégiés ne concernent en aucun cas Lise ou Jean-Paul.

Ces attentes interminables ne sont pourtant pas un phénomène propre à la Seconde Guerre mondiale ; toutefois, le souvenir en avait disparu. Parfois des centaines ou, plus souvent, des dizaines de personnes se pressent devant des étalages peu ou pas achalandés, dans une atmosphère anxieuse et propice à toutes les rumeurs. Un nouveau métier voit même le jour, celui de queutières (car il s'agit essentiellement de femmes), qui se font payer pour ce service. À Grenoble, en particulier, ces files sont redoutées des mères de famille, où, « levées à 4 heures du matin, elles doivent parfois patienter 4 à 5 heures durant, pour apprendre, vers 9 heures, qu'il n'y a plus de pain[396] ». Vichy en profite pour déployer une propagande anglophobe : « Tu fais la queue, tu as froid, pense toujours que si les Anglais n'interceptaient pas nos bateaux, il viendrait de nos colonies assez de produits pour que chacun ait sa part[397]. »

Outre les femmes, les garçons semblent être particulièrement préposés à ces tâches ménagères, puisque Robert Badinter comme Jean-Jacques Becker évoquent ces fameuses queues dans toute la France, en ce qui les concerne à Paris : « Un des traits les plus habituels de Paris de cette époque était de faire la queue partout. Dans la famille, je m'en étais fait une spécialité. Quand une queue se formait devant une épicerie, je m'y mettais et, après avoir attendu un temps considérable, je n'achetais souvent rien de ce que l'on m'avait dit d'acheter[398] ! »

À Grenoble, il fait très froid en cette fin décembre 1943 : « le linge de maman a gelé et même un oiseau s'est oublier sur la chemise verte de papa et maman la relavé et le méchant oiseau a recommencé, maman était indigné ».

À la même période, un couvre-feu strict a été instauré à la suite de l'exécution par des résistants d'un officier allemand : 20 heures en semaine, 19 heures le samedi et 17 heures le dimanche. Les conséquences de cet attentat sont terribles et voient se multiplier des opérations antijuives d'envergure menées par les nazis, qui sont épaulés par toute une série d'officines collaborationnistes locales, entre le 22 et le 25 décembre. Plusieurs familles juives sont ainsi arrêtées à leur domicile, près d'une vingtaine de personnes, « et non plus quelques individus comme ce fut le cas jusqu'alors[399] ».

La veille de Noël, les Allemands appréhendent plus de deux cents personnes qui faisaient simplement la queue à la poste centrale. Les Juifs sont séparés des autres et traités sans ménagement. Le préfet rapporte que « les Israélites ont été placés à part après avoir été triés par une inspection "physique" à laquelle ont été soumises toutes les personnes arrêtées[400] ». Ce même 23 décembre dans la soirée, la synagogue de Grenoble, de façon surprenante encore en activité, explose et sera ravagée par les flammes.

Jean-Jacques Becker témoigne de ces sordides repérages qui font régner la terreur et qui obligent les personnes arrêtées à prouver qu'elles ne sont pas juives : « Très rapidement les agents de la Gestapo se livrèrent à des observations corporelles pour détecter les juifs. C'est un paradoxe que dans les familles françaises juives les plus déjudaïsées la tradition de la circoncision s'était maintenue et des milliers en furent victimes, entraînant leurs familles dans la mort. Poids de la culture[401]... »

Comme le raconte Laurent Schwartz, Grenoble est devenu totalement invivable : « J'allai donc à la gare de Grenoble et attendis mon tour devant l'enregistrement, ma cantine posée à mes côtés. Machinalement, je regardai autour de moi, car tout lieu très fréquenté constituait une cible idéale pour les rafles. C'était un souci permanent. Je remarquai que trois Allemands, le fusil haut sur l'épaule, se tenaient négligemment devant le kiosque à journaux sans rien acheter. Une inspection de la gare m'en révéla trois autres devant le restaurant, également inactifs. Je plantai là sans hésiter ma cantine et sortis négligemment de la gare en passant à côté des Allemands. Sur la place, je grimpai dans le premier tramway et filai à l'autre bout de Grenoble pour ne revenir que quatre heures après. J'appris qu'une rafle avait effectivement eu lieu. La gare était bouclée, et toutes les identités avaient été scrupuleusement contrôlées en téléphonant aux mairies pour voir si les papiers étaient conformes. Tous les hommes avaient été déshabillés et ceux qui étaient circoncis, déportés[402]. » Témoignage ô combien angoissant si l'on songe à mon grand-père qui prenait sans cesse le train. Et l'on frémit encore davantage quand on sait que Poldi proposait parfois à Lise et Jean-Paul de venir l'accueillir à la gare à son retour de déplacement professionnel.

Heureusement, loin de ces sujets morbides, mon père écrit à Adolphe qu'il s'amuse bien avec le jeu du « Chériphe ». Il précise tout de même que son lycée est en train d'être évacué, car il y a eu beaucoup de dégâts à la suite d'un attentat et que la rentrée pourrait s'effectuer dans une autre école de Grenoble. La lettre s'achève là, car « papa vient de rentrer et la soupe et chaude, nous allons mangé ». Cette évacuation est confirmée par Jean-Jacques Becker, autre élève du lycée Champollion : un matin, une énorme explosion retentit à proximité du lycée, la Résistance venant de faire sauter la caserne de Bonne, proche du lycée, occupée par les Allemands, où une cinquantaine d'entre eux périrent. Le quartier avait désormais un aspect « effroyable ».

Les Allemands réquisitionnent alors le lycée Champollion, qui doit être évacué immédiatement. L'édifice est méconnaissable, entouré de barbelés et surveillé par des sentinelles allemandes. C'est la raison pour laquelle, dans sa deuxième lettre, également de la fin du mois de décembre 1943, Jean-Paul indique qu'il n'est retourné à l'école que depuis quelques jours et qu'il ne suit plus les cours que l'après-midi. Il se plaint de la distance de son nouveau lycée (le lycée Stendhal pour les filles), qui est « très loin de la ou j'abbite, j'ai tous les jours 100 marches à descendres du 5 quimes étages au ret-chauser, papa trouve que s'et bien long ».

Mais ceci n'est qu'une péripétie parmi d'autres et Jean-Paul consacre l'essentiel de cette lettre à remercier chaleureusement Adolphe pour le beau jeu qu'il lui a envoyé et auquel il a déjà joué avec ses camarades. Or, on comprend à demi-mot que Lise avait mis son veto à un tel achat, malgré l'insistance de son fils.

Jean-Paul signale également que son père lui lit chaque soir un chapitre du beau livre qu'il a reçu de la part de Robert, peut-être un volume de la collection « Signe de piste » aux éditions Alsatia, dont le succès ne déclinait pas depuis 1937.

GRENOBLE EN 1944

Au début 1944, après les terribles événements de novembre et décembre, « la situation des Juifs à Grenoble se dégrade et les rumeurs les plus alarmantes circulent sur leur sort[403] ». Sur ordre des Allemands, la préfecture lance un ultime recensement de la population grenobloise, qui doit être effectué avant le 7 janvier 1944. Il ne vise pas spécifiquement les Juifs, mais bien tous les habitants de Grenoble, dont la liste doit figurer sur chaque immeuble. Il est difficile de savoir si mes grands-parents apparaissent dans ce recensement, car seules les archives de certains quartiers ont pu être conservées, dont ne fait pas partie la rue Génissieu[404]. Le mois de janvier est ensuite relativement calme, hormis la rafle d'Allevard, une commune située à une quarantaine de kilomètres de Grenoble où dix-sept Juifs sont capturés.

En revanche, le début du mois de février 1944 marque une véritable frénésie d'arrestations, avec l'arrivée de la section antijuive de la police allemande, qui s'installe à Grenoble jusqu'en mars. Il s'agit des hommes d'Alois Brunner et de son Kommando de SS fanatiques, qui ne rendent de comptes qu'auprès d'Eichmann. Curieusement, leur effrayante présence pendant deux mois à l'hôtel Suisse et Bordeaux de Grenoble n'est attestée par aucun document. Avant ce séjour, Brunner aura participé, début 1943, à la rafle des Juifs de Salonique (plus de 45 000 déportés à Auschwitz), avant d'aller sévir à Nice à la fin de l'année et prendre entre-temps le commandement du camp Drancy. Pendant cette courte période, près de 450 Juifs sont arrêtés, envoyés à Drancy, avant leur transfert à Auschwitz[405]. Comme ils l'ont fait à Nice, Brunner et ses sbires se concentrent sur les hôtels et les pensions, qui font l'objet de rafles quasi quotidiennes à Grenoble. Force est de constater que « Français ou étranger, jeune ou vieux, malade ou en bonne santé, aucun Juif n'était en sécurité[406]. »

Début 1944 marque également en France l'arrivée des ultras de la collaboration et la fascisation du pouvoir : Philippe Henriot, la voix de Radio-Paris, tel un Goebbels français, devient secrétaire d'État à l'Information, Darnand, chef de la Milice, qui mérite alors vraiment la désignation de « troupe de guerre civile », est en charge du Maintien de l'ordre, où il succède à Bousquet, et Marcel Déat, fondateur du Rassemblement national populaire, est nommé secrétaire d'État au Travail. « Avec ce trio, les affaires du Reich étaient placées en de bonnes mains et l'occupant ne prenait plus de gants. Pour éradiquer le "terrorisme", il mettait à sac les villes, multipliait les exécutions sommaires et les fusillades d'otages[407]. »

Il y eut encore près de 16 000 Juifs déportés en France en 1944 et le dernier convoi, sous l'impulsion rageuse de l'incontournable Brunner, quitte Drancy le 17 août pour Buchenwald, huit jours avant la Libération de Paris[408].

Dans sa troisième lettre à Adolphe, mon père raconte qu'en février 1944, il a fait -8 °C, mais qu'il ne souffre pas trop du froid. Par contre, « maman grelotte aussi je dois nettoyer les chambres et faire les courses pendant que maman se chauffe près du feu ». Si trouver à manger est l'obsession de tous les instants, se chauffer l'est également, depuis que le gaz est strictement contingenté : six heures de pression en 1943, pour chuter à deux heures courant 1944. Depuis plusieurs mois, Lise, comme tous les Français, n'a plus le droit d'utiliser de chauffage électrique d'appoint, ni aucun appareil électroménager, ni même son sèche-cheveux. Rester à la maison, faire la cuisine ou s'occuper de ses enfants dans des pièces glacées est de plus en plus éprouvant. Lise semble ici à bout, que ce soit pour faire les courses ou laver le linge.

Grenoble connaît depuis de nombreuses semaines d'incessantes explosions nocturnes de bombes artisanales qui visent Allemands et collaborateurs, comme la nuit du 25 octobre 1943, où pas moins de vingt-trois engins explosent en même temps dans le centre, pulvérisant vitrines et fenêtres aux alentours. Jean-Paul mentionne ainsi un problème de vitre, mais aucun vitrier, malgré des tentatives auprès d'une dizaine d'adresses, ne se déplace. Or, comme l'indique Dominique Veillon, dans la France de cette époque, « une vitre cassée, un pneu crevé peuvent tourner au drame[409] ».

À ces restrictions et contraintes s'ajoute la pression renouvelée de la défense passive que Lise subit depuis Agen, mais qui s'avère particulièrement intrusive à Grenoble en ce début 1944. Les agents sillonnent inlassablement la ville, sifflant de la rue la moindre lueur qui pourrait filtrer des volets des appartements. Le rappel incessant des consignes en cas d'alerte finit par épuiser les familles, qui doivent s'organiser dans chaque immeuble en équipe d'autoprotection et de secours éventuel aux blessés, tandis que du matériel est stocké en cas d'incendie.

Dans sa lettre, mon père poursuit en rappelant à Ernest qu'il attend un « conte de fées » de sa part. Les résultats scolaires de Jean-Paul sont évoqués, notamment son classement (il est second) en composition de lecture, ce qui lui a valu les félicitations de son professeur, car il n'avait été que dixième la fois précédente. Enfin, il raconte fièrement qu'il a été gâté par son père, qui lui a acheté « 2 belles chemises d'homme ». Et ceci, malgré le strict contingentement des vêtements et la nécessité de disposer de précieux coupons pour le textile. Au-delà de la nourriture, l'habillement est également devenu un casse-tête depuis l'instauration de la carte de textiles à coupons et tickets en 1941. En réalité, la pénurie est telle que seuls les tickets numérotés de 1 à 30 sont utilisables immédiatement. Là encore, Lise se plonge patiemment dans la presse féminine pour y trouver des idées, comme dans cet article de *Marie-Claire* du 6 septembre 1941, intitulé « L'indispensable en 30 points », qui prévoit des solutions à la fois pour la mère au foyer, la secrétaire ou l'étudiante. Des bons sont également nécessaires pour les chaussures, qui font tout autant défaut dès 1941. À cette date, la France doit en livrer six millions de paires aux Allemands. Il faut désormais faire l'impasse sur l'usage du cuir et se contenter de semelles articulées en bois qui se multiplient.

À l'inverse de Lise, qui veut à tout prix maintenir une apparence bourgeoise, Poldi s'accommode facilement de ces restrictions vestimentaires, même s'il déteste porter des costumes usés. Il est plus affecté par la qualité médiocre des mousses à raser, qui « ont des couleurs mystérieuses, dégagent des relents regrettables, ne savonnent pas et abîment la peau[410] ». Il essaye durant ses déplacements de se procurer des produits aux noms explicites : Rasebref, Razvite, Rasebien, Rasendouss...

L'ambiance n'est guère propice à la moindre réjouissance, le danger est partout. Le 23 février, Tal Bruttmann raconte qu'un homme armé exécute de sang-froid un passant, avenue d'Alsace-Lorraine, dont la rue Génissieu et le logement de mes grands-parents sont proches. Un policier tente d'intervenir, mais se fait écarter par le tueur qui se réclame de la police allemande. La victime, du nom de Bouvier sur ses papiers, était juive et s'appelait en réalité Katz.

Quelques jours plus tard, le 5 mars 1944, dans la quatrième et dernière lettre adressée à Adolphe, mon père reconnaît qu'avec un 14,5 et un classement de septième en composition de français, il « n'était pas bien fort », mais d'autres notes plutôt meilleures sont censées arriver. Autre sujet mentionné et souci du mois précédent : le vitrier est enfin passé.

Quant à la nourriture, ou plutôt son absence, elle est désormais omniprésente dans ces échanges. Dans sa seconde lettre déjà, mon père indiquait qu'ils avaient accueilli « avec joie » la grosse dinde qu'Adolphe leur avait envoyée : « elle nous fera plus que deux repas ». Durant cette période, des millions de colis familiaux en provenance de la campagne viennent compléter les rations misérables des citadins. Les gares se transforment peu à peu en succursales des halles. Vichy tente de réglementer ces envois, tant dans leur contenu, à partir d'octobre 1941 (pommes de terre et viande sont interdites, sauf la volaille ou le gibier, quoique limités à trois kilos ; les légumes verts doivent être en conserve, etc.), que dans leur volume : 25 kg maximum après juillet 1943, au lieu de 50 jusque là[411].

Mon père a dégusté des beignets qui lui ont donné mal au ventre. Il mentionne aussi avec gourmandise Lise qui « à fait un baba sans rhome », très réussi cependant, et aussitôt mangé.

Toujours à Grenoble, Annie Kriegel raconte elle aussi ses piètres repas familiaux composés de plantes potagères, aqueuses et filandreuses, qu'il fallait bien manger « au naturel », sans sauce, auxquels viendront se substituer l'hiver venu les incontournables topinambours : « Au fond, on se demande ce qu'on mangeait. Des haricots dont il était possible de constituer des stocks pour des raisons que j'ignore... Des pommes de terre quand il y en avait. Il n'y avait plus d'œufs. Je me souviens avoir mangé ce symbole de la mauvaise nourriture d'alors qu'était le rutabaga[412]. »

En exil depuis presque cinq ans, loin de leurs proches eux-mêmes en danger et privés de tous leurs repères habituels, comment Poldi et Lise affrontaient-ils ces défis quotidiens, alors qu'il est « dorénavant impossible aux juifs de se déplacer à Grenoble, ne serait-ce que pour se ravitailler, sans encourir le risque de subir un contrôle fatal[413] » ?

À la fin de sa lettre, on apprend que Jean-Paul s'est lié d'amitié avec le fils du directeur, Jean Henri Grenade, dont nous avons déjà parlé. Il indique que Poldi part en déplacement la semaine entière, ce qui pourrait expliquer que Lise et Jean-Paul aient, à certaines occasions, logé chez les Grenade. Or, on est en mars 1944. La conscience professionnelle de mon grand-père laisse pantois, à une époque où « la circulation des chemins de fer (et toute circulation à vrai dire) était de plus en plus perturbée par les actions des maquis, alors qu'à ce moment le Vercors se transformait en camp retranché de la Résistance[414] [...] ».

Ajoutons que Brunner et ses hommes mettent tout en œuvre à Grenoble pour dissuader la population de venir au secours des Juifs, en arrêtant toute personne soupçonnée de les aider. L'assistance courageuse, sur une longue durée, du patron de Poldi, M. Grenade, n'en est que plus remarquable. Mon père me disait qu'il regrettait souvent d'avoir perdu tout contact et de n'avoir jamais eu l'occasion de le remercier. Cet ouvrage permet à tout le moins de rendre un modeste hommage à cet *excellent Français*, à près de quatre-vingts ans de distance.

LE PRINTEMPS DE LA PEUR ET L'ÉTÉ DE LA LIBÉRATION

Au printemps et à l'été 1944, les arrestations se font plus rares, mais il arrive encore que des Juifs soient pris dans la répression contre le maquis (à la campagne cette fois, et non pas à Grenoble) ou dans les actions de véritables tortionnaires, tel Guy Eclach, surnommé « le Waffen SS de Grenoble ». Comme le note Laurent Joly, « l'imminence de la Libération radicalise les esprits. Pour les SS et le dernier carré des collaborateurs, le Reich perdra peut-être la guerre, mais les Juifs ne sortiront pas vivants de celle-ci[415].»

À tout le moins, Brunner a quitté les lieux, mais il semble que son passage ait créé une sorte d'impulsion dans les attaques anti-juives, qui se soldent encore par une quarantaine d'arrestations à Grenoble jusqu'à la fin du mois de juin[416]. À cette date, l'ensemble des écoles et lycées sont fermés par mesure de précaution et des systèmes de garderies et de classes de plein air sont organisés pour les enfants, comme mon père, qui n'ont pas quitté Grenoble. En cette cinquième année de guerre et de privations, Lise préfère garder Jean-Paul auprès d'elle et n'ose plus sortir. D'ailleurs, il n'y a quasiment plus d'électricité ni de gaz, «il fait noir comme dans une grotte[417]» et la plupart des boutiques restent fermées.

Quelques jours avant la libération de Grenoble, l'oncle de Robert Troujman (l'écolier du lycée Champollion), âgé de 64 ans, est assassiné, et «pour faire disparaître toute trace de ces actes, les cadavres sont jetés dans l'Isère, parfois avec une grenade autour du cou[418]». Les ultras de la collaboration ont en effet changé de méthode. Il n'y a plus d'arrestation suivie d'une déportation. Les victimes juives qui tombent dans leurs griffes sont dépouillées et assassinées sur-le-champ, tandis que leurs cadavres disparaissent.

En ville règne alors la plus grande confusion, au point que le préfet de l'Isère est tué à coups de mitraillette le 2 août. Des fanatiques sèment la terreur, comme le nazi Ernest Floereck, dit «le saigneur de la Gestapo[419]», arrivé à Grenoble début août. Quelques jours plus tard, le 11 août, après que deux Allemands ont été abattus cours Berriat, près d'une vingtaine de personnes sont froidement assassinées en représailles par les nazis, d'une balle dans la nuque.

Il ne reste toutefois à mes grands-parents que quelques jours à tenir au milieu de cette barbarie. En effet, le 15 août, les Alliés débarquent sur les côtes du Midi, accompagnés des divisions du général de Lattre de Tassigny. La traque des Juifs ne connaît pourtant plus de trêve, même dans les ultimes instants de l'Occupation. Plusieurs personnes sont encore arrêtées chez elles ou dans des cafés et, la nuit du 18 août, quatre membres d'une même famille juive, dont un enfant de neuf ans – l'âge de Jean-Paul –, sont exécutés sur un pont et jetés dans l'Isère.

Heureusement, le débarquement en Provence est un succès et la progression des troupes, fulgurante, à tel point que la conquête de la vallée du Rhône, qui était en suspens, est lancée immédiatement. Avec le support actif de la Résistance, les Alliés atteignent Grenoble le 22 août, une semaine après le débarquement, et non pas trois mois, comme envisagé à l'origine. Il n'y aura pas de combat : les Allemands fuient la ville lors d'une évacuation éclair dans la nuit du 21 au 22 août. À cette date, et alors que le drapeau tricolore flotte déjà sur tous les bâtiments publics, mes grands-parents ont pu enfin souffler.

Je suppose que Lise, Poldi et Jean-Paul sont allés défiler place de Verdun devant la préfecture, où la foule était nombreuse. Comme en témoigne un avocat grenoblois, lorsque la ville s'est réveillée vide d'Allemands, la population se mit à danser dans la rue et laissera exploser sa joie « au défilé des premières colonnes américaines[420] ». J'imagine leur immense soulagement, mais aussi peut-être leur crainte à l'idée de retourner à Strasbourg, qu'ils avaient quittée cinq ans plus tôt. « Surtout, avait-on tellement de raisons d'être particulièrement joyeux ? Les persécutions subies en tant que juifs étaient terminées, certes, mais elles avaient eu lieu, et ce, dans un pays qui était le nôtre. Ceux qui avaient disparu le restaient. En tant que Français, pouvait-on être si fier du comportement du pays pendant la guerre[421] ? »

Clairement, ni Lise ni Poldi, bien que plongés dans les nouveaux soucis de l'organisation de leur retour et encore peu au fait de la situation en Alsace nazifiée, ne pouvaient faire abstraction des douloureux souvenirs de l'année 1944 : « L'exécution des vingt-deux "terroristes" dénoncés par l'"Affiche rouge", c'était en février. Les combats qui ont décimé les maquisards sur le plateau des Glières, c'était en mars. La route de la Panzerdivision qui passait par Tulle et ses otages pendus aux arbres ainsi qu'Oradour-sur-Glane (642 villageois assassinés, y compris les femmes, les vieillards et les enfants), c'était en juin. Les assassinats des anciens ministres de la Troisième République Jean Zay et Georges Mandel, c'était en juin et en juillet. Le coude à coude des miliciens français et des gestapistes allemands pour anéantir la Résistance dans le Vercors sans faire le tri entre les maquisards armés et les civils désarmés, c'était fin juillet-début août. Et le départ pour l'Allemagne du dernier convoi de déportés, c'était le 15 août[422]... »

En novembre 1944, mon père se souvient avoir fait partie de l'immense cortège qui a assisté à la remise par le général de Gaulle de la croix de la Libération à la ville de Grenoble, et où la presse locale relève, peut-être avec une certaine hypocrisie, qu'il est heureux de ne pas entendre les cris incantatoires qui accompagnaient les visites officielles de Pétain.

ADOLPHE NE REVOIT PAS STRASBOURG

Tout à leur joie de pouvoir recommencer à vivre dans cette France qui avait voulu leur causer tant de mal et à laquelle ils avaient résisté à leur manière, Lise fut avertie d'une bien triste nouvelle. Son père Adolphe venait de décéder à Néris-les-Bains, le 8 janvier 1945. Malade depuis quelque temps (une sorte de diabète), Adolphe eut la joie de connaître la Libération du pays, et en particulier celle de Néris-les-Bains, le 25 août 1944. Il put encore se réjouir de celle de Strasbourg le 23 novembre, où il préparait activement son retour. Malheureusement, il n'eut pas le loisir d'apprendre la reddition de l'Allemagne nazie, le 8 mai 1945.

Au moins Adolphe fut-il mis au courant des activités héroïques d'Ernest dans la Résistance, de la bravoure de Paul à Clairvivre et de l'engagement de Robert. La fierté le disputait à la crainte rétrospective pour la vie de ses enfants. Lise put également l'informer de ce que tout le monde était sain et sauf à Grenoble, et que le retour en Alsace s'organisait également de leur côté. Encore fallait-il que la région soit sûre, ce qui ne fut le cas qu'en mars 1945.

Ainsi, Adolphe, le franc-maçon haut gradé, ne revit plus l'Alsace, où il s'était marié, avait élevé ses quatre enfants et fait prospérer ses affaires tout en acquérant la nationalité française. Quelle tristesse également pour lui de ne pas avoir pu serrer une dernière fois dans ses bras son petit Jean-Paul, qu'il chérissait plus que tout et avec lequel il se laissait parfois aller à de très rares élans de tendresse. En ce début janvier 1945, il décède à l'âge de 65 ans dans sa villa de Néris-les-Bains, où il aura passé les six dernières années de sa vie. Son acte de décès est signé par Paul, alors encore domicilié à Clairvivre.

Finalement, Adolphe retrouvera Strasbourg et le cimetière juif de Cronenbourg, qui n'est pas celui où sont enterrés ses parents, Emmanuel (depuis 1909) et Régine Frank (depuis 1916), situé à Koenigshoffen. Témoignage de la force des traditions juives même pour les familles les plus assimilées, venant qui plus est de traverser les terribles épreuves de la guerre, Adolphe sera donné comme deuxième prénom au frère de mon père, Patrick, qui naîtra le 2 juillet 1951.

Comme le soulignait un article du *Monde* du 13 octobre 2018 intitulé « Adolphe n'a plus la cote », c'était un prénom relativement répandu au début du XXe siècle : en 1900, trois bébés de sexe masculin sur 1 000 sont des Adolphe, soit environ 600 garçons. Or, inutile de préciser que les Adolphe d'après-guerre en France sont rarissimes, en particulier au sein des familles juives, sauf dans la comédie *Le Prénom* (2012), et chez les amateurs de Benjamin Constant.

UN ÉCOLIER
PARMI D'AUTRES

L'élève Wachsmann est scolarisé au lycée Bernard-Palissy d'Agen entre 1941 et 1943, comme n'importe quel écolier de son âge... hormis le fait qu'il est juif.

Jean-Paul est, sur la 2e rangée en partant du haut, le 5e garçon en partant de la droite.

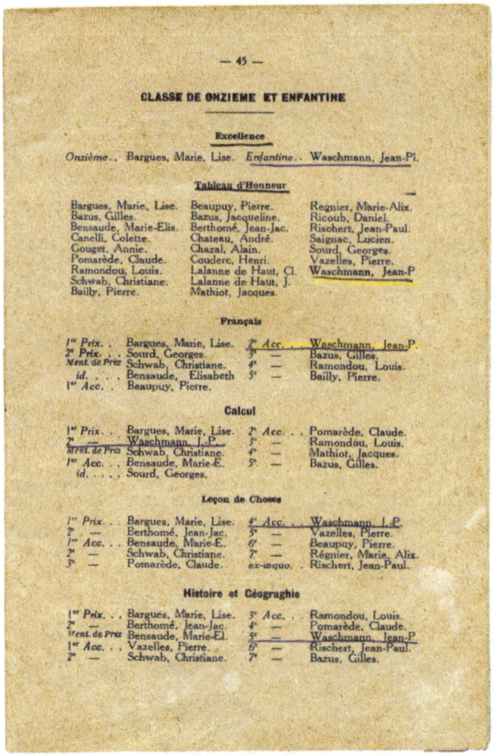

— 45 —

CLASSE DE ONZIEME ET ENFANTINE

Excellence

Onzième.. Bargues, Marie, Lise. *Enfantine*.. Waschmann, Jean-Pl.

Tableau d'Honneur

Bargues, Marie, Lise.	Beaupuy, Pierre.	Regnier, Marie-Alix.
Bazus, Gilles.	Bazus, Jacqueline.	Ricoub, Daniel.
Bensaude, Marie-Elis.	Berthomé, Jean-Jac.	Rischert, Jean-Paul.
Canelli, Colette.	Chateau, André.	Saignac, Lucien.
Gouget, Annie.	Chazal, Alain.	Sourd, Georges.
Pomarède, Claude.	Couderc, Henri.	Vazelles, Pierre.
Ramondou, Louis.	Lalanne de Haut, Cl.	Waschmann, Jean-P
Schwab, Christiane.	Lalanne de Haut, J.	
Bailly, Pierre.	Mathiot, Jacques.	

Français

1er Prix..	Bargues, Marie, Lise.	*2e Acc.*..	Waschmann, Jean-P.
2e Prix...	Sourd, Georges.	3e —	Bazus, Gilles.
Ment. de Prix	Schwab, Christiane.	4e —	Ramondou, Louis.
id.....	Bensaude, Elisabeth	5e —	Bailly, Pierre.
1er *Acc.*..	Beaupuy, Pierre.		

Calcul

1er *Prix*..	Bargues, Marie, Lise.	2e *Acc.*..	Pomarède, Claude.
2e —	Waschmann, J.-P.	3e —	Ramondou, Louis.
Ment. de Prix	Schwab, Christiane.	4e —	Mathiot, Jacques.
1er Acc...	Bensaude, Marie-E.	5e —	Bazus, Gilles.
id......	Sourd, Georges.		

Leçon de Choses

1er *Prix*...	Bargues, Marie, Lise.	4e *Acc.*...	Waschmann, J.-P.
2e —	Berthomé, Jean-Jac.	5e —	Vazelles, Pierre.
1er *Acc.*...	Bensaude, Marie-E.	6e —	Beaupuy, Pierre.
2e —	Schwab, Christiane.	7e —	Régnier, Marie, Alix.
3e —	Pomarède, Claude.	*ex-æquo*..	Rischert, Jean-Paul.

Histoire et Géograghie

1er *Prix*...	Bargues, Marie, Lise.	3e *Acc.*...	Ramondou, Louis.
2e —	Berthomé, Jean-Jac.	4e —	Pomarède, Claude.
Ment. de Prix	Bensaude, Marie-El.	5e —	Waschmann, Jean-P.
1er *Acc.*...	Vazelles, Pierre.	6e —	Rischert, Jean-Paul.
2e —	Schwab, Christiane.	7e —	Bazus, Gilles.

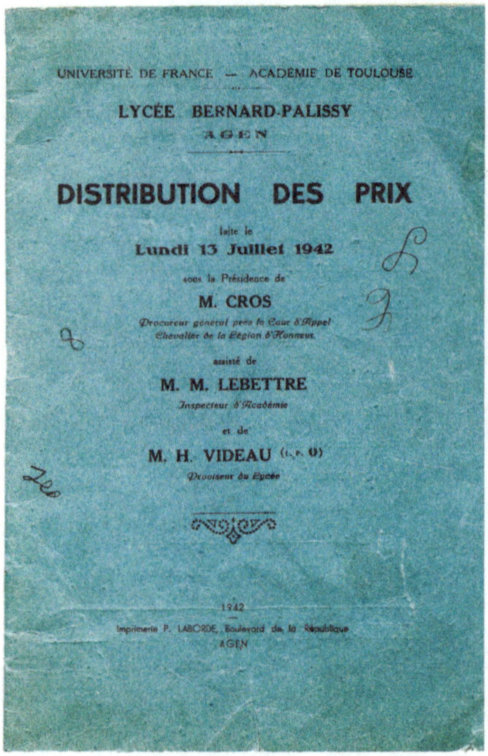

UNIVERSITÉ DE FRANCE — ACADÉMIE DE TOULOUSE

LYCÉE BERNARD-PALISSY

AGEN

DISTRIBUTION DES PRIX

faite le

Lundi 13 Juillet 1942

sous la Présidence de

M. CROS

Procureur général près la Cour d'Appel
Chevalier de la Légion d'Honneur

assisté de

M. M. LEBETTRE

Inspecteur d'Académie

et de

M. H. VIDEAU (I. P. ()

Proviseur du Lycée

1942

Imprimerie P. LABORDE, Boulevard de la République
AGEN

Jean-Paul, un élève méritant

Au lycée Bernard-Palissy d'Agen à l'été 1941, Jean-Paul figure en bonne place à la cérémonie de distribution des prix, notamment en chant, où il reçoit un prix pour son interprétation remarquée de *Maréchal, nous voilà*.

Grenoble : le « paradis des Juifs » se transforme en enfer

À partir de mars 1943, Poldi, Lise et Jean-Paul s'installent à Grenoble, alors réputée être le « paradis des Juifs », sous protectorat des Italiens, qui refusent d'appliquer les mesures antisémites. Ils ont quitté Agen à l'arrivée des Allemands, dont le siège de la Gestapo est installé près de leur résidence. Malheureusement, l'Italie capitule et les Allemands reprennent le contrôle de la zone. Le bref répit de quelques mois se transforme en enfer à l'automne 1943 et pendant l'année 1944.

Mercredi 29 décembre 1943

Mon cher Ernest

Je te remerçi beaucoup de ta longue lettre et de tes jolis dessins. Le mur et presque entiérement garni de dessins et je n'en suis pas du tout mécontent. La chasse aux dindons ma beaucoup amusé. Quand je t'accompagnerais à la chasse je resterais derrière l'arbre et toi tu les attrape-ras tout seul. Je suis spécialiste pour faire la queue chez le boulanger et le charcutier, j'arrive toujours à passer devant quelque personnes bien que celles-ci ronchonnent quelque fois, mais je ne m'en occupe pas. Il fait trés froid ici, le linge de maman à gelé, et même un oiseau s'est oublier sur la chemise verte de papa, et maman la relavé et le méchant oiseau a recommencé, maman était indigné. Je m'amuse beaucoup avec le jeu du Chériphe. Je croit que (t.S.V.P)

Il fait terriblement froid à l'hiver 1943. Il faut faire la queue pendant des heures pour tenter de ramener de quoi manger. La nourriture est l'obsession de tous.

Cunégonde ne souffre pas des restriction, et je croit que le pauvre anatole ce prive de tout pour que sa femme ne maigrisse pas. On est ~~en~~ entrain d'évaccué le lycée, mais je croi que nous n'irons pas encore parceque il y a beaucoup de dégats a la suite de l'esplosion, mais il y a encore d'autres écoles à grenoble et ses la que nous rentrerons. Lundi les classe vont recommencer, je suis content parceque je m'ennuie a la maison.

Papa vient de rentrée et la soupe et chaude, nous allons mangé.

Je t'embrasse bien fort

Jean Paul, Colo, boutsli

Dis Le bonjour à opapa Robert et Elena de ma par

Seul dessins que je sais faire.

Colo

CHAPITRE 8

Repartir à zéro, ou presque

Le retour à Strasbourg

JUILLET 1945

ÉTÉ 1945 : STRASBOURG ENFIN

Si, en avril 1945, Jean-Paul est encore à Grenoble, et ce, jusqu'à la fin de l'année scolaire, Poldi prépare activement le retour à Strasbourg, qui sera effectif à l'été 1945. Malgré l'alléchante proposition de diriger le bureau de la Fiduciaire de France comme l'espérait Jean Henri Grenade, mon grand-père préfère retrouver sa liberté d'avocat. Et même si la région leur plaît, Strasbourg et leur vie d'avant leur manquent, surtout à Lise, qui a hâte de retrouver ses habitudes.

Poldi passe par Paris avec Lise, d'où ils envoient à leur fils, le 24 avril 1945, une carte postale représentant l'Arc de triomphe. Il rapporte qu'on voit « à Paris beaucoup plus de soldats américains que de soldats français ». Mon père, qui a désormais pratiquement dix ans, continue à suivre sa scolarité au lycée Champollion.

Pour la majorité des réfugiés, alsaciens ou non, le moment est venu de rentrer ou d'essayer de rentrer chez eux. On peut imaginer l'anxiété de mon grand-père – certes différente de celle des derniers mois jusqu'à la libération de Grenoble – quant à son retour en Alsace, à la récupération de son appartement et à la reprise de son travail après quasiment six ans d'absence. Or, dans de nombreux cas, les logements étaient occupés et seules de pénibles procédures permettaient de les récupérer.

Cette situation n'a rien de surprenant. En effet, alors que, dans le reste de la France, les problèmes politiques et de la vie quotidienne prennent le dessus, en Alsace, malgré la libération de Strasbourg le 23 novembre 1944 par le général Leclerc et la réalisation éclatante du serment de Koufra, les combats continuent entre novembre 1944 et mars 1945. L'offensive allemande dans les Ardennes en décembre 1944 est un échec, mais Hitler déclenche néanmoins l'opération *Nordwind* dans le nord de l'Alsace avec la volonté de reprendre Strasbourg. Cette attaque provoque une crise de commandement, les Américains ayant reçu un ordre d'évacuation exposant l'Alsace et Strasbourg à des représailles particulièrement sanglantes. Finalement, cet ordre est revu à la suite de l'intervention du général de Gaulle, et la ville sera défendue par les FFI et la 1re armée française.

Le mois de janvier voit se succéder les attaques qui mettent les troupes nazies aux portes de Strasbourg, mais, finalement, l'offensive allemande échoue. Toutefois, on se bat encore autour de la «poche de Colmar», au moins jusqu'à l'entrée victorieuse dans la ville le 2 février de la 5e DB. Quelques jours plus tard, les 10 et 11 février, le général de Gaulle effectue une visite à Strasbourg, Mulhouse, Colmar, et Saverne.

Enfin, le 19 mars, c'est au tour du nord du Bas-Rhin d'être complètement libéré, ce qui permet à l'armée française de pénétrer en Allemagne à la mi-avril, neuf mois après le débarquement en Normandie. Le 16 avril, le général de Lattre de Tassigny fait une entrée triomphale à Strasbourg.

Le 13 juillet 1945, alors que l'Allemagne a capitulé le 8 mai, ma famille est de retour à Strasbourg, puisque Jean-Paul grimpe sur la cathédrale avec son père, comme l'atteste la dernière carte postale de cette histoire: «Souvenir du 13.7.45 – Montée sur la plateforme de la cathédrale de Strasbourg avec mon papa Wachsmann». Ils ont participé le lendemain à la fête du 14 juillet 1945, le 14 juillet «de la victoire[423]». C'est alors une véritable réappropriation de la rue, de la ville, de l'espace quotidien enfin retrouvé, d'où l'ennemi a été chassé. J'imagine cette fête, pour des raisons évidentes, plus joyeuse que celle de Grenoble.

Mon grand-père reprit ensuite le chemin des urnes, après de longues années sans voter, à l'occasion des élections municipales à Strasbourg, en septembre 1945, qui voient la réélection du maire d'avant-guerre, Charles Frey. À cette date, mon grand-père se fait délivrer (le 27 septembre 1945) une carte d'identité par le commissariat de la police régionale de Strasbourg. Sans surprise, mais avec quel soulagement, constate-t-on que les renseignements sont cette fois entièrement exacts: date de naissance, lieu de naissance (Auschwitz). Le signalement existe toujours, avec la forme du front, le teint, la forme du visage et du nez. Sur la photo d'identité située en bas à gauche, avec empreintes, tampons et timbres, mon grand-père est souriant. Il a bien retrouvé son domicile d'avant-guerre au 69, allée de la Robertsau. Il n'est pas indiqué que la carte d'identité est un «Modèle N° 4».

À l'automne, mes grands-parents ont pu ensuite assister avec Jean-Paul, qui n'est pas le dernier à l'acclamer, à la venue du général de Gaulle à Strasbourg, le 5 octobre 1945.

ÊTRE EN VIE

Grâce à la folie administrative et concentrationnaire des Allemands et de Vichy et au travail acharné des historiens, en particulier Serge Klarsfeld, on sait qu'en France, 75 721 Juifs ont été déportés, dont 42 655 en 1942, 17 041 en 1943 et 16 025 en 1944. Seuls 2 567 survécurent[424]. Plus de 80 % d'entre eux ont été arrêtés par des forces de l'ordre de Vichy[425].

Parmi les 75 721 déportés[426], plus des deux tiers étaient des Juifs étrangers. Parmi eux, 11 385 enfants, pour lesquels Vichy a été particulièrement impitoyable, notamment Laval, dont le retour au gouvernement en avril 1942 a été l'un des événements les plus néfastes pour les enfants juifs, à l'encontre desquels il a fait preuve de zèle dans une indifférence écœurante.

Si les Juifs, français et étrangers, étaient de l'ordre de 330 000 en 1940, c'est donc environ 25 % de la population juive résidant en France qui fut envoyée dans des camps de concentration. Rappelons que cette proportion a atteint près de 99 % en Pologne, 75 % aux Pays-Bas, 66 % en Allemagne, 55 % en Belgique et 50 % en Hongrie[427].

Le fait que près de 250 000 Juifs (ces fameux 75 %) aient survécu malgré les mesures de Vichy et la répression nazie demeure « absolument exceptionnel dans une Europe où partout les juifs étaient pourchassés et mis à mort », comme le rappelait Serge Klarsfeld dans une tribune du *Monde* du 12 avril 2017. Il ajoutait qu'entre le 16 juillet et le 30 septembre 1942, plus de 33 000 Juifs seront arrêtés par la police française pour être déportés par les Allemands. Or, selon lui, « ce rythme aurait pu être maintenu si la population de la zone libre et les prélats de l'Église catholique, piliers du régime, ainsi que les dirigeants de l'Église réformée n'avaient élevé leurs protestations contre ces mesures inhumaines ». Comme le souligne René Rémond dans sa préface au livre d'Asher Cohen, *Persécutions et sauvetages, Juifs et Français sous l'Occupation et sous Vichy*, qui est consacré à ces questions, « les Juifs, qu'ils fussent français ou immigrés, n'avaient de chance d'échapper à leur sort que s'ils trouvaient dans la population compréhension et aide[428] ».

Pour l'Alsace, si l'on repart du chiffre d'environ 25 000 Juifs en 1939, « c'est au moins 14 % de cette population qui fut victime de l'extermination[429] ». Soit environ 2 500 dans le Bas-Rhin et 1 100 dans le Haut-Rhin, ce qui reste néanmoins inférieur à la moyenne nationale de 25 %. Ces chiffres doivent être mis en perspective avec le destin dramatique de cette région, qui, annexée par les Allemands, a été soumise à un enfer répressif, sans comparaison avec celui de la France occupée, même aux heures les plus glauques.

Alors qu'Hitler se méfie des Alsaciens, en particulier à cause des défections lors de la Première Guerre mondiale, le besoin en hommes est tel qu'il se laisse convaincre de la mise en place d'une incorporation de force à la suite de l'échec total de l'appel au volontariat lancé en octobre 1941. Après avoir décidé, le 24 août 1942, de l'attribution de la nationalité allemande aux Alsaciens destinés à entrer dans l'armée allemande, le Gauleiter Robert Wagner instaure, le lendemain, le service militaire obligatoire pour les classes requises, qui ne cesseront de s'élargir. Dans les combats autour de la poche de Colmar en 1945, ces incorporés de force dans l'armée allemande seront de plus en plus jeunes, ne dépassant pas parfois les 15 ou 16 ans.

Le recrutement de force dans la Waffen SS explique la présence, le 10 juin 1944, d'une douzaine d'Alsaciens sous l'uniforme allemand lors des massacres d'Oradour-sur-Glane et ses 642 victimes, les hommes mitraillés ou jetés dans des puits, les femmes (240) et les enfants (242) brûlés dans l'église du village. Le procès à Bordeaux, en 1953, de 21 membres de cette division suscita de graves polémiques entre l'Alsace et le Sud-Ouest, les uns voyant des bourreaux nazis, les autres des victimes de guerre – les Alsaciens n'avaient-ils pas été abandonnés aux mains des Allemands pendant la guerre ? Les 27 jours d'audience devant un tribunal militaire passionnent la France entière, de même que Poldi et Lise, qui avaient pourtant (en privé du moins) du mal à choisir leur camp.

Une vague d'émotion souleva les Alsaciens à l'issue de la décision de condamnation à des peines de mort, de prison et de travaux forcés. « Pétitions, proclamations municipales, tocsin, interpellation du gouvernement par les élus »[430] se succèdent, tandis que le mot « Bordeaux » est recouvert de graffitis sur les plaques de la place du même nom à Strasbourg. Les accusés seront finalement amnistiés avec effet immédiat par une loi votée en urgence par le Parlement, déclenchant la fureur des survivants.

Les incorporés de force, surnommés les «Malgré-Nous», iront majoritairement se battre sur le front de l'Est. Près de 100 000 Alsaciens (auxquels il faut ajouter environ 30 000 Mosellans) seront obligés de servir dans les rangs nazis. Les chiffres disponibles manquent de précision, mais font frémir : environ 32 000 morts, 10 000 disparus et près de 30 000 blessés[431].

Plus terrible encore, la défaite allemande ne sonne pas la fin des souffrances des rescapés alsaciens, qui disparaissent ensuite par milliers dans des camps soviétiques, où ils sont faits prisonniers du fait de leur uniforme allemand. Environ 2 000 Alsaciens périrent de faim, de froid, d'épuisement et de désespoir, principalement au camp de prisonniers de guerre «allemands» de Tambov et son hôpital de Kirsanov, situé à 500 kilomètres de Moscou et où les conditions de détention étaient abominables[432].

L'Alsace a donc payé un très lourd tribut, déplorant autant de victimes que pendant la Première Guerre mondiale, mais où l'effectif des appelés avait été de l'ordre du triple[433]. La démographie de la région s'en ressent, avec une diminution de 75 000 personnes entre 1936 et 1946. Même dans le reste de la France, le bilan de la guerre est lourd, avec environ 300 000 morts[434].

RÉCUPÉRER SON LOGEMENT

La belle villa d'Adolphe, qu'il ne devait plus revoir après l'avoir quittée à l'été 1939, fut récupérée par ses trois fils. Elle avait d'abord connu l'outrage de l'occupation nazie, qui l'utilisa comme hôpital militaire. Ernest indique d'ailleurs dans sa fiche individuelle d'officier du 30 novembre 1944 que sa résidence a été pillée par les Allemands. Après la Libération, elle fut occupée par le 23e régiment d'infanterie en mars 1945. Un acte officiel de l'armée du 27 juin 1945 témoigne de la levée de réquisition «du local servant de popote sis dans l'immeuble 3, rue Saint-Fridolin à Strasbourg».

De leur côté, Lise, Poldi et Jean-Paul se réinstallent dans leur ancien appartement, au 69, allée de la Robertsau, où siégeait peu auparavant le SD, le service de la sûreté nazie. Bien que la maison ait été bombardée entre le 6 septembre 1943 et le 25 septembre 1944, l'appartement en ruine restait habitable, selon mon père. Une pièce était pourtant béante dans le vide et l'escalier était à moitié branlant. Lise ne décolérait pas. Malgré tout, les habitudes reprennent leur droit. Poldi se réabonne aux *Dernières Nouvelles d'Alsace* (et non plus *de Strasbourg*) qui reparaissent depuis décembre 1944, et qu'il lit chaque matin avant d'aller au travail.

On peut apercevoir leur logement en piteux état sur deux photos, même si mon père en culotte courte pose fièrement devant ce chantier de reconstruction. Il se souvient que l'ouvrier à ses côtés était un prisonnier de guerre («yougoslave»?) qui déblayait la zone pour la rendre moins insalubre. Même sans bombardement, dans quel état pouvait être un appartement sans entretien pendant six ans et où, pendant près d'un an (entre l'été 1939 et l'été 1940), Strasbourg, ville morte, avait regorgé de rats, pigeons, chiens et chats errants?

Pourtant, retrouver son logement, même en ruine, était déjà en soi une tâche ardue, pour mes grands-parents comme pour de nombreux Alsaciens. D'abord, après la libération de Strasbourg, les instructions du ministère des Prisonniers, déportés et réfugiés interdirent le retour des Alsaciens dans leur commune d'origine sans autorisation préfectorale préalable. Ensuite, Strasbourg, lourdement impactée par les bombardements, faisait face à un déficit de plus de 13 000 logements. Surtout, de nombreux sinistrés avaient été placés dans les anciens logements des réfugiés.

Enfin, au-delà de l'état de leur appartement, mes grands-parents constatèrent, à leur retour, que la plupart de leurs meubles avaient disparu. Malgré l'ordonnance du 9 août 1944 relative au rétablissement de la légalité républicaine, qui avait d'ores et déjà constaté la nullité de l'ensemble de la législation antisémite (c'est-à-dire de «tous les actes qui établissent ou appliquent une discrimination quelconque fondée sur la qualité de juif», article 3), les biens juifs spoliés étaient assujettis à une procédure complexe de restitution ou d'indemnisation. Bien au-delà des victimes juives, un contentieux très abondant se développa entre réfugiés de retour et occupants ou acquéreurs de bonne foi. L'origine des préjudices pouvait varier à l'infini, en fonction de la chronologie des événements, dans la mesure où plusieurs vagues de pillage avaient eu lieu.

Entre septembre 1939 et l'armistice, Strasbourg semble avoir été plutôt préservée grâce à la vigilance du général Frère et la sévérité des contrôles qui y étaient effectués, comme en témoignent les laissez-passer très stricts, limités dans le temps et dans l'espace, tels que ceux qui avaient été délivrés à mon grand-père fin 1939. En revanche, dans certains villages, ce fut le chaos, et les actes de pillage (par les soldats français), un phénomène extrêmement répandu, pour ne pas dire général. On peut lire à ce propos que « c'est édifiant : glace des armoires brisées, meubles fendus à coups de baïonnette, linge pillé – celui qu'on n'a pas pu emporter est déchiré. Les tuiles des toits sont brisées, l'argenterie a disparu [...] Quand ils sont sortis de leurs maisons, les gens pleuraient de désespoir ; ils n'avaient plus rien trouvé[435]. »

Après l'annexion de l'Alsace, les nazis mirent tout ceci en ordre. De façon générale, les appartements qui étaient restés inoccupés furent méthodiquement vidés en vue d'être revendus. Cela faisait d'ailleurs partie des menaces à l'égard des réfugiés alsaciens dans le Sud-Ouest qui n'étaient pas rentrés en Alsace.

Concernant les Juifs alsaciens, l'ensemble de leurs biens deviennent propriété du Reich en vertu de l'ordonnance du 13 juillet 1940. Grâce à ce traitement particulier, les ventes aux enchères débutèrent à Strasbourg dès le mois d'octobre 1940 : meubles et immeubles appartenant à des Juifs furent, après séquestre, liquidés par une institution spécialement créée à cet effet : l'Office de liquidation des biens juifs, tandis que, à l'image de ce qui s'était passé en France, des administrateurs provisoires furent nommés dans les entreprises et exploitations alsaciennes d'origine juive.

À quel régime fut soumis l'appartement de mes grands-parents et son mobilier ? À celui de (« simples ») réfugiés qui étaient restés en France ? À celui de propriétaires juifs qui furent spoliés de leurs biens ? Malheureusement, les dossiers de récupération que mon grand-père n'a pas dû manquer de remplir ont disparu. En leur absence, il n'est pas possible de répondre à ces interrogations, qui n'ont certes plus d'importance, mais qui interpellent ma fibre juridique.

RETROUVER SES MEUBLES CHEZ LES VOISINS

Grâce à la méticulosité des Allemands, qui avaient gardé trace de ces biens volés, mon père se rappelle que mon grand-père, mieux armé comme avocat que d'autres victimes, réussit à reprendre possession d'une large part de son mobilier d'avant-guerre, en particulier de leur salle à manger, composée d'un ensemble de meubles massifs en palissandre, table, buffet et commode Art nouveau, dont je me souviens parfaitement puisque nous y déjeunions encore dans les années 1980.

Ainsi, ces meubles avaient probablement été vendus aux enchères et, dans ce cas, « les notaires ou huissiers chargés des ventes par les Allemands avaient conservé la liste des acquéreurs[436] ». Le « propriétaire » d'alors, un boucher se souvient mon père, « n'était pas trop fier de ces achats ». Il n'avait donc pas osé faire de difficultés pour les rendre. Poldi put par la suite faire profiter ses clients de son expérience personnelle de la restitution des biens juifs pillés par les nazis en Alsace, un domaine qui, selon les termes de mon père, marcha fort pour les affaires et la notoriété de mon grand-père pendant de nombreuses années.

De la même manière, mon grand-père réussit à reprendre possession chez un particulier d'un de ses rares tableaux, qui lui était donc particulièrement cher, représentant un portrait réaliste de paysan, de ceux qui avaient assuré la notoriété du peintre alsacien Gustave Stoskopf (1869-1944), artiste et homme de théâtre.

C'est chez le concierge que d'autres objets furent retrouvés, témoignant d'une pratique pitoyable, mais constante à travers toute la France. Anne Sinclair raconte comment les Picard, concierge de la galerie de son grand-père, Paul Rosenberg, avaient volé des tableaux, qu'ils avaient accrochés chez eux, et même fait tailler des rideaux dans les magnifiques tentures de l'hôtel particulier où se situait la galerie. Mais il est vrai que ce site dédié à l'art et aux avant-gardes avait connu bien pire outrage en devenant, on l'a dit, le siège de l'Institut d'étude des questions juives.

Encore une fois, ma famille réussit à échapper au pire, avec un retour certes difficile, mais beaucoup moins cruel que pour bon nombre de Juifs de France, qui se pressaient à Paris aux abords de l'hôtel Lutetia pour tenter de retrouver les leurs[437].

REPRENDRE UNE VIE NORMALE

La vie quotidienne en Alsace « désannexée » est pénible. Le ravitaillement est difficile, avec en prime des rations françaises qui sont inférieures à celle sous l'occupation allemande. Le lait manquera jusqu'en avril 1946, et un important marché noir se développe. En mars 1945, la monnaie allemande doit être échangée à un taux officiel très désavantageux, « ce qui équivaut à une deuxième spoliation pour les Alsaciens qui avaient déjà vu leurs avoirs considérablement réduits en 1940 quand les nazis ont pratiqué un taux de change de 1 à 20[438] ». Cette conversion forcée provoque une hausse des prix considérables, de l'ordre de 15 à 20 %.

Lise doit donc continuer à faire avec un approvisionnement difficile. Et même si son mari reconstitue rapidement sa clientèle, le retour à une certaine prospérité attendra le début des années 1950. Lorsqu'elle fait ses courses, même si certains produits sont rares, Lise profite de sa liberté retrouvée et, parmi les réclames qui l'entourent, les slogans les plus présents, comme « Il est chic de parler français », ne lui font plus baisser les yeux avec inquiétude. Les liaisons téléphoniques sont en très mauvais état et les centraux ne seront totalement rétablis qu'à l'automne 1946.

Le retour à la légalité républicaine est délicat. Fallait-il mettre en œuvre une « simple » épuration ou lancer en Alsace une véritable « dénazification », comme sur les territoires de l'ancien Reich ? Au-delà des difficultés matérielles, c'est l'atmosphère locale qui est souvent pesante. Poldi ne pouvait s'empêcher de le relever et de s'en plaindre, surtout au Palais, où cohabitaient laborieusement des professionnels du droit qui n'avaient pas tous vécu la même guerre.

Le commissaire de la République pour le Bas-Rhin écrit au gouvernement le 16 septembre 1944 : « Les Allemands ont nommé à des emplois un certain nombre d'Alsaciens. Cette nomination ne devra pas, à elle seule, être considérée comme un signe d'indignité, sauf bien entendu s'il s'agit d'emplois à caractère nettement politique. » De même, le 30 décembre 1944, il ajoute que « la besogne d'épuration en Alsace appelle de grandes précautions car il apparaît que, durant les quatre années d'annexion, un grand nombre de personnes ont dû, sous les pires menaces et les plus fortes pressions, s'inscrire dans des formations du parti nazi[439] ».

L'épuration, à laquelle mon grand-père n'a pas pu se désintéresser, est donc particulièrement complexe à mener. La lenteur des cours de justice, chambres civiques et tribunaux militaires est réelle. Néanmoins, on estime généralement que l'épuration fut plus sévère qu'ailleurs, avec 6953 condamnations prononcées par la cour d'appel de Colmar, 3081 par les cours de justice[440].

Des historiens tempèrent d'ailleurs ce qu'ils appellent «une légende pieuse» sur l'Alsace. En effet, selon Jean-Pierre Azéma et Olivier Wieviorka, «les Alsaciens Lorrains furent parfois les complices du nazisme. Outre les autonomistes qui croyaient – fort naïvement – qu'Hitler reconnaîtrait leur identité régionale, des milliers d'individus, par opportunisme ou par conviction, aidèrent les Allemands à imposer leur loi. En Alsace, un tiers des maires furent maintenus – preuve que leurs maîtres leur accordaient pleine confiance. Et 74000 petits chefs, en Alsace, prêtèrent main-forte aux nazis pour encadrer la population [...]. À la Libération, un voile pudique dissimula cette étrange connivence, et les Alsaciens, refusant tout examen de conscience, endossèrent l'habit – respectable – de victimes[441].» À ces chiffres, il faut ajouter les 130000 jeunes qui adhèrent aux Hitlerjugend[442].

Dans ce contexte où les statistiques s'incarnaient dans les visages du quotidien, comment imaginer la première fois où mon grand-père a de nouveau revêtu sa robe d'avocat après six ans d'interruption ? Son premier jour au tribunal et sa première plaidoirie ? Y retrouva-t-il des collaborateurs notoires ? Des avocats antisémites ? Des juges au passé nazi encore frais ? Peut-être voyait-il les choses comme Jean Cassou, pour qui «les défaites, les ruines, le sang versé, les plus cruelles destructions sont réparables [...] [tandis que] les atteintes morales sont plus difficiles à guérir[443]».

À partir du 23 avril 1946, il a assisté, au moins épisodiquement, au procès du Gauleiter Robert Wagner, celui-là même qui dirigea l'Alsace d'une main de fer entre 1940 et 1944 et envoya tant d'Alsaciens à une mort certaine sur le front russe. Il a sûrement ressenti de la satisfaction à l'issue de sa condamnation à mort et de son exécution le 14 août 1946. Poldi a pu relever à cette occasion que la plupart des accusés qui seront passés par les armes en Alsace étaient des Allemands (Hermann Röhn, Adolf Schuppel, Walter

Gädeke...). De la même manière, la condamnation à mort dans le reste de la France de quelques grands noms de la collaboration ne put que le combler : Laval, qui fut de l'équipée à Sigmaringen, dont on peut découvrir tout le pathétique dans le roman éponyme de Pierre Assouline, de même que Darnand et de Brinon, entre autres.

Ce qui est certain par contre, c'est qu'il n'a pas pu se réinstaller à son cabinet d'avant-guerre, 5, rue des Francs-Bourgeois, près de la place Kléber, son immeuble ayant été dévasté par les bombardements de 1944, les mêmes qui touchèrent la cathédrale et le palais des Rohan. Il ira donc tout simplement s'établir au rez-de-chaussée de la villa d'Adolphe, au 3, rue Paul Muller-Simonis. Le papier étant rare, mon père me raconta que Poldi utilisa pendant des années comme brouillon du papier à en-tête de la Gestapo qui avait été abandonné par les nazis dans leur appartement en 1945. J'aurais bien aimé retrouver des exemplaires de ce qui constituait à mes yeux une exquise vengeance.

Pour d'autres, le retour à la vie « normale » fut beaucoup plus douloureux. Jean-Jacques Becker, dont on se souvient que son père avait perdu son emploi pendant la guerre, signale qu'il ne fut pas réembauché par son entreprise, qui refusa de lui rendre son travail. Ainsi, dit-il, « on aurait grand tort de croire que l'antisémitisme dans lequel la France avait baigné et qui d'ailleurs existait largement avant la guerre s'était dissipé dans la communion de la Libération[444] ». Dès lors, pour lui et sa famille, « le retour était morose[445] » depuis qu'ils avaient quitté Grenoble pour regagner Paris.

Plus sarcastiquement, André Weil-Curiel donne, en 1945, les recommandations suivantes à l'usage des jeunes juifs : « Mes conseils sont simples. Suis-les. Ne fais pas étalage de tes droits. N'arbore pas tes décorations. C'est un défi, et puisque tu es revenu, puisque tu n'as pas eu la chance suprême qui eût tout arrangé de perdre ta vie au service de la France – mort tu serais un héros, vivant tu es un gêneur – fais en sorte que les bons Français de France qui espéraient ne plus te revoir, oublient que tu existes[446]. »

Quoi qu'il en soit, à la rentrée scolaire 1945, mon père prend, pour la première fois, le chemin de l'école à Strasbourg. À la différence de ses cinq premières années de scolarité, il intègre alors sans crainte et comme n'importe quel élève le lycée

Fustel-de-Coulanges, où il y a peu encore, le portrait d'Hitler trônait au-dessus du tableau noir de chaque classe. Mon père y restera jusqu'à son baccalauréat au début des années 1950.

Quels furent, pendant son adolescence, ses souvenirs de ces six années de guerre ? Peut-être fallait-il précisément à ce moment se laisser gagner par l'oubli : « au futur, pour vivre le commencement ; au présent, pour vivre l'instant ; au passé, pour vivre le retour ; dans tous les cas, pour ne pas répéter[447] ».

LA VIE POURSUIT SON COURS

Mes grands-parents demeurent au 69, allée de la Robertsau dans des conditions précaires et faute de mieux jusqu'en 1949, avant de déménager 11, rue Beethoven, dans le quartier dit « des musiciens », où Jean-Paul se réinstallera vingt ans plus tard, une fois marié, au 13, rue Berlioz, là où je suis née.

Peut-être qu'au fil des ans, cette période « inoubliable » se déclina-t-elle pour Lise, Poldi et Jean-Paul, dans le sens plutôt positif des propos de Laurent Joly : « La plupart des affaires évoquées jusqu'à présent attestent d'une réalité de l'époque que l'on a souvent tendance à oublier : jusqu'à la fin de l'Occupation, de nombreux juifs continuent de vivre pour ainsi dire normalement, demeurent à leur domicile, contournent, avec plus ou moins de réussite, les mesures d'exclusion ou de spoliation les visant, travaillent, aiment et se distraient[448]. »

Dans les années 1980, mes grands-parents iront habiter un bel immeuble moderne du parc Contades, à côté de la Grande Synagogue de Strasbourg, sans avoir été eux-mêmes jamais pratiquants.

Le 9 juillet 1967, Jean-Paul devient avocat comme son père, après avoir prêté serment en 1957 ; il finit son stage à son retour de la guerre d'Algérie, en 1962. Il épouse Dominique Lévy, professeure d'université en pharmacie, qui donnera naissance à deux enfants. Je suis l'aînée, avocate (prestation de serment en 1991) à la suite de mon père et de mon grand-père, tandis que mon frère Jim, né neuf ans après moi, exerce la profession de banquier, mais ceci est une autre (belle) histoire.

APRÈS LA GUERRE

Retour à Strasbourg :
Jean-Paul devant l'appartement en ruine

Jean-Paul a bien grandi, il a désormais dix ans.
Il pose fièrement devant les ruines de l'appartement de mes grands-parents, qui reste pourtant habitable, même si Lise est inquiète du délabrement des lieux.
Poldi la rassure en lui promettant un prochain déménagement.
Redevenu avocat, il se met au travail pour reconstituer sa clientèle au plus vite. Son cabinet ayant été bombardé, il s'installe dans la villa d'Adolphe et utilise comme brouillon le papier à en-tête de la Gestapo retrouvé sur les lieux – le papier est alors un bien rare.

Retour à Strasbourg

La famille rentre à l'été 1945, quelques mois après la libération de l'Alsace. Cela fait six longues années qu'ils ont quitté Strasbourg. Le 13 juillet, la veille de la fête nationale, Jean-Paul et Poldi sont montés ensemble sur la plateforme de la cathédrale pour immortaliser ce moment heureux.

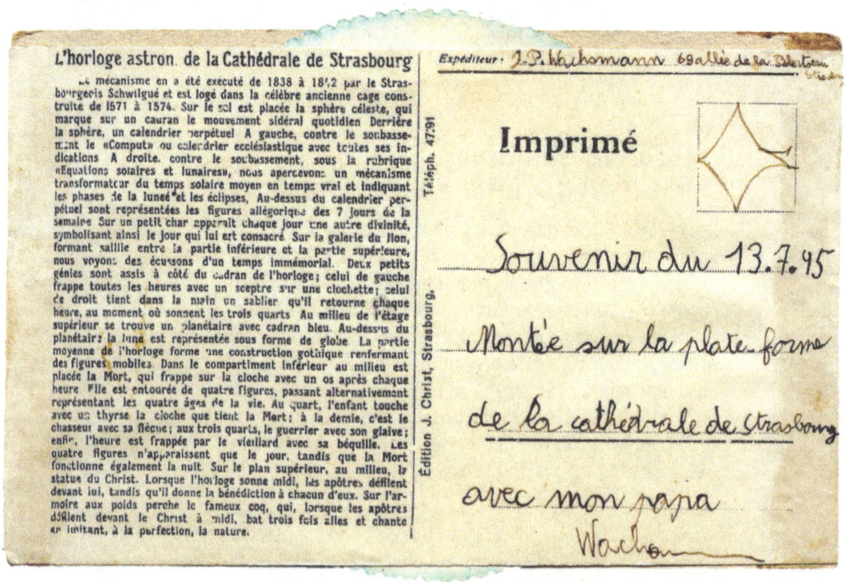

L'horloge astron. de la Cathédrale de Strasbourg

[illegible] mécanisme en a été executé de 1838 à 1842 par le Strasbourgeois Schwilgué et est logé dans la célèbre ancienne cage construite de 1571 à 1574. Sur le sol est placée la sphère céleste, qui marque sur un cauran le mouvement sidéral quotidien Derrière la sphère, un calendrier perpétuel A gauche, contre le soubassement le «Comput» ou calendrier ecclésiastique avec toutes ses indications A droite. contre le soubassement, sous la rubrique «Equations solaires et lunaires», nous apercevons un mécanisme transformateur du temps solaire moyen en temps vrai et indiquant les phases de la luneé et les éclipses, Au-dessus du calendrier perpétuel sont représentées les figures allégoriques des 7 jours de la semaine Sur un petit char apparait chaque jour une autre divinité, symbolisant ainsi le jour qui lui ert consacré Sur la galerie du Ilon, formant saillie entre la partie inférieure et la partie supérieure, nous voyons des écussons d'un temps immémorial. Deux petits génies sont assis à côté du cadran de l'horloge; celui de gauche frappe toutes les heures avec un sceptre sur une clochette; celui de droit tient dans la main un sablier qu'il retourne chaque heure, au moment où sonnent les trois quarts Au milieu de l'étage supérieur se trouve un planétaire avec cadran bleu. Au-dessus du planétaire la lune est représentée sous forme de globe La partie moyenne de l'horloge forme une construction gothique renfermant des figures mobiles. Dans le compartiment inférieur au milieu est placée la Mort, qui frappe sur la cloche avec un os après chaque heure Elle est entourée de quatre figures, passant alternativement représentant les quatre âges de la vie. Au quart, l'enfant touche avec un thyrse la cloche que tient la Mort; à la demie, c'est le chasseur avec sa flècue; aux trois quarts, le guerrier avec son glaive; enfin, l'heure est frappée par le vieillard avec sa béquille. Les quatre figures n'apparaissent que le jour, tandis que la Mort fonctionne également la nuit Sur le plan supérieur, au milieu, la statue du Christ. Lorsque l'horloge sonne midi, les apôtres défilent devant lui, tandis qu'il donne la bénédiction à chacun d'eux. Sur l'armoire aux poids perche le fameux coq, qui, lorsque les apôtres défilent devant le Christ à midi, bat trois fois ailes et chante en imitant, à la perfection, la nature.

Édition J. Christ, Strasbourg. Téléph. 47:91

Expéditeur : J.P. Wachsmann 69 allée de la Robertsau

Imprimé

Souvenir du 13.7.45
Montée sur la plate-forme
de la cathédrale de Strasbourg
avec mon papa

Retrouver le mobilier

Dans l'appartement de mes grands-parents, tous les biens ont été pillés ou revendus. Mon grand-père retrouve le mobilier de sa salle à manger grâce à la méticulosité des registres allemands. Le « propriétaire », qui n'était pas trop fier, ne fera pas de difficulté pour lui rendre ses biens.

Ce tableau de Gustave Stoskopf, un peu austère, qui appartenait à Poldi, lui sera rendu après les démarches appropriées.

CHRONOLOGIES

CHRONOLOGIE FAMILIALE	CHRONOLOGIE HISTORIQUE
1939	
1er mai Adolphe signe le bail de location de la villa La Roseraie pour une année	
Printemps-été Adolphe et le reste de la famille, Robert, Ernest, Lise, Poldi et Jean-Paul, s'installent à Néris-les-Bains	
Début septembre Départ de Jean-Paul en Suisse, près de Zoug, en home d'enfants	**1er septembre** Invasion de la Pologne par l'Allemagne
Septembre Ernest, lieutenant de réserve, est mobilisé à Mulhouse	**1er septembre** Ordre d'évacuation de Strasbourg, d'une partie de l'Alsace et de la Moselle vers le Sud-Ouest
	3 septembre Déclaration de guerre de la France et du Royaume-Uni à l'Allemagne
Fin novembre Jean-Paul quitte la Suisse et rentre à Néris-les-Bains	**Automne** Installation des hospices civils de Strasbourg dans la cité sanitaire de Clairvivre en Dordogne
1940	
Début d'année Lise et Jean-Paul sont à Néris-les-Bains avec Adolphe, Robert et Paul	
Début d'année Poldi effectue ses premiers déplacements à Marseille	
Avril Poldi réside à Marseille	
Avril Paul est mobilisé à Rouen	
	13 mai Lancement de la campagne de France par les Allemands
Juin Ernest participe au combat contre l'invasion allemande	**Mai-juin** Exode et débâcle
	14 juin Arrivée des Allemands à Paris

19 juin
Occupation de Strasbourg par les Allemands

22 juin
Néris-les-Bains, située au sud de la ligne de démarcation, est en zone libre

22 juin
Signature de l'Armistice et découpage de la France en plusieurs zones

Fin juin
Présence de Lise à Marseille attestée par une carte postale

28 juin
Annexion de l'Alsace – unique visite d'Hitler à Strasbourg

Été
Poldi se fait engager comme juriste à la Fiduciaire de France

10 juillet
Fin de la légalité républicaine, Pétain devient chef de l'État français

16 juillet
Expulsion des Juifs d'Alsace en zone libre

13 août
Dissolution des sociétés secrètes

Été
Retour à Strasbourg d'une grande partie des hospices civils installés à Clairvivre

Septembre
Premières mesures antijuives en France

3 octobre
Premier statut des Juifs

24 octobre
Poignée de main entre Hitler et Pétain lors de l'entrevue de Montoire

17 décembre
Ernest est exclu de la magistrature par décret publié au JO

Fin décembre
Poldi s'installe pour deux mois à Toulouse avec Lise et Jean-Paul au 17, rue Saint-Philomène

1941

Début d'année
Robert est scolarisé à Montluçon

Début d'année
Paul poursuit ses études de médecine à Clermont-Ferrand

29 mars
Création du Commissariat général aux questions juives

Mars
Poldi, Lise et Jean-Paul arrivent à Agen et s'installent 26 rue Diderot

1er mai
Jean-Paul est scolarisé au lycée Bernard-Palissy d'Agen

1er mai
Pétain est en tournée à Montluçon et Néris-les-Bains

Été
Poldi, Lise et Jean-Paul se font recenser sur la « Liste des Juifs résidant dans le Lot-et-Garonne »

13 juillet
Jean-Paul est mentionné neuf fois au tableau d'honneur du lycée Bernard-Palissy, notamment en chant pour son interprétation de *Maréchal, nous voilà*

Été
Jean-Paul passe ses vacances d'été à Néris-les-Bains

Été-automne
Adolphe et ses fils se font recenser comme Juifs résidant à Néris-les-Bains, à plusieurs reprises

5 septembre
Publication de la liste par obédience des dignitaires francs-maçons, où figure Adolphe

Octobre
Ernest part s'installer à Lyon et s'inscrit à une école de tissage

2 juin
Second statut des Juifs et recensement des Juifs en zone libre

22 juin
Attaque de l'URSS par l'Allemagne

16 juillet
Décret instaurant un *numerus clausus* de 2 % d'avocats juifs dans les barreaux

22 juillet
Loi française d'aryanisation des biens juifs en zone libre

20 août
Ouverture du camp de Drancy

Fin août
Arrestations de Juifs dans plusieurs arrondissements de Paris

30 août
Tournée triomphale de Pétain à Agen

5 septembre
Inauguration de l'exposition *Le Juif et la France* à Paris

17 novembre
Loi française interdisant la plupart des métiers aux Juifs

Novembre
Projection du film *Le Juif Süss* à Montluçon

Décembre
Arrestation de Juifs français à Paris (rafle dite « des notables »)

1942

7 février
Courrier du directeur général de la Légion sur le trop-plein de Juifs à Néris-les-Bains

Printemps
Robert passe son bac

Août
Nouveau recensement d'Adolphe et de ses fils comme Juifs résidant à Néris-les-Bains

29 mai
Port obligatoire de l'étoile jaune pour les Juifs de plus de six ans en zone occupée

16 et 17 juillet
Rafle du Vel d'Hiv à Paris (13 152 arrestations)

Août
Ouverture du « Camp du textile » à côté de Montluçon pour rassembler les Juifs

26 août
Rafles des Juifs dans toute la zone libre

26 août
Arrestation de 340 Juifs étrangers dans le Lot-et-Garonne, dont 11 à Agen

Septembre-novembre
Plusieurs mentions de l'espionnage de Poldi par le Contrôle des communications

Automne
Ernest s'engage dans la Résistance à Lyon

23 novembre
Lise se fait délivrer à Périgueux un extrait du registre des naissances pour Jean-Paul, sous le faux nom de Willemain

10 décembre
Le rabbin Marx remercie Adolphe pour son aide financière

26 août
Arrestation de 350 Juifs à Grenoble

8 novembre
Débarquement des Alliés en Afrique du Nord

11 novembre
Invasion de la zone libre par les Allemands

11 novembre
Occupation de huit départements par les Italiens, dont l'Isère (Grenoble), et protection des Juifs

11 décembre
Instauration du tampon « Juif » sur les cartes d'identité en zone libre

1943

21 janvier
Robert part étudier la chirurgie dentaire à Lyon

25 janvier
Poldi se fait délivrer une carte d'identité au nom de Willemain à Agen

Printemps-été
Adolphe est recensé une 4e et 5e fois comme Juif résidant à Néris-les-Bains

Début mars
Poldi, Lise et Jean-Paul quittent Agen pour Grenoble. Ils emménagent au 62, cours Berriat

17 mars
Jean-Paul est scolarisé au lycée Champollion de Grenoble

Avril
Paul se rend à Clairvivre pour travailler comme assistant de clinique

Octobre
Ernest est chargé de constituer les Mouvements unis de la Résistance à Montluçon

Janvier
Création de la Milice dirigée par Darnand, dont la branche locale d'Agen s'installe à proximité de la rue Diderot

Janvier
Présence d'au moins 3 000 Juifs à Grenoble

Février
Mise en place du STO

2 février
Défaite de l'Allemagne à Stalingrad

10 juillet
Débarquement des Alliés en Sicile

8 septembre
Capitulation de l'Italie

8 septembre
Fin de la protection italienne et arrivée des Allemands à Grenoble

Octobre
Installation de la Gestapo au 28, cours Berriat à Grenoble

Octobre
Poldi, Lise et Jean-Paul déménagent au 41, rue Génissieu à Grenoble

Fin décembre
Jean-Paul va à l'école au lycée Stendhal

25 novembre
Arrestations au foyer d'étudiants de La Gallia à Clermont-Ferrand

25 au 29 novembre
« Saint-Barthélemy » grenobloise

Décembre
Explosion de la caserne de Bonne et occupation du lycée Champollion par les Allemands

23 décembre
Incendie de la synagogue de Grenoble

1944

Mars
Lise et Jean-Paul séjournent possiblement chez le patron de Poldi à Grenoble, Jean Henri Grenade, dont le fils est devenu un ami de classe de Jean-Paul

22 avril
Carte d'identité d'Adolphe avec le tampon « Juif » et ultime recensement à Néris-les-Bains

Avril
Ernest est chef des FFI de l'Allier

Mai
Paul cache Adolphe et Robert à Dontreix, chez des amis de sa logeuse de Clermont-Ferrand

Printemps-été
Paul s'engage dans les FFI

25 août
Montluçon est libérée par des troupes commandées par Ernest, nommé lieutenant-colonel des FFI

Janvier
Recensement de la population grenobloise

Février-mars
Présence à Grenoble du Kommando SS d'Alois Brunner, arrestation de plus de 450 Juifs

Fin avril
Arrivée des Allemands à Néris-les-Bains

15-20 mai
Arrestation de 29 Juifs à Néris-les-Bains

6 juin
Débarquement des Alliés en Normandie

10 juin
Massacre d'Oradour-sur-Glane

9 août
Annulation par ordonnance de l'ensemble de la législation antisémite

14 août
Exécution de 42 otages près de Montluçon

15 août
Débarquement des Alliés en Provence

22 août
Fuite des Allemands et libération de Grenoble

25 août
Libération de Paris, de Montluçon et de Néris-les-Bains

5 octobre
Ernest est nommé commandant de la subdivision militaire de l'Allier

Automne
Robert est élève officier à Châtel-Guyon

Novembre
Remise par le général de Gaulle de la croix de la Libération à la ville de Grenoble

23 novembre
Libération de Strasbourg

1945

8 janvier
Adolphe décède à Néris-les-Bains

Avril
Libération de l'Alsace

16 avril
Défilé triomphal du général de Lattre de Tassigny à Strasbourg

24 avril
Séjour de Poldi et Lise à Paris

1er mai
Ernest reçoit la médaille de la Résistance

8 mai
Capitulation de l'Allemagne

Été
Poldi, Lise et Jean-Paul quittent Grenoble et se réinstallent à Strasbourg

Juin
Rapatriement définitif des patients et du personnel de Clairvivre à Strasbourg

27 juin
Levée de réquisition de la villa d'Adolphe, 3, rue Saint-Fridolin

Début juillet
Poldi installe sa plaque d'avocat au 3, rue Saint-Fridolin

Mi-juillet
Poldi, Lise et Jean-Paul se réinstallent au 69, allée de la Robertsau

Septembre
Jean-Paul fait sa première rentrée scolaire à Strasbourg au lycée Fustel de Coulanges

5 octobre
Visite du général de Gaulle à Strasbourg

APRÈS-GUERRE

1946
Ernest est nommé juge à la cour d'appel de Colmar
Paul devient interne des hôpitaux de Strasbourg
Robert entre en 3e année de chirurgie dentaire

23 avril 1946
Exécution du Gauleiter Robert Wagner

1953
Procès de la division SS « Das Reich » à Bordeaux

1959-1979
Paul est chirurgien dans le service du professeur Fontaine

9 juillet 1967
Mariage de Jean-Paul avec Dominique Lévy

6 février 1968
Naissance d'Anne Wachsmann

1970-1992
Robert est professeur et doyen de la faculté de chirurgie dentaire de Strasbourg

10 février 1977
Naissance de Jim Wachsmann (frère d'Anne)

1981
Ernest devient président de la 3e chambre civile de la Cour de cassation

22 novembre 1987
Poldi décède à Strasbourg

19 juillet 2003
Ernest décède à Paris

16 octobre 2006
Lise décède à Strasbourg

12 avril 2016
Paul décède à Strasbourg

21 juillet 2020
Naissance de James Wachsmann (fils de Jim)

7 août 2020
Robert décède à Strasbourg

SOURCES

JOURNAUX ET SOUVENIRS DE LA SECONDE GUERRE MONDIALE

Robert Badinter, *Idiss*, Fayard, 2018
Jean-Jacques Becker, *Un soir de l'été 1942... Souvenirs d'un historien*, Larousse, 2009
Hélène Berr, *Journal 1942-1944*, Tallandier, 2008
Marc Bloch, *L'étrange défaite*, Gallimard, Folio Histoire, 1990
Jean Cassou, *La mémoire courte*, Éditions Sillage, 2017
Marcel Cohen, *Sur la scène intérieure*, Gallimard, Folio, 2015
Alain Corbin, *Sois sage, c'est la guerre – Souvenirs d'enfance*, 1939-1945, Flammarion, 2016
Saul Friedländer, *Quand vient le souvenir...*, Seuil, 1998
Jean Galtier-Boissière, *Mon journal pendant l'occupation, 1940-1944*, Libretto, 2016
Maurice Garçon, *Journal 1939-1944*, Les Belles Lettres, 2015
Jean Guéhenno, *Journal des années noires (1940-1944)*, Gallimard, Folio, 2014
Annie Kriegel, *Ce que j'ai cru comprendre*, Robert Laffont, 1991
Claude Lanzmann, *Le lièvre de Patagonie*, Gallimard, 2009
François Mauriac, *Le cahier noir*, Éditions Bartillat, 2016
Irène Némirovsky, *Suite française*, Gallimard, 2006
Georges Perec, *W ou le souvenir d'enfance*, Denoël, 1993
Léon Poliakov, *L'auberge des musiciens*, Éditions Grancher, 1999
Jean-Paul Sartre, *Carnets de la drôle de guerre, septembre 1939 – mars 1940*, Gallimard, 2015
Georges Wellers, *Un Juif sous l'Occupation*, Éditions Tirésias Michel Reynaud, 1991
Léon Werth, *33 jours*, Viviane Hamy, 1992
Léon Werth, *Déposition, Journal de guerre 1940-1944*, Extraits, Points, 2007
Stefan Zweig, *Le monde d'hier*, Belfond, 1996

LIVRES D'AVANT-GUERRE

Lion Feuchtwanger, *Le Juif Süss*, Livre de poche, 2011
Irène Némirovsky, *David Golder*, Grasset, 2005
Jakob Wassermann, *L'affaire Maurizius*, Gallimard, Folio, 2006

LES JUIFS PENDANT LA SECONDE GUERRE MONDIALE

Diane Afoumado, *L'affiche antisémite en France sous l'Occupation*, Berg International Éditeurs, 2008
Robert Badinter, *Un antisémitisme ordinaire : Vichy et les avocats juifs*, Fayard, 1997
Tal Bruttmann, *Au bureau des Affaires juives, l'administration française et l'application de la législation antisémite (1940-1944)*, La Découverte, L'Espace de l'Histoire, 2006
Tal Bruttmann et Laurent Joly, *La France antijuive de 1936*, CNRS Éditions, Biblis, 2016
Asher Cohen, *Persécutions et sauvetages, Juifs et Français sous l'Occupation et sous Vichy*, Cerf, 1993
Jean-Claude Duclos (sous la direction de), *Être Juif en Isère entre 1939 et 1945*, Musée de la Résistance et de la Déportation d'Isère, 1997
Philippe Garnier-Raymond, *Une certaine France, L'antisémitisme 1940-1944*, Balland, 1975
Ivan Jablonka, *Histoire des grands-parents que je n'ai pas eus*, Seuil, 2012
Laurent Joly, *L'État contre les Juifs, Vichy, les nazis et la persécution antisémite*, Grasset, 2018
Laurent Joly, *Dénoncer les Juifs sous l'Occupation – Paris, 1940-1944*, CNRS Éditions, 2017
André Kaspi, *Les Juifs pendant l'Occupation*, Seuil, 1997
Serge Klarsfeld, *Le calendrier de la persécution des Juifs en France, 1940-1944*, Les Fils et Filles de Déportés juifs en France et Beate Klarsfeld Foundation, 1993
Michaël Marrus et Robert O. Paxton, *Vichy et les Juifs*, Calmann-Lévy (nouvelle édition), 2015
Maurice Olender (sous la direction de), *Le droit antisémite de Vichy*, Seuil, Le Genre humain, mai 1996
Léon Poliakov, *L'étoile jaune*, Éditions Grancher, 1999
Renée Poznanski, *Les Juifs en France pendant la Seconde Guerre mondiale* (édition revue), CNRS Éditions, 2018
Antoine Probst, Rémi Skoutelski et Sonia Étienne, *Aryanisation économique et restitution, Rapport de la Mission d'étude sur la spoliation des Juifs en France*, La Documentation française, 2000
Adam Rayski, *Le choix des Juifs sous Vichy, entre soumission et résistance*, Éditions de la Découverte, 1992
Annette Wieviorka, *L'ère du témoin*, Fayard, Pluriel, 2013
Claire Zalc et Nicolas Mariot, *Face à la persécution, 991 Juifs dans la Guerre*, Odile Jacob, 2010
Claire Zalc, Tal Bruttmann, Ivan Ermakoff, Nicolas Mariot (sous la direction de), *Pour une microhistoire de la Shoah*, Seuil, Le Genre humain, septembre 2012
Claire Zalc, *Les dénaturalisés, les retraits de nationalité sous Vichy*, Seuil, 2016
Revue d'histoire des Juifs de France, *Les évictions professionnelles sous Vichy*, n° 41/1, Archives juives, 1er trimestre 2008

Revue d'histoire des Juifs de France, *Les femmes juives en France : parcours d'émancipation (XIXe-XXe siècles)*, n° 48/2, Archives juives, 2e semestre 2015
Revue d'histoire de la Shoah, *Une passion sans fin, Entre Dreyfus et Vichy : aspect de l'antisémitisme français*, Centre de documentation juive contemporaine, n° 173, septembre-décembre 2001
Revue d'histoire de la Shoah, *L'antisémitisme français sous l'Occupation*, Centre de documentation juive contemporaine, n° 198, mars 2013
Revue Pardès, André Kaspi, Annie Kriegel, Annette Wieviorka (sous la direction de), *Juifs et Polonais*, JC Lattès, n° 8/1988, 1988
Revue Pardès, André Kaspi, Annie Kriegel, Annette Wieviorka (sous la direction de), *Les Juifs de France dans la seconde guerre mondiale*, Cerf, n° 16/92, 1992

RÉCITS SUR LA SECONDE GUERRE MONDIALE

Santiago H. Amigorena, *Le ghetto intérieur*, POL, 2019
Pierre Assouline, *Le Lutetia*, Gallimard, 2005
Pierre Assouline, *Sigmaringen*, Gallimard, 2014
Javier Cercas, *L'imposteur*, Actes Sud, 2015
Michael Freund, *La disparition de Deborah L.*, Seuil, 2012
Daniel Mendelsohn, *Les disparus*, Flammarion, 2007
Patrick Modiano, *Dora Bruder*, Gallimard, Folio, 1999
Patrick Modiano, *La place de l'Étoile*, Gallimard, Folio, 1975
Patrick Modiano, *Les boulevards de ceinture*, Gallimard, Folio, 1972
Patrick Modiano, *Livret de famille*, Gallimard, Folio, 2002
Patrick Modiano, *Un pedigree*, Gallimard, Folio, 2005
Pierre Pachet, *Autobiographie de mon père*, Belin, 1987
Philippe Sands, *Retour à Lemberg*, Albin Michel, 2017
Anne Sinclair, *21 rue La Boétie*, Grasset, 2013

SOURCES ALSACIENNES

Monette Bohrmann, *Souvenirs d'une petite Alsacienne, Strasbourg-Périgueux pendant la guerre 1939-1945*, Salde, 2004
Marie-Joseph Bopp, *L'Alsace sous l'occupation allemande, 1940-1945*, Éditions Xavier Mappus, 1945
Olivier Claudon, *Et la ville sera vide,* La Nuée Bleue, Collection L'histoire est un roman, 2019
Louis-François Hollender et Emmanuelle During-Hollender, *Chirurgiens et Chirurgie à Strasbourg*, Coprur, 2000
Colonel Jouin, Revue historique de l'Armée, *La Ve région militaire (Champagne – Ardennes – Lorraine – Alsace – Franche-Comté – Bourgogne)*, Ministère de la Défense nationale, n° 1 (spécial), 1973
Christian Lamboley, *40-45 Strasbourg bombardée*, Contades, 1988

Georges Livet et Francis Rapp (sous la direction de), *Histoire de Strasbourg, Des origines à nos jours*, Collection Histoire des villes d'Alsace, Éditions des Dernières Nouvelles, Istra, 1982, tome IV, Strasbourg de 1815 à nos jours XIXe et XXe siècles, Livre VI, *L'entre-deux-guerres, l'Occupation nazie et la Libération (1919-1945)*, René Fuchs, Henri Nonn et Francis Rapp

Eugène Riedweg, *1939-1945, Strasbourg : ville occupée*, Éditions du Rhin, 1982

Jacques Samuel, *Journal 1939-1945, Une famille juive alsacienne durant la Seconde Guerre mondiale*, Éditions le Manuscrit, Collection Témoignages de la Shoah, 2014

Catherine et François Schunck, *D'Alsace en Périgord, Histoire de l'évacuation 1939-1940*, Alan Sutton, Témoignages et récits, 2006

Léon Strauss, *Réfugiés, expulsés, évadés d'Alsace et de Moselle 1940-1945*, Jérôme Do Bentzinger Éditeur, 2010

Christophe Woehrle, *La cité silencieuse, Strasbourg-Clairvivre (1939-1945)*, Éditions Secrets de Pays, Collection Histoire & Mémoires, 2019

Saisons d'Alsace, *1939, L'évacuation*, La Nuée Bleue, n° 105, automne 1989

Saisons d'Alsace, *1940, La débâcle*, La Nuée Bleue, n° 109, automne 1990

Saisons d'Alsace, *1941, La mise au pas*, La Nuée Bleue, n° 114, automne 1991

Saisons d'Alsace, *1942, L'incorporation de force*, La Nuée Bleue, n° 117, automne 1992

Saisons d'Alsace, *1943, La guerre totale*, La Nuée Bleue, n° 121, automne 1993

Saisons d'Alsace, *1944, Vers la Libération,* La Nuée Bleue, n° 124, été 1994

Saisons d'Alsace, *1945, La délivrance*, La Nuée Bleue, n° 127, printemps 1995

Les Saisons d'Alsace, *Septembre 1939, l'Alsace évacuée*, DNA, n° 41, septembre 2009

Les Saisons d'Alsace, *L'Alsace sous la botte des nazis, 1940-1945*, DNA, n° 44, juin 2010

Les Saisons d'Alsace, *L'Alsace libérée, 1944-1945*, DNA, n° 61, septembre 2014

Les Saisons d'Alsace, *1918, le retour à la France*, DNA, n° 77, automne 2018

Sources, *La vie artistique à Strasbourg (1880-1944). Nouvelles recherches*, n° 12, 2018

LIVRES D'HISTOIRE DE LA SECONDE GUERRE MONDIALE

Éric Alary, Bénédicte Vergez-Chaignon et Gilles Gauvin, *Les Français au quotidien 1939-1949*, Perrin, Collection Tempus, 2009

Pierre Assouline, *L'épuration des intellectuels*, Perrin, Collection Tempus, 2017

Jean-Pierre Azéma et François Bédarida (sous la direction de), *La France des années noires, Livre n° 1. De la défaite à Vichy*, et *Livre n° 2. De l'Occupation à la Libération*, Seuil, Points Histoire, 2000

Jean-Pierre Azéma et Olivier Wieviorka, *Vichy 1940-1944*, Perrin, Collection Tempus, 2004

Olivier Barrot et Raymond Chirat, *La vie culturelle dans la France occupée*, Documents Gallimard, 2009

SOURCES

Laurence Bertrand Dorléac, *L'art de la défaite 1940-1944*, Seuil, L'Univers historique, 2010

Laurence Bertrand Dorléac et Jacqueline Munck, *L'art en guerre – France 1938-1947*, Paris-Musées, 2012

Tal Bruttmann, *La logique des bourreaux, 1940-1944*, Fayard, 2003 et 2015

Philippe Burrin, *La France à l'heure allemande, 1940-1944*, Seuil, Points Histoire, 1995

Jacques Cantier, *Lire sous l'Occupation*, CNRS Éditions, 2018

Matthieu Devigne, *L'école des années noires, une histoire du primaire en temps de guerre, entre Vichy et République (1938-1948)*, PUF, 2018

Thomas Fontaine et Denis Peschanski, *La Collaboration, Vichy Paris Berlin, 1940-1945*, Tallandier, 2018

Pierre Giolitto, *Grenoble, 1940-1944*, Perrin, 2001

Julian Jackson, *La France sous l'Occupation*, Flammarion, 2013

Jean-Paul Jean (sous la direction de), *Juger sous Vichy, juger Vichy*, La Documentation française, 2018

Pierre Laborie, *Le chagrin et le venin. Occupation. Résistance. Idées reçues*, Gallimard, Folio Histoire, 2014

Bernard Noël, *Marseille-New York, 1940-1945*, André Dimanche Éditeur, 1985

Pascal Ory, *Les collaborateurs, 1940-1945*, Seuil, Points Histoire, 1976

Pascal Ory, *Voyage dans la France occupée*, Histoire, L'Express, Bibliomnibus, 2014

Denis Peschanski, *Vichy, 1940-1944, Contrôle et exclusion*, Questions au XXe siècle, Éditions Complexes, 1997

Pierre Piazza, *Histoire de la carte nationale d'identité*, Odile Jacob, Histoire, 2004

François Rouquet et Fabrice Virgili, *Les Françaises, les Français et l'Épuration*, Gallimard, Folio Histoire, 2018

Jacques Sémelin, *Persécutions et entraides dans la France occupée, Comment 75 % des Juifs en France ont échappé à la mort*, Seuil, Les Arènes, 2013

André Touret, *Montluçon 1940-1944, La mémoire retrouvée*, Créer, 2001

Dominique Veillon, *Vivre et survivre en France, 1939-1947*, Payot Histoire, 1995

Dominique Veillon (sous la direction de), *Les jours sans, 1939 -1949, Alimentation et pénurie en temps de guerre*, Libel, 2017

Michel Wlassikoff et Philippe Delangle (sous la direction de), *Signes de la Collaboration et de la Résistance*, Éditions Autrement, 2002

Le Monde des Philatélistes, *Maréchal nous voilà*, n° 435, novembre 1989

PARCOURS HISTORIQUE

Marc Augé, *Les formes de l'oubli*, Rivages Poche, Petite Bibliothèque, 2001

Alain Corbin, *Le monde retrouvé de Louis-François Pinagot*, Flammarion, Champs Histoire, 2016

Albert Londres, *Le Juif errant est arrivé*, Arléa, 2010

Michelle Perrot, *Mélancolie ouvrière*, Grasset, 2014

REMERCIEMENTS

Je remercie en tout premier lieu et le plus tendrement possible Emmanuel Guigon, mon mari, soutien indéfectible et relecteur de luxe, qui m'a conseillée, orientée et surtout écoutée avec une immense patience pendant ces cinq années de travaux.

Je souhaite ensuite mentionner Laurence Bertrand Dorléac, sans laquelle ce livre ne serait pas arrivé à son terme. Son regard d'historienne et son expérience m'ont, à plusieurs reprises et surtout dans les moments de doutes, redonné du cœur à l'ouvrage.

Je remercie également une autre historienne, Frédérique Neau-Dufour, qui s'est dévouée pour relire avec acuité mes écrits et m'a considérablement aidée à finaliser cet ouvrage.

Je suis ensuite tout à fait reconnaissante à Georges Sebbag, avec sa femme Monique, d'avoir « défriché » une version initiale de mon manuscrit et de m'avoir fait part avec franchise de ses remarques constructives, qui ont largement contribué à bonifier mon texte et sa présentation.

Je dois citer plusieurs membres de ma famille qui ont passé un temps infini à m'éclairer sur ce passé commun. Bruno Frank, fils de Paul, a été très présent, partageant inlassablement ses souvenirs et les documents de son père, grand-père et de ses oncles Robert et Ernest. Je remercie Nicole, sa mère, de nous avoir aimablement remis en contact un beau jour du printemps 2017 à Strasbourg. Merci également à Robert Frank, l'un des héros de cette histoire, qui m'a reçue très gentiment à la maison et m'a raconté sa vie pendant la guerre, tout en me donnant accès à ses archives. J'aurais aimé pouvoir converser avec lui de mon livre...

Je suis très reconnaissante à Jean-Pierre Rebière pour son apport irremplaçable sur tous les sujets nérisiens pendant la guerre, et dont j'ai fait la connaissance par l'entremise de Jean Siefert-Ostermann, directeur général des services de Néris-les-Bains. Ses conseils et ses précisions d'érudit local, passionné de cette période qu'il a vécue très jeune, m'ont été précieux.

Je sais gré à Irène Mainguy, écrivaine et responsable de la bibliothèque du Grand Orient de France, de m'avoir fort obligeamment envoyé la fiche d'Adolphe, qui m'a permis d'éclairer son parcours de franc-maçon, d'autant que mon courrier électronique d'origine avait été simplement posté sur le site du Grand Orient à la rubrique « Contactez-nous ».

J'exprime ma reconnaissance aux différents professionnels des Archives départementales qui ont répondu à mes nombreuses sollicitations. Les Archives départementales de l'Isère ont été d'une grande aide (Hélène Vialet, directrice, et Caroline Wahl). Dans l'Allier, les équipes ont été particulièrement diligentes (Denis Tranchard, directeur, et Catherine Garapon) et nos échanges, productifs. De même dans le Lot-et-Garonne, les réponses précises de Stéphane Capot, directeur et conservateur du patrimoine, et de Dominique Texier-Favier, ainsi que les envois de documents, ont été rapides, efficaces et sympathiques. Je remercie cette dernière de m'avoir fait part de son souhait de lire mon ouvrage une fois achevé. Elle aura ainsi été ma première lectrice virtuelle.

Je signale également les Archives de la Ville et de l'Eurométropole de Strasbourg, avec qui j'ai dialogué sur les changements de noms successifs de la rue Paul Muller-Simonis (Laurence Perry, directrice, et Jérôme Ruch). Je remercie également Philippe Galanopoulos, directeur de la bibliothèque de la Cour de cassation, pour son aide.

Tous mes remerciements à mes premiers lecteurs : Aline et Antoine de Galbert, dont l'intérêt et les encouragements sont venus à un moment crucial. J'en profite pour faire l'éloge de mon éditrice, Mathilde Reumaux, dont la rigueur et le professionnalisme m'ont impressionnée et beaucoup servi.

Un très grand merci également à Pascal Mangin, mon plus vieil ami, François Miclo, qui sait toute l'importance qu'il a eue dans ma vie, Thomas Ricard et son enthousiasme littéraire, Emmanuel Combe pour ses conseils éclairés, ainsi que Bernard Kuentz, infatigable défenseur de l'Alsace, et Julie Martinez, pour leur appui à divers titres et leurs interventions respectives.

Enfin, je remercie mon assistante, Niamh Heusaff, relectrice infatigable et support logistique précieux pour la réalisation de cet ouvrage, pour lequel Martial Damblant a également œuvré à mes côtés.

NOTES

1. Léon Poliakov, *Bréviaire de la haine*, Jacques Grancher Éditeur, 1999, p. 199.
2. Anne Sinclair, *21 rue La Boétie,* Grasset, 2013, p. 69 et p. 19 : « Pendant des années, je n'ai pas voulu écouter les histoires du passé cent fois ressassées par ma mère. Pas par volonté de jouer à une quelconque "famille je vous hais". Mais l'histoire de mes grands-parents maternels, même si je croyais la connaître, n'était pas la mienne, ce n'était pas ma vie. »
3. Alain Corbin, *Sois sage, c'est la guerre,* Flammarion, Champs Histoire, 2014, p. 7 et 90.
4. Philippe Burrin, *La France à l'heure allemande, 1940-1944*, Points Histoire, Seuil, 1995, p. 10.
5. Pierre Laborie, *Le chagrin et le venin, Occupation. Résistance. Idées reçues*, Folio Histoire, 2014.
6. Alain Corbin, *Le monde retrouvé de Louis-François Pinagot, sur les traces d'un inconnu (1798-1876),* Flammarion, Champs Histoire, 2016.
7. André Kaspi, *Les Juifs pendant l'occupation*, Seuil, 1997.
8. Renée Poznanski, *Les Juifs en France pendant la Seconde Guerre mondiale* (édition revue), CNRS Éditions, 2018.
9. Robert Paxton et Michaël Marrus, *Vichy et les Juifs*, Calmann-Lévy, Livre de poche, Biblio Essais, 1990.
10. Claire Zalc, *Dénaturalisés, les retraits de nationalité sous Vichy*, Seuil, 2016.
11. Claire Zalc, Tal Bruttmann et Nicolas Mariot (sous la direction de), *Pour une microhistoire de la Shoah*, Seuil, 2012.
12. Michelle Perrot, *Mélancolie ouvrière*, Grasset, 2012. Je fus également amusée de voir que Michelle Perrot prenait soin de se démarquer de la démarche de son éminent collègue Alain Corbin et de son anti-héros Louis-François Pinagot, « un anonyme tellement absent de la vie publique que ses marques y sont invisibles ». *Mélancolie ouvrière*, p. 15.
13. Ivan Jablonka, *Pour une microhistoire de la Shoah, Écrire l'histoire de ses proches*, p. 49.
14. Ivan Jablonka, *Pour une microhistoire de la Shoah, Écrire l'histoire de ses proches*, p. 59.
15. Marcel Cohen, *Sur la scène intérieure – Faits*, Gallimard, 2015, p. 8.
16. Claire Zalc, Tal Bruttmann et Nicolas Mariot (sous la direction de), *Pour une microhistoire de la Shoah*, p. 85.
17. Marcel Cohen, *Sur la scène intérieure – Faits*, p. 70. Voir aussi Robert Badinter à propos de son père : « Souvent, je me suis interrogé : que pensait-il lorsque, à Drancy, en mars 1943, il montait dans le train qui le conduirait au camp d'extermination de Sobibor, en Pologne ? [...] Tel que je l'ai connu, aimant si profondément la France, a-t-il jusqu'au bout conservé sa foi en elle ? On ne fait pas parler les morts. Mais cette question-là, si cruelle, n'a jamais cessé de me hanter. » Robert Badinter, *Idiss*, Fayard, 2018, p. 186.
18. Ivan Jablonka, *Histoire des grands-parents que je n'ai pas eus*, p. 186.
19. Annette Wieviorka, *L'ère du témoin*, Fayard, Pluriel, 2013, p. 15.
20. Georges Perec, *W ou le souvenir d'enfance*, L'imaginaire, Gallimard, 1993, p. 17.
21. Annie Kriegel, *Ce que j'ai cru comprendre*, Laffont, 1991, p. 103.
22. Annie Kriegel, *Ce que j'ai cru comprendre*, p. 111.
23. Les Saisons d'Alsace, *1918, le retour à la France*, DNA, n° 77, automne 2018, p. 52.
24. JO du 24 mars 1925 suivant le paragraphe 3 de l'Annexe à la section V (Alsace-Lorraine) de la Partie III du Traité de Versailles du 28 juin 1919 selon lequel les Allemands nés ou domiciliés en Alsace, « même s'ils ont l'indigénat alsacien-lorrain », n'acquéraient pas la nationalité française « par l'effet du retour de l'Alsace-Lorraine à la France ». Cette disposition leur laisse cependant le droit de demander leur naturalisation sous certaines conditions de résidence, que les Frank remplissaient alors sans problème.
25. Voir le témoignage du frère d'Annie Kriegel, Jean-Jacques Becker, également futur historien, *Un soir de l'été 1942... Souvenirs d'un historien*, Larousse, 2009, p. 29, 32 et 33.
26. Ainsi lit-on souvent, y compris dans les travaux les plus fouillés, des considérations de ce type : « Laissons de côté l'Alsace et la Lorraine, dont les habitants affrontent la réalité de l'annexion et la germanisation », Philippe Burrin, *La France à l'heure allemande,* p. 187.
27. Éric Alary, Bénédicte Vergez-Chaignon et Gilles Gauvin, *Les Français au quotidien 1939-1949*, Collection Tempus, Perrin, 2009, p. 133.

28. Philippe Burrin, *La France à l'heure allemande*, p. 190, et Denis Peschanski, *Vichy, 1940-1944, Contrôle et exclusion*, Questions du XXe siècle, Éditions Complexes, 1997, p. 179. Voir Renée Poznanski, *Les Juifs en France pendant la Seconde Guerre mondiale*, p. 47 : « Ce sera souvent la première découverte de l'existence des Juifs par les paysans de petits villages de la France. »
29. Archives départementales du Lot-et-Garonne, Archives du cabinet du préfet (1939-1945), 1 W 296, p. 64, 98 et 122.
30. Maurice Garçon, *Journal 1939-1945*, Les Belles Lettres, 2015, p. 38. Voir aussi Jean-Paul Jean (sous la direction de), *Juger sous Vichy, juger Vichy*, Jean-Paul Jean, « Maurice Garçon, avocat, écrivain : Journal sous l'Occupation », p. 83 à 87.
31. Robert Badinter, *Idiss*, p. 134.
32. Eugène Riedweg, *1939-1945 Strasbourg : ville occupée*, Éditions du Rhin, 1982, p. 21.
33. René Meyer, Saisons d'Alsace, *1939, L'évacuation, L'Alsace évacuée*, p. 120.
34. René Meyer, Saisons d'Alsace, *1939, L'évacuation, L'Alsace évacuée*, p. 71.
35. Aude Gombert, Les Saisons d'Alsace, *L'Alsace évacuée*, DNA, n° 41, septembre 1939, p. 69.
36. Léon Strauss, *Saison d'Alsace, 1943, la guerre totale, Les Juifs : exil, exclusion, extermination*, p. 184.
37. Marie-Joseph Bopp, *L'Alsace sous l'occupation allemande, 1940-1945*, Éditions Xavier Mappus, 1945, p. 36.
38. Témoignage cité par Catherine et François Schunck, *D'Alsace en Périgord, Histoire de l'évacuation, 1939-1940, Témoignages et récits*, Alan Sutton, 2006, p. 55.
39. Témoignages cités par Dominique Veillon, *Vivre et survivre en France, 1939-1947*, Histoire Payot 1995, p. 33.
40. Les chiffres des évacués concernent environ 485 000 personnes, mais les données varient selon les sources, et selon que l'on inclut ou non les Mosellans, qui auraient compté environ 225 000 évacués ; certains évoquent 630 000 personnes touchées par ces mesures. Au total, si on additionne la population d'Alsace et de Lorraine (c'est-à-dire la Moselle), on compterait environ 800 000 personnes ayant dû quitter précipitamment leur foyer.
41. Léon Strauss, Saisons d'Alsace, *1943, la guerre totale, Les juifs : exil, exclusion, extermination*, p. 184.
42. Marie-Joseph Bopp, *L'Alsace sous l'Occupation allemande, 1940-1945*, p. 38.
43. Jean-Pierre Azéma et François Bédarida, François Bédarida, *La France des années noires, 1. De la défaite à Vichy, Huit mois d'attente et d'illusion : la « drôle de guerre »*, p. 45.
44. Marc Bloch, *L'étrange défaite*, Gallimard, 1990, p. 67.
45. Marc Bloch, *L'étrange défaite*, p. 73. Voir aussi Philippe Burrin, *La France à l'heure allemande*, p. 11.
46. René Meyer, Saisons d'Alsace, *1939, L'évacuation, L'Alsace évacuée*, p. 53, et Pascal Coquis, Les Saisons d'Alsace, *L'Alsace évacuée*, p. 16 et 17.
47. Jean-Paul Sartre, *Carnets de la drôle de guerre, septembre 1939 – mars 1940*, nouvelle édition, Gallimard, 2015, p. 50.
48. Jean-Pierre Azéma et François Bédarida, Pierre Barral, *La France des années noires, 1. De la défaite à Vichy, L'Alsace-Lorraine : trois départements sous la botte*, p. 246.
49. Marie-Joseph Bopp, *L'Alsace sous l'occupation allemande, 1940-1945*, p. 260. Voir aussi Bernard Vogler, Les Saisons d'Alsace, DNA, *L'Alsace sous la botte nazie*, n° 44, juin 2010, p. 54.
50. Voir Pascal Ory, *Voyage dans la France occupée, Strasbourg*, L'Express, Bibliomnibus, 2014, p. 42, et François Rouquet et Fabrice Virgili, *Les Françaises, les Français et l'Épuration*, Gallimard, Folio Histoire, 2018, p. 268.
51. Jean-Marc Thiébaut, Les Saisons d'Alsace, DNA, *L'Alsace sous la botte nazie*, p. 22.
52. Marie-Joseph Bopp, *L'Alsace sous l'Occupation allemande, 1940-1945*, p. 71.
53. Eugène Riedweg, *1939-1945 Strasbourg : ville occupée*, p. 74.
54. Léon Strauss, *Réfugiés, expulsés, évadés d'Alsace et de Moselle, 1940-1945*, p. 18.
55. *L'Alsace au temps des « malgré nous »*, Encyclopédie BS Éditions, p. 5. Selon Jean-Pierre Azéma et Olivier Wieviorka, environ 130 000 évacués demeurent dans le sud-ouest de la France (ce chiffre inclut les Alsaciens et les Mosellans), *Vichy, 1940-1944*, p. 259.
56. Serge Klarsfeld, *Calendrier de la persécution des juifs en France, 1940-1944*, Les Fils et Filles de Déportés juifs en France et Beate Klarsfeld Foundation, 1993, p. 18, et Léon Strauss, Saisons d'Alsace, *1943, la guerre totale, Les juifs : exil, exclusion, extermination*, p. 184.
57. Serge Klarsfeld, *Calendrier de la persécution des juifs en France*, p. 18 et 63.
58. Selon l'expression de Philippe Burrin, *La France à l'heure allemande*, chapitre II, p. 24 et s.
59. Denis Peschanski, *Vichy, 1940-1944, Contrôle et exclusion*, p. 33.

60. André Kaspi, *Les Juifs pendant l'Occupation*, p. 163.
61. Pierre Piazza, *Histoire de la carte nationale d'identité*, Odile Jacob Histoires, 2004, p. 132.
62. Pierre Piazza, *Histoire de la carte nationale d'identité*, p. 148.
63. Léon Poliakov, *Mémoires*, p. 112.
64. Archive personnelle : décret du 2 janvier 1928 mentionné dans un certificat de nationalité du 28 janvier 1934. Je n'ai pas réussi à retrouver ce décret au Journal officiel.
65. En réalité, elle est désignée sous le nom de *Oswiecim* dès 1869, lorsque le polonais devient une langue officielle en Galicie. Voir Claire Zalc et Nicolas Mariot, *Face à la persécution*, p. 14, et le catalogue de l'exposition *Auschwitz, Not so long ago. Not far away*, édité par Robert Jan Van Pelt, 2017, p. 42.
66. Maurice Garçon, *Journal*, p. 43.
67. Renée Poznanski, *Les Juifs en France pendant la Seconde Guerre mondiale*, dans un chapitre intitulé « Pour survivre », p. 159.
68. Renée Poznanski, *Les Juifs en France pendant la Seconde Guerre mondiale*, p. 164.
69. In *Liberté, liberté chérie*, paru en janvier 1943, cité par Jean-Pierre Azéma et François Bédarida, François et Renée Bédarida, *La France des années noires, 2. De l'Occupation à la Libération*, p. 192. Bien d'autres Juifs passeront à Marseille, comme Léon Poliakov à partir d'octobre 1941, rejoignant le grand rabbin Zalman Chneerson pour travailler avec un groupe de Juifs orthodoxes (*Mémoires*, p. 97 et s.).
70. Texte cité à la fois par Philippe Garnier Raymond, *Une certaine France, L'antisémitisme 40-44*, p. 92 à 104, et par Laurence Bertrand Dorléac, *L'art de la défaite*, p. 70.
71. Maurice Garçon, *Journal*, p. 338-339.
72. Robert Badinter, *Un antisémitisme ordinaire : Vichy et les avocats juifs*, 1997, Fayard. Lire aussi de nombreux passages du *Journal* de Maurice Garçon qui évoquent leur situation.
73. Voir Jean-Paul Jean (sous la direction de), *Juger sous Vichy, juger Vichy*, Yves Ozanam, *Le barreau de Paris pendant la Seconde Guerre mondiale (1940-1945)*, p. 64, et *De Vichy à la Résistance : le bâtonnier Jacques Charpentier*, p. 173.
74. Robert Badinter, *Un antisémitisme ordinaire*, p. 61.
75. Voir Jean-Paul Jean (sous la direction de), *Juger sous Vichy, juger Vichy*, Yves Ozanam, *Le barreau de Paris pendant la Seconde Guerre mondiale (1940-1945)*, p. 69 et s., et notamment p. 82 : « Au terme des présentations des délibérations du conseil de l'Ordre de 1940 à 1945, on ne peut qu'être frappé par les choix faits par le bâtonnier et le conseil de l'Ordre : ils ne protestent pas contre l'exclusion, sans précédent dans l'histoire du barreau, de plus de trois cents de leurs confrères victimes d'une législation xénophobe et antisémite – dont il faut préciser qu'elle est rétroactive – qui bafoue les principes élémentaires du droit dont les avocats sont par vocation les défenseurs ; au contraire, ils prennent des décisions qui permettent d'assurer l'application de ces textes et, en se livrant à des sélections parmi les exclus, ils pratiquent une discrimination qui fait apparaître l'Ordre comme complice de l'œuvre de Vichy. »
76. Voir Jean-Paul Jean (sous la direction de), *Juger sous Vichy, juger Vichy*, Yves Ozanam, *Le barreau de Paris pendant la Seconde Guerre mondiale (1940-1945)*, qui mentionne le chiffre de 214, p. 68, et Robert Badinter, *Un antisémitisme ordinaire*, p. 150 à 154. Au barreau de Paris, il y aura en définitive 64 avocats juifs maintenus, largement au titre d'anciens combattants, 26 en tant que prisonniers de guerre et 5 avocates épouses de prisonniers (Robert Badinter, p. 154).
77. Danièle Lochak, *Le droit antisémite, écrire, se taire..., Réflexions sur l'attitude de la doctrine française*, p. 436, et Denis Peschanski, *Vichy, 1940-1944, Contrôle et exclusion*, p. 62.
78. Robert Badinter, *Un antisémitisme ordinaire*, p. 119.
79. Maurice Garçon, *Journal*, 5 mai 1941, p. 245.
80. Maurice Garçon, *Journal*, 25 octobre 1940, p. 180. Voir aussi l'analyse saisissante sur le caractère prétendument insoluble du problème juif – assez pénible à lire – p. 437, dans le cadre d'une discussion avec des amis le 2 février 1942.
81. Léon Werth, *33 jours*, Viviane Hamy, 1992, p. 11.
82. Jean-Pierre Azéma et François Bédarida, Jean-Pierre Azéma, *La France des années noires, 1. De la défaite à Vichy, Le choc armé et les débandades*, p. 118. Voir aussi Renée Poznanski, *Les Juifs en France pendant la Seconde Guerre mondiale*, p. 47. Il faut relire cet écrivain célèbre de l'époque qu'était Irène Némirovsky, dans son livre publié à titre posthume, *Suite française* (Gallimard, 2006), rédigé avant son arrestation, en 1942, dans un petit village français en zone libre et

sa déportation sans retour à Auschwitz. Voir également le livre de Léon Werth, *33 jours*.

83. Denis Peschanski, *Vichy, 1940-1944, Contrôle et exclusion*, p. 19.
84. Jean Galtier-Boissière, *Mon Journal pendant l'Occupation*, 24 août 1940, p. 14.
85. Jean-Pierre Azéma et Olivier Wieviorka, *Vichy, 1940-1944*, p. 22.
86. Jean-Pierre Azéma et François Bédarida, Jean-Pierre Azéma, *La France des années noires, 1. De la défaite à Vichy, Le choc armé et les débandades*, p. 109.
87. Jean-Jacques Becker, *Un soir de l'été 1942...*, p. 49, et *Souvenir d'un historien*, Larousse, 2009, p. 50.
88. Robert Badinter, *Idiss*, p. 161.
89. Jean-Pierre Azéma et Olivier Wieviorka, *Vichy, 1940-1944*, p. 224.
90. Claude Lanzmann, *Le lièvre de Patagonie*, Gallimard, 2009, p. 68.
91. Robert Badinter, interview dans *L'Express* du 24 octobre 2018 pour la sortie d'Idiss, livre consacré à sa grand-mère.
92. Jean Guéhenno, *Journal des années noires 1939-1944*, 17 juin 1940, p. 29.
93. Jean Cassou, *La mémoire courte*, p. 30.
94. Bernard Noël, *Marseille-New York, 1940-1945*, André Dimanche Éditeur, 1985, p. 10.
95. Selon le mot de Céline, voir Jean-Pierre Azéma et Olivier Wieviorka, *Vichy, 1940-1944*, p. 23, et Pierre Laborie, *Le chagrin et le venin*, p. 72.
96. Jean Galtier-Boissière, *Mon journal pendant l'Occupation*, 12 juin 1941, p. 45.
97. Michel Wlassikoff et Philippe Delangle (sous la direction de), *Signes de la Collaboration et de la Résistance*, Éditions Autrement, 2002, p. 17.
98. Léon Werth, *Déposition*, 16 octobre 1940, p. 43. Voir aussi Jean Guéhenno, *Journal des années noires 1939-1944*, 21 février 1941, p. 120.
99. Philippe Garnier Raymond, *Une certaine France, L'antisémitisme 40-44*, texte cité p. 158 à 162.
100. Patrick Modiano, *Les boulevards de ceinture*, Gallimard, Folio, 1972, p. 162, probablement inspiré d'Eugène Gerber, fasciste notoire et journaliste collaborationniste. Voir Pascal Ory, *Les collaborateurs, 1940-1945*, Seuil, Points Histoire, 1976, p. 59.
101. Léon Werth, *Déposition*, 4 décembre 1940, p. 73.
102. Cité par Julian Jackson, *La France sous l'Occupation 1940-1944*, Flammarion, 2004, p. 333 (in Roderick Kedward, *Resistance in Vichy*, Oxford University Press, 1978, p. 88 et 197).
103. Pascal Ory, *Voyage dans la France occupée, Marseille*, p. 160-161, et Bernard Noël, *Marseille-New York, 1940-1945*, p. 46 et p. 118 à 122.
104. Jean-Pierre Azéma, Olivier Wieviorka, *Vichy, 1940-1944*, p. 226.
105. Claire Zalc et Nicolas Mariot, *Face à la persécution*, p. 89.
106. Michel Dreyfus, *Heurs et malheurs de l'entreprise immobilière Bernheim (c. 1890-1945)*, Revue d'histoire des Juifs de France, Archives juives n° 48/2, 2e semestre 2015.
107. François Mauriac, *Le Cahier noir*, Édition Bartillat, 2016, p. 43.
108. Jacques Sémelin, *Persécutions et entraides*, p. 71, citant le témoignage de Liliane Lieber, Strasbourgeoise née en 1924 qui avait fui à Vichy lors de l'évacuation de Strasbourg, p. 90.
109. Les deux citations *in* Julian Jackson, *La France sous l'Occupation*, p. 177.
110. Saul Friedländer, *Quand vient le souvenir*, Le Seuil, 1998, p. 55.
111. Saul Friedländer, *Quand vient le souvenir*, p. 55.
112. André Kaspi, *Les Juifs pendant l'Occupation*, p. 150.
113. Jacques Sémelin, *Persécutions et entraides*, p. 107.
114. Jean-Jacques Becker, *Un soir de l'été 1942...*, p. 48.
115. Maurice Garçon, *Journal*, p. 430. Voir aussi Renée Poznanski, *Les Juifs en France pendant la Seconde Guerre mondiale*, p. 48, selon laquelle plus de la moitié des Juifs de France avait gagné le sud de la France, « surtout les plus fortunés qui disposaient des moyens de subsister dans un environnement nouveau », et p. 139 et s.
116. Antoine Probst, Rémi Skoutelski et Sonia Étienne, *Aryanisation économique et restitution*, Rapport de la Mission d'étude sur la spoliation des Juifs en France, La Documentation française, Paris, 2000, Avant-propos, p. 7. Dommage que ce rapport, qui est centré sur la question de la restitution, ne traite pas de la situation de l'Alsace (voir note de bas de page 1).
117. Dominique Veillon, *Vivre et survivre en France, 1939-1947*, p. 237.
118. Laurent Joly, *L'État contre les Juifs, Vichy, les nazis et la persécution antisémite*, Grasset, 2018, p. 46.
119. Claire Zalc et Nicolas Mariot, *Face à la persécution*, p. 80.
120. Robert Badinter, *Idiss*, p. 185.
121. Antoine Probst, Rémi Skoutelski et Sonia Étienne, *Aryanisation économique et*

restitution, p. 16-17. Le ministre de la Justice, pourtant peu suspect d'être proche des Juifs, émit des réserves face à un texte qui dérogeait aux principes généraux du droit français relatifs au droit de propriété. Il n'avait eu aucun de ces scrupules lors de l'examen du premier statut des Juifs d'octobre 1940, voir Claire Zalc et Nicolas Mariot, *Face à la persécution*, p. 133.

122. Selon les mots de Léon Strauss, Saisons d'Alsace, *1943, la guerre totale, les juifs : exil, exclusion, extermination*, p. 192.
123. Jean-Jacques Becker, *Un soir de l'été 1942...*, p. 69.
124. Dominique Veillon, *Vivre et survivre en France, 1939-1947*, p. 38.
125. Léon Werth, *Déposition*, 31 janvier 1941, p. 104.
126. Fabrice Grenard, *Les jours sans, 1939-1949, Alimentation et pénurie en temps de guerre, L'organisation administrative du ravitaillement*, p. 17.
127. Jean Guéhenno, *Journal des années noires 1939-1944*, 28 avril 1941, p. 152.
128. Éric Alary, *Les Français au quotidien, 1939-1949*, p. 159.
129. Léon Werth, *Déposition*, 10 mai 1941, p. 119.
130. Saul Friedländer, *Quand vient le souvenir*, p. 58.
131. Saul Friedländer, *Quand vient le souvenir*, p. 61.
132. Fabrice Grenard, *Les jours sans*, p. 17.
133. Éric Alary, *Les Français au quotidien, 1939-1949*, p. 159, et Dominique Veillon, *Vivre et survivre en France, 1939-1947*, p. 116.
134. Éric Alary, *Les Français au quotidien, 1939-1949*, p. 160.
135. Jean Galtier-Boissière, *Mon journal pendant l'Occupation*, 20 septembre 1943, p. 185.
136. Léon Werth, *Déposition*, 10 juin 1944, p. 295.
137. Georges Wellers, *Un Juif sous Vichy*, p. 42.
138. Pour sa proximité avec von Ribbentrop, ministre des Affaires étrangères du Reich, Julian Jackson, *La France sous l'Occupation*, p. 236.
139. Jacques Cantier, *Lire sous l'Occupation*, p. 59.
140. Saul Friedländer, *Quand vient le souvenir*, p. 69.
141. Site de l'AJPN (Anonymes, Justes et persécutés durant la période nazie dans les communes de France) : www.ajpn.org/communes-Neris-les-Bains et André Touret, Montluçon 1940-1944, *La mémoire retrouvée*, Créer, 2001, p. 118. Les chiffres varient peu selon d'autres sources, de 3 650 pour Serge Klarsfeld à 3 635 dont 735 étrangers pour Asher Cohen, voir *Persécutions et sauvetages, Juifs et Français sous l'Occupation et sous Vichy*, Les éditions du Cerf, 1993, p. 62.
142. Annette Wieviorka, *Histoire mondiale de la France (sous la direction de Patrick Boucheron), 1942, Vel d'Hiv–Drancy–Auschwitz*, p. 632.
143. Claire Zalc et Nicolas Mariot, *Face à la persécution*, p. 17. La question de la religion avait été posée dans le recensement de 1851, mais celle-ci disparaît dès 1872, sauf dans les départements d'Alsace et de Lorraine, en raison du système concordataire, voir ce même ouvrage, p. 38.
144. Georges Perec, *W ou le souvenir d'enfance*, p. 61.
145. Renée Poznanski, *Les Juifs en France pendant la Seconde Guerre mondiale*, p. 21.
146. Jean-Pierre Azéma et François Bédarida, François et Renée Bédarida, *La France des années noires, 2. De l'Occupation à la Libération*, p. 150-151.
147. Voir Léon Strauss, Saisons d'Alsace, *1943, la guerre totale ; Les Juifs : exil, exclusion, extermination*, p. 190.
148. Denis Peschanski, *Vichy, 1940-1944, Contrôle et exclusion*, p. 181.
149. Jean-Pierre Azéma et François Bédarida, François et Renée Bédarida, *La France des années noires, 2. De l'Occupation à la Libération*, p. 164.
150. Laurent Joly, *L'État contre les Juifs*, p. 39. Voir aussi Julian Jackson, *La France sous l'Occupation*, p. 423-424, Denis Peschanski, *Vichy, 1940-1944, Contrôle et exclusion*, p. 144, et Asher Cohen, *Persécutions et sauvetages*, p. 72.
151. Léon Strauss, Saisons d'Alsace, *1943, la guerre totale ; Les Juifs : exil, exclusion, extermination*, p. 194-195.
152. Serge Klarsfeld, *Calendrier de la persécution des Juifs en France*, p. 107 et 121, et Jean-Marc Béraud, *Le droit antisémite, Le Juif interdit de travail*, p. 216-217.
153. Maurice Garçon, *Journal*, 19 octobre 1940, p. 174.
154. Dans sa préface de l'ouvrage de Jean-Paul Jean (sous la direction de), *Juger sous Vichy, juger Vichy*, p. 8.
155. Cité par Robert Badinter, *Un antisémitisme ordinaire*, p. 67, note de bas de page n° 2.
156. Journal officiel du 18 décembre 1940, p. 6160.
157. Jean-Paul Jean (sous la direction de), *Juger sous Vichy, juger Vichy*, Jean-Paul Jean, *Juger*

sous Vichy et à la Libération, p. 11 et 12. Il est à noter que, par le cumul d'autres lois répressives de Vichy, c'est en réalité près de 294 magistrats qui sont exclus dès 1940. Voir aussi Renée Poznanski, *Les Juifs en France pendant la Seconde Guerre mondiale*, p. 26.

158. Robert Badinter, *Un antisémitisme ordinaire*, p. 119 et 122, note de bas de page n° 2.

159. Tal Bruttmann, Revue d'histoire des Juifs de France, *Les évictions professionnelles sous Vichy, La mise en œuvre du statut des Juifs du 3 octobre 1940*, p. 13, et Robert Badinter, *Un antisémitisme ordinaire*, p. 65.

160. Maurice Garçon, *Journal*, 19 juin 1941, p. 264.

161. Voir ainsi le témoignage de Claude Vigée, Juif d'Alsace résidant alors à Toulouse, dans *La lune en hiver*, Flammarion, 1970, p. 13, cité par Léon Strauss, Saisons d'Alsace, *1943, la guerre totale, Les Juifs : exil, exclusion, extermination*, p. 195 : « J'achetai le numéro [de *Paris-Soir*] et je l'ouvris d'une main tremblante... Je demeurai debout quelques minutes sur la place ensoleillée, en proie à une sorte d'étourdissement, le souffle coupé de rage et d'indignations impuissantes. Il me semblait que j'avais été frappé d'un coup en plein cœur. Jamais je n'ai oublié, jamais je n'oublierai cet instant-là [...]. Soudain je connus de science immédiate et totale que rien, désormais, ne serait comme avant dans les rapports avec le monde où j'étais né. Le ressort de la foi élémentaire, ma croyance en l'équité et en l'humanité de la société qui m'avait formé étaient brisés. Il ne s'agissait pas là d'un décret de l'ennemi, mais d'un acte public des gens au pouvoir dans mon pays natal. La France de l'armistice mettait officiellement en œuvre une législation inique qu'elle couvrait en son nom. Nous, juifs français, étions formellement déclarés hors-la-loi par le gouvernement légal de l'État français [...], séparés du reste de la population, réduits à l'état de sous-hommes [...], juifs d'Alsace ou d'ailleurs, qu'importe. » Voir aussi Tal Bruttmann, *Au bureau des Affaires juives, l'administration française et l'application de la législation antisémite (1940-1944)*, La Découverte, L'espace de l'Histoire, 2006, p. 46, qui cite Pierre Laborie, *Le statut des Juifs de Vichy et l'opinion*, Desclée de Brouwer, 2001, p. 113 à 141. Voir aussi sur sa genèse, Laurent Joly, *L'État contre les Juifs*, p. 17 à 31 et 35 à 39.

162. Julian Jackson, *La France sous l'Occupation*, p. 443, et Léon Strauss, Saisons d'Alsace, *1943, la guerre totale ; Les Juifs : exil, exclusion, extermination*, p. 190.

163. Jean Guéhenno, *Journal des années noires 1939-1944*, p. 73.

164. Tal Bruttmann, *Au bureau des Affaires juives*, p. 28.

165. Tal Bruttmann, *Au bureau des Affaires juives*, p. 8.

166. Tal Bruttmann, *Au bureau des Affaires juives*, p. 199.

167. Annie Kriegel, *Ce que j'ai cru comprendre*, p. 124.

168. André Kaspi, *Les Juifs pendant l'Occupation*, p. 113 : l'article 4 de la loi du 2 juin 1941 dispose que « les juifs ne peuvent exercer une profession libérale, commerciale, industrielle ou artisanale, ou une profession libre, être titulaires d'une charge d'officier public ou ministériel [...] ». Jean-Marc Béraud, *Le droit antisémite, Le juif interdit de travail*, p. 217. Denis Peschanski, *Vichy, 1940-1944, Contrôle et exclusion*, p. 151-152.

169. Laurent Joly, Revue d'histoire des Juifs de France, *Les évictions professionnelles sous Vichy, L'administration de l'État français et le statut des Juifs du 2 juin 1941*, p. 26 et 29.

170. Léon Werth, *Déposition*, p. 125.

171. Robert Badinter, *Un antisémitisme ordinaire*, p. 99.

172. Voir Jean-Marc Béraud, *Le droit antisémite, Le juif interdit de travail*, p. 218-219, et Laurent Joly, Revue d'histoire des Juifs de France, *Les évictions professionnelles sous Vichy*, n° 41/1, Archives juives, 1er trimestre 2008, p. 7.

173. Jean Guéhenno, *Journal des années noires 1939-1944*, 31 janvier 1942, p. 256.

174. Asher Cohen, *Persécutions et sauvetages*, p. 60-61, évoque entre 140 000 et 180 000 Juifs en zone libre selon les sources.

175. Serge Klarsfeld, *Calendrier de la persécution des Juifs en France*, p. 38, Laurent Joly, *L'État contre les Juifs*, p. 44-45.

176. André Kaspi, *Les Juifs pendant l'Occupation*, p. 20 et 79.

177. Jean-Jacques Becker, *Un soir de l'été 1942...*, p. 57.

178. Robert Badinter, *Le droit antisémite, Peut-on être avocat quand on est juif en 1940-1944 ?*, Maurice Olender (sous la direction de), Le Genre humain, Seuil, mai 1996, p. 148.

179. Annie Kriegel, *Ce que j'ai cru comprendre*, p. 128.

180. Annie Kriegel, *Ce que j'ai cru comprendre*, p. 125.

181. Léon Werth, *Déposition*, p. 129, 130 et 131.

182. Georges Wellers, *Un Juif sous Vichy*, p. 223.

183. Voir Adam Rayski, *Le choix des Juifs sous Vichy*, p. 23.

184. Léon Poliakov, *Mémoires,* p. 91. Voir plus loin sur le tampon « JUIF ».
185. André Kaspi, *Les Juifs pendant l'Occupation*, p. 162.
186. Ivan Jablonka, *Histoire des grands-parents que je n'ai pas eus*, p. 232.
187. Renée Poznanski, *Les Juifs en France pendant la Seconde Guerre mondiale*, p. 135.
188. Serge Klarsfeld, *Calendrier de la persécution des Juifs en France*, p. 1103.
189. Claire Zalc et Nicolas Mariot, *Face à la persécution, 991 juifs dans la guerre*, p. 49 et 51.
190. Asher Cohen, *Persécutions et sauvetages*, p. 28.
191. Saul Friedländer, *Quand vient le souvenir...*, p. 56. Renée Poznanski, *Les Juifs en France pendant la Seconde Guerre mondiale*, p. 190, évoque aussi des tensions communautaires entre Polonais et Alsaciens à Montluçon et à Néris-les-Bains, sans plus de détail.
192. Saul Friedländer, *Quand vient le souvenir...*, p. 74.
193. Jean-Jacques Becker, *Un soir de l'été 1942...*, p. 8.
194. Jean-Jacques Becker, *Un soir de l'été 1942...*, p. 32.
195. Léon Werth, *Déposition*, p. 38.
196. Georges Wellers, *Un Juif sous Vichy*, p. II et XII.
197. Marc Bloch, *L'Étrange défaite*, p. 31-32.
198. Marc Bloch, *L'Étrange défaite*, p. 31-32.
199. Tal Bruttmann, *Au bureau des Affaires juives*, p. 64.
200. Tal Bruttmann et Laurent Joly, *La France antijuive de 1936*, CNRS Éditions, Biblis, 2016, p. 64 (tout le livre est consacré à cette affaire).
201. Jacques Samuel, *Une famille juive alsacienne pendant la guerre*, Collection Témoignages de la Shoah, 2014, Éditions Le Manuscrit, p. 44.
202. Saul Friedländer, *Quand vient le souvenir...*, p. 56.
203. Jean Cassou, *La mémoire courte*, Éditions Sillage, 2017, p. 28.
204. Archives départementales de l'Allier, documents numérisés : *Le Centre* des 20 et 21 novembre 1940.
205. Jean Guéhenno, *Journal des années noires 1939-1944*, 14 août 1940, p. 47. Voir Stefan Zweig, *Le Monde d'hier*, Belfond, 1996, ainsi que Raymond Bach, *L'identification des juifs : l'héritage de l'exposition de 1941, « Le Juif et la France ».* Revue d'histoire de la Shoah, *Une passion sans fin, Entre Dreyfus et Vichy : aspects de l'antisémitisme français*, n° 173, septembre-décembre 2001, p. 170.
206. Laurent Joly, *Au Pilori, (1940-1944), « Journal de lutte contre le Juif » et officine de délation*, Revue d'histoire de la Shoah, *Une passion sans fin, entre Dreyfus et Vichy : aspects de l'antisémitisme français*, p. 168, et l'ensemble de son article sur ce journal.
207. Philippe Garnier Raymond, *Une certaine France, L'antisémitisme 40-44*, p. 53-54.
208. Renée Poznanski, *Les Juifs en France pendant la Seconde Guerre mondiale*, p. 103, et les références citées.
209. Claude Lanzmann, *Le lièvre de Patagonie*, Gallimard, 2009, p. 74.
210. François Mauriac, *Le Cahier noir*, Éditions Bartillat, 2016, p. 48.
211. Claude Lanzmann, *Le lièvre de Patagonie*, p. 74.
212. Léon Poliakov, *Mémoire*, p. 93.
213. Dominique Veillon, *Vivre et survivre en France, 1939-1947*, p. 234-235.
214. Patrick Modiano, *La place de l'Étoile*, Gallimard, 1975, p. 47.
215. Marc Augé, *Les formes de l'oubli*, Rivages Poche, Petite Bibliothèque, 2001, p. 134.
216. Robert Badinter, *Un antisémitisme ordinaire*, p. 25, 137 et 228.
217. Maurice Garçon, *Journal*, 2 octobre 1941, p. 298-299.
218. Voir Philippe Burrin, *La France à l'heure allemande*, p. 299.
219. Claude Lanzmann, *Le lièvre de Patagonie*, p. 71. Voir, à l'inverse, Julian Jackson, *La France sous l'Occupation* : « Malgré la somnolence culturelle de la ville de Vichy, une vie culturelle étonnamment riche existait dans maintes villes du Sud », p. 366.
220. Dominique Veillon, *Vivre et survivre en France, 1939-1947*, p. 95.
221. Julian Jackson, *La France sous l'Occupation*, p. 383, et Éric Alary, *Les Français au quotidien, 1939-1949*, p. 250.
222. Thomas Fontaine et Denis Peschanski, *La collaboration*, p. 59.
223. Lion Feuchtwanger, *Le Juif Süss*, Livre de poche, 2011.
224. Selon la formule de Jacques Cantier, *Lire sous l'Occupation*, p. 33.
225. Julian Jackson, *La France sous l'Occupation*, p. 305.
226. Archives départementales de l'Allier, documents numérisés : *Le Centre* du 30 juin 1943, p. 2.
227. Jean-Jacques Becker, *Un soir de l'été 1942...*, 2009, p. 45.
228. Jean-Jacques Becker, *Un soir de l'été 1942...*, p. 59. Voir aussi Léon Werth, *Déposition*, 8 novembre 1942, p. 191.

229. André Touret, *Montluçon 1940-1944*, p. 145.
230. Jean Guéhenno, *Journal des années noires 1939-1944*, p. 272-273.
231. Asher Cohen, *Persécutions et sauvetages*, p. 350, et Pascal Ory, *Les collaborateurs*, p. 157.
232. Robert Badinter, *Idiss*, p. 173.
233. Jean-Jacques Becker, *Un soir de l'été 1942...*, p. 109. Voir aussi Jean-Pierre Azéma et Olivier Wieviorka, *Vichy, 1940-1944*, p. 144.
234. Laurent Joly, *Darquier de Pellepoix et l'Union française pour la défense de la race, L'antisémitisme français sous l'Occupation*, Revue d'histoire de la Shoah, n° 198, mars 2013, p. 209.
235. Georges Bensoussan, *éditorial, L'antisémitisme français sous l'Occupation*, Revue d'histoire de la Shoah, n° 198, mars 2013, p. 16.
236. Jean Galtier-Boissière, *Mon Journal pendant l'Occupation*, 15 août 1941, p. 64.
237. Jean-Pierre Azéma et Olivier Wieviorka, *Vichy, 1940-1944*, p. 146.
238. Archives départementales de l'Allier, documents numérisés: *Le Centre* du 3 mai 1941.
239. Mémorial de la Shoah, CII-41- 0001, Fonds du Commissariat général aux questions juives.
240. André Touret, *Montluçon 1940-1944*, p. 144.
241. Selon la chronologie des délibérations du Conseil municipal de Néris-les-Bains établie par Jean-Pierre Rebière.
242. Jean Cassou, *La mémoire courte*, p. 39.
243. Adam Rayski, *Le choix des Juifs sous Vichy*, p. 118.
244. André Touret, *Montluçon 1940-1944*, p. 118 à 120.
245. Saul Friedländer, *Quand vient le souvenir...*, p. 56.
246. Saul Friedländer, *Quand vient le souvenir...*, p. 82 à 84.
247. Selon la chronologie des délibérations du Conseil municipal de Néris-les-Bains établie par Jean-Pierre Rebière.
248. Robert Badinter, *Un antisémitisme ordinaire*, p. 119, note de bas de page n° 5.
249. André Touret, *Montluçon 1940-1944*, p. 196, sur la base des Archives départementales de l'Allier, 996 W 105.
250. Dossiers militaires d'Ernest, consultés aux Archives de l'Armée, Château de Vincennes, 16P233701.
251. Cité par Robert Badinter, *Un antisémitisme ordinaire*, p. 45, note de bas de page n° 1.
252. Jean Cassou, *La mémoire courte*, p. 60.
253. Renée Poznanski, *Les Juifs en France pendant la Seconde Guerre mondiale*, p. 503.
254. Voir les détails jour par jour dans André Touret, *Montluçon 1940-1944*, p. 289 à 300, qui cite Ernest à plusieurs reprises, p. 287 et 300.
255. Jean Cassou, *La mémoire courte*, p. 44.
256. Extrait des *Dernières Nouvelles d'Alsace* de septembre 1946 à l'occasion de la nomination d'Ernest comme chevalier de la Légion d'honneur.
257. Arrêt de la Cour de cassation du 2 décembre 1954.
258. Asher Cohen, *Persécutions et sauvetages*, p. 143, et Pierre Laborie, *Le chagrin et le venin*, p. 135.
259. Maurice Garçon, *Journal*, p. 514.
260. Hélène Berr, *Journal 1942-1944*, Tallandier, 2009, p. 259.
261. Claude Lanzmann, *Le lièvre de Patagonie*, p. 33.
262. Henri Nahum, Revue d'histoire des Juifs de France, *Les évictions professionnelles sous Vichy, L'éviction des médecins juifs dans la France de Vichy*, p. 42 et 43.
263. Ivan Jablonka, *Histoire des grands-parents que je n'ai pas eus*, p. 142.
264. Paul Frank, *La Chirurgie strasbourgeoise à Clairvivre, Chirurgiens et Chirurgie à Strasbourg*, 2000, Coprur, p. 182 à 184.
265. *La Chirurgie strasbourgeoise à Clairvivre*, p. 222.
266. Jean Guéhenno, *Journal des années noires 1939-1944*, p. 105.
267. Laurence Bertrand Dorléac et Jacqueline Munck, *L'art en guerre – France 1938-1947*, p. 364-365. Voir aussi Michel Wlassikoff et Philippe Delangle (sous la direction de), *Signes de la Collaboration et de la Résistance*, p. 38, et Dominique Veillon, *Vivre et survivre en France, 1939-1947*, p. 88.
268. Diane Afoumado, *L'Affiche antisémite en France sous l'Occupation*, Berg International Éditeurs, 2008, p. 71.
269. Jean Galtier-Boissière, *Mon Journal pendant l'Occupation*, 18 juillet 1941, p. 57.
270. Laurence Bertrand Dorléac, *L'art de la défaite*, p. 129.
271. Laurence Bertrand Dorléac, *L'art de la défaite*, p. 129.
272. Jean Guéhenno, *Journal*, 15 octobre 1941, p. 139.
273. Selon cette revue, «le chef de l'État est représenté en buste, ses traits sont graves, mais ses yeux expriment une confiance inébranlable en les destinées de la France. Il est coiffé du képi à trois rangs de feuilles de chêne et vêtu de la petite tenue d'officier

général, rehaussée par le col blanc et la cravate noire. Sur la poitrine du Maréchal, la seule médaille militaire résume les ordres innombrables dont il est haut dignitaire. »

274. Laurence Bertrand Dorléac, *L'art de la défaite*, p. 130.
275. Pascal Ory, *Voyages dans la France occupée, Toulouse*, p. 190.
276. Interview de Jean-Pierre Koscielniak dans *L'Express*, *Agen sous l'Occupation*, 27 avril 2011, p. IV.
277. André Touret, *Montluçon 1940-1944*, p. 141.
278. Jean-Pierre Azéma et Olivier Wieviorka, *Vichy, 1940-1944*, p. 209.
279. Jean Guéhenno, *Journal*, 15 juillet 1940, p. 38.
280. Serge Klarsfeld, *Calendrier de la persécution des juifs en France*, p. 69.
281. Jean Guéhenno, *Journal*, p. 156.
282. Laurent Joly, *L'État contre les Juifs*, p. 130.
283. Serge Klarsfeld, *Calendrier de la persécution des juifs en France*, p. 123, et Robert Badinter, *Un antisémitisme ordinaire*, p. 129.
284. Robert Badinter, *Un antisémitisme ordinaire*, p. 143.
285. Jean Guéhenno, *Journal*, 23 juin 1941, p. 173.
286. Jean-Pierre Azéma et Olivier Wieviorka, *Vichy, 1940-1944*, p. 270, et Renée Poznanski, *Les Juifs en France pendant la Seconde Guerre mondiale*, p. 70.
287. Sur les décisions (une trentaine au total en matière de législation antisémite) en matière d'aryanisation, voir Robert Badinter, *Un antisémitisme ordinaire*, p. 119 et 120.
288. Jean-Jacques Becker, *Un soir de l'été 1942...*, p. 65.
289. Jean-Jacques Becker, *Un soir de l'été 1942...*, p. 70-71.
290. Serge Klarsfeld, *Calendrier de la persécution des juifs en France*, p. 168.
291. Georges Wellers, *Un Juif sous Vichy*, p. 66. En outre, l'étau se resserre encore avec l'ordonnance du préfet de la Seine du 10 décembre 1941 organisant un pointage régulier des Juifs résidant dans le département, voir Laurent Joly, *L'État contre les Juifs*, p. 67.
292. Claire Zalc et Nicolas Mariot, *Face à la persécution*, p. 81, et Serge Klarsfeld, *Calendrier de la persécution des juifs en France*, p. 191 à 195.
293. Interview de Sandrine Labeau dans *L'Express*, *Agen sous l'Occupation*, du 27 avril 2011, p. V.
294. Interview de Jean-Pierre Koscielniak dans *L'Express*, *Agen sous l'Occupation*, du 27 avril 2011, p. II.
295. Philippe Burrin, *La France à l'heure allemande*, p. 445, ainsi que Thomas Fontaine et Denis Peschanski, *La Collaboration*, p. 214 à 217.
296. Jean-Pierre Azéma et François Bédarida, Pierre Laborie, *La France des années noires, 2. De l'Occupation à la Libération*, p. 360.
297. Julian Jackson, *La France sous l'Occupation*, p. 265, et Laurent Joly, *L'État contre les Juifs*, p. 73 à 110. Certains historiens évoquent jusqu'à 9 000 agents mobilisés.
298. Ivan Ermakoff, *Pour une microhistoire de la Shoah, Police et arrestations*, p. 220, et Laurent Joly, *L'État contre les Juifs*, p. 85 et 89.
299. Laurent Joly, *L'État contre les Juifs*, p. 104 et 106.
300. Philippe Burrin, *La France à l'heure allemande*, p. 162.
301. Laurent Joly, *L'État contre les Juifs*, p. 108.
302. François Rouquet et Fabrice Virgili, *Les Françaises, les Français et l'Épuration*, p. 401, et Laurent Joly, *L'État contre les Juifs*, p. 191.
303. Denis Peschanski, *Vichy, 1940-1944, Contrôle et exclusion*, p. 91 et 97, Laurent Joly, *L'État contre les Juifs*, p. 62, ainsi qu'Adam Rayski, *Le choix des Juifs sous Vichy*, p. 120.
304. Patrick Modiano, *La place de l'Étoile*, frontispice.
305. Léon Poliakov, *L'étoile jaune*, p. 42.
306. Léon Poliakov, *Mémoires*, p. 162.
307. Voir Robert Badinter, *Un antisémitisme ordinaire*, p. 45, qui cite Dominique Gros, *L'encadrement juridique de l'antisémitisme sous le régime de Vichy*, Le droit antisémite, p. 3. De même, Georges Wellers rappelle l'existence d'une myriade de réglementations humiliantes : « le 24 octobre le ministre de la guerre interdit aux Juifs de s'engager ou de se rengager dans l'armée ; le 16 novembre 1940 il est interdit aux Juifs d'être conseillers municipaux, le 18 janvier 1941 d'entrer dans les "chantiers de jeunesse" et le 15 mars 1941 le "statut des Juifs" est étendu aux colonies ». Il en conclut qu'avant même la création du Commissariat général aux questions juives en mars 1941, « à Vichy, tout le monde s'occupe des Juifs », *Un Juif sous Vichy*, p. 43. Voir aussi Adam Rayski, *Le choix des Juifs sous Vichy*, p. 18.
308. Léon Werth, *Déposition*, 4 février 1944, p. 253.
309. Maurice Garçon, *Journal*, p. 377.
310. Jean-Jacques Becker, *Un soir de l'été 1942...*, p. 72-73.

311. Il cite Lucien Rebatet qui a écrit dans *Je suis partout*: « Je disais l'hiver dernier, dans ce journal, ma joie d'avoir vu en Allemagne les premiers juifs marqués de leur sceau jaune. Ce sera une joie beaucoup plus vive encore de voir cette étoile dans nos rues parisiennes où, il n'y a pas trois ans, cette race exécrable nous piétinait », Jean Galtier-Boissière, *Mon Journal pendant l'Occupation*, p. 118.
312. Le tout rapporté par Léon Poliakov dans *L'étoile jaune*, p 88-89.
313. Philippe Garnier Raymond, *Une certaine France, L'antisémitisme 40-44*, texte cité p. 71.
314. Adam Rayski, *Le choix des Juifs sous Vichy*, p. 136.
315. Cité par Renée Poznanski, *Les Juifs en France pendant la Seconde Guerre mondiale*, p. 299.
316. Difficile de trouver des informations sur cette revue (sauf des livres en allemand), voir www.signalmagazine.com et Pascal Ory, *Les collaborateurs*, p. 65.
317. Léon Werth, *Déposition*, 22 juin 1942, p. 163. Voir aussi Jean-Pierre Azéma et François Bédarida, Robert Frank, *La France des années noires, 1. De la défaite à Vichy, Pétain, Laval, Darlan*, p. 322, et Thomas Fontaine et Denis Peschanski, *La Collaboration*, p. 170 à 173.
318. Thomas Fontaine et Denis Peschanski, *La Collaboration, Vichy Paris Berlin, 1940-1945*, p. 194.
319. Maurice Garçon, *Journal*, p. 400.
320. Extrait du discours de Jacques Chirac du 16 juillet 1995, cité par Annette Wieviorka, *1942 Vel d'Hiv–Drancy–Auschwitz, Histoire mondiale de la France,* Patrick Boucheron (sous la direction de), p. 632.
321. Jean-Pierre Azéma et François Bédarida, François et Renée Bédarida, *La France des années noires, 2. De l'Occupation à la Libération*, p. 181.
322. Cité par Denis Peschanski, *Vichy, 1940-1944, Contrôle et exclusion*, p. 188.
323. Maurice Garçon, *Journal*, p. 387.
324. Maurice Garçon, *Journal*, p. 389.
325. Renée Poznanski, p. 331.
326. Patrick Modiano, *Livret de famille*, Gallimard, Folio, 2002, p. 208.
327. Hélène Berr, *Journal 1942-1944*, p. 189.
328. Jean-Pierre Azéma et Olivier Wieviorka, *Vichy, 1940-1944*, p. 94, et Jean-Pierre Azéma et François Bédarida, Christian Bachelier, *La France des années noires, 1. De la défaite à Vichy, L'armée française entre la victoire et la défaite*, p. 100.
329. André Kaspi, *Les Juifs pendant l'Occupation*, p. 244.
330. Maurice Garçon, *Journal*, p. 399.
331. Laurent Joly, *Dénoncer les juifs sous l'Occupation, Paris, 1940-1944*, CNRS Éditions 2017, p. 17. Voir aussi p. 21 et 22.
332. Robert Badinter, *Idiss*, p. 193. Voir aussi Matthieu Devigne, *L'école des années noires, une histoire du primaire en temps de guerre, entre Vichy et République (1938-1948)*, PUF, 2018.
333. Laurence Bertrand Dorléac et Jacqueline Munck, *L'art en guerre – France 1938-1947*, p. 284. Voir également Thomas Fontaine et Denis Peschanski, *La Collaboration*, p. 22-23.
334. Éric Alary, *Les Français au quotidien, 1939-1949*, p. 161-162.
335. Georges Wellers, *Un Juif sous Vichy*, p. 57. Voir aussi André Kaspi, *Les Juifs pendant l'Occupation*, p. 75 et 99, Laurent Joly, *L'État contre les Juifs*, p. 45-46, et Renée Poznanski, *Les Juifs en France pendant la Seconde Guerre mondiale*, p. 57.
336. Robert Badinter, *Un antisémitisme ordinaire*, p. 102.
337. Annie Kriegel, *Ce que j'ai cru comprendre*, p. 173.
338. André Kaspi, *Les Juifs pendant l'Occupation*, p. 164 et 165.
339. Cité par Jean-Claude Duclos (sous la direction de), *Être Juif en Isère entre 1939 et 1945*, Musée de la Résistance et de la Déportation d'Isère, 1997, p. 49: « Le meilleur moyen était d'acheter une nouvelle carte, d'y inscrire les coordonnées souhaitées, puis d'y apposer une signature quelconque pour le commissaire de police – le problème le plus épineux demeurant celui du cachet du commissariat de police. On utilisait pour cela une feuille de papier hygiénique sur laquelle on crachait et que l'on apposait sur n'importe quelle carte authentique. La feuille s'imprégnait du cachet, qu'il était alors possible d'appliquer sur un autre support, celui de la nouvelle carte par exemple. Il arriva aussi que Lichnerowicz, à l'occasion d'un passage [...] dans un commissariat de police, profitât de l'absence d'une ou deux minutes du commissaire pour dérober un instant son cachet et tamponner une carte. »
340. Claude Lanzmann, *Le lièvre de Patagonie*, p. 36-37.
341. Léon Poliakov, *Mémoires*, p. 112.
342. Léon Poliakov, *Mémoires*, p. 108.
343. Pierre Piazza, *Histoire de la carte d'identité*, p. 263 à 270, notamment p. 265.
344. Jean Guéhenno, *Journal*, 7 août 1941, p. 190.
345. Éric Alary, *Les Français au quotidien, 1939-1949*, p. 171.

346. Éric Alary, *Les Français au quotidien, 1939-1949*, p. 157. Dominique Veillon, *Vivre et survivre en France, 1939-1947*, ajoute: « À l'utilisateur de lire son journal quotidiennement pour suivre le déblocage, mais aussi pour gérer au mieux son stock de tickets. Ainsi, pour le pain, les tickets sont de valeurs différentes: 350 grammes, 100 grammes et 50 grammes », p. 113.
347. Éric Alary, *Les Français au quotidien, 1939-1949*, p. 159.
348. Hélène Berr, *Journal 1942-1944*, p. 197.
349. *Être Juif en Isère entre 1939 et 1945*, p. 31 et 50.
350. Patrick Modiano, *Un pedigree*, p. 7.
351. Cité par Éric Alary, *Les Français au quotidien, 1939-1949*, p. 174-175.
352. Léon Poliakov, *Mémoires*, p. 129.
353. Serge Klarsfeld, *Calendrier de la persécution des juifs en France*, p. 1108.
354. Voir Diane Afoumado, *L'affiche antisémite en France sous l'Occupation*, Berg International Éditeurs, 2008, p. 67 à 70, Georges Wellers, *Un Juif sous Vichy*, p. 214, et Asher Cohen, *Persécutions et sauvetages*, p. 355, ainsi que les sources citées.
355. Pierre Laborie, *Le chagrin et le venin*, p. 280.
356. Hélène Berr, *Journal 1942-1944*, Tallandier, 2009, p. 183, le 25 août 1943.
357. Cité par Tal Bruttmann, *Au bureau des Affaires juives*, p. 135.
358. Voir, sur ce sujet peu connu, Tal Bruttmann, *Au bureau des Affaires juives*, p. 134 à 160, p. 160 pour la citation.
359. Pierre Giolitto, *Grenoble 1940-1944*, Perrin, 2001, p. 209.
360. Pierre Giolitto, *Grenoble 1940-1944*, p. 190.
361. Annie Kriegel, *Ce que j'ai cru comprendre*, p. 162.
362. Annie Kriegel, *Ce que j'ai cru comprendre*, p. 162.
363. Annie Kriegel, *Ce que j'ai cru comprendre*, p. 163.
364. Annie Kriegel, *Ce que j'ai cru comprendre*, p. 164.
365. Julian Jackson, *La France sous l'Occupation*, p. 434. Voir aussi André Kaspi, *Les Juifs pendant l'Occupation*, p. 287.
366. Annie Kriegel, *Ce que j'ai cru comprendre*, p. 161.
367. *W ou le souvenir d'enfance*, p. 122.
368. Jacques Sémelin, *Persécutions et Entraides*, p. 136, citant Oser Warszawski, *On ne peut pas se plaindre*, Liliana Levi, 1997, p. 93 et 99, qui, entrant dans un café à Grenoble à l'été 1943, s'étonne « de reconnaître les consommateurs à toutes les tables. Davantage que des têtes connues, c'est un aréopage familier, et pas n'importe lequel, mais le plus familier de tous, "le sien", pour tout dire une assemblée de Juifs. Imaginez cela, se retrouver d'un seul coup, dans une salle bourrée de Juifs ! [...] Un groupe, autour d'une table, converse en yiddish. »
369. André Kaspi, *Les Juifs pendant l'Occupation*, p. 287 et 289.
370. *Être Juif en Isère entre 1939 et 1945*, p. 33-34, et Pierre Giolitto, *Grenoble 1940-1944*, p. 142.
371. Revue *Esprit*, *Un témoignage des années d'occupation : de Grenoble à la Suisse*, novembre 2008, p. 191.
372. Revue *Esprit*, p. 192.
373. Tal Bruttmann, *Au bureau des Affaires juives*, p. 112, mentionne, en septembre 1941, 1326 Juifs français et 811 étrangers, puis, en octobre 1941, respectivement 1322 et 900. En août 1942, 1349 et 719, p. 115.
374. Tal Bruttmann, *La logique des bourreaux, 1943-1944*, p. 13, et *Être Juif en Isère entre 1939 et 1945*, p. 60 et 61.
375. Tal Bruttmann, *Au bureau des Affaires juives*, p. 161.
376. Jean-Jacques Becker, *Un soir de l'été 1942...*, p. 100.
377. Tal Bruttmann, *Au bureau des Affaires juives*, p. 164-165.
378. Tal Bruttmann, *Au bureau des Affaires juives*, p. 165 et 166. Il rappelle qu'à ce moment, « alors que la quasi-totalité de l'ex-zone libre est sous occupation allemande, le système de contrôle et de répression antisémite mis en place par l'administration française est suffisamment élaboré et rodé pour mettre en danger tous les Juifs vivant en France », p. 116.
379. Revue *Esprit*, p. 192.
380. Jean-Jacques Becker, *Un soir de l'été 1942...*, p. 102.
381. Éric Alary, *Les Français au quotidien, 1939-1949*, p. 279.
382. Jean-Jacques Becker, *Un soir de l'été 1942...*, p. 96.
383. Hélène Berr, *Journal 1942-1944*, p. 285.
384. *Être Juif en Isère entre 1939 et 1945*, p. 9 à 15. Voir également Matthieu Devigne, *L'école des années noires*, p. 159 et s., « L'école a-t-elle protégé les enfants juifs ? ».
385. Jean-Jacques Becker, *Un soir de l'été 1942...*, p. 108.
386. Citation in Tal Bruttmann, *Pour une micro-histoire de la Shoah, L'« aryanisation », une affaire de proximité ?*, p. 262.
387. Antoine Probst, Rémi Skoutelski et Sonia Étienne, *Aryanisation économique et restitution*, p. 41.

388. Antoine Probst, Rémi Skoutelski et Sonia Étienne, *Aryanisation économique et restitution*, p. 42-43.
389. Tal Bruttmann, *Pour une microhistoire de la Shoah, L'« aryanisation », une affaire de proximité ?*, p. 250.
390. Dominique Veillon, *Vivre et survivre en France, 1939-1947*, p. 141.
391. Tal Bruttmann, *Pour une microhistoire de la Shoah, L'« aryanisation », une affaire de proximité ?*, p. 263.
392. Antoine Probst, Rémi Skoutelski et Sonia Étienne, *Aryanisation économique et restitution*, p. 39.
393. Georges Perec, *W ou le souvenir d'enfance*, p. 98.
394. Pierre Giolitto, *Grenoble 1940-1944*, p. 257.
395. Pierre Giolitto, *Grenoble 1940-1944*, p. 260, citant Louis Nal, *La bataille de Grenoble*, Éditions des Deux Miroirs, 1964, p. 176.
396. Pierre Giolitto, *Grenoble 1940-1944*, Perrin, 2001, p. 290.
397. Dominique Veillon, *Vivre et survivre en France, 1939-1947*, p. 127.
398. Jean-Jacques Becker, *Un soir de l'été 1942...*, p. 54, et Robert Badinter, *Idiss*, p. 172.
399. Tal Bruttmann, *La logique des bourreaux, 1943-1944*, p. 71.
400. Cité par Tal Bruttmann, *La logique des bourreaux, 1943-1944*, p. 75.
401. Jean-Jacques Becker, *Un soir de l'été 1942...*, p. 101.
402. *Être Juif en Isère entre 1939 et 1945*, p. 52.
403. Tal Bruttmann, *La logique des bourreaux, 1943-1944*, p. 89.
404. Tal Bruttmann, *La logique des bourreaux, 1943-1944*, p. 91 à 94, et vérification faite auprès des Archives départementales de l'Isère des cotes existantes sur ce recensement de janvier 1944 (13 R 911 à 13 R 921).
405. Les chiffres varient : selon Tal Bruttmann, 423 personnes arrêtées par Brunner ont été envoyées à Drancy, dont au moins 375 furent déportées, voir *La logique des bourreaux*, p. 163. Il s'agirait plutôt de 320 victimes, selon Asher Cohen, *Persécutions et sauvetages*, p. 477.
406. Julian Jackson, *La France sous l'Occupation*, p. 433.
407. Jean-Pierre Azéma et Olivier Wieviorka, *Vichy, 1940-1944*, p. 110 et 111.
408. Julian Jackson, *La France sous l'Occupation*, p. 433, et Serge Klarsfeld, *Calendrier de la persécution des juifs en France*, p. 1089-1090.
409. Dominique Veillon, *Vivre et survivre en France, 1939-1947*, p. 162.
410. Dominique Veillon, *Vivre et survivre en France, 1939-1947*, p. 190, qui cite Pierre Mendès France (p. 544).
411. Dominique Veillon, *Vivre et survivre en France, 1939-1947*, p. 174 à 176.
412. Annie Kriegel, *Ce que j'ai cru comprendre*, p. 163.
413. Tal Bruttmann, *La logique des bourreaux, 1943-1944*, p. 141.
414. Jean-Jacques Becker, *Un soir de l'été 1942...*, p. 114.
415. Laurent Joly, *L'État contre les Juifs*, p. 143.
416. Tal Bruttmann, *La logique des bourreaux, 1943-1944*, p. 203.
417. Dominique Veillon, *Vivre et survivre en France, 1939-1947*, p. 281, cite le *Marie-Claire* du 6 juillet 1944. Voir Robert Badinter, *Idiss*, p. 177, à Paris : « Dès la tombée de la nuit, l'obscurité régnait sur la ville. Les lampadaires publics n'étaient plus allumés, les rideaux de fer étaient baissés sur les vitrines, les fenêtres des logements obscurcis par les rideaux. »
418. *Être Juif en Isère entre 1939 et 1945*, p. 63.
419. Pierre Giolitto, *Grenoble 1940-1944*, p. 331.
420. Voir Jean-Paul Jean (sous la direction de), *Juger sous Vichy, juger Vichy*, Maurice Dumolard, *Un jour de septembre 1944*, p. 391.
421. Jean-Jacques Becker, *Un soir de l'été 1942...*, p. 119-120.
422. Pierre Assouline, *L'épuration des intellectuels*, Collection Tempus, Perrin, 2017, p. 26.
423. Eugène Riedweg, Saisons d'Alsace, *1945 – La délivrance, la victoire*, n° 127, printemps 1995, p. 27.
424. Jean-Pierre Azéma et François Bédarida, François et Renée Bédarida, *La France des années noires, 2. De l'Occupation à la Libération*, p. 492.
425. Laurent Joly, *L'État contre les Juifs*, p. 144.
426. Serge Klarsfeld, *Calendrier de la persécution des juifs en France*, p. 1091.
427. André Kaspi, *Les Juifs pendant l'Occupation*, p. 283, citant des chiffres de Raul Hillberg, *La destruction des juifs d'Europe*, Fayard, 1988.
428. Asher Cohen, *Persécutions et sauvetages*, Préface de René Rémond, p. IV.
429. Léon Strauss, *Réfugiés, expulsés, évadés d'Alsace et de Moselle 1940-1945*, p. 178-179.
430. François Rouquet et Fabrice Virgili, *Les Françaises, les Français et l'Épuration*, p. 425.

431. Marie Brassart-Georg, Les Saisons d'Alsace, DNA, *L'Alsace sous la botte nazie*, n° 44, juin 2010, p. 77. Selon Jean-Pierre Azéma et Olivier Wieviorka, *Vichy, 1940-1944*, p. 259, sur 130 000 soldats, seuls 90 000 revinrent, soit 22 000 morts et 18 000 portés disparus. Selon François Rouquet et Fabrice Virgili, *Les Françaises, les Français et l'Épuration*, p. 269, il y eut 38 000 victimes.
432. Voir *Sources*, n° 12, 2018, *La vie artistique à Strasbourg (1880-1944). Nouvelles recherches*, Victoria Untereiner, *Journal de guerre d'un « ancien de Tambow », André Untereiner*, p. 128, et Nicolas Mengus, Les Saisons d'Alsace, DNA, *L'Alsace libérée, 1944-1945*, n° 61, p. 40.
433. Jean-Pierre Azéma et François Bédarida, Pierre Barral, *La France des années noires, 1. De la défaite à Vichy, L'Alsace-Lorraine : Trois départements sous la botte*, p. 258.
434. Éric Alary, *Les Français au quotidien, 1939-1949*, p. 460.
435. Jean-Paul Sartre, 21 décembre 1939, *Carnets de la drôle de guerre*, Gallimard, p. 413-414, et Marie-Joseph Bopp, *L'Alsace sous l'Occupation allemande, 1940-1945*, p. 37-38.
436. Léon Strauss, *Réfugiés, expulsés, évadés d'Alsace et de Moselle 1940-1945*, p. 336.
437. Lire le livre de Pierre Assouline, *Lutetia*, Gallimard, 2005. Comme le rappelle Patrick Modiano : « Et à Paris, les rescapés des camps attendaient en pyjama rayé, sous les lustres de l'hôtel Lutetia », *Livret de famille*, p. 214.
438. Eugène Riedweg, Saisons d'Alsace, *1945 – La délivrance, la victoire*, n° 127, printemps 1995, p. 28, et Alphonse Irjud, *La « Désannexion »*, p. 205, et, notamment, p. 214 et 216.
439. Alphonse Irjud, Saisons d'Alsace, *1945, La délivrance, L'épuration en chiffres*, p. 233 à 239.
440. Jean-Laurent Vonau, Les Saisons d'Alsace, DNA, *L'Alsace sous la botte nazie*, p. 101. L'épuration en France aurait fait environ 14 000 morts, dont une très large majorité de façon extrajudiciaire, voir Éric Alary, *Les Français au quotidien, 1939-1949*, p. 453 ; 300 000 dossiers auraient été examinés, aboutissant à 124 000 jugements, dont 50 000 peines de prison, voir Philippe Burrin, *La France à l'heure allemande*, p. 467.
441. Selon Jean-Pierre Azéma et Olivier Wieviorka, *Vichy, 1940-1944*, p. 260.
442. François Rouquet et Fabrice Virgili, *Les Françaises, les Français et l'Épuration*, p. 268.
443. Jean Cassou, *La mémoire courte*, p. 43.
444. Jean-Jacques Becker, *Un soir de l'été 1942...*, p. 133.
445. Jean-Jacques Becker, *Un soir de l'été 1942...*, p. 134.
446. André Weil-Curiel, *Règles de savoir-vivre à l'usage d'un jeune juif de mes amis*, Éditions du Myrte, 1945, p. 33, cité par Claire Zalc et Nicolas Mariot, *Face à la persécution*, p. 227-228.
447. Marc Augé, *Les formes de l'oubli*, Rivages Poche, Petite Bibliothèque, 2001, p. 137.
448. Laurent Joly, *Dénoncer les juifs sous l'Occupation...*, p. 78.

Achevé d'imprimer en septembre 2020
sur les presses de la Sepec Numérique à Péronnas (Ain)
pour le compte des Éditions du Quotidien
4, rue Frédéric-Guillaume Raiffeisen
67913 Strasbourg Cedex 9